es Hexenwahnes

...SCHLAND	NIEDERLANDE	ENGLAND	SCHWEDEN	USA

——— Beginn des Buchdrucks in Europa

...SCHLAND	NIEDERLANDE	ENGLAND	SCHWEDEN	USA
5. Jh. Hexenbrände ...nz Deutschland, ...und Salzburg				
...US MALEFICARUM" ...EXENHAMMER"				
	1542 Hexenbrände in Brügge: 1556 Beginn der Ketzer- und Hexenjagden	1556 Hexenverfolgungen um 1560 Hexenjagden		
...im lutherischen ...a Kapital-...gen		1563 Gesetz d. Maria Stuart v. Schottland gegen Zauberei; vorl. Ende		
		1590–1592 Höhep. d. Hexenjagden		
...exenwahn am Main ...Höhepunkt)	1610 Ende der Hexenjagen in den protest. Ndl. 1613 Hexenbrände v. Roermond, Höhepunkt des Wahnes in den spanischen Ndl.	1625–1642 keine Hexenprozesse unter Karl I.		
	seit 1644 Wiegezeugnisse aus Oudewater	1645 neuer Höhepunkt der Hexenjagd		1647 erste Hexenhinrichtung
			1668 Hexenwahn auf dem Höhepunkt	
			1669 Hexenbrände v. Dalarne 1675 Hexenwahn in Stockholm	
		1684 letzte Hexenhinrichtung		1692 Beginn der Hexenjagd in Massachusetts (Salem)
				1693 Freilassung aller gefangenen Angeklagten
...er Hexenprozesse ...rreich		1736 Aufhebung der Strafgesetze gegen Hexen		
...xenhinrichtung ...en/Allgäu			1763 letzter Hexenprozeß: Wiedergutmachung an Beklagte	

Hannsferdinand Döbler

Walpurgisnacht
und
Satanskuß

Hannsferdinand Döbler

Walpurgisnacht und Satanskuß

Die Geschichte der Hexenverfolgung

Orbis Verlag

Genehmigte Sonderausgabe 2001
Orbis Verlag für Publizistik
in der Verlagsgruppe Bertelsmann GmbH
www.orbis-verlag.de

© 1977 C. Bertelsmann Verlag
Einbandgestaltung: Sabine Novotny, München
Druck: Ebner Ulm
Printed in Germany
ISBN 3-572-01237-6

Inhalt

Anfänge und erste Säuberungen 7

Wie Hänsel und Gretel gemästet wurden 8 – Hexenmord und
Jagdmagie 12 – Von der Abstammung der Zauberinnen 15
Hexenküchen und Hexensalben 20 – Bildzauber im Dorf 26
Vom Ursprung des Bösen 29 – Belial, der Höllenfürst 33
Der Satan des Mittelalters 36 – Erneuerung durch die Reinen 41
Ein Bibelwort und goldene Stäbchen 47 – Die erste große
Säuberung 51 – Mit Daumenschrauben und Heckerschem Stuhl 55
Gegen Malefiz und Zauberpraxis 62 – Wie die verdorrte Rebe,
die man verbrennt 66 – Von der Feuerprobe zum Hexen-
stechen 70 – Das Wasser spricht das Urteil 75 – Eine Hexe
wird aufgespürt 78

Ein Wahnsystem und seine Folgen 85

Die Schreibtischtäter 86 – Haß gegen Frauen 90 – Eine Hexe
wird verhört 95 – Was der Inquisitor wissen wollte 100 – Eine
Hexe wird gefoltert 105 – Erster Widerstand gegen den Verfol-
gungswahn 109 – Der Sieg des Agrippa von Nettesheim 114
Ein Wetterleuchten der Vernunft 118 – Die Geschäfte mit dem
Hexenwahn 124 – Der zweite Grad und ein Versprechen 128
Pakte mit dem Teufel 133 – Wege zum Blocksberg 137
Das Scheusal, das die Kinder verschlingt 141

Systematiker und Sadisten 147

Das Handbuch über Hexen 148 – Über Teufel, Hexen und
göttliche Zulassung 150 – Gelehrte Disputation 150 – Kranke
Phantasie 158 – Haß gegen Hebammen 162 – Verdacht am
Kindbett 166 – Todfeinde als Zeugen 171 – Die entscheidende
Wendung 177 – Das Abgründige des Jean Bodin 180

Bücherschreibende Massenmörder 183 – Ein Sadist hoch
zu Roß 188 – Christen, wie sie im Buche standen 191
Shakespeares Hexen-Story 196 – Greuel auf Burg Lockenhaus 202
Besessene Kinder 208

Die Zeiten ändern sich 213

Der Schrecken von Dalarne 214 – Die Hexenbrände in Franken 219
Entschädigung für Spaniens Hexen 227 – Berühmte Prozesse 231
Der Kampf um eine alte Frau 234 – Wie die Hexen nach Lemgo
kamen 239 – Das Schreckensregiment der Greise 246
Intrigen und der Sieg des Rechtes 249 – Das Erwachen der
Vernunft 253 – Von der Ehre Gottes, den Jesuiten und dem
Glasteufel 258 – Der Dichter und die Wahrheit 263 – Absage
an den Teufel 272 – Die Hexenwaage von Oudewater 276
Ein Professor aus Leipzig 281 – Bayerischer Hexenkrieg 285
Aufklärung und letzte Opfer 292 – Eine infektiöse Neurose
oder der Verfolgungszwang 297 – Vom Hexenglauben im
Volk 302 – Hexenbanner und Quasare 306 – Psi und die Hexen-
protokolle 313 – Hexen, Hollywood und Hitler 316
Die Hexen Afrikas 317 – Literaturverzeichnis 326 – Register 329

Anfänge
und
erste Säuberungen

Wie Hänsel und Gretel gemästet wurden

Zaundürr ist die Hexe, ein altes Weib mit rotgeränderten Augen. Sie hat eine Warze auf der Nase, trägt eine Brille und wird von einem Kater begleitet – so jedenfalls stellt das Märchen sie dar, so sieht man sie vorm Pfefferkuchenhaus, und so haben die Brüder Grimm es aufgeschrieben. Zum Beispiel im Märchen von Hänsel und Gretel, das jedes Kind kennt: »Die Alte hatte sich nur so freundlich angestellt, sie war aber eine böse Hexe, die den Kindern auflauerte, und hatte das Brothäuslein nur gebaut, um sie herbeizulocken. Wenn eines in ihre Gewalt kam, so machte sie es tot, kochte es und aß es, und das war ihr ein Festtag. Die Hexen haben rote Augen und können nicht weit sehen, aber sie haben eine feine Witterung wie die Tiere und merken's, wenn Menschen herankommen.«

Das alles ist ins Märchenhafte abgesunken und war doch noch zweihundert Jahre vor dieser Niederschrift, die um 1812 erfolgt ist, blutige geschichtliche Realität: damals zogen Frauen, die der Hexerei verdächtigt wurden, nach Holland, weil es in Oudewater eine besonders verläßliche Waage gab. Sie ließen sich dort ihr Gewicht bestätigen: Magerkeit machte verdächtig, war eines der vielen, der zahllosen Hexenmerkmale. Magerkeit, Kurzsichtigkeit, rotgeränderte Augen, körperliche Mißbildungen bis hin zum Muttermal, zur Warze reichten aus, um einen finsteren Verdacht zu bestätigen – der Rest war Sache der zuständigen Stellen, nämlich der kirchlichen »Aufspürer«, der Inquisitoren, der weltlichen Gerichte.

Nun ist das Märchen von der Hexe, die sich Kinder heranmästet, so allgemein bekannt, daß man meint, das müsse so sein: diese spezielle Gräßlichkeit verstärkt nur den Abscheu vor der grauslichen Alten. Weshalb in Europa diese Vorstellung von der Hexe entstanden ist, wird zu klären sein. Noch dringender ist die Frage, wie der allgemein verbreitete Glaube an Zauberpraktiken hier zum Verfolgungswahn führen konnte, der sich schließlich vor allem gegen Frauen wandte.

Jedermann weiß, daß die Frau im Mittelalter als eine mindere Sorte Mensch angesehen wurde – aber das erklärt durchaus nicht, wie es kommt, daß auf Anzeige von Unbekannten Hunderte und Tausende von Frauen verhört, durch Folter zum Geständnis gebracht und schließlich auf den Scheiterhaufen gebracht wurden, unter Mitwirkung von Fürsten, Ratspersonen, Bürgern und vielen ehrenwerten Männern. In diesem Thema stecken vielerlei Fragen, und keine ist leicht zu beantworten.

Haben die Hexenverfolgungen etwas mit der Verfolgung uralter, heidnischer Kulte zu tun? Gab es in früheren Zeiten Frauen, die nicht nur angeblich das Vieh verzauberten, sondern in die Zukunft schauen konnten? Hat diese Hysterie der Kleriker gegenüber Hexen etwas zu tun mit parapsychologischen oder gar okkulten Erscheinungen?

Und schließlich: welche Bedeutung hat die Tatsache, daß man heute sagen kann, es gäbe keine Hexen mehr, sondern nur den Aberglauben verwirrter und geängstigter Menschen?

Und wie steht es mit der kirchlichen Lehre vom Teufel? Wie mit der Dämonenlehre, die anläßlich des mißlungenen Exorzismus von Klingenberg in Mainfranken von der deutschen Bischofskonferenz im September 1976 ausdrücklich als katholischer Glaubensinhalt bestätigt worden ist?

Gewiß, man verfolgt heute keine alten Frauen mehr, nur weil sie wie die Hexe bei »Hänsel und Gretel« rotgeränderte Augen und eine Warze auf der Nase haben – aber gibt es heute auch keinen Verfol-

Eine Hexe stiehlt einer Kuh (links) die Milch, indem sie einen Axtstiel melkt. Aus Geyler von Kaiserberg, Die Emeis, Straßburg 1516.

gungswahn mehr, gerichtet gegen ganze Bevölkerungsgruppen? Man ist über den Hexenglauben hinaus – aber kann man deshalb die Geschichte dieser wahnsinnigen Verwirrungen auf sich beruhen lassen?

Wenn es nur um die Hexen ginge, könnte man wohl die Geschichte der Hexenverfolgungen ein für allemal auf den Müllhaufen der Geschichte verbannen: dort hätte sie keinen unmittelbaren Bezug mehr zur Gegenwart und fände wohl nur das Interesse von Historikern, vielleicht gar von Gegnern der Kirche, die dieses Thema aus Gründen der Agitation aufleben lassen möchten, oder auch von Leuten, die sich für Literatur mit sadistischer Komponente interessieren.

Aber wer diese Untaten achselzuckend fanatischen Inquisitoren zuschiebt, macht es sich zu leicht: solche Massenmorde sind auf die Dauer undenkbar, ohne von den Massen gebilligt zu werden. Auch die Auffassung, in jenen Zeiten sei man eben schnell bei der Hand gewesen mit Folter und Holzstoß, geht an der Sache vorbei: hier in diesem Buch ist von der »Konstruktion des Wahnsinns« (Szasz) die Rede, dessen einzelne Teile aus durchaus vernünftigen und logischen Handlungen bestehen.

Wenn es nur Haß und Sadismus, Perversion und Habgier gewesen wären, die zu den Hexenbränden führten, dann wäre dies nur eine Krankengeschichte des europäischen Geistes. Aber unter gewissen Voraussetzungen erscheint es logisch, zu foltern, zu richten und zu brennen, und das macht dieses Schauspiel so schrecklich. Wer die Hexenjagden des 16. und 17. Jahrhunderts analysiert, wer die Geschäfte mit dem Scheiterhaufen und die Logik der Justiz, die Ohnmacht der Unschuldigen und die Unerbittlichkeit der Schreibtischtäter kennenlernt, der stößt auf ein paar theologische Grundsätze, auf Irrtümer und Verfilzungen, die alle an sich harmlos erscheinen. Und er erkennt, daß gerade jene, welche mit besten Absichten lebten und wirkten, nämlich die Frommen und die Gelehrten, jene Übel nährten, die sie zu bekämpfen meinten und die sie »Werke des Satans« nannten. Nicht einfache Leute, sondern die Gebildeten übertrugen die tödliche Infektion, und doch leiteten sie selbst schließlich auch die Heilung ein.

Es geht deshalb in diesem Buch nicht nur um eine kulturgeschichtlich exakte und fundierte Darstellung der Hexenverfolgungen. Weitaus wichtiger scheint die Frage, weshalb überall in Europa vernünftige Männer mit guten Gründen und in bester Absicht so unfaßbare Grausamkeiten begehen konnten – und ob es Gesetzmäßigkeiten gibt, nach denen ein solcher kollektiver Wahn sich bildet und ausbreitet. Die fixe Idee, mit der man in Hütten und Palästen, in Bürgerhäusern und Klöstern Hexen aufspürte und verbrannte, ist sie aus anderem Stoff als andere fixe Ideen, die zu anderen Zeiten Opfer forderten? Wer sind die Träger, wer die Nutznießer solcher Untaten?

Diese Reise zu den Hexen, eine Reise in die Vergangenheit, führt ins Innere des Menschen, sie berührt die monströsen Formen menschlicher Logik und die Unfähigkeit, nach zwei Wertsystemen zugleich zu handeln. Sie stellt vor mythologische, theologische, juristische und psychologische Fragen, und sie wird sichtbar machen, daß man zu jener Konstruktion, mit welcher das Grauen in Gang gesetzt wird, nur wenige, einfache Grundsätze braucht.

Zunächst aber: Wie hat es angefangen? Wie ist es gekommen, daß man alte Weiber als Hexen verfolgt hat und ganze Gegenden vor dem Hexenbanner zitterten? Das hat eine lange und beunruhigende Vorgeschichte, die bis in die Anfänge der Zivilisation zurückreicht, aber auch bis unmittelbar in die Gegenwart führt: noch während der Arbeit an diesem Buch sind in Afrika Hexen lebend verbrannt worden – und dies geschah offenbar unter ganz ähnlichen Bedingungen wie in Europa am Vorabend des Dreißigjährigen Krieges.

Dieses Buch wird darzustellen versuchen, unter welchen Bedingungen es zu diesem Säuberungswahn gegen Hexen gekommen ist und wie die Opfer bestimmt wurden, welche Rolle die Theorie bei dieser speziellen Epidemie gespielt hat und welche materiellen Interessen im Spiel waren: hier geht es nicht um einen altertümlichen Aberglauben, sondern um gesellschaftliche Vorgänge von erschreckender Aktualität. Man kann sie besser verstehen, wenn man sich zunächst darauf konzentriert, ihre Entstehung zu beobachten.

Hexenmord und Jagdmagie

»Die Eipo glauben an Schwarze Magie und führen den Tod von Gruppenmitgliedern, die an Krankheiten sterben, oft auf das Wirken von Hexen zurück.« Der Verhaltensforscher Eibl-Eibesfeldt, der dies schreibt, war bei diesem Bergvolk in West-Irian, also auf Neuguinea, zu einem Zeitpunkt, als es dort noch kaum Kontakt zu Weißen gab. Ein Franzose durchquerte 1958 zuerst dieses Tal. 1974 waren die ersten Mitarbeiter des Forschers in jenes Tal vorgestoßen, Anfang 1975 wurde das ganze Forschungsteam eingeflogen und nahm mit Menschen Verbindung auf, die noch heute wie in der Jungsteinzeit vom Hackbau leben. Allerdings betrieben die Eipo Handel mit den umliegenden Stämmen; Eibl-Eibesfeldt fand als Schmuck einen Aluminiumlöffel, einen Fallschirmgurt sowie Glasperlen, die von der Küste aus von Hand zu Hand gegangen sein müssen.

Eibl-Eibesfeldt berichtet weiter: »Seher pflegen in solchen Fällen die Hexe zu entlarven. Das kommt einem Todesurteil gleich. Sie mag noch so verzweifelt beteuern, sie sei unschuldig. Man erschießt sie und wirft sie in den Fluß.«

Ein Mitarbeiter des Teams filmte unmittelbar nach einer solchen Hinrichtung, wie die Leiche noch im Fluß gesteinigt wurde. »Kinder und Erwachsene schossen Pfeile auf sie ab und stießen ihr schließlich einen Pfahl in den Leib. Man hatte die Frau bezichtigt, den Tod eines zehnjährigen Buben durch Zauber herbeigeführt zu haben. Der Vater des Buben hatte die ›Hexe‹ mit einem Pfeil erschossen. Der etwa zehnjährige Sohn dieser Frau nahm den Tod seiner Mutter hin, ohne Regungen zu zeigen. Ihren Säugling wollte man töten.« Ein Mitarbeiter des Teams verhinderte das und besorgte eine Amme. Man versicherte ihm, man würde dem Kind nichts tun, aber drei Tage später hatten sie es doch in den Fluß geworfen – angeblich war es nicht gut gewachsen. Jede Frau, schreibt Eibl-Eibesfeldt, könne der Hexerei bezichtigt werden, und Hexenmorde seien nicht selten. »Es scheint jedoch so zu sein, als würde man dabei die Gelegenheit benutzen, ungeliebte Dorfbewohner, die sich nicht an die Gruppennorm halten, zu beseitigen. Wenn dies zutrifft, dann würde auf diese Weise ein starker Konformitätszwang ausgeübt werden.« Dieser Bericht zeigt, daß der Glaube an Schwarze Magie uralt ist und einer sehr frühen Kulturschicht angehört. Er ist nicht auf Europa beschränkt und ist bis in die Gegenwart nachweisbar, nicht nur in Afrika oder wie hier in West-Irian.

Ausbrüche von Haß gegen vermeintliche Hexen, die Ermordung von mißliebigen Frauen, die Angst vor bösem Zauber, ausgelöst durch unerklärliche Todesfälle oder Krankheiten, das alles findet sich quer durch die Jahrhunderte und in fast allen Völkern – aber diese Art von Hexenglauben erklärt noch nicht, wie es etwa zu Lebzeiten Luthers zur ersten Ausbildung eines regelrechten Säuberungswahnes kommen konnte und zu Lebzeiten von Händel und Bach, Shakespeare und Calderon überall in Europa die Scheiterhaufen rauchten, Tausende von Menschen umgebracht, Zehntausende an Gesundheit und Besitz geschädigt wurden.

Man muß, wenn man dieses Problem darstellen will, zwei große Zeitabschnitte unterscheiden: der erste Abschnitt reicht zurück bis in die Urgeschichten der Kultur, bis in die Zeit der frühen Jäger, und endet etwa um 1500, als die ersten Europäer in Mittelamerika Fuß faßten. Von diesem Abschnitt soll zunächst die Rede sein, ehe die zweite Epoche geschildert wird, als der Hexenwahn zur Sache der Juristen wurde und die Menschenjagd im großen Stil begann. Wer heute von Zauberern spricht, meint Herren im Frack, die weiße Kaninchen aus einem Zylinder zaubern oder einen kompliziert geknüpften Knoten vor aller Augen auflösen, als sei dies die einfachste Sache der Welt, wenn man nur den Zauberspruch kennt: Simsalabim oder Hokuspokusfidibus. Mit den Zauberern der frühen Kulturen haben sie nichts gemeinsam – nur der Zauberspruch erinnert an jene uralten Zeiten, als »das Wünschen noch half«, als das Wort noch Zauberkraft hatte.

Man weiß heute, daß nach der letzten Eiszeit kleine Trupps von Jägern durch die unwegsamen Wildnisse zogen, und man hat an den Werkzeugfunden, aus Abfällen und Grabresten die Lebensformen jener sogenannten »frühen Jäger« rekonstruiert. Man hat auch Anzeichen für religiöse Kulte gefunden, genauer gesagt, für den Bärenkult, der ca. 150 000 Jahre alt ist, also schon lange vor der letzten Eiszeit entstanden ist. Die Felsmalereien in Spanien und Nordafrika stammen aus jener Zeit, und auch der Glaube an den »Zauber«, das heißt an die Fähigkeit des Menschen, die Zusammenhänge in der Natur magisch zu beeinflussen und mit eigener Kraft auf andere Kräfte einzuwirken. In dieser Kulturschicht ist ursprünglich auch der antike Zauberglaube verwurzelt oder der Glaube mittelalterlicher Menschen, man könne das Vieh behexen oder mit Zauber das Wetter beeinflussen.

Die Lebensweise der frühen Jäger war viele zehntausend Jahre lang die einzig denkbare Lebensweise des Menschen. In fast unveränderlichen Mustern und Verhaltensnormen gesichert blieb sie im Gleichgewicht mit sich selbst und ihrer Umwelt, die nirgends gestört wurde. In ihren Umrissen hat sie sich in der Taiga Sibiriens und in den eisigen Waldgebieten rings um die Arktis erhalten und konnte noch in den dreißiger Jahren unseres Jahrhunderts an Ort und Stelle studiert werden. Die Vorstellungswelt dieser frühen Jäger ist vom sogenannten Schamanismus geprägt, einer magischen Weltauffassung, deren Name aus dem Tungusischen kommt.

In Ostsibirien, am Amur und an der Lena, leben heute noch etwa 80 000 Tungusen. Ihre Vorfahren waren seit Jahrhunderten Jäger und beherrschten eine Ekstasetechnik, die ein Bestandteil des Schamanismus ist. Man versteht unter einem Schamanen einen Zauberpriester. Schamanismus nennt man religiöse und magische Vorstellungen, die in zauberischen Handlungen ihren Ausdruck finden und dem Wohl der Gemeinschaft dienen. Wo das Wild verschwunden ist, wird ein Jagdzauber geübt, wo es an Regen fehlt, ein Regenzauber.

Kranke werden geheilt, und wenn die Zukunft den Menschen vor Aufgaben stellt, die ihn unschlüssig machen, wird Wahrsagekunst betrieben. Der Schamane kann all das, weil er durch schwere Krisen, die sein geistiges Selbst umformen, durch Träume und Ekstasen, durch Exerzitien des Hungers und der Krankheit zu einem Menschen geworden ist, dem Hilfsgeister dienen: er hat Zugang zu einer überweltlichen Welt. Dem Jäger jener Kulturschicht sind Geister keine boshaften Dämonen oder neckischen Gespenster, sondern Mächte, die miteinander in einem rätselvollen und unauflöslichen Zusammenhang stehen. Schamanen haben an dieser Welt teil, gebieten auf Hilfskräfte und können sie rufen – das ist auch hier einer der Ursprünge der »Zauberei«. Schamanenkleid und Trommel gehören zum Zauberpriester, und in der Ekstase überwindet er Raum und Zeit. Die Trommel wird da auch »Geisterroß« genannt.

Bei den Burjäten fliegt der Schamane auf einem Stück Holz, das einen Pferdekopf trägt, durch die Lüfte, und noch heute benutzt bei bestimmten indischen Völkern, deren Ursprung vor der Einwanderung der »aryas« liegt, der Zauberer einen Holzstock mit Pferdekopf. Die Reihe ließe sich fortsetzen; Mircea Eliade hat sie in seinem Werk »Schamanismus und archaische Ekstasetechnik« wissenschaftlich belegt. Es ist der Flug durch die »drei kosmischen Zonen«, der beliebige Übergang vom Leben zum Tode, der sich in diesem Flug ausdrückt, die Freiheit in allen Räumen, über die der Eingeweihte verfügt und nur er – und dabei wird deutlich, was der Hexenflug wohl bedeutet: ein verkommenes Gegenstück zum zauberischen Schamanenflug wie die schwarze Messe ein Gegenstück der heiligen Messe. So scheint es nicht sonderbar, daß im Mittelalter Hexen auf Besenstielen reiten, später auch auf Gabeln oder einfach auf Stöcken – aber keine der gefolterten Frauen, die ihren Hexenflug bekannten, dürfte eine Schamanin gewesen sein. Nur die dunkle Erinnerung mag sich erhalten haben, so wie sich im Tiermärchen die Erinnerung an die Tierdämonen der jägerischen Urzeit erhalten hat oder im Karneval der Fruchtbarkeitsritus der römischen Saturnalien.

Aber auch die schamanistische Technik, dem Kranken den Geist der Krankheit auszutreiben, hat sich über Jahrtausende erhalten und ist in andere Kulturformen integriert: die Austreibung der Dämonen ist ein Werk, das Jesus aus Galiläa wohl ansteht und ihn legitimiert; ein solcher Exorzismus ist ja noch heute das Werk des katholischen Geistlichen wie des Zauberpriesters im afrikanischen Dorf. Und schließlich: auch die leibliche Auferstehung im Fleisch ist Erbe der steinzeitlichen Geisterwelt.

Von der Abstammung der Zauberinnen

»Zunächst bemühen sie sich, die Elemente zu veranlassen, bestimmte *mixta* oder vermischte Dinge zu erzeugen. Dann unterstehen sie sich, das Meer zu bewegen und den Wind, Donner, Blitz, Hagel, Schnee, Reif und dergleichen, wie es die Zauberer des Pharaos getan haben. Weiters unterwinden sie sich, ihren eigenen Körper und andere leibliche Dinge von einem Ort zum anderen zu transportieren. Dann sagt man, daß sie auf Hunden, Ziegen, geschmiedeten Gabeln, Besen,

Stöcken und anderem in die Keller der Reichen reiten oder fahren, um diesen den besten Wein auszusaufen – oder aber auf den Heuberg und zu anderen Treffpunkten, wo sie miteinander bankettieren, schlampampen, zechen und tanzen.

Desgleichen sagt man, daß sie die Milch der Kuh zu sich nehmen, indem sie diese etwa aus einem hölzernen Bild herausmelken. Weiters, daß sie allerlei gute Speise und guten Trank von weit entfernten Orten in Eile heranbringen lassen und daß sie geliebte Personen von weiter Ferne auf einem Bock oder Wolf ihren Liebhabern zuführen. Weiters, daß allerlei sonst weit verstreute Würmer, Kröten, Schlangen und ähnliches Ungeziefer von ihnen auf bestimmte Plätze angesammelt werden können.

Dann unterstehen sich diese heillosen Leute, bei Mensch und Vieh Gesundheit und Krankheit zu beeinflussen oder die Unfruchtbarkeit und Untüchtigkeit bei Männern zu verursachen. Viertens bemühen sich diese gottlosen Menschen, durch ihre Zauberei auch die menschlichen Gemüter nach ihrem Wunsch zu verändern.

Diese Effekte bringen sie durch sonderbare Bildwerke aus Wachs und anderen Materien zustande, zweitens durch Zauberzeichen und Figuren, die ihrer Aussage nach konsekriert und geheiligt sind, drittens durch Worte und Gesänge, die man sonst *Segen* nennt. Sie unterstehen sich, durch die Kraft dieser Segen Augen, Ohren, Zähne und andere Glieder des Menschen entweder zu beschädigen oder zu heilen, wie auch die Menschen festzumachen vor der Gewalt wilder Tiere und vor Beschädigung durch Hauen, Stechen, Schießen und Ertrinken. Schließlich gebrauchen sie hierzu etliche gleichsam natürliche Dinge wie etwa Kräuter, Salben, Pulver, Steine, Haare, Wurzeln und Gift, welches sie dem Menschen anstreichen, anwerfen oder in Speise und Trank mischen, um die Menschen zur Liebe zu bewegen, krank zu machen oder gar umzubringen ... Bisweilen feiern sie die Sakramente der Kirche, bisweilen die Messen und sogar das Altarsakrament, bisweilen sammeln sie Taufwasser, Wachs der Osterkerzen, heilige Reliquien und dergleichen ...« (Kindermann)

Dieser wahrhaft enzyklopädische Text des Francisco de Osuna, 1602 in München in deutscher Sprache erschienen, gibt einen vorzüglichen Überblick über all das, was man den sogenannten Hexen zutraute – und man erkennt durchaus die verschiedenen Kulturschichten, die sich im Bild der Hexe niedergeschlagen haben und seit der Renaissance durch die Hexenliteratur verbreitet worden sind.

Da gibt es neben der Alchemie der Elemente den Hexenflug durch die Lüfte, ein Erbe des Schamanismus, da gibt es das orgiastische Fest in der Einsamkeit einer wilden Landschaft, wo sie »miteinander bankettieren, schlampampen, zechen und tanzen«, den hier höchst barock geschilderten Hexensabbat, da gibt es den Glauben an die Verzauberung des Viehs und des Menschen, an den Wetterzauber, der aus den frühen Schichten des Ackerbaues stammt, und die Weiße Magie der Heilkunst, die bis in die Anfänge Ägyptens zurückreicht und in falschen Händen zur gefürchteten Schwarzen Magie wird, und schließlich erscheint in diesem Bericht auch das Christentum mit dem Hinweis auf die Satansmessen, wie sie ja in gewissen modernen Hexengesellschaften heute noch gefeiert werden, auch sie eine Erinnerung an heidnische Mysterien.

Um diesen Hintergrund in seiner ganzen Tiefe anzudeuten, soll hier die Entwicklung vom frühen Jägertum zu den Anfängen des Ackerbaues im Umriß nachgezeichnet werden: nur vor diesem kulturgeschichtlichen Panorama wird verständlich, wie aus der weltweit verbreiteten Vorstellung von der Frau mit besonderer Zauberkraft, der Nachfolgerin der Schamanin, eine Verbündete des Teufels hat werden können und weshalb sie ungetaufte Kinder in höchst abscheulichen Hexenküchen zu Zaubersalben verarbeitet und sich in regelmäßigen Abständen mit dem großen Bock, dem Satan, trifft.

Der Übergang von der Lebensweise der frühen Jäger zur seßhaften Gruppe, die vor allem von den Erzeugnissen des Ackers lebt, hat einige tausend Jahre gedauert. Diese Wandlung ist vermutlich an verschiedenen Stellen der Erde, so in China, aber auch in Mittelamerika, jeweils unabhängig voneinander eingeleitet worden. Für Europa wie für Afrika beginnt diese Entwicklung im sogenannten »fruchtbaren Halbmond«.

Um 8300 v. Chr. etwa werden diese ersten Siedlungen früher Akkerbauern in Anatolien und Palästina entstanden sein, und schon um 6000 v. Chr. baute man nicht weniger als vierzehn verschiedene Kulturpflanzen im Nahen Osten an. Was hat dies alles mit den Hexen zu tun? Nun, mit dem Ackerbau änderte sich im Laufe der Jahrtausende schlechthin alles: nichts blieb, wie es war, auch die Rolle des Schamanen nicht. Ob das Wild draußen in der offenen Steppe fortzog, war

17

für die Menschen nun nicht mehr so beunruhigend wie die Frage, ob aus der Erde wirklich wieder genug Halme wachsen, ob die Ähren schwer von Körnern sein würden. Der Ackerbau erschließt die Dimension der Zukunft. Eine größere Menge Getreide wird nicht sofort verzehrt, sondern als Saatgut aufbewahrt, man braucht eine feste Zeiteinteilung, d. h. sichere Zeitpunkte für Saat und Ernte, und der Boden ist nicht mehr die Bühne der Jagd, sondern der Schoß, den der Himmel beregnet, damit es wächst.

Wie der Schoß der Frau den Samen aufnimmt, so die Ackerfurche die Saat, der frühe Mensch denkt in Analogien, die für ihn Beweiskraft haben: in Indonesien wurde der blühende Reis als schwangere Frau betrachtet, man brachte den jungen Reisähren wie Kindern Nahrung dar, um sie zu füttern, meist aber wurde die Erde selbst als weiblicher Mutterschoß angesehen. So forderte der griechische Dichter Hesiod (um 700 v. Chr.), der Pflüger solle nackt hinter dem Pflug gehen, damit zwischen ihm und der weiblichen Erde kein Tuch sei, und er solle nach der Ernte mit seiner Gattin in einer Feldfurche den Akt der Vereinigung vollziehen, damit die Erde an ihre Pflicht erinnert werde – das ist Magie: man will durch die zwingende Handlung bewirken, daß in höherem Zusammenhang das gleiche geschehe. Die heilige Hochzeit hoch oben auf dem babylonischen Tempelturm, die der Priester an der Göttin vollzieht, die Tempelprostitution zu Ehren der Ischtar hat denselben Sinn, ebenso die Mysterien zu Ehren der Demeter, der Erdgöttin, im griechischen Eleusis. Die Stammväter Israels waren über dieses Treiben der »babylonischen Hure« entsetzt, sie verstanden nicht den magischen Sinn, ebensowenig wie der Europäer, der im 19. Jahrhundert über ein kultisches Fest schrieb: »Sie essen und trinken, singen schlüpfrige Lieder und geben sich schließlich niedrigen Orgien hin.«

So werden in der Anklageliteratur des 16. Jahrhunderts auch die Hexentanzfeste geschildert: die Walpurgisnacht, in der die Hexen auf dem Blocksberg zusammenkommen und ihren Hexensabbat feiern, liefert mit der zügellosen Sexualität das größte Ärgernis. Wie tief solche Fruchtbarkeitstänze mißverstanden werden können, kann man am Beispiel des rituellen Rasalila zeigen, einem Tanz, dessen »Unschuld« auf der Hand liegt: im Tantrismus, einer buddhistischen Sekte, die auch andere exzessive sexuelle Rituale kennt, gab es zur Frühlingszeit einen Rundtanz, bei dem sich alle Hirtinnen gleichzeitig im

Zustand völliger Selbstaufgabe mit einem vielfachen Krischna sexuell vereinigten.

Das heutige Holi-Fest spiegelt das uralte Ritual (Kindermann). Der Sinn dieser »Orgie« mag gewesen sein, die Fruchtbarkeit der Herden zu sichern – auf einen Christen, dem dieser tiefe Sinn verschlossen blieb, hätte das Fest nur abstoßend wirken können.

In der geistigen Welt dieser frühen Ackerbauern im vorgeschichtlichen Europa, die kaum dem Umriß nach bekannt ist, werden sich die uralten magischen Rituale aus jägerischer Waldzeit mit der Magie des Ackerbaues verschmolzen und überlagert haben. Es ist die Zeit, in der es noch keine »Hexen« gibt, sondern nur Menschen mit besonderen Kräften, die sie Geistern oder höheren Wesen verdanken. Krankheiten heilt man mit Zauberspruch und Kräutern, deren Kräfte ja nicht rational zu erfassen sind. Man kennt Regenzauber, Liebeszauber und die Macht der Gestirne, man »betet« auf Bergen, in Wäldern, man erlebt ungewöhnliche Felsgruppen als Sitz der Überirdischen: der Logan Rock in Cornwall, der Staffelstein bei Bamberg, der Paterno bei Bologna, der Heuberg in der Schwäbischen Alb oder der Brocken im Harz, um nur einige zu nennen, ähneln einander auffallend in zweierlei Hinsicht: immer sind es mächtige Felspartien, an Steinzeitmale und Hünengräber erinnernd, und stets sind diese Orte als Hexentanzplatz verschrien. Ob es eine ungebrochene Überlieferung aus Urzeiten bis ins frühe Mittelalter gibt, die sich auf diese Orte bezieht? Das ist mehr als zweifelhaft und wissenschaftlich kaum zu beweisen. Immerhin mögen die einstigen Kultstätten als unheimlich von Generation zu Generation bezeichnet worden sein, bis der Hexenwahn im Mittelalter dem alten Raunen neue Nahrung gab.

So glaubt man noch heute, am Logan Rock in Cornwall, hoch über der tosenden Brandung, hätten sich auf dem Sattel vor den Klippen die Hexen getroffen, ehe sie nach Wales flogen, um dort das Vieh zu verzaubern. Man muß den Stein dort siebenmal berühren, um eine Hexe zu werden.

Es gibt in ganz Europa solche Teufelssteine und Blocksberge, mit Goethes »Faust« ist der Brocken für die Deutschen zum klassischen Ort der Hexen geworden – vieles bleibt allerdings merkwürdig, trotz dieser kulturgeschichtlichen Hintergründe, und es erscheint reizvoll, alle diese Elemente wie Hexenflug und Hexenküche, Hexensalbe und Liebeszauber einmal auf ihre Bestandteile zu untersuchen.

Im späteren Verlauf dieses Buches wird sich herausstellen, daß der Glaube an die alten magischen Praktiken sich nicht etwa im Gedächtnis des Volkes über viele Jahrhunderte erhalten hat, weder in weiblichen Geheimgesellschaften noch in heidnischen Untergrundbewegungen. Zwar gibt es allerlei Zauberbräuche, aber der Hexenglaube selbst ist ein Produkt der mittelalterlichen Kirche, systematisiert von den Klerikern der Renaissance und verbreitet von den Gebildeten der damaligen Zeit: in Hunderten von Flugblättern und vielen Illustrationen, in gelehrten Werken und phantasievollen Schilderungen sind diese Vorstellungen ins Volk hineingetragen worden, wo sie sich mit dem Teufelsglauben bis zum heutigen Tage erhalten haben.

Hexenküchen und Hexensalben

»Fleisch von Schlangen aus dem Moor, / In dem Kessel koch und schmor! / Molches Aug' und Frosches Daum', / Eidechsbein und Eulenflaum, / Natternrachen, Blindschleichmund, / Balg der Speckmaus, Zung' vom Hund – / Für des Zaubers starken Strudel, / Höllensuppe, brüh und brudel!«

Das gräßliche Rezept in Versen, man erinnert sich, stammt aus Shakespeares »Macbeth«, eine böse Litanei, die Wolfszahn, Drachenschuppe, den Schlund des Hais, Schierlingswurzel und Alraune nennt, auch Eibenzweige und Türkennase, »eines Lästerjuden Lunge«, Tatarennase und endlich »Hand des Kindes, das ein Weib / würgte frisch vom Mutterleib« sowie Tigergedärm als eine eher exotische Zutat.

Auch in Goethes »Faust« ist von solchen Gräßlichkeiten die Rede: »Auf einem niedrigen Herde steht ein großer Kessel über dem Feuer. In dem Dampfe, der davon in die Höhe steigt, zeigen sich verschiedene Gestalten. Eine Meerkatze sitzt bei dem Kessel und schäumt ihn und sorgt, daß er nicht überläuft. Der Meerkater mit den Jungen sitzt daneben und wärmt sich.«

Faust und Mephisto treten wie prominente Gäste heran, Mephisto legitimiert sich als »Herr und Meister«, dem widerstrebenden Faust wird ein Hexentrank aufgenötigt. »Die Hexe, mit vielen Zeremonien, schenkt den Trank in eine Schale; wie sie Faust an den Mund bringt, entsteht eine leichte Flamme.«

Er trinkt, und Mephisto murmelt: »Du siehst mit diesem Trank im Leibe bald Helenen in jedem Weibe« – was soviel heißt, daß Faust in dem schlichten Gretchen den Himmel sehen wird, denn der Hexentrank hat seine Begierden und seine Leidenschaft geweckt. In diesen dichterischen Schilderungen der Hexenküche steckt die Erinnerung an jene Hexenkünste, die auf dem alten Kräuterwissen beruhen und auch die alten magischen Rezepte aus dem Vorderen Orient in ihrer antiken Überlieferung einbeziehen. In allen Hochkulturen, in China und Indien, in Ägypten und in Mesopotamien, bei den Inkas und bei den Azteken, ist das Kräuterwissen gesammelt worden, denn die älteste Wissenschaft des Menschen ist die von der Heilkraft der Kräuter, älter noch als das Sternwissen der frühen Ackerbauern.

Wie sehr das Hexenwissen ein Kräuterwissen ist, braucht kaum näher erläutert zu werden: womit sonst als mit Kräutern sollten die Frauenschmerzen gelindert, Erbrechen und Kopfweh bekämpft, Krankheiten aller Art geheilt worden sein? Man weiß, daß der große Paracelsus (um 1494 bis 1541), der studierte Arzt, den sein unstetes Wanderleben durch halb Europa führte, an Stelle der überlieferten schematischen Säftelehre eine chemische Biologie und Pathologie setzte, gewisse psychosomatische Zusammenhänge erfaßte und die erste Monographie über die Gewebekrankheiten schrieb. Er hat das Kräuterwissen der uralten Volksmedizin gesammelt und in die Schulmedizin eingebracht, lange bevor diese imstande war, all das zu nutzen. Erst die Entwicklung der Chemie und Biologie seit dem 18. Jahrhundert hat den Naturwissenschaften ermöglicht, die Wirkungsweisen all dieser Pflanzen zu verstehen.

In der Renaissance also hat die Trennung der Naturwissenschaften von der Volksmedizin begonnen, wobei diese auch »gesunkenes Kulturgut« aufnahm. Was in den großen Enzyklopädien der Lateiner steht und auf den hohen Schulen des Mittelalters als Gelehrtenwissen weitergereicht wurde, ist von wandernden Klerikern, von Ärzten und Magistern unter das Volk gebracht worden: so vermischt sich im Kräuterwissen der einfachen Leute alles, von der uralten Heilerfahrung bis zum blanken, mißverstandenen Unsinn. In Shakespeares Versen steckt etwas von diesem fast ungenießbaren Gebräu, versetzt mit leichter Ironie in Form von Tigerdärmen.

Wie steht es nun aber mit der Hexensalbe? Das ist zunächst offenbar die Salbe, mit welcher die Hexe sich bestreicht, um sich zu verwandeln, wie dies in dem spätantiken Roman »Der goldene Esel« von Apuleius (um 125 n. Chr.) erzählt wird. Der Dichter beschreibt eine regelrechte Hexenküche. Die hier entstandene Salbe verwandelt Photis, die reizende Schöne, in einen Uhu mit leuchtendem Auge und flaumigem Gefieder. Über ein Jahrtausend später, im »Hexenhammer«, ist ebenfalls von einer Hexensalbe die Rede, die nun nicht mehr aus Kräutern hergestellt ist, sondern »aus den gekochten Gliedern von Kindern, besonders solcher, die vor der Taufe von ihnen [den Hexen] getötet worden sind«.

Diese Salbe bewirke, wenn die Hexen »nach Anleitung des Dämons« irgendeinen Sitz oder ein Stück Holz bestreichen, daß sie sich »sofort in die Luft erheben, und zwar am Tage wie in der Nacht, sichtbar wie unsichtbar, wenn sie es wollen«. Man sieht, von dem 1489 erschienenen »Hexenhammer« führt eine Brücke zu Shakespeare, mindestens was den Aberglauben betrifft, daß Glieder eines neugeborenen und ungetauften Kindes zu einer rechten Hexensalbe gehören. Die zahllosen Berichte vom Flug der Hexen durch die Lüfte haben allerlei Spekulationen ausgelöst und zu der Frage geführt, ob es denn wohl halluzinatorische Erlebnisse gegeben haben könnte, die durch Kräuter hervorgerufen worden sind.

Wenn man nach dem Volksmund ginge, würde man sich kaum orientieren können: allein im Deutschen gibt es 60 Pflanzennamen, die mit »Hexe«, und etwa 120, die mit »Teufel« zusammengesetzt sind (Marzell). Von der Arnika bis zur Alraune, von der Minze bis zur Akelei und zum Eisenhut werden zahllose Pflanzen genannt, die in Hexenrezepturen eine Rolle spielen. Welche dieser Pflanzen erzeugt das Erlebnis von Hexenflug? Aus dem Wirrwarr von Erfahrungen, volkskundlicher Überlieferung, ethnologischer Bestandsaufnahme und Spekulation soll ein Beispiel herausgegriffen werden.

Die Pharmakologie hat sich ja schon vor vielen Jahrzehnten mit solchen Fragen beschäftigt. Die wichtigsten Bestandteile der Hexensalbe, heißt es in Heinrich Marzells »Zauberpflanzen und Hexentränke« (1963), seien die Säfte von giftigen Nachtschattengewächsen gewesen, zum Beispiel von Bilsenkraut, wie es ja auch im »Hamlet« vorkommt, von der Tollkirsche und vom Stechapfel, nicht mit der

Stechöpffel. *Stramonium peregrinum.*

52

Deine zünge trachtet nach schaden v.3
Stechöpffel blühen schön, ihr sahmen aber macht
unsinnigkeit dem haubt; Also der schnöde pracht
der trüben eitelkeit von aussen sich hoch spreitzet
iedoch zum untergang mit dem genüß anraitzet.

*Der giftige Stechapfel. Aus W. H. Freiherr von Hohberg, Lust-
und Arzneigarten, einem barocken Emblembuch.*

Stechpalme zu verwechseln. Seltsamerweise nun erzeugen gerade diese Säfte die Halluzinationen, von denen auch in den Hexenprozessen die Rede ist. Der Bonner Pharmakologe H. Führer hat 1925 darauf aufmerksam gemacht, daß diese Extrakte, auf die Haut gestrichen, aufs Gehirn wirken. »Es kann keinem Zweifel unterliegen, daß die narkotische Hexensalbe ihr Opfer nicht nur betäubt, sondern dasselbe den ganzen schönen Traum von der Luftfahrt, vom festlichen Gelage, von Tanz und Liebe so sinnfällig erleben ließ, daß es nach dem Wiedererwachen von der Wirklichkeit des Geträumten überzeugt war.« Auf meinem Schreibtisch hat im Herbst ein Blumentopf mit einer zarten Pflanze gestanden, die neben herzförmig spitz gefiederten Blättern zwei grüne Kapseln trieb. Als sie verwelkte, konnte man den Kapseln kleine schwarzgraue Körner entnehmen, den Samen des Stechapfels (datura sp.).

Dazu schreibt Hubert Fichte in seinem völkerkundlichen Werk »Xango«: »Stechapfel wurde schon von Theophrast und Dioskur beschrieben. Datura metel benutzt man in Indien als Heilmittel und als Rauschgift. Die Mohammedaner des fernen und des vorderen Orients vermischen die Pflanze mit Hanf, Opium und Gewürzen. Die Afrikaner rauchen Datura fastuosa. Pierre Verger erwähnt ihn auch in einem Yorubarezept, das dient, jemanden irrsinnig werden zu lassen.« Fichte schreibt dann, der Stechapfel würde in Manaus am Amazonas für den Kult des Gottes Xangu gebraucht, noch heute berauschen sich die Peruaner an einer Stechapfelart (Datura sanguinea), in Chile seien 1970 vier Jugendliche an einer Überdosis von Daturablättern gestorben, den Priestern der Inka habe diese Pflanze zur Orakelschau verholfen, ebenso vermutlich den Priestern von Delphi.

Also ist doch etwas an den Berichten über Hexengift und Hexenflug? Haben die Inquisitoren und Hexenfinder guten Glaubens gehandelt, wenn sie auf die glaubhaft vorgebrachten Berichte der Hexen und ihr heidnisches Kräuterwissen mit Härte reagierten? Siegbert Frerkel hat 1954 einen Versuch mit Hexensalbe am eigenen Körper unternommen. Er hatte durch Zufall ein Rezept aus zweiter Hand bekommen und schmierte sich die Salbe auf die Brust: daraufhin erweiterten sich die Pupillen, so daß sie fast das ganze Auge einnahmen, der Puls begann zu rasen, und es heißt in seinem Bericht: »Aus dem Dunkel schwebten mir Gesichter zu, erst verschwommen, um dann

Gestalt anzunehmen ... ich schwebte mit großer Geschwindigkeit aufwärts. Es wurde hell, und durch einen rosa Schleier erkannte ich verschwommen, daß ich über der Stadt schwebte. Die Gestalten, die mich schon im Zimmer bedrückt hatten, begleiteten mich auf diesem Flug durch die Wolken. Immer mehr kamen hinzu und fingen an, um mich herum Reigen zu tanzen. Die Zeit kroch im Schneckentempo dahin, und jede Minute währte wie eine Ewigkeit. Am nächsten Morgen, als das erste Licht in mein Zimmer kam, meinte ich zu neuem Leben erwacht zu sein.«

Bekannt ist auch der Selbstversuch des Volkskundlers an der Universität Göttingen, Will-Erich Peuckert, den dieser 1960 nach einem Rezept aus dem Jahre 1568 aus der »Magia naturalis« des Italieners Giambattista Porta durchgeführt hat. Er sei, so sein Bericht, in einen rauschähnlichen Schlaf verfallen, aus dem er wie nach einer schweren Trinkerei mit bohrenden Kopfschmerzen und trockenem Mund erwacht sei: »Wir hatten wilde Träume. Vor meinen Augen tanzten zunächst grauenhaft verzerrte Gesichter. Dann plötzlich hatte ich das Gefühl, als flöge ich meilenweit durch die Luft. Der Flug wurde wiederholt durch tiefe Stürze unterbrochen. In der Schlußphase schließlich das Bild eines orgiastischen Festes mit grotesken sinnlichen Ausschweifungen.« Leider kann man den Professor in Göttingen nicht mehr befragen, was er an grotesken sinnlichen Ausschweifungen gesehen haben mag – sicher ist jedenfalls, daß dies eine andere Salbe als die aus gekochtem Kinderfleisch gewesen ist, wobei auch Stechapfel zum Rezept gehört haben mag.

Niemand hat übrigens bisher diese Versuche wiederholen können, und so geistert Professor Peuckerts Selbstversuch einsam durch die Hexenliteratur, zu schwach, der Sache eine fabelhafte Wendung zu geben. Was besagt all das für die Beurteilung der Hexenprozesse? Nicht mehr und nicht weniger, als daß gelegentlich eine Frau von solchen halluzinatorischen Erlebnissen berichtet haben mag – aber es wäre in der Tat grotesk, wollte man zwischen den Tausenden von Opfern dieses Säuberungswahnes und jenen alten Geheimrezepten jeweils einen logischen Zusammenhang herstellen. Auf dem Lande freilich haben sich die alten und wirksamen Hausmittel aus Kräutern bis auf den heutigen Tag erhalten, und auch die Segnungen von Kräutertees kennt jedermann – aber daß man die Glieder von Kindern kochen müsse, um die Flugsalbe zu gewinnen, lebt zum Glück nur noch bei Shakespeare fort, wenn auch der Hexenglauben noch keineswegs ausgestorben ist. Nur artikuliert er sich heute anders als vor einigen Jahrhunderten.

Bildzauber im Dorf

Noch immer ist das Dorf von Wald umgeben, und auch von den Türmen der Stadt aus sieht man hinter den Gärten und Äckern sehr bald die dunkle Kulisse unheimlicher Wälder, die sich tageweit hinziehen, durchzogen von nur wenigen Pfaden, von Bächen und Flüssen, bewohnt von Köhlern mit ihren rauchenden Meilern. Noch ist der Fischfang frei, auch die Jagd für jedermann – Jagdrecht ist noch nicht Herrenrecht –, und es gibt kaum Handwerker im Dorf, außer dem Schmied. Was man braucht, erzeugt man selbst, nur oben auf der Burg oder auch bei einigen Herren der Stadt wächst der Anspruch. Um diese Zeit, man schreibt das Jahr 1100, ist Unrecht in der Welt und Not, Krieg und Hungersnot, und überall gibt es wandernde Mönche, die predigen den Untergang der Welt und das Jüngste Gericht. Was weiß man von der Natur? Nichts, was die Bibel nicht stützt.

Beim Stieglitz »weiß« man, daß er sich von Disteln nährt, also versteht man ihn als Symbol für »die guten Lehrer hier auf Erden, die viel Leiden haben und doch in den Dornen dieser Welt fröhlich sind«. Störche gelten als sehr eifersüchtig und strafen ehebrecherische Weibchen schwer – nur wenn es der Störchin gelingt, vor der Ankunft des Männchens im Wasser unterzutauchen, merkt das Männchen nichts, und sie entgeht der Todesstrafe. Daß Gott den Steinen und Kräutern die Kraft gegeben habe, ist gewiß: so macht der Ortolan die Menschen unsichtbar, das Eisenkraut schafft Liebe zwischen den Menschen und das Baumhändelkraut bricht Schlösser auf.

Nur wenige Gelehrte wissen mehr als dies, lehren aus den alten Schriften, vor allem aus dem Aristoteles, sprechen vom Himmel und seinen Planeten: Saturnus ist nach Konrad von Megenberg der oberste Planet unter allen Planeten und ist träg und schwer, und welcher Mensch unter ihm geboren ist, der hat »eine dunkle Farbe an seinem

Leibe« und ist voller Haare, »und sein Haar ist schlicht und schwarz und steht wirr auf seinem Haupt und ist hart, und er hat einen bösen, ungestalteten Bart und eine kleine Brust«. Das ist hohe Gelehrsamkeit, geschrieben in einer »Welt, der es niemals um die Natur selbst geht, um Erkenntnis der Wahrheit, sondern um den Aufschwung der Seele – was ist das Wissen über irdische Dinge gegen die Gewißheit des Glaubens! So hält man ungeprüft für wahr, was in den Kirchenvätern steht und lehrt inmitten all der theologischen Theoriediskussion allerlei Unsinn, wenn er nur abgesichert ist: Aristoteles spricht, daß, wenn man einem Pferd ein Haar aus dem Schwanz zieht, in wenigen Tagen ein Wurm daraus wird« (Bühler). Frösche entstehen aus dem Schlamm, und des Hirschen Herzknochen ist heilkräftig.

Es gibt tausenderlei Rezepte: wer erreichen will, daß ihn die Hunde nicht anbellen, der trage in der einen Hand des Wiesels Schwanz und in der anderen Hasenhaar. Auch hilft es, wenn man eines Hundes Herz bei sich hat oder eines Hundes Zunge unter der großen Zehe. Weil von Gott auch alle Schmerzen kommen, kann man sie bannen mit göttlichem Wort: wer etwa Zahnschmerzen hat, schreibt auf seine Wange diese Worte: »REX, pax, nax in Christo filio«, so wird der Schmerz vergehn.

Was unterscheidet in einer solchen Welt die »herbaria«, die Kräuterfrau, mag sie nun die Frau eines Hörigen sein oder allein in einer Hütte leben, von den anderen Frauen im Dorf, von den Mädchen auf der Burg, von den Herrinnen in den steinernen Häusern? Es ist ihr Stand, die ihr zugewiesene Stellung innerhalb einer Ordnung, die auch dem Bettler, dem Vaganten, dem Scharfrichter seinen Platz zuweist. Und natürlich ist es das praktische Heilwissen, von der Mutter auf die Tochter vererbt: wie Arnika und Holunder, Minze und Salbei, Fingerhut und Schafgarbe wirken, wie man Salben und Süppchen, Tränklein und Gifte zusammenbraut, das gehört zum Handwerkszeug seit Urzeiten – und wie anders als vererbt soll sich dieses Wissen fortpflanzen, und sei es an ein herrenloses Mädchen, das die Alte draußen in der Hütte am Rand des Dorfes an Kindes Statt annimmt?

Wie man bei Geburten hilft, wie man abtreibt, wie man Frauenleiden heilt und Empfängnis verhütet, weiß sie aus Erfahrung, kein Mann kann das wissen. Sie lehrt alles, was sie weiß – also auch das Halbwissen, das sie aufgeschnappt hat und für bare Münze nimmt, alles das, was man erzählt zwischen Gesindekammer und Viehstall, zwischen Herrenhaus und Dorfmark – und schließlich, als letztes, alles das, was man nur flüstern darf: den sicher wirkenden Liebeszauber, die furchtbare, niemals versagende Verwünschung, die sicherste Art und Weise, einen gehaßten Gegner aus der Ferne umzubringen, ohne daß es je einer merkt.

Das geschieht nicht mit Waffen oder Gift, das geschieht unsichtbar und unhörbar – aber jeder weiß, daß es gelingt, wenn man nur die rechte Kenntnis hat: ein Wachsbildnis, eine kleine Puppe genügt, vermengt mit Fingernägeln des Feindes oder mit Haar oder Blut – ein Zauberer braucht nur eine Nadel durch das Bild zu bohren. Wenn er durchs Herz sticht, wird der andere am Herzen krank, man kann auch den Magen durchbohren oder den Kopf.

Bildzauber gab es fast überall auf der Welt. Das byzantinische und mittelalterliche Strafrecht verfolgt denn auch diese Art des Mordes. So ging das Gesetz unter König Heinrich I. von England (1100 bis 1135), dem jüngsten Sohn Wilhelm des Eroberers, von der selbstverständlichen Voraussetzung aus, durch Bildzauber mit einem Abbild aus Wachs und Lehm könne ein Mord begangen werden – das war so unbestritten wie die Überzeugung, jede Krankheit werde letzten Endes von Dämonen verursacht, nicht etwa von Säften oder auf natürliche Art.

Kein Wunder, daß der Papst Johannes XXII. (1316 bis 1334), der auf das Thema der Hexerei fixiert war, in seinen Erlässen von Zaubereien spricht, mit denen man ihm selbst und anderen nach dem Leben trachtete. Sie stellten Wachsfiguren her, man nannte das »envouter«, lateinisch »in vult«. Diese Figuren würden vom Zauberer mit dem Namen bestimmter Personen getauft und alsdann mit Nadeln durchstochen.

Bis in die Tage der Katharina von Medici (1519 bis 1589) ist es üblich gewesen, Wachsbilder verhaßter Personen zu diesem Zweck anzufertigen und zu durchbohren – genau, wie dies bis vor kurzem noch die eifersüchtige Japanerin tat. Auch Guy de Maupassant verwendet in einer beklemmenden Geschichte dieses Motiv.

Genug, dies ist nur ein winziger Ausschnitt aus der Fülle dessen, was die »Kräuterhexe« vermag. Ihre Stellung in der Gesellschaft ist nicht unumstritten, zumal man ihren Schadenzauber fürchten muß: wenn das Vieh krank wird, den Grafen der Schlag trifft, das Wetter zur Katastrophe wird, ist es allemal naheliegend, daß sie es war, die dies bewirkte – und deshalb gibt es schon im frühen Mittelalter die Drohung gegen Schuldige und die Drohung gegen jene, die schuldlos alte Weiber verdächtigen.

So forderte Papst Gregor VII. (1021 bis 1085) den damaligen König von Dänemark auf, zu verhindern, daß in seinem Lande bei eintretenden Unwettern und Seuchen unschuldige Frauen als Zauberinnen verfolgt würden. Dies geschah gelegentlich tatsächlich: in Vötting, am Fuß des Weihenstephaner Berges bei Freising in Bayern, übte 1090 das Volk Lynchjustiz an drei Frauen, die der Zauberei verdächtigt wurden, peitschte sie zweimal aus und verbrannte sie am Strand der Isar (Byloff).

Dieser Fall von Volksjustiz in Bayern ist allerdings einmalig im ganzen Mittelalter und deshalb erwähnenswert! Die Rechtsordnung behandelte die Zauberei nur beiläufig und hielt eine strafrechtliche Verfolgung nur selten für notwendig; aus Bayern ist während des Mittelalters kein weiterer Fall bekannt, ebensowenig aus Österreich.

Bis aus der Abwehr von Schadenszauber der Hexenwahn wurde, mußte mehr geschehen, als was seit vielen tausend Jahren geschehen war.

Vom Ursprung des Bösen

Das gräßlichste Verbrechen der Hexe war die Gotteslästerung, weil die Hexe sich mit dem Teufel verbündet und Gott abgeschworen hatte. Genauer gesagt: es war die sexuelle Hörigkeit, mit der sie sich angeblich dem Satan unterwarf. Man glaubte, daß sie nächtlich auf schändliche und widernatürliche Weise mit dem Teufel Umgang hatte, also »Sodomie« betrieb, und man projizierte in diesen Vorgang all jene Gefühle, die ein verrotteter Klerus verdrängte und verleugnete.

Damit sich dieses Wahnsystem entfalten und in den Köpfen als unbeirrbare Überzeugung festsetzen konnte, mußte zunächst der Teufel selbst zur mächtigen Person geworden sein, zu einer theologischen Realität, an der sich alles festmachen ließ, was Entsetzen hervorrief.

Nun glaubt wohl nahezu jeder, der Teufel sei sozusagen eine feste Größe und seit jeher die Ursache des Bösen in der Welt, ob es sich nun um die Versuchung durch die Schlange im Paradies oder um die Versuchung Jesu auf den Zinnen des Tempels von Jerusalem handelt. In Wirklichkeit ist der Teufel, wie wir ihn uns vorstellen, in einer bestimmten Epoche sozusagen akut geworden, man könnte auch sagen: der Teufel ist im 14. Jahrhundert erfunden worden, so seltsam das klingt.

Niemand weiß natürlich, wer ihn wirklich erfunden hat. Die ihn bekämpfen wollten, verkündeten damit auch seine höllische Macht, und je mehr sie gegen ihn eiferten, um so größer wurde die Furcht vor ihm, ein Teil seiner Macht. Wenn die Angst vor der Zukunft wächst und die Verhältnisse unerträglich werden, sucht der Mensch Erklärungen: das Unerklärbare ist eine Herausforderung, die der menschliche Geist auf die Dauer nicht ertragen kann. In solchen Zeiten stehen die Propheten auf, die Zeichendeuter und Geisterbeschwörer, und auch das Unsinnigste wird geglaubt, wenn es nur die Ängste nimmt.

Das Ende des 14. Jahrhunderts ist eine solche Zeit gewesen. Ein Menschenalter nach der großen Pest in Europa, angesichts einer entzweiten Kirche und einer wachsenden Verelendung der Massen, wuchsen Angst und Sehnsucht, und wer sehen konnte, der erkannte, daß der Satan, der Fürst der Hölle und Gebieter der Dämonen, von Tag zu Tag mehr an Macht gewann.

Diese Vorstellung vom Satan, dem Höllenfürsten, gehört nicht zum Urbestand menschlicher Religiosität, nicht einmal zum Glaubenskanon des frühesten Christentums. Auch hat es nicht zu allen Zeiten eine Angst vor dem Teufel gegeben, und nicht bei allen Menschen ist der Gedanke selbstverständlich, man habe zu wählen zwischen dem Guten und dem Bösen.

Ist der Teufel nun das personifizierte Böse – oder ist er eine mit Erlaubnis Gottes wirkende Kraft, sozusagen ein Gegenspieler Gottes mit Lizenz auf Menschenjagd? Woher kommt überhaupt die fast selbstverständliche Überzeugung, nicht nur die einzelne Handlung sei in bestimmter Beziehung gut oder böse, oder ein Mensch sei es, sondern es gäbe »das Gute« und »das Böse« als wirkende Kräfte, wie es Nordwind und Südwind gibt?

Und schließlich eine weitere Frage: wie reagiert der Mensch auf Böses, wie bewältigen ein Stamm, eine Familie, eine religiöse Gruppe eine Tat, die besser ungeschehen geblieben wäre? Diese Frage soll zuerst beantwortet werden, bevor der Ursprung des Bösen in der Bibel und die Herkunft des Satans untersucht wird.

Auf die Frage, wie »das Böse« bewältigt wird, geben verschiedene Leute sehr verschiedene Auskünfte: der Religionshistoriker zum Beispiel verweist auf die Sühnerituale. Damit ist ein Verfahren der rituellen Reinigung gemeint, dem sich Menschen unterziehen müssen, um z. B. ihren Stammesgott oder den Tierherrn oder die Ahnen zu versöhnen. Aus dem Konflikt zwischen den Normen der Gruppe und den Ansprüchen des einzelnen ergeben sich gelegentlich Handlungen, die als gemeingefährlich empfunden werden: sie gefährden alle, weil sie die höheren Mächte erzürnen.

Dieses Unheil, das die böse Tat hervorrief, kann man nur abwenden, indem man bestimmte Rituale durchführt, die von Wissenden, d. h. von Priestern, geleitet werden (Goldammer). Sie sind rein stofflicher Natur: der Körper wird geschlagen, verletzt, bemalt oder gewaschen, man badet im Fluß, in der Quelle oder im Blut eines Opfertieres: in einigen Gegenden Hinterindiens wird ein Schiff mit den »Sünden« beladen, in Palästina der schwarze Bock, den die Israelis in die Wüste treiben.

Ja, es gibt auch vorbeugende Seelenhygiene: die altpersischen kultischen Reinigungs-, Sühne- und Abwehrriten kennen Waschungen und Peitschungen, aber auch das vorbeugende Trinken von Ochsenurin. Je größer die Angst vor den außerirdischen Mächten, möchte man sagen, um so gefährdeter das Leben der Gruppe, um so schärfer der »Reinheitskomplex«: in ihm wird ja die dunkle Seite des eigenen Versagens in eine entlastende Motivation umgewandelt; wer sich sichtbar solche Mühe gibt, der kann so »schlecht« nicht sein. Wieweit diese Schuldgefühle von herrschenden Kasten manipuliert werden, mag schwer zu entscheiden sein. Sühneriten gab es jedenfalls in allen Völkern und Stämmen auf den verschiedensten Ebenen der Kultur.

Sühnerituale hat es also auch bei den Stämmen Abrahams gegeben, aber wie sah, nach biblischer Auffassung, das Böse aus? War es jeweils »der Teufel«, der die Menschen verführte und Unfrieden stiftete zwischen dem auserwählten Volk und Gott? War er die Ursache von Krankheit und Tod, Pest und Dürre? Ganz gewiß nicht, denn man hatte schon aus Urzeiten für alles Unheil eine plausible Erklärung: man glaubte an Dämonen. Die Bibel bietet zahllose Namen an für

»das Böse«. Da gibt es »die Haarigen« (Lev 17, 7) und die »Göttersöhne« (Gen 6, 2. 4), »Satan« (Sach 3, 1. f), Asasel (Lev 16, 8. 10) Lilit (Jes 34, 14) und Beelzebub (Mk 3, 22; Mt 10, 25 u. a. m.), aber diese Vielfalt der Namen scheint dann doch auf das eine, das absolut Böse, hinzuzielen.

Der Religionswissenschaftler sieht diese Dinge differenzierter: er erkennt die »archäologischen Schichten« in diesen Bezeichnungen. So stammt Asasel aus der Zeit, als die Stämme Israels noch Wüstennomaden waren: diesem furchtbaren Dämon schickte man den schwarzen Bock als Opfer. Das Versöhnungsfest mit seinen Riten, wie es die Juden heute feiern, stammt aus einer späteren Zeit und umschließt das alte Ritual. Die Stämme Israels glaubten ja, bevor der Jahweglaube sie einte, wie alle ihre Nachbarn, die Babylonier, die Ägypter und die Ackerbauern in Kanaan, an eine Vielzahl von Dämonen. Gerade Babylon, in dessen Reich die Juden 605 bis 539 v. Chr. als Sklaven gefangen waren, hat mit seiner ausgebreiteten Dämonenlehre Spuren im jüdischen Denken hinterlassen. Mißwuchs und Viehsterben, Verlust der Ernte und der Männer im Krieg, das waren die Ängste jener Zeit, und immer glaubte man, Dämonen hätten sich im Vieh, im Leib des Menschen als Krankheit festgesetzt oder das Korn verdorben.

Die israelische Theologie, die alle Macht Jahwe zuschreibt, versuchte, mit diesen Problemen fertig zu werden. Sie ersetzte einerseits die Dämonen durch Jahwe selbst (Gen 32, 25–32) oder wertete den Dämon wenigstens zu einem Engel auf: aus dem »Verderber« (Ex 12, 23) wird ein »verderbender Engel« (2 Sam 24, 16). Das Volk hat sich durch diese Versuche nicht beirren lassen; der Dämonenglaube ließ sich nicht ausrotten, sehr zum Leidwesen der israelitischen Theologen.

In der älteren Theologie wird Krankheit zwar noch als Züchtigung verstanden, die von Jahwe verhängt ist, auch im Buch Hiob tritt diese Auffassung ja deutlich hervor – aber schon bald haben auch die Priester resigniert: der Psalmist des Psalmes 91 bestätigt dem Frommen, daß ihn der Herr schütze vor »der Pest, die im Finstern schleicht, und vor der Seuche, die am Mittag Verderben bringt«. Diese Übel können also von Jahwe nicht als Strafgericht geschickt sein. Der griechische Übersetzer dieses Psalms hat denn auch gar nicht verstanden, oder besser, er hat diese Stelle nach dem selbstverständli-

32

chen eigenen Verständnis übersetzt: an die Stelle des sachlichen hebräischen Wortes für »Seuche« (kth) setzte er das »daimonion mesembrinon«, den Mittagsdämon.

Belial, der Höllenfürst

Noch gab es keinen Zusammenhang zwischen dem Heer der Dämonen, den schweifenden Bewohnern einer Geisterwelt zwischen Himmel und Erde. Nach frühjüdischer Auffassung waren diese Dämonen nichts anderes als die Geister jener Riesen, welche die gefallenen Engel mit Menschentöchtern gezeugt hatten. Noch gab es keinen Höllenfürsten, und schon gar nicht dachte man an eine Verbindung des Teufels mit den Dämonen. Um die Zusammenhänge verständlich zu machen, die später im Hexenprozeß und im Exorzismus eine so große Rolle spielen, noch ein Wort zum Belial.

Beelzebub, das ist hebräisch der »baal-sebub«, der »Fliegenherr«, und im Neuen Testament der oberste »Teufel« – ein Wort, das sich aus dem Gotischen eingebürgert hat und vom griechischen »diabolos« = Verleumder hergeleitet ist. Häufiger gebraucht und älter als »baal-sebub« ist das hebräische Wort »belial« für den Teufel: es bedeutet eigentlich »Verderber«. Wie ist nun dieser Belial zu seinem Rang gekommen? Und welchen Wandel hat die altjüdische Teufelsvorstellung durchgemacht – bis hin zu den Erkenntnissen im »Hexenhammer«?

Am Anfang war der aus Persien stammende Dualismus, eben jene auf die Lehre Zarathustras zurückgehende Grundüberzeugung, die Welt sei geteilt zwischen den Mächten des Lichtes und denen der Finsternis, denen »des Guten« und »des Bösen«. Dieser iranische Dualismus, über dessen Einfluß auf das Judentum die Meinungen weit auseinandergehen, hat mindestens im 2. Jahrhundert v. Chr. im jüdischen Denken, vor allem bei den Essenern, tiefgreifende Wirkungen hinterlassen (Haag).

Es gibt kosmisch orientierte Weltreligionen, etwa den Hinduismus oder den Buddhismus, in denen solche Abstraktionen von Gut und Böse undenkbar sind. Diese sind charakteristisch nur für die Religion

Zarathustras, für das Judentum und Christentum sowie für den Islam, in dem es den Schaitan gibt. In den letzten zwei Jahrhunderten vor dem Erscheinen Christi glaubten die Frommen Israels nun aber, die Endzeit stünde unmittelbar bevor.

Die Sekte der Essener, deren Schriftrollen 1947 in den Höhlen am Toten Meer gefunden wurden, glaubte an die Endzeit, die vom Messias angekündigt und heraufgeführt werden würde: die im Jahre 69 n. Chr. entstandene Apokalypse schildert das grausige Panorama jener Erwartungen. Israel war in die Irre gegangen, und die Frommen wußten, daß der Kampf der Makkabäer gegen die römische Fremdherrschaft nur ein Vorspiel des endzeitlichen Kampfes war: hier würden die »Söhne des Lichtes« über die »Söhne der Finsternis« siegen.

Der Kampf wurde also von der geschichtlichen Ebene auf die endzeitliche Weltbühne verlagert, und hier hieß der Herrscher des Gegners Belial. Man kann nachweisen, daß dieser Belial, ursprünglich als durchaus irdischer Gegner gezeichnet (Nah 1 f und Ez 38 f), zur dämonischen Gestalt stilisiert und mit überirdischer Macht ausgestattet wird (Dan 8, 10). Dieser Endzeitkönig erhebt sich bis zum Herrn des Himmels, wirft einige der himmlischen Wesen zu Boden und zertritt sie – so wird die Unterweltsgottheit Belial zum Höllenfürsten.

Aber der Endkampf bleibt aus, wie alle Endzeiten der menschlichen Geschichte: die Frommen von Qumran, von allen Seiten ihrer starren Haltung wegen angefeindet, sehen sich nun selbst als »Söhne des Lichtes«. Sie kompensieren ihre Isolierung durch ein elitäres Bewußtsein. Nun sind ihnen die »anderen« die Söhne der Finsternis.

Aber damit noch nicht genug. Auch vor zweitausend Jahren in Palästina waren die Gesetze der Psychologie wirksam: der Konflikt wird verinnerlicht, man beläßt es nicht bei der einfachen Trennung zwischen den anderen und denen, die zur Sekte gehören und die besseren Menschen sind, sondern verlegt den Konflikt in das eigene Denken.

Die Tatsache wurde dualistisch erklärt. Der Kampf mit sich selbst, mit widerstreitenden Wertvorstellungen, wurde »im Licht des heiligen Krieges gegen die Völkerschaften der Welt« neu ausgelegt. Der Konflikt galt als Beweis, daß der Mensch unter dem Einfluß übermenschlicher, gottfeindlicher Kräfte stehe.

So war der Beweis erbracht, wie groß der Einfluß des Belial, des obersten Teufels, war – und wie wichtig, diesen Kampf gegen ihn zu gewinnen und die Heere Gottes zu vergrößern (Limbeck).

Dieser Dualismus, der die Vorstellung vom Höllenfürsten entstehen ließ, hatte weitere Konsequenzen. Denn auch das Heer der Dämonen zwischen Himmel und Erde, vergleichbar den schweifenden Räuberbanden am Rande der bewohnten Welt, den Wegelagerern der Wüste, wurde von den Gläubigen der Qumran-Sekte mit den Geistern des Belial identifiziert. In ihrem prinzipiell dualistischen Weltbild gab es keinen Raum für eine »dritte Kraft« oder für etwas außerhalb der Ordnung von Gut und Böse. Wenn Gott zwei Geister geschaffen hatte, einen, der haßt, und einen, der liebt, und wenn diese beiden Geister zwei schicksalhafte Zuordnungen, zwei »Herrschaften«, repräsentierten, dann gehörten die Dämonen zum »Reich der Finsternis« (Limbeck).

Zum ersten Male tritt hier der Fluch der Logik auf, die zwanghafte Alternative, die aus der Abstraktion geboren ist.

Nicht Bosheit und Herrschsucht, sondern die Struktur des rationalen Denkens läßt keine andere Möglichkeit: wenn es den Engel der Finsternis, den Belial, gab, dann mußten die Dämonen als ewige Feinde ihm zugehören.

Die Zuordnung der Dämonen zum Reich der Finsternis durch die Frommen der Sekte Qumran hatte indessen zweifache Wirkung: nun unterstanden sie, wie alles, was zur einen oder zur anderen »Herrschaft« gehörte, dem Wirken Gottes. Gott hatte alles von Anfang an festgelegt – und so brauchte man die Unberechenbarkeit jener schweifenden Dämonen nicht mehr zu fürchten: Hiob, der von allen Plagen geprüfte Mensch, der dennoch seinen Glauben behält, liefert das Modell der erwarteten Haltung. Kaum vorstellbar, daß er versucht hätte, die Dämonen auszutreiben, denn sie waren ja von Gott geschickt. Nur ER hätte sie fortschicken können.

Eine weitere Konsequenz: nun, da es um die Weltordnung und moralische Haltung ging, waren die Dämonen nicht mehr nur die Ursache physischer Übel, sondern auch moralische Verführer – jedenfalls soweit der gläubige Jude sie dem Belial zuordnete. Auch hier zeichnen sich verschiedene Auffassungen ab: die des einfachen Volkes, das an den alten Auffassungen hing, und die der Frommen, der Gebildeten, welche so dachten wie hier geschildert.

Diese sehr speziellen Untersuchungen sind hier mit einer gewissen

Ausführlichkeit dargestellt worden, um zu zeigen, daß sich das Panorama einer Welt, in der es den Satan und in der es Dämonen gibt, über lange Jahrhunderte hin ausgebildet hat. Von dem »Verderber«, der nach uraltem Nomadenglauben bei Frühlingsvollmond Unheil über Mensch und Tier brachte, bis zu Satan, dem Menschenfeind, der aber noch kein gefallener Engel ist und auch noch kein Verführer zum Bösen, spannt sich der Bogen höchst unterschiedlicher Vorstellungen. Nicht Satan, sondern Belial war nach jüdischem Verständnis schließlich der Verführer zum Bösen, wie oben dargelegt worden ist, und die Verinnerlichung des Konfliktes ist uns heute selbstverständlicher Bestandteil des eigenen Weltbildes – so selbstverständlich, daß es fast unmöglich ist, aus dem eigenen Geschichtsverständnis, dem eigenen Kulturhorizont herauszutreten.

Der Satan des Mittelalters

Wie steht es nun mit dem Satan im Neuen Testament? Ist er nicht der Feind Jesu, der alte Widersacher, dessen Macht von Gottes Herrschaft gebrochen wird, verkörpert in Christus? Tatsächlich besteht nach herkömmlicher Lehre das Heilswirken Christi im Kampf gegen die Macht des Bösen, und wer diesem Jesus aus Galiläa folgt, dem Sohn Gottes, hat die Möglichkeit, dem Satan zu entfliehen.

Aber wer die Bibel aufschlägt und den Text prüft, wird bald nicht mehr so sicher sein, daß hier mit Satan eine feste Größe gegeben sei, die aus dem Alten Testament in die Evangelien übernommen worden wäre, und es zeigt sich, daß es den Satan, wie er von den Malern des 15. Jahrhunderts dargestellt wird, in der Bibel noch nicht gibt.

Im alten Israel ist das Herz des Menschen der Ursprung des Bösen gewesen, ja Gott selbst bewirkte das Böse – im Neuen Testament werden alle Erfahrungen des Bösen wie selbstverständlich mit dem Satan in Verbindung gebracht, der durch Christus seiner Macht beraubt war. Auf den ersten Blick sind Satan, Beliar oder Belial und Beelzebub im Neuen Testament ein und dieselbe Person, der Satan wird als Herr der diesseitigen Welt bezeichnet, und zwischen dem Satan und den Dämonen scheint sich ein geschlossenes System heraus-

gebildet zu haben. Bei genauer Betrachtung erweist sich diese Vereinheitlichung als fragwürdig.

Dafür soll hier nur ein Beispiel gegeben werden, das bei Matthäus,
Markus und Lukas zu finden ist, nämlich die Heilung des Besessenen.
»Da wurde ein Besessener zu ihm gebracht, der blind und stumm
war. Und er heilte ihn, so daß der Stumme wieder reden und sehen
konnte. Und es gerieten alle die Scharen außer sich und sagten: Ist
dieser nicht etwa der Sohn Davids? Die Pharisäer aber, die dies hörten, sagten: Dieser treibt die Dämonen nur im Namen von Beelzebub
aus, dem Herrscher der Dämonen. Er aber kannte ihre Gedanken und
sagte zu ihnen: Jedes Reich, das mit sich selbst entzweit, wird entvöl-
kert, und jede Stadt und jedes Haus, mit sich selbst entzweit, wird
nicht bestehen. Wenn nun der Satan den Satan austreibt, ist er in sich
selbst entzweit. Wie wird nun seine Herrschaft bestehen? Und wenn
ich in Beelzebub die Dämonen austreibe, eure Söhne – durch wen (in
wessen Kraft oder Namen) treibe ich sie aus? Deshalb werden sie eure
Richter sein. Wenn ich aber durch Gottes Geist die Dämonen austreibe, so ist ja die Herrschaft Gottes zu euch gekommen.«

Hier soll nicht der Versuch unternommen werden, den Wirrnissen
des sogenannten »Beelzebub-Streites« nachzugehen. Wohl aber sind
die Feststellungen über den Satan wichtig, die Herbert Haag in seinem kritischen Werk »Teufelsglaube« getroffen hat; er weist nach,
daß die Gestalt Satans »an den meisten Stellen des Evangelisten in die
Verkündigung hineingetragen worden ist«. Und er zeigt, daß bei kri-
tischer Prüfung das Wirken Jesu eben nicht in seinem Kampf gegen
den Satan besteht. Jesus habe durch sein Evangelium die Menschen
keineswegs dazu bringen wollen, daß sie in ihrem Leben mit Satan
rechnen, und der Höllensturz des alten Widersachers des Menschen
war für ihn offenbar ein so endgültiger und bedeutender Umstand,
daß er selbst dem Satan »weder in seinem Wirken noch in seiner Verkündigung weitere Beachtung schenkte«. Ihm lag es fern, andere
Menschen oder die Dämonen mit dem Satan in Verbindung zu bringen, und ebensowenig wollte er seine Jünger etwa vor dem gefährlichen Treiben des Teufels warnen. Im Vertrauen auf das von Gott ge-
wirkte gute Ende genügte es ihm, das Gute zu tun. »Nur wer das Bewußtsein, das Jesus von sich und seiner Sendung hatte, außer acht
läßt, kann zu der Überzeugung kommen, daß Jesu Leben und Wirken ohne Satan sinnlos wäre« (Haag).

In der frühen Kirche blieb indessen der Dämonenglaube lebendig, wobei mit Dämonen nicht immer jene gemeint waren, die im vorigen Kapitel aus den Anfängen der Stämme Israel genannt worden sind. Die heidnischen Götter, deren Kulte entartet waren, bedienten sich in der hellenistischen Zeit der »Dämonen«, das heißt der Geister, die zwischen den opfernden Menschen und ihren Kulten und der Gottheit vermittelten. Diese Art Dämonen fand in das Neue Testament Eingang, z. B. bei Paulus. Mit dem Satan haben sie nichts zu tun, aber später wird ihre mythologische Vermischung mit Menschenweibern fortwirken bis in den »Hexenhammer«.

Welche Rolle spielt nun im Hochmittelalter der Teufel? War er nicht schon »immer da«, gehörte er nicht zu den anerkannten Faktoren der Geschichte der abendländischen Völker?

Niemand wird diesen Umstand bestreiten wollen, auch wenn hier versucht worden ist, die geschichtlichen Wurzeln dieser Vorstellungen bloßzulegen. Ganz sicher ist das »Vorhandensein des Teufels durch lange Jahrhunderte so etwas wie eine Selbstverständlichkeit des kulturellen Bewußtseins geworden. Es fügte sich als für den Zusammenhang des Ganzen notwendiges Element in das herrschende Weltbild ein« (Gérest).

Aber der Teufel hat in den jeweiligen Epochen unterschiedliche Sinndeutungen erfahren und wird heute »in Bezug gesetzt zu den inneren und äußeren Grenzen unserer Freiheit«, er wird als »subtilste Art des Bösen« erlebt oder als Ausdruck für eine »unerwartete Perversion, auf die man entweder im geheimsten Abgrund des menschlichen Herzens oder jenseits von ihm stößt«.

In solchen eher mystischen Formulierungen drückt sich die ganze Unsicherheit unserer Epoche aus, die das Böse sehr wohl an sich selbst erfahren hat und es naturwissenschaftlich oder auf den Ebenen der Psychologie zu analysieren lernt und doch von den alten Vorstellungen nicht lassen kann.

Wie steht dies alles nun in Beziehung zu den Hexenjagden?

Der Teufel war um 1400, lange bevor der »Hexenhammer« erschien, der zentrale Punkt der gesamten Dämonologie geworden. Damals erschien eine Fülle scholastischer Schriften, von denen der »Hexenhammer« aus verschiedenen Gründen die weiteste Verbreitung fand, und alle diese Schriften beschrieben den Satan in neuer Weise. Im Hochmittelalter weist man dem Teufel lediglich die Bereiche des »Blendwerks und der Täuschungen« zu. So werden im »Canon episcopi« aus dem 10. Jahrhundert zum ersten Mal Hexen genannt, die zum Hexensabbat durch die Luft reiten – aber dies geschieht, um Zweifel an der Wahrheit dieser Behauptung auszudrücken. Auch Bischof Burckhardt von Worms (11. Jahrhundert) und Autoren des 12. Jahrhunderts verweisen solche Hexerei ins Reich der Phantasie – aber im 14. Jahrhundert wird der Teufel mit einer »realen, quasiphysischen Macht« ausgestattet (Gérest), er ist gleichsam physisch unter uns gegenwärtig: zum Schein nehmen die Teufel die Gestalt von Menschen, Tieren oder Monstern an, sie bilden sich »durch Verdichtung schwerer Dämpfe, die vom Fußboden aufsteigen«, sie verkehren sexuell mit Männern und Frauen, sie bringen zwar keinen Samen hervor, aber die Macht des Teufels ist überaus groß in den Lenden des Menschen, wie der »Hexenhammer« es ausdrückt.

Das ist neu – und so wird der Teufel aus seinem anerkannten Platz im christlichen Weltbild der Scholastiker nun als konkrete Macht in

Satan zeichnet einen Zauberlehrling. Aus R. P. Guaccius, Compendium Maleficarum, Mailand 1626.

die Welt einbezogen. Dies geschieht zunächst nicht bei den einfältigen Bauern, die dumpf und stumpf unter dem wachsenden wirtschaftlichen Druck ihrer Herren stöhnen, nicht beim Handwerker in den Städten, nicht beim »gemeinen Mann«. Der Satan wird aktuell bei den Gelehrten, den Gebildeten, bei den führenden bürgerlichen Schichten. Was die Schicht jetzt an Vorstellungen produziert, wird später ins Volk hineinwirken und als blutiger Aberglaube vom Volk zurückgespiegelt werden.

Die Zeit wurde als eine Epoche des Niederganges, als Endzeit empfunden: der Verfall des Feudaladels, die Währungskrisen, ausgelöst durch das einströmende Silber aus den überseeischen Bergwerken, die Erschütterungen der Glaubwürdigkeit der Kirche durch das Schisma 1378 bis 1417 und die allgemeine Not verfinsterten den Horizont, und man fürchtete die Zukunft, oft auch für seine Kinder. Deshalb prüfte man, mißtrauisch geworden, die alten Texte der Autoritäten auf ihre Richtigkeit: ein neues Menschenbild, entwickelt aus den Vorstellungen über die Antike, wurde dem längst hohl gewordenen Kirchenglauben entgegengesetzt.

In dieser Zeit setzt man übrigens Juden und Teufel gleich: auf den alten Bildern trägt der Teufel Judenkleidung. Man glaubt, der Antichrist werde unter dem Einfluß des Teufels von einer jüdischen Hure in Babylon geboren, gewänne seine Anhänger unter den Juden und träte dann als Gegenspieler des Christentums auf (Haag). Die Problematik des Judentums kann hier nur angedeutet werden – die Gleichsetzung hält sich bis in Luthers Jahrhundert, er sagt: »Sie beten an 216 Tausend Teufel und nicht den rechten Gott.«

In besonderem Verdacht standen jüdische Ärzte: seit dem 13. Jahrhundert galt es als Sünde, einen jüdischen Arzt zu konsultieren. Doch jedermann wußte, daß diese die einheimischen Quacksalber an Kenntnis weit übertrafen, wohl aus Kenntnis der islamischen Heilkunde. Das allgemeine Vorurteil gibt, wie so oft, Luther wieder, indem er meint, jüdische Ärzte seien auf Vergiften aus – man spürt da die Nähe der Zauberweiber, der Drudnerinnen und Hexen.

Der Teufelsgedanke wurde zur fixen Idee dieser Jahrhunderte. So beschreibt eine 1584 zu Ingolstadt gedruckte Predigt, wie eine von 12652 Teufeln besessene Jungfrau »erledigt« wurde (Riezler). 1569 trieb Canisius, eigentlich Priester de Hondt, der erste deutsche Jesuit und Hofprediger in Innsbruck, in Augsburg die Teufel aus. Er hatte sich gegen die vielen Fälle von Besessenheit, die er 1569 beobachtet haben wollte, eigens Verhaltensmaßregeln von seinen Oberen erbeten und exorzierte allein aus einer Magd im Hause der Fugger zehn Teufel. Es gab damals so viele Teufel, daß man sie einzeln konkret benannte: Hosenteufel, Spielteufel, Saufteufel, Tanzteufel usw. – auch das 1587 zuerst gedruckte Buch über den Dr. Faustus gehört in die Reihe der zahlreichen Schriften, die sich mit dem Teufel befassen.

Das hat auch in der Kunst seinen Ausdruck gefunden, man denke an Dürers berühmten Kupferstich »Ritter, Tod und Teufel«. Der Ritter, der scheinbar unbeirrt und doch begleitet vom Teufel und vom Tod seines Weges reitet, ist zum Sinnbild unerschütterlicher Charakterstärke geworden. Albrecht Dürer, der mit diesem Stich 1513 dem Ritterstande huldigte, hat ihn dennoch kritisch gesehen: daß der Ritter vom Teufel belauert wird, charakterisiert die Epoche.

Auch Hieronymus Bosch (1450 bis 1516) hat mit seinen höllischen Visionen ausgedrückt, was damals jeden ängstigte: daß das Reich des Höllenfürsten überhandnehmen könnte. Luther warf mit dem Tintenfaß nach dem Teufel, der Teufel bedrängte den Humanisten Pico della Mirandola, auch noch den Juristen und Hexenjäger Bodin, den Reformator Sebastian Brant, wie er damals jeden bedrängt haben muß, der sich mit der Welt auseinandersetzte.

Erneuerung durch die Reinen

Wenn der Teufel ein großer Herr war, mußte er Verbündete und Untertanen haben, und wenn er Macht besaß, konnte man mit ihm paktieren. Von Teufelspakt und Teufelsbuhlschaft wird später noch ausführlich die Rede sein, und auch davon, wie man diese Vorstellungen auf die angeblichen Zauberinnen zu übertragen begann. Jetzt muß von einem anderen Teil des Wahnsystems berichtet werden, das an und für sich ebenso logisch erscheint wie die Vorstellungen vom Bösen. Denn wo es eine reine Lehre gibt, da gibt es auch Zweifel und den Streit um die Auslegung, und stets wird der Sieger den Besiegten als Abtrünnigen bezeichnen. Dieses Schema, im Frühchristentum mit

Händen zu greifen, ebenso in den Glaubenskämpfen des Islam, behält auch bei politisch ausgerichteten Ideologien seine Geltung. Für die Geschichte der Hexenprozesse muß es deutlicher dargestellt werden, denn nur dann läßt sich verstehen, daß man plötzlich alte Frauen als Ketzerinnen auf den Scheiterhaufen brachte.

Mit anderen Worten: wie der Teufelsbegriff, so ist auch der Begriff der Ketzerei Teil dieses Wahnsystems, das zu blutiger »Säuberung« zwingt. Das Wort »Ketzer« ist aus der Bezeichnung »Katharer« entstanden, vom griechischen »katharós«, das heißt »rein«. Die ersten Abtrünnigen haben sich nicht als »die Reinen« bezeichnet, sie folgten nur ihrem Gründer Priscillian, der das Fasten am Sonntag lehrte, die kirchlichen Fastenzeiten ablehnte und am prinzipiellen Dualismus zwischen Gut und Böse festhielt. Die Ideologie dieser Sekte ging auf christliche, spätantike und manichäische Gedankengänge zurück: Mani (ca. 215 bis 277) hatte in Babylon eine auf christliche, buddhistische und parsische Elemente gegründete Weltreligion ins Leben gerufen, deren Anhänger in scharfer Konkurrenz mit dem Christentum von China und Indien bis nach Spanien missionierten. Im vierten Jahrhundert entstand in Spanien jene neue Sekte, die von Priscillian geleitet wurde, einem Christen. Er ist der Verbrechen wegen, die man dieser Sekte nachsagte, im Jahre 385 in Trier hingerichtet worden. Das war unerhört: noch niemals hatte ein Christ wegen seines abweichenden Glaubens getötet werden dürfen.

Ein Schrei des Entsetzens ging durch die Christenheit, als ahnten die Menschen die Gräßlichkeiten, die dann über ein Jahrtausend lang die Kirchenszene beherrschen würden. In Trier erhob der Bischof, der heilige Ambrosius, seine donnernde Stimme, auf die selbst die Kaiser seiner Zeit hörten. Allein die Tat war nicht mehr ungeschehen zu machen, die Kirche hatte ihre Unschuld verloren: das Urteil war auf Befehl des Kaisers Maximus vollstreckt worden, nachdem die Bischofssynode den Abtrünnigen verhört hatte.

Mit dieser Hinrichtung ist das Modell gegeben: Abtrünnigkeit von den Lehren der heiligen Kirche ist nun, auch für einen durch die Taufe entsühnten Christen, das schrecklichste aller Verbrechen, und nach der plumpen Logik der Gefühle gehört zu solchen Verbrechen auch »Zauberei«. Wer sich so weit von der Kirche entfernt hat, so mag man gedacht haben, ist im Grunde schon dem Heidentum anheimgefallen, seinen geistigen Verlockungen, seinen Ausschweifungen. Und wenn das so ist, so ist es besser, die Seele wird im Tod von dem verdorbenen Leib befreit und der ewigen Gerechtigkeit überantwortet.

Es dauerte nicht lange, bis die Geduld der Kirche auf eine neue Probe gestellt wurde, bis neue Herausforderungen sie zwangen, ihre Gegner zu vernichten, wollte sie selbst nicht unglaubwürdig werden. So war der Manichäismus zwar schließlich ausgeschaltet, aber im 11. Jahrhundert entstand eine neue Bewegung, die sich mit großer Schnelligkeit von Osten her über ganz Europa ausbreitete. Die Massen, von der Kirche enttäuscht, die das bevorstehende Ende der Welt für das Jahr 1000 vorausgesagt hatte, wandten sich von der Kirche ab. Sie fanden ihre religiöse Heimat bei den »Reinen«, die um eine Erklärung für die Übel dieser Welt rangen. Wieder griff man auf alte Vorstellungen zurück, nämlich auf die Gestalt des Satans: sein Reich und das Reich Gottes schienen den Katharern miteinander im Kampf zu liegen. Diese »Reinen« gründeten eine »Kirche in der Kirche«, sie hatten eigene Bischöfe, eigene Diakone, zahlreiche Diözesen, sie traten auf eigenen Synoden zusammen und zogen Menschen aus allen Schichten der Bevölkerung an.

Aber als »Radikale« ihrer Zeit gefährdeten sie die bestehende Ordnung und wurden bald nach dem Jahre 1000 in Westeuropa verfolgt. Ihre Würde vor Gericht, ihr leidenschaftlicher Glaube, ihre schwärmerische Sprache voll mystischer Wendungen blieb eine Herausforderung an die Kirche, deren Ansehen immer mehr sank. Auch die Askese jener »Reinen« provozierte die verwilderte Kirche, und die Verweigerung von Eid und Sakrament mußte das staatliche Leben in Frage stellen.

Das kam den Wünschen der großen Herren entgegen. Jedenfalls gewannen die Sekten an Boden; die Bogumilen, die sich auf den Bulgaren Bogumil beriefen und im Kampf zwischen Gott und dem Satan auf der Seite des Guten standen, die Waldenser, Anhänger des Heiligen Waldes aus Lyon, und die Katharer verbanden sich miteinander, sie nannten sich »bon's hommes«, hielten fest zusammen, sie hatten eigene Schulen, eigene Bethäuser und genossen hohes Ansehen. Zu Anfang des 13. Jahrhunderts zählten fast alle Fürsten, Grafen und Barone im südlichen Frankreich zu den »bon's hommes«, die sogar öffentliche Versammlungen abhielten (Soldan/Heppe). Vor allem die Landschaft Albigois galt als Zentrum jener Ketzer, während die Kleriker der katholischen Kirche keinerlei Ansehen genossen und, wie ein zeitgenössischer Autor beklagt, ihre Tonsur versteckten, wenn sie auf die Straße gingen, aus Angst vor dem Spott des Volkes.

Es hätte diese religiöse Erneuerungsbewegung wohl eine weitere Ausbreitung erfahren, wenn nicht ein Mann entschlossen gewesen wäre, diesem Unfug um der Heiligen Mutter Kirche willen ein Ende zu setzen. Er hieß Papst Innozenz III. und hatte am 11. Februar 1198 den Heiligen Stuhl bestiegen. Im Jahre 1209 begann er das Werk der blutigen Säuberung, in dem er die Christen zum Kampf gegen die Ketzer aufrief und jedem die gleichen Privilegien versprach wie jenen, die gegen die heidnischen Sarazenen kämpften. Auch dies war neu: ein Kreuzzug gegen Christen.

Dies war der zweite Sündenfall der Kirche, und er war genauso logisch wie die Hinrichtung des Priscillian.

In der Tat sind fast alle Grausamkeiten des Menschen gegen den Menschen mit guten Gründen gerechtfertigt worden, und hier zeigt sich eine Gesetzmäßigkeit, deren Bedeutung weit über den engen Kreis der Kirche hinausreicht: je besser die Gründe zu sein scheinen, um so unbedenklicher werden die Konsequenzen gezogen. Allerdings vollziehen sich solche Entwicklungen schrittweise: zunächst ist das andere, das Neue eine Herausforderung, dann eine Bedrohung, die man verteufeln muß, um sich selbst zu schützen, schließlich projiziert man, was man selbst nicht vergessen kann oder was man verdrängt hat, als Eigenschaft auf das so geschaffene »Feindbild«.

Die Albigenser bieten dafür ein gutes Beispiel: ihre Glaubensstärke war den Zeitgenossen so unerklärlich, daß Alanus von Ryssel, ein zeitgenössischer Autor, erklärt, der Teufel selbst, übrigens in Gestalt eines Katers, wohne diesen Versammlungen der »Reinen« bei, empfange den Kuß der Huldigung auf seine Genitalien, ein anderer Autor, der Mönch Glaber Radulf, erklärt, ihre Ketzerei leite sich von einer Italienerin ab, die vom Teufel besessen jedermann mit unwiderstehlicher Gewalt verführt habe, und schließlich schreibt ein unbekannter Autor, dessen Artikel man in neuerer Zeit in den Archiven von St. Peter zu Chartres fand, der Teufel, mit bestimmten Formeln beschworen, erscheine in Tiergestalt. Sobald er erschienen sei, würden die Lichter gelöscht, dann treibe man miteinander Blutschande und Unzucht aller Art. Die Kinder, die aus diesem sexuellen Umgang hervorgingen, würden verbrannt, die Asche würde wie ein Heiligtum aufbewahrt. Jeder müsse diese Asche essen, und ihre zauberische

Gründtlicher warhaff-

tiger Bericht/was sich am tag Kungun=
dis den 3. Martij/zwischen etlichen Dienstmägden
auffm Feldt/nicht weit von dem Dorff Poppen-
reuth/ eine kleine Meyl wegs von der Stad Nürenberg gelegen/ Für eine Wunderliche Erschröck-
liche Geschicht/ verloffen vnnd zugetragen. Mit
angehengter Warnung vnnd Vermanung/ Das
sich mennigklich vor dergleichen leichtfertig-
keit/verachtung GOTTES Worts/
vnnd der Heiligen Sacramen-
ten/fleissig hüten wolle.

Erstlich zu Nürenberg durch Valentin
Geyßlern gedruckt.

*Von bösen Geistern besessene Mägde schänden die heilige Hostie.
Nürnberger Flugblatt 1567.*

Wirkung sei so groß, daß jeder unwiderstehlich an die Sekte gebannt sei – es ist dies eine Geschichte, die auch über Angehörige anderer Sekten berichtet und die man künftig allen religiösen Minderheiten anhängen wird.

Der zwanzigjährige »Kreuzzug« gegen die Albigenser mit seinen blutigen Greueln endet mit der völligen Ausrottung der Sekte. In Toulouse wird ein Inquisitionsgericht eingesetzt, dessen Aufgabe es ist, die zerstreuten Reste der »Reinen« aufzuspüren und zu vernichten.

Noch wendet sich die Schärfe der Inquisition nur gegen Ketzer, noch nicht gegen andersgläubige Mauren, denn noch ist das westliche Spanien in der Hand des Islam. Und auch die »Hexen« bleiben noch weitgehend unbehelligt: sie leben als Frauen mit besonderem Heilwissen irgendwo am Rand der Gesellschaft, und man bedient sich ihrer Künste zu guten und zu bösen Zwecken. Noch hat der Säuberungswahn gelehrter Kleriker sich nicht gegen diese Heilpraktikerinnen und Wahrsagerinnen gewandt, aber die Epoche stöhnt unter dem Druck fleischlicher Sünde, unter dem Zugriff kirchlicher Askese.

In den Jahren 1018 und 1049 hatte es geheißen, alle Kinder von Klerikern seien als Sklaven der Kirche anzusehen – und dies, obwohl die Priesterheirat 1031 nur zugelassen worden war, wenn der Priester in den Laienstand zurückträte. Erst im 12. Jahrhundert setzt sich das Zölibat mit der Auffassung durch, das Priesteramt und die Ehe seien unvereinbar. Wenn das Ansehen des Priesterstandes im 13. Jahrhundert gesunken war, dann vor allem deshalb, weil dieser den Forderungen der eigenen Kirche nicht gewachsen war, was das Zölibat anging: das Weib, Gefäß der Sünde und Gegenstand der Gier, stand nach der Lehre des heiligen Augustinus und der Kirche dem Reich der Hölle näher als dem des Himmels.

An dieser Stelle wird man indessen mit bloßer Kirchengeschichte nicht mehr auskommen und einige Kategorien der Psychologie zu Hilfe nehmen müssen, um die Entstehung des Verfolgungswahnes zu erklären.

Ein Bibelwort und goldene Stäbchen

Ein Mann, der in der Gemeinde allgemein geachtet ist und mit besonderem Eifer gegen die allgemeine Sittenlosigkeit zu Felde zieht, entpuppt sich als heimlicher Besucher von Bordellen; eine Frau, die ständig von Aufrichtigkeit spricht und jeden Dienstboten der Unehrlichkeit verdächtigt, nimmt es selbst mit der Wahrheit durchaus nicht genau und neigt auch in finanzieller Hinsicht dazu, ihren Mann hinters Licht zu führen; ein Vater, der die Labilität und Unsicherheit seiner eigenen Jugend verdrängt hat, empört sich darüber, daß die jungen Leute heute so haltlos seien: solche Beispiele aus dem Alltag kennt jeder, und sie meinen mehr, als das Bibelwort vom Balken im eigenen Auge umschreibt.

Die Psychologie hat es mit so allgemeinen Feststellungen aus dem Bereich der normalen Lebenserfahrung nicht bewenden lassen, seit Freud das Unbewußte als Faktor des Seelischen entdeckt hat. Und sie hat Daten erarbeiten können, die beweisen, daß jeder Mensch mehr oder weniger schnell einer Veränderung seines Urteils unterliegt, wenn bestimmte Einflüsse auf ihn einwirken. Diese Frage ist von Bedeutung, wenn man wissen will, wie es kommt, daß Richter und Fürsten, Notare und Geistliche, Männer und Frauen aller Bildungsstufen gemeinsame Anstrengungen unternehmen, um angebliche Zauberinnen auszurotten.

Um ein Beispiel aus dem Bereich der Hexenverfolgung zu nennen: der hochgelehrte Jurist Jean Bodin, ein Mann von scharfem Verstand, verfolgte im 16. Jahrhundert Hexen mit unvorstellbarer Grausamkeit – das ist überhaupt nur erklärbar aus einem bestimmten psychologischen Vorgang, dessen er sich nicht bewußt gewesen sein kann. Immerhin weiß man, daß er erst mit 47 Jahren heiratete und sich für Probleme der Impotenz ganz besonders interessierte, worüber später noch berichtet wird. Es scheint, als ob sein Hexenhaß als pervertierte Form des Frauenhasses erklärlicher wird, wenn man den Begriff der »Übertragung« zu Hilfe nimmt, übrigens nicht nur bei Jean Bodin.

Was also ist das, eine »Übertragung«? Dafür gibt es in der psychologischen Literatur überzeugende Erläuterungen.

Zwanzig Schülern im Alter von etwa zwanzig Jahren hat man vor einiger Zeit die Aufgabe gestellt, gewisse Stäbchen zu ordnen: diese

Stäbchen waren teils bunt gefärbt, zum Beispiel rot, golden, silbern, grün, weiß, gelb und blau, teils ungefärbt. Die Versuchspersonen sollten die Stäbchen nach Wohlgefallen ordnen (Mierke). Alle zwanzig Schüler haben die goldenen Stäbchen an die Spitze der Skala gesetzt und die farblosen Stäbe ans Ende. Damit war die erste Phase des Experimentes abgeschlossen. Der Wissenschaftler hat nun mit den Versuchspersonen weiter gearbeitet und ihnen nur die goldenen und die farblosen Stäbe belassen. Die Schüler sollten verschiedene Legeaufgaben durchführen, die aber so gestellt waren, daß mit den goldenen Stäbchen stets sehr unangenehme und mit den farblosen Stäbchen stets angenehme Aufgaben verbunden waren. Schrittweise veränderte sich die Einstellung der Schüler zu den Farben. Am Ende bezeichneten alle Versuchspersonen die farblosen Stäbe als die, die am schönsten, am sympathischsten seien, und zwar mit bezeichnenden Begründungen: »Die goldenen Stäbe kleben« oder »die Goldenen sind zu glatt« oder »jetzt sind diese schöner«. Diese vollkommene Umstellung auf die farblosen Stäbe erfolgte schließlich bei allen Versuchspersonen, aber in unterschiedlicher Zeit, je nachdem, ob es sich um sogenannte »Extravertierte«, also mehr nach außen gerichtete Menschen, oder um Introvertierte handelte: das rechnerische Mittel bei den Extravertierten ergab 19,83 Versuchsanordnungen, bis sie sich umgestellt hatten, bei den Introvertierten 101,8 Versuche; bei einem besonders beharrlichen introvertierten Schüler waren 138 Versuche nötig, bis auch er der Meinung war, daß die farblosen schöner seien, während ein extrem extravertierter Nebenmann nur 9 Versuche benötigte. »An diesem Versuch erkennt man zwei psychologisch bedeutsame Eigentümlichkeiten: die projektive Übertragung und die Rationalisierung« (Lückert).

Was bedeutet »projektive Übertragung«, und was ist in diesem Zusammenhang gemeint mit »Rationalisierung«? Es handelt sich um Tatbestände, die jedem bekannt sind und für die jeder Beispiele weiß, wenn sie auch meist ganz unbewußt ablaufen.

Unter Projektion versteht man eine Übertragung, und im psychologischen Bereich handelt es sich um eine Übertragung von etwas, was vorher verdrängt, was mit einer gewissen Anstrengung ausgeschaltet worden ist und nun, sozusagen durch die »Hintertür der Seele«, wieder hereinkommt. Sigmund Freud sagt hierzu: »Eine innere Wahrnehmung wird unterdrückt, und zum Ersatz für sie kommt ihr

Inhalt, wenn er eine gewisse Entstellung erfahren hat, als Wahrnehmung von außen zum Bewußtsein.«

Ein klassisches Beispiel für eine solche Übertragung ist die Erzählung vom Sündenfall. Der Baum, von dem Eva die Frucht pflückt, unterscheidet sich von allen anderen Bäumen nur dadurch, daß Gott verboten hat, von ihm zu essen. »Nicht weil er besser ist, verspricht sich die Frau von ihm mehr als von den übrigen Bäumen, sondern weil er verboten ist. Das ist bedeutsam für die Psychologie der Sünde in der Sicht des Jahwisten: das Verbotene übt, gerade weil es verboten ist, eine faszinierende Anziehungskraft aus« (Haag). In Herbert Haags Werk »Teufelsglaube« heißt es dann weiter: »In der Bildersprache der Sündenfallerzählung ist die Schlange nicht Bild für den Versucher, sondern für die Versuchung, die sich im Herzen des Menschen abspielt, aber notwendig nach außen projiziert werden muß.« Der Mensch versucht sich zu entlasten. Im Verhör sagt er, das Weib habe ihm vom Baum gegeben, und die Frau sagt, die Schlange habe sie verführt. Wie später gezeigt wird, »gibt dieser Text zur Identifizierung dieses Wesens mit dem Satan keinerlei Anlaß« (Haag). Psychologisch gesehen ist die Schlange also die bildhafte Projektion der Begehrlichkeit, die Adam angesichts des verbotenen Baumes entwickelt hat.

Solche Projektionen sind alltäglich, wie durch Versuchsreihen nachgewiesen werden konnte. Bei experimentellen Studien von Sears wurden Collegestudenten gebeten, sich selbst und ihre Kameraden nach einer Reihe von vorgegebenen Eigenschaften einzustufen. Abgesehen davon, daß sich der Ausspruch der Bibel bewahrheitet, daß man den Balken im eigenen Auge nicht, dafür aber den Splitter im Auge des anderen sieht: die meisten Teilnehmer boten Beispiele für Projektionen. »Diejenigen, die ihren eigenen Geiz nicht erkannten, belegten andere Studenten mit dieser Eigenschaft im höheren Grade, als die anderen Studenten unter sich« (Lückert). Mit anderen Worten: fast jeder Mensch projiziert die eigenen Unzulänglichkeiten und gelegentlich auch die eigenen Stärken auf seine Umgebung.

Man kann sich vorstellen, wie wirksam eine solche Gesetzlichkeit des Seelischen wird, wenn es gelingt, Menschen unter starken autoritären Druck zu setzen, so daß ihnen zum Beispiel schon der Gedanke an die sexuelle Berührung einer Frau oder eines Mannes als Sünde erscheint. Die Visionen eines Hieronymus Bosch sind beklemmende, auf die Leinwand gemalte Projektionen eines Menschen, der ein Opfer der Angst geworden ist: ihm ist die Welt eine Hölle. So wird der Schritt leicht nachvollziehbar: wenn es böse ist, Weiber zu umarmen, muß nach der Verdrängung aller solcher Wünsche das Weib selbst böse sein.

Noch ein Wort zur sogenannten »Rationalisierung«. Das hat hier damit zu tun, daß der Verstand dem Ich zuarbeitet: er liefert die Gründe, mit denen ich mein Tun ganz unbewußt erkläre. Denn was der Mensch tut, denkt und fühlt, unterliegt allenfalls der Kontrolle, aber nicht dem Einfluß seines Verstandes. Deshalb muß der Verstand überall dort, wo der Mensch unkontrolliert handelt, nachträglich Gründe liefern. Man kann das sehr leicht im Alltag nachweisen, wenn man jemanden fragt, weshalb er jene Zigarettenmarke oder diesen Staubsauger oder irgendein Spülmittel benutze: in den meisten Fällen wird er, falls er überhaupt rationale Gründe nennt, jene nennen, die ihm die Werbung, die Reklame eingehämmert haben: mit guten Gründen tut er, was er tut, dessen ist er sicher.

Man braucht also, um Menschen zu programmieren, keine Gehirnwäsche. Wer bei einem Menschen starke Regungen unterdrückt, kann sicher sein, daß es zu Projektionen kommt – beim einzelnen wie bei ganzen Gruppen. Und umgekehrt: wer Menschen vernichten und sie dem allgemeinen Haß aussetzen will, braucht sie nur zu »Sündenböcken« zu stempeln. Die Vorwürfe können so absurd sein wie sie wollen, so absurd wie die Gründe für ein Waschmittel oder eine leichte Zigarettensorte: wer bereit ist, zu projizieren, wer unter dem Druck eigener verdrängter Wünsche und Spannungen steht, die er sich nicht eingestehen kann, wird selbst die plumpste Begründung für seine Ohnmacht, seinen Haß, seine Projektion willig aufgreifen. Am besten ist es natürlich, wenn diese Gründe von einer Autorität geliefert werden, der er sich beugen muß. Und wenn sie in ein System gebracht sind, in einen offenbar logischen Zusammenhang. Genau dies geschah, als die Dominikaner Jacobus Sprenger und Heinrich Institoris ihr gründliches und überzeugendes Werk »Malleus maleficarum« 1486/1487 in Straßburg erscheinen ließen, den »Hexenhammer«.

Über dieses Werk, eines der schauerlichsten, die je in deutscher Sprache erschienen sind, wird noch ausführlich zu reden sein. Es erlebte bis zum Jahre 1520 vierzehn Neuauflagen, eine für damalige Zeiten ganz ungewöhnliche Zahl, und lieferte allen geistlichen und weltlichen Mächten gute Gründe dafür, mit unbarmherziger Strenge gegen die Feinde der Kirche und des Glaubens vorzugehen.

Bevor aber geschildert wird, wie der Hexenwahn, eine spezielle Form des Säuberungswahnes, mit voller Wucht ausbrach, muß man noch einen Blick auf die Ereignisse werfen, aus denen die Instrumente der Reinigung: Inquisition, Folter und Autodafé, hervorgegangen sind. Bis sich die Wut der Kirche auf sogenannte »Drudnerinnen« richtete, mußten bestimmte, in sich logische Verfahren geschaffen sein.

Die erste große Säuberung

Im Jahre 1215 waren aus ganz Europa mehr als tausendfünfhundert kirchliche Würdenträger nach Rom gereist, um an der Vierten Lateransynode teilzunehmen, die Papst Innozenz III. einberufen hatte. Auf dieses Konzil beruft sich die katholische Kirche noch heute, wenn sie ihren Teufels- und Dämonenglauben vertreten muß, etwa im Falle eines Exorzismus. Hexen waren allerdings damals noch kein zentrales Thema, es ging um die Disziplinierung der Juden und Ketzer. Diese Synode war es, welche die Ketzerei der Albigenser verdammte, den Heiligen Krieg proklamierte und verfügte, daß die Juden einen gelben Fleck an ihrer Kleidung zu tragen hätten.

»Über zwei Jahrhunderte lang trugen die Juden die Hauptlast der Verfolgungen. Sie wurden aus England und Frankreich vertrieben und im übrigen Europa massenhaft bekehrt oder getötet. Ende des dreizehnten Jahrhunderts wurden allein in Franken, Bayern und Österreich im Verlaufe von nur sechs Monaten einhunderttausend Juden hingeschlachtet« (Szasz). Sie wurden nicht ermordet, weil sie Juden waren, ebensowenig, wie man die Mauren in Spanien ermordete, weil sie Mauren waren. Was die Gesellschaft zwang, diese Menschen umzubringen, war der gebieterische Ruf der Kirche, die Ketzer zu vernichten, weil sie sich dem Heil widersetzten. Zu allem Unglück deckten sich die Interessen des Adels mit denen der Kirche. Die Männer, welche über Ketzer zu Gericht saßen und sie ungerührt, ihrer Pflicht folgend, verurteilten, waren keine Monstren, keine Sadisten, sondern Christen, die nur einen Gedanken hatten, ihrer Kirche treu zu dienen und sich durch nichts in diesem Glauben anfechten zu lassen – sie verdienen heute weder Abscheu noch Haß, sondern Aufmerksamkeit, damit wir selbst uns in ihnen wiedererkennen können. Es ging um den Glauben, um das Heil der Welt, das die Kirche verwaltete, es ging um die Glaubwürdigkeit dessen, was jedermann glaubte, um das Leben und Sterben des Heilandes Jesus Christus, um die tausendfach bewährte und erhärtete Autorität der Kirche und um die Frage, ob ein einzelner vermessen genug sein könne, seine eigene subjektive Meinung gegen die der Kirche zu setzen – jener mächtigen Partei, deren »Parteilinie« im geoffenbarten Wort Gottes vorlag.

So sah es aus vor dem Scheiterhaufen inmitten eines prunkvollen, ernsten Zeremoniells: »Der Notar begann die Geständnisse einzeln in der Volkssprache zu verlesen, und nach jedem Geständnisvortrag fragte man den betreffenden Schuldigen, ob er es als wahr anerkenne . . . Bejahte er, so fragte man weiter, ob er bereue oder Körper und Seele durch Beharren auf der Ketzerei verwirken wolle.« Allein unter der Herrschaft König Philipps II. sollen es in Spanien rund zwei Millionen Menschen gewesen sein, die auf diese Weise umgebracht wurden; wo man des angeklagten Ketzers nicht habhaft wurde, vernichtete man sein Bildnis, auch dies eine Art Magie.

Unfaßlich, daß ein Jude, ein Maure, dem die rettende Hand der Kirche und das ewige Leben geboten wurden, diese ausschlugen, es sei denn aus Böswilligkeit, aus Haß auf Gott und die Menschen. »Wenn er den Wunsch äußerte, zu bereuen«, wurde die Abschwörungsformel verlesen, die er Satz für Satz wiederholte. Dann sprach ihn der Inquisitor von der Ipso-facto-Exkommunikation, die er mit seiner Ketzerei auf sich geladen hatte, frei und verhieß ihm Gnade für Wohlverhalten unter der nunmehr zu verhängenden Strafe. Es folgte der Richterspruch, und so wurden die Bußfertigen nacheinander, beginnend mit dem am wenigsten Schuldigen, nach vorn gebracht (Szasz).

Man kann sich die Feierlichkeit dieses Reinigungsaktes in Spanien nicht großartig genug vorstellen: auf den Tribünen nahmen der König und sein Gefolge Platz, ebenso die Gesandten, der Hochadel und der Landadel. Ein Festzug von imponierender Länge näherte sich, dessen Spitze die Zunft der Kohlenhändler bildete: sie lieferte das Holz für die Scheiterhaufen. Es folgten die Dominikaner, die »Spürhunde Gottes«, danach ein Herzog, der das »Banner der Inquisition« trug, und schließlich brachte man die Verbrecher, auf deren hohen Mützen ihre Vergehen aufgezeichnet waren. Die unbußfertigen und hartnäckigen Todeskandidaten trugen leinene, mit Teufeln und Flammen bemalte Kutten und Kappen, Stricke um den Hals und Fackeln in den Händen. Wessen Widerstandswille noch nicht gebrochen war, der wurde mit einem martialischen Knebel mundtot gemacht – man wendete ihn auch bei denen an, die auf den Scheiterhaufen kamen: ihr gellendes Schreien inmitten der Flammen hätte sonst die fromme Liturgie der Mönche gestört. Genug, einen solchen Abtrünnigen dem Autodafé zu überliefern galt als verdienstlich. Das war selbstverständlich und weitaus weniger fragwürdig, als heute einen jugendlichen Dieb für Jahre hinter Gitter zu bringen.

Wenn ein Angeschuldigter bereute, noch ehe das Autodafé seinen Höhepunkt erreicht hatte, wurde er barmherzigerweise erwürgt, sonst lebend verbrannt. Dabei kam es auf den Wind an: schlug der dem Opfer ins Gesicht, erstickte es schnell im Qualm, wenn nicht, mußte der Unglückliche die ganze lange Qual ertragen. Man nannte den Akt der Verbrennung im kirchlichen Sprachgebrauch »die Erlösung«.

Mit diesen Ketzerprozessen war die Methode der Säuberung entwickelt worden, Widerstand regte sich selten, die terroristische Praxis entsprach in Spanien den Interessen jener, die sich von dem arabisch-jüdischen Bürgertum bedroht fühlten: es wurde nahezu ausgerottet, weil die Nachkommen jener, die als Ketzer verurteilt waren, nicht die geringsten öffentlichen Ämter übernehmen durften, eine frühe Form von »Rassismus« (Soldan-Heppe).

Die Heimtücke des Inquisitionsverfahrens bestand zunächst darin, daß es auf eine anonyme Anzeige hin in Gang gesetzt werden konnte – das wird später, bei der Hexenverfolgung, ebenfalls eine unheilvolle Rolle spielen. Keinem Verhafteten durfte, wie schon 1235 in den Konzilien von Béziers und Narbonne bestimmt, der Belastungszeuge genannt werden. Das zweite Moment, das den Terror erst voll zur Entfaltung brachte, war das juristisch einwandfrei begründete Mittel der Wahrheitsfindung, die Folter.

In Deutschland ist die Inquisition mit dem Namen Konrads von Marburg verknüpft, der am 30. Juli 1233 der Volksjustiz zum Opfer gefallen ist: man überfiel ihn auf der Heide oberhalb des Dorfes Kap-

pel, als er von Mainz nach Paderborn unterwegs war, und schlug ihn
tot. Die Inquisition unternahm daraufhin keine neuen Versuche
mehr, in Deutschland Fuß zu fassen. Im Jahre 1232 hatte der Kaiser
gegen die Ketzer in Deutschland die Reichsacht verhängt, nachdem
man schon vorher Ketzer gejagt hatte: in Straßburg z. B. ließ der Bischof an einem einzigen Tage fast hundert Menschen verbrennen.
Der Inquisitor Konrad von Marburg hatte seine Blutarbeit mit ähnlicher Brutalität durchgeführt, wie später Hexen gejagt wurden. »Jedem falschen Zeugen wurde geglaubt, rechtliche Verteidigung ward
niemandem gestattet, auch dem Vornehmsten nicht; der Angeklagte
mußte gestehen, daß er ein Ketzer sei, eine Kröte berührt, einen blas-
sen Mann oder sonst ein Ungeheuer geküßt habe« (Soldan-Heppe).
Im Elsaß, im Raum von Mainz und Trier, führte Konrad von Marburg besonders gründliche Säuberungen durch, und beim Kreuzzug
gegen die Stedinger, einen Bauernstamm in der Gegend zwischen Oldenburg und Delmenhorst, spielte er eine unheilvolle Rolle. Aus
nichtigem Anlaß entwickelt sich dort eine Rebellion gegen den Erzbischof von Bremen, 1232 wird gegen die Stedinger das Kreuz gepredigt, mit einer Bulle des Papstes Gregor IX. verkündet, und schon
wirft man diesen Bauern Herabsetzung der Geistlichen, Verfertigung
von Wachsbildern, Befragung von Dämonen und Wahrsagerinnen
vor. Vom Kuß auf den Hintern eines riesigen schwarzen Katers ist die
Rede und von der »abscheulichen Unzucht« beim ketzerischen Tref-
fen, denn »findet sich nun, daß mehr Männer als Weiber zugegen
sind, so befriedigen auch Männer mit Männern ihre schändliche
Lust«. Auch sonst ist die Bulle des Papstes, die hier zitiert wird, nicht
wählerisch in ihren Vorwürfen, und man sieht, wie sich ein fester Ka-
non von Anschuldigungen vorbereitet, der später auch auf die angeblichen Hexen projiziert wird. Im Jahre 1233 überfällt ein Kreuzfah-
rerheer von 40 000 Mann den kleinen Landstrich, ein Teil der Stedinger fällt im Kampf, der Rest unterwirft sich und wird durch den Erzbischof vom Bann befreit. Vier Jahrhunderte später wird man ähnliche Vorwürfe, wie man sie hier den Stedingern gemacht hat, aus
Frauen und Kindern herausfoltern.

Mit Daumenschrauben und Heckerschem Stuhl

Jedermann hat in den Gewölben von Burgen und in den Verliesen der alten Städte die Werkzeuge mittelalterlicher Unmenschlichkeit gesehen. Wenn der Besucherstrom an den schrecklichen Instrumenten vorbeizieht, mit denen Glieder gereckt, gebrochen, gequetscht wurden, um das Geständnis eines unglücklichen Menschen zu erzwingen, dann denkt niemand gerne an die modernen Foltern, die Elektroschocks, die Stromstöße, wie sie politischen Häftlingen verabreicht werden, kurzum, an die Methoden heutiger Kreuzfahrerideologien. Die heutigen Foltern finden in den Gefängnissen der Militärdiktaturen statt, außerhalb der Legalität. Damals gehörten sie zur Gerichtspraxis wie heute das »Lebenslänglich« oder die Todesstrafe.

Man hört häufig, erst mit der Inquisition oder mit der Übernahme des Römischen Rechtes sei die Folter nach Deutschland gekommen. Das trifft so mit Sicherheit nicht zu – denn sie ist so alt wie die Hochkulturen, in denen Mächtige dem Schwachen ihren Schutz boten, ihn aber auch unterdrückten. Ohne auf dieses Kapitel der Kulturgeschichte ausführlich eingehen zu wollen: in Rom konnte jeder Privatmann seine Sklaven nach Belieben foltern, bis die Willkür dieser Grausamkeiten unter der Kaiserzeit etwas eingeschränkt wurde. Hunger-, Durst- und Schlaffolter sowie die Folter mit Schnüren blieben aber in Gebrauch – und so blieben sie es wohl auch in den römischen Ostprovinzen, in Ober- und Untergermanien sowie im Karolingerreich.

Nach dem Abgang der fränkischen Könige gibt es keine Quellentexte über die Folter mehr (Merzbacher), nur der Schwabenspiegel (1275) erwähnt sie: Tortur mittels körperlicher Züchtigung, Hunger und Kälte werden als Mittel angewandt sowie »andere üble Dinge«. Die Inquisition bediente sich dieser Mittel mit einer scharfsinnigen Begründung: man glaubte allen Ernstes, der Verstockte sei von einem Dämon oder vom Teufel selbst besessen, und ebenso glaubte man, der Teufel selbst durchleide die Folter und fahre dann aus dem Körper des Gefolterten – erst dann sei der Beschuldigte Herr seines eigenen Willens und habe nun auch die Kraft, seine Schuld zu bekennen.

Nicht infolge seiner augenblicklichen Qualen, so die richterliche Auffassung, habe also der Gefolterte sein Geständnis abgelegt, sondern als ein wahrhaft Befreiter.

Für die Richter in solchen Prozessen bot diese Auffassung eine willkommene Entlastung, und wer zur Grausamkeit neigte, fand mit diesen Formeln, die ihm angesehene Theologen boten, seine Gewissensruhe. Auch hier stellt sich die intellektuelle Verknüpfung verschiedener Elemente zu einem System als unheilvoll heraus, zugleich wird aber auch deutlich, welche Unbefangenheit notwendig gewesen sein muß, sich so guter Gründe zu erwehren: wer die Besessenheit durch Dämonen und Teufel leugnete, galt schon als Ketzer.

Im Jahre 1252 regelte Papst Innozenz IV. mit einer Bulle »Ad exstirpanda« den Gebrauch der Tortur. Diese Vorschrift galt zwar nur für die Inquisition, doch war die Folter ein Element des Corpus juris civilis, also jener Gesetzessammlung, welche die Entscheidungen der römischen Kaiser, erweitert um die Gesetze von Konstantinopel, festgeschrieben hatte. 1532, mit der Übernahme des Römischen Rechts durch die Peinliche Halsgerichtsordnung Kaiser Karls V., als das alte, durch Abhängigkeit und Willkür korrumpierte Recht durch die neue Konzeption abgelöst wurde, war die Folter, durchaus ohne fremde Vorbilder, schon in ganz Deutschland verbreitet. Zuerst eine Waffe gegen die Ketzer, war sie später schrecklicher Bestandteil der allgemeinen Justiz.

Als Papst Innozenz IV. die Folter gegen Ketzer legalisierte, war das Ziel klar: ihr Zweck sollte es sein, den Verdächtigen, der verstockt war, zum Geständnis der eigenen Schuld und zur Angabe seiner Mitschuldigen zu bringen. Ausdrücklich war gefordert, die Folter nicht bis zur »membrorum diminutio et mortis periculum«, zur Vernichtung von Gliedern und bis zur Gefahr für das Leben, zu steigern. Wer als Inquisitor dieses Gebot verletzte, sollte selbst mit Exkommunikation bestraft werden.

Das stellte sich als unpraktikabel heraus, fand sich doch bald kaum jemand mehr, der diese Gefahr auf sich nahm, wenn er das schwere Werk begann, aus den Ketzern die Wahrheit herauszufoltern. Papst Urban IV. erließ deshalb schon im Jahr 1261 eine Bestimmung, wonach die geistlichen Inquisitoren einander gegenseitig absolvieren könnten, falls wirklich einmal die gezogene Grenze überschritten und ein Delinquent zu Tode gefoltert wurde. In diesem Falle genügte es, wenn ein anderer Geistlicher anwesend war und die bekannte Formel sprach: »Ego absolvo te in nomine . . .« usw.

Leibesstrafen waren damals selbstverständlich: vor jeder Kirche, auf jedem Marktplatz, in jeder Schenke konnte man Menschen sehen, deren Körper verstümmelt waren. Dem Betrüger wurden die Ohren aufgeschlitzt – daher die Bezeichnung »Schlitzohr« –, Dieben die Hand abgehackt, Verleumdern riß man die Zunge aus dem Mund, und die Todesstrafen dienten nicht allein dem Ziel, das Leben zu nehmen: die Form der Strafe drückte den Abscheu der Gesellschaft aus, auch ihre Furcht vor der Tat. So kam es zum Rädern, dem Verfahren, bei dem die Knochen des Opfers gebrochen wurden, um den Leichnam dann draußen am Galgenberg den Raben und Krähen zum Fraß darzubieten – auch das Vierteilen zwischen Pferden galt als besonders drakonische Hinrichtungsart: Spektakel war alles dies für Volk und Adel gleichermaßen, noch bis ins 18. Jahrhundert. Erst die Französische Revolution, blutiges Werkzeug der Aufklärung, schaffte derlei grausame Willkür ab und führte mit dem Gedanken der Menschenwürde die Gleichheit aller vor dem Gesetz ein.

Im Mittelalter aber war die Unverletzlichkeit der Person kein Menschenrecht, und die Kirche, von den Irrtümern ihrer Zeit nicht ver-

Eine Bauersfrau wird gehängt, die nach dem Urteil des Ketzergerichts von bösen Geistern besessen ist. Florenz 1520.

schont, hielt die Folter, zumal gegen Ketzer, für kein Übel. Ursprünglich eine Gegnerin allgemeiner Folterpraxis, sanktionierte sie diese schließlich aus moralischen Gründen: das vom Missetäter erlittene Leid, so lehrte sie, läutere den Menschen und versöhne Gott. Papst Gregor IX. hatte Anfang des 13. Jahrhunderts das Instrument der Inquisition den Bischöfen aus der Hand genommen und es in eine rein päpstliche Einrichtung umgewandelt: der Inquisitor war Sonderbevollmächtigter des Papstes, dessen Autorität zu leugnen als Ketzerei galt wie jeder Zweifel an den Lehrsätzen, den Dogmen der Kirche.

1232 hatte das neue päpstliche Amt in Südfrankreich, in Aragonien, in der Lombardei sowie in Deutschland und Österreich zu arbeiten begonnen, wissenschaftlich und theologisch geschützt von Autoritäten wie Thomas von Aquin: Ketzer seien Söhne des Satans, deshalb sei es nur billig, daß ihnen das Los des Vaters schon hier auf Erden zuteil würde, d. h. daß sie brennen sollten wie er. »An die Worte des Apostels Johannes, daß man einen Häretiker, nachdem man ihn zweimal vergebens belehrt habe, fliehen solle, knüpft der die Bemerkung, daß die Meidung am besten durch Hinrichtung zuwege gebracht werde. Bei Rückfälligen aber hält er jede Belehrung für unnütz und empfiehlt, sie kurzweg zu verbrennen« (Soldan-Heppe, Th. v. Aquin: Summa II. 9. Art. 3 u. 4).

Es ging gegen Ketzer, nicht gegen Hexen, doch begann sich erstmalig der Mechanismus des Terrors in Gang zu setzen: die Absicht, zu reinigen, setzt schon im Prinzip Gründlichkeit voraus, und so bestand für die Kirche stets die Gefahr, daß Abtrünnige, daß Schädlinge unentdeckt blieben: mit Eifer spürte man auf, verdächtigte man, suchte nach jenen, die den Namen eines ehrlichen Christenmenschen verwirkt hatten durch ihr gottloses Bündnis mit dem Teufel – und wo Zweifel bestanden, half man mit der Tortur nach.

Die Tortur war, wie Soldan-Heppe sagt, die eigentliche Seele des ganzen Prozeßverfahrens. Ohne sie sei es gar nicht möglich gewesen, die Massen von Hexen aufzuspüren, die man allerorten prozessiert und justifiziert habe. Und doch bleibt die Frage, unter welchen Bedingungen ein solches System entstehen kann und wie Menschen, die Frauen, Mütter und Kinder haben, so durchaus guten Glaubens handeln können – eine Frage, die sich in ihrer Unbegreiflichkeit immer wieder neu stellt.

Wer sich mit diesen Tatbeständen beschäftigt, kommt übrigens in einen besonderen Zwiespalt: ohne die sinnliche Erfahrung, ohne den vollen Eindruck ist ein Bericht über die Tortur nur Papier, und je deutlicher dieser Eindruck wiedergegeben wird, um so mehr vermag er die dem Menschen eigentümliche Lust an Grausamkeiten anzustacheln und die Schranken des Widerwillens und der Scham zu mindern. Deshalb sollen hier zunächst nur die Mittel, die Werkzeuge aufgezählt werden, deren sich die Inquisition und später die Henker im Rahmen des Römischen Rechts nun Jahrhunderte hindurch bedienten. Friedrich der Große, ein aufgeklärter Monarch, schaffte als erster 1740 in Europa die Folter ab – eine Atempause im Kampf der Humanität gegen die Brutalität.

Die Mittel der Folterknechte reichen vom Abreißen der Fingernägel mit Schmiedezangen und Anlegen der Daumenschrauben bis zum »tormentum insomnium«, der Folter der Schlaflosigkeit: Matthias Hopkins, der berüchtigte Hexenfinder Englands, ließ die Gefangenen unaufhörlich im Keller umhertreiben, damit sie wach blieben und »keinen Zuspruch vom Teufel erhielten«, bis sie mit wunden Füßen halb wahnsinnig zusammenbrachen. In Deutschland und im Kirchenstaat wurde diese Foltermethode ebenso wie in England praktiziert. In Württemberg wandte man erst seit 1662 Daumenschrauben an, erfand dafür aber die Wippe: dem Beklagten wurden Hände und Füße zusammengebunden, an einem über eine Rolle laufenden Seil zog man ihn hoch und hängte unten einen Stein, oft bis zu einem Zentner schwer, an die Füße.

Spanische Stiefel, in ganz Europa benutzt, preßten die Waden und zerbrachen die Wadenknochen. Man träufelte brennendes Pech auf den bloßen Körper, hielt brennende Kerzen unter die Achseln oder verwandte, zum Beispiel in Baden, den »Heckerschen Stuhl«. Das war ein eigens für Hexen erfundenes Instrument, ein mit stumpfen Stacheln besetzter Eisenstuhl, auf den man die unglücklichen Frauen band und den man von innen heizte. Tagelang wurden sie so gemartert, bis das Geständnis erzielt war.

Oft gingen die Folterer während der Tortur zum Essen oder ließen sich's bei Wein und Braten vor den Augen der halbtoten Opfer wohl sein. Besonderen Scharfsinn hatten die Henker der Bamberger Gefängnisse entwickelt: hier stellte man aus scharf gesalzenem und gepfeffertem Hering, »zum Prey gesotten«, eine höllische Nahrung

her, folterte also mit Durst und Hunger – so jedenfalls berichtet ein
Aktenstück aus dem Jahre 1631. Dabei ist noch nicht einmal das gräß-
liche Detail der schlimmste Eindruck, sondern die systematische
Ruhe, die ungerührte Konsequenz, mit der sich sonst wohlmeinende
Leute und achtbare Bürger dieser Mittel bedienen.

Selbstverständlich wurde bei allen Hexenprozessen nach dem
»stigma diabolicum«, nach dem Teufelszeichen, gesucht. Man glaubte, jede Hexe habe an ihrem Leibe, zumal an verborgener Stelle, ein
Mal, an dem sie unempfindlich und ohne Blut sei (Soldan-Heppe).
Der Folterknecht stach deshalb mit der Nadel in alle Leberflecken,
Pigmentstörungen, Warzen usw., um zu prüfen, ob dort etwa kein
Blut käme – dies galt, wie die Schmerzunempfindlichkeit, als Beweis
für den Teufelsbund. Noch in der bayerischen General- und Spezial-
instruktion über den Hexenprozeß wird 1622 als Beweismittel anerkannt, »wenn sonst bei einer ein Zeichen am Leibe gefunden wird,
welches der böse Feind dem Menschen zur Bestätigung des Bundes
zugefügt hätte«.

Undenkbar, daß ein junges Weib, vor haßerfüllten und voreinge-
nommenen Richtern entkleidet und der Suche nach dem Teufelszeichen unterworfen, für unschuldig hätte befunden werden können:
zuviel hatten diese harten und strengen Männer bei diesem Anblick
wohl verdrängen müssen. Natürlich reizte die Schutzlosigkeit der
Frauen und Mädchen, die als Hexen in den Turm geworfen wurden,
die sexuelle Begehrlichkeit: von Vergewaltigungen ist oft die Rede,
doch war es nie der Folterknecht, sondern stets der Teufel, der die
Mädchen, oft halbe Kinder, so übel zugerichtet hatte, und gab es im
Hexenturm einen Selbstmord, so hatte auch hier der Teufel seine
Hand im Spiel.

Der hohe Zweck rechtfertigte jedes Mittel: Geständnisse, die nach
dem ersten Grad der Folter gemacht wurden, verzeichnete man
durchweg als freiwillige Geständnisse (Riezler). Auch daß diese angeblich freiwilligen Geständnisse mit Überzeugung wiederholt wurden, hat seine Gründe: wer dies nicht tat, galt als »unbußfertig« – und
einem solchen Menschen wurden keine Sakramente gereicht. Er
mußte also befürchten, nach all den Qualen des Verhörs dann auch im
Jenseits keine Ruhe zu finden und im höllischen Feuer zu brennen.
Und schließlich: nur der Bußfertige wurde zum Erdrosseln begnadigt: diese Todesart entsprach den kanonischen Vorschriften, da ja

die Kirche kein Blut vergießen durfte. Allerdings wurden auch unkorrekterweise Enthauptungen durchgeführt: dies war für das unglückliche Opfer eine Erlösung, denn unter welchen Qualen diese unglücklichen Menschen litten, läßt sich kaum nachvollziehen. Die Verbrennung erfolgte, indem man die Hexe an einen Pfahl band. Zwischen Arme und Beine der Opfer wurden Pechkränze gelegt, man band Strohbüschel an ihren Leib und schlug zur Befestigung der Garben Klammern in den Pfahl. In den Fällen, in denen Gnadenerlaß gewährt wurde, erdrosselte man, wie gesagt, das Opfer mit einem Strang, ehe das Feuer entzündet wurde.

Als der Hexenwahn seinen Höhepunkt erreicht hatte, reichten die herkömmlichen Formen der Vernichtung nicht mehr aus – offenbar fehlten Arbeitskräfte, um genug Holz heranzuschaffen. So führten 1587 die Vasallen des Grafen von Schaumburg-Lippe Beschwerde darüber, daß ihre Leute zu neuen Dienstleistungen gezwungen würden, nämlich Holzfuhren für die Hexenverbrennungen zu leisten (Zaretzky).

Es läßt sich vermuten, daß diese Dienstleistungen nicht nur in Schaumburg-Lippe zu Schwierigkeiten führten, und so kam man auf einen naheliegenden Gedanken, wohl um die Arbeitskräfte rationeller zu nutzen: schneller mußte das Verbrennen in einem Ofen vonstatten gehen. Es liegt ein Notabene vor, die Notiz eines Bischofs von Bamberg namens Johann Georg II. Fuchs von Dornberg, der anordnet, daß in Zeil zum Verbrennen der Unholde ein Backsteinofen verwendet werden solle. »Ein solcher Verbrennungsofen hatte vollständig die Gestalt eines dörflichen Backofens in Höhe von sieben bis acht Fuß und war oben mit Stroh und Holz gedeckt. Die Eingangsöffnung schloß eine Eisentür. Der Innenraum ist nicht sehr groß gewesen. Die Brennzeit belief sich auf etwa drei Stunden. Diese Hexenöfen können gewissermaßen als Strafkrematorien angesprochen werden« (Merzbacher).

In Franken stand außer in Zeil in Gerolzhofen ein solcher Ofen. Auch aus Schlesien ist diese Verbrennungsart überliefert: der Magistrat von Neiße ließ nach dem Dreißigjährigen Krieg einen Hexenofen bauen, ganz wie es in Franken geschehen war. Allein 1651 wurden darin 42 Frauen und Mädchen zu Asche verbrannt.

Im weiteren Gebiet des Bischofs von Breslau stieg die Gesamtzahl der Todesopfer auf einige hundert.

Gegen Malefiz und Zauberpraxis

Es gibt kein Datum, das den Tag bezeichnet, an dem sozusagen offiziell die erste Hexe verbrannt worden ist. Der Argwohn der Inquisition richtete sich zuerst gegen »Zauberei«, die ursprünglich ein weltliches, kein geistliches Verbrechen war. Die Konstitution Kaiser Friedrichs II. von Hohenstaufen für das Königreich Sizilien zum Beispiel, die 1231 erlassen wurde, behandelt die Ketzerei in Buch I, die sogenannten »maleficien« aber als weltliche Vergehen im Buch III und nennt nicht die Strafe der Verbrennung.

Was man unter einem »maleficium« (lat. malus = schlecht, facere = machen) verstanden hat, ist leicht gesagt: alles, was angeblich mit Hilfe magischer Praktiken an Schaden angerichtet wurde – wobei wiederum ein Schaden, den man sich nicht erklären konnte, meist aus solchen Ursachen erklärt wurde. Wenn z. B. »eheliche Beiwohnung« durch Impotenz unmöglich gemacht war, vermutete man, es handele sich um Zauberei, um ein »maleficium«, das von irgendwem »angehext« worden war. Petrus Lombardus, ein hochberühmter Pariser Scholastiker, stellte in seinem Standardwerk »Liber sententiarum« von 1150 denn auch fest, wenn eine solche durch »maleficium« verursachte Impotenz mit Hilfe kirchlicher Mittel wie Beten, Fasten und Exorzismus nicht beseitigt werden könne, dürfe die Ehescheidung erfolgen. Diese »impotentia ex maleficio« ist nur eines der zahllosen »Malefizien« gewesen, wenn auch eines, das besonders lebhaft diskutiert wurde und an das jedermann glaubte.

Die Kirche übrigens hat sich da schwergetan: weshalb sollte der Teufel, der doch gerade sinnliche Ausschweifungen förderte, dahin wirken, die Enthaltsamkeit zu stärken? Und weshalb sollte Gott selbst, der doch die Ehe als Sakrament eingesetzt hatte, dem Dämon gestatten, sie zu stören? Der große Albertus Magnus, ein oft scharfsinniger Naturbeobachter und Gelehrter, erklärte es: Gott läßt diese Störung der Ehe zu wegen der Sünden derer, die von ihr betroffen werden – und als Beispiel für die anderen (Hansen).

Ein anderes verbreitetes Maleficium lenkte eigentlich erst die Aufmerksamkeit auf die Zauberei, und dies nur, weil die Angst der Mächtigen diese Aufmerksamkeit schärfte: es ging um den schon erwähnten Bildzauber, von dem sich selbst Päpste bedroht fühlten.

Des nachtes auff die schlauffende leüt
Das es in heymliche ding bedeüt
Vnd vil zauberey vntzayn
Die sehent an dem schulter payn
Was dem menschen sol beschehen
Vnd etlich die yehen
Es sey nit gůt das man
Den lincken schůch leg an
Vor dē gerechten des morgens frů
Und vil die iehen man stoß der ků
Die milch auß der wammen
So seynd etlich der ammen

Eine Hexe, die auf einem Pentagramm kniet, verzaubert eine Kuh, so daß diese keine Milch mehr gibt. Holzschnitt aus Hans Vintler, Tugend-Spiegel, Augsburg 1486.

Diese Art der Zauberei wird schon früh gemeldet und gehört wie andere Malefizien zum eisernen Bestand der öffentlichen Vorurteile. So wurde im Jahre 1028 Graf Wilhelm von Angoulême in Aquitanien, der Gegend südlich der Garonne, von einer »verzehrenden Krankheit« befallen – mehr ist nicht bekannt. Der Verdacht auf zauberische Künste entstand sofort, wie der Chronist Ademar von Chabannes aus demselben Jahr berichtet. Man verdächtigte eine Frau – natürlich eine Frau, möchte man sagen. Im Verhör gestand sie nicht, die Folter wurde noch nicht angewandt.

In solchen Fällen griff man zum Gottesurteil: auch ein Zweikampf wurde als Gottesurteil angesehen, denn wie konnte Gott den Untergang eines unschuldigen Menschen zulassen. In diesem Falle wurde der Kämpfer zwar von der verdächtigten Frau verwundet, aber er hielt sich aufrecht, so daß das Ergebnis unentschieden war. Ohne Wissen des Grafen wurde die Frau daraufhin gefoltert, zugleich mit drei anderen, nun ebenfalls verdächtigten Frauen, und es wurden phantastische, aus Lehm geformte Bilder aus der Erde gezogen, mit deren Hilfe der Zauber verübt sein sollte – eine wüste Intrige, bei der nur eines offensichtlich erscheint: derlei Maleficium galt damals als selbstverständlich und naheliegend. »Als nun kurz darauf der Graf dennoch starb, der die Verdächtige, die trotz allem nicht gestand, geschont wissen wollte, wurde das Weib als schuldig angesehen und mit seinen Genossinnen auf Befehl von Wilhelms Sohn Alduin vor den Mauern der Stadt Angoulême lebendig verbrannt« (Hansen).

Diese Frauen waren noch nicht des Bündnisses mit dem Teufel angeklagt, nicht des »fleischlichen Umganges« mit dem Gehörnten, niemand sah sie durch die Lüfte zum Hexensabbat reiten. Sie stehen noch auf etwa einer Stufe mit Giftmischerinnen, und diese Bildnisse – aus Lehm, nicht so häufig aus Wachs – sind nur Werkzeuge ihrer angeblichen bösen Absicht wie der Dolch des Mörders, auch wird ihnen nicht zur Last gelegt, Vieh verzaubert, Wetter gemacht oder Kinder verzehrt zu haben.

Solche Verbrechen wie das des Bildzaubers wurden zunächst wie andere Verbrechen bestraft. Erst die Inquisition rückte sie in die Nähe der Ketzerei und faßte sie als die »praktische Seite der Ketzerei in ihr grimmiges Auge« (Soldan-Heppe). Sie tat anfangs des Guten zuviel, jedenfalls sah dies der schwache und unbedeutende Papst Alexander IV. so: nicht alles, was nach Kirchenrecht verboten war, z. B. Zinswucher, Wahrsagerei und Zauberei, sollte gleich als Ketzerei verfolgt werden. Gegen den üblichen Unfug auf diesem Gebiet, nämlich »divination«, d. h. Geisterbeschwörung und Wahrsagerei, sollte nur eingeschritten werden, wenn es sich um Ketzerei handele, auf Ketzerei verweise. Andernfalls sollten die Inquisitoren solche Leute, die derlei betrieben, den zuständigen Richtern, also den Bischöfen, überlassen.

Die glaubensstarken und eifrigen »Spürhunde der Kirche« legten den Erlaß auf ihre eigene Weise aus: in der mantischen, d. h. in der weissagenden Zauberei sollte man genauer prüfen, ob es sich um Ketzerei handelte. Nun gut, aber von der praktischen Zauberei, von den alltäglichen Malefizien hatte der Papst nichts Ausdrückliches verlauten lassen, diese also mußte ganz offenbar mit um so größerer Strenge verfolgt werden. Von nun an handelte es sich bei der »Zauberei«, also bei der Ausführung der sogenannten Malefizien, nicht mehr einfach um eine Sünde, sondern um Ketzerei – und dafür war die furchtbare Inquisition zuständig: so waren die Fachleute in dieser Sache durchweg Dominikaner und Inquisitionsrichter.

Diese Entwicklung und die krankhafte Furcht einzelner Machthaber führten schnell zur Steigerung der Schrecken: so lebt Papst Johannes XXII. (1316 bis 1334) unter der Zwangsvorstellung, seine Feinde, darunter mehrere Kardinäle, trachteten ihm nach dem Leben. Gegen einen Arzt namens Johannes von Armanto und einige Höflinge läßt er peinlich untersuchen; mit Gift, so vermutet er, unter Anrufung von Dämonen und mit Hilfe von Wachsbildern hätten ihm diese Männer nach dem Leben getrachtet. Mit immer neuen Erlassen stachelt dieser Papst die Inquisition an: er erklärt, man habe den König Karl von Frankreich mittels Blei- oder Steinbildern umbringen wollen, genau weiß er es nicht, doch glaubt er an Magie. Im Jahre 1330 läßt er sich die Akten schicken, um sich selbst einen Überblick über den Stand des Zauberwesens zu verschaffen, und wie er, so sah auch der französische Hof unter Philipp von Valois die Sache. Kein Wunder, daß in Carcassonne zwischen 1320 und 1350 rund vierhundert »Zauberer« verurteilt werden, mehr als die Hälfte zum Tode; zu Toulouse werden im selben Zeitraum sechshundert Urteile gefällt.

In dieser Zeit, als die Geißelbrüder durch die Lande zogen und Europa vor der Pest zitterte, als man die Juden schlachtete und die Menschheit von Entsetzen über grausige Vorzeichen aller Art geschüttelt war, griff mancher in letzter Hoffnung zu Mitteln der Zauberei, und auch die Kirche vermochte es nicht, diese Praktiken auszurotten, die fast selbstverständlich geworden waren.

Wie die verdorrte Rebe,
die man verbrennt

Die Literatur jener Jahre verzeichnet diese Wendung vom Ketzerprozeß zum Hexenprozeß. Die Scholastik mit ihrer Dämonenlehre
bereitete den Boden vor, die Inquisition zog die unbarmherzigen
Konsequenzen. In Spanien, wo die Inquisition ein so reiches Feld von
Aufgaben vorfand und genug zu tun hatte, die als Christen verkapp-
ten Mauren und Juden zu liquidieren, kümmerte sie sich um Hexen
kaum. In Frankreich lagen die Dinge anders: wie in den ersten Jahrzehnten des 14. Jahrhunderts die Zauberer und Zauberinnen auf die
Scheiterhaufen gebracht wurden, ist bereits berichtet worden. Hier
kann man sogar feststellen, wann der Hexentanz in Mode kam: anläßlich einer Ketzerverbrennung im Jahre 1353 in Toulouse ist zum ersten Male vom Hexenreigen die Rede.

Bei diesem Prozeß wurde auch zum ersten Male aktenkundig und
damit glaubwürdig, daß die Hexen von Toulouse zum Schwarzen
Bock über die Pyrenäen geflogen seien und das Fleisch neugeborener
Kinder verzehrt hätten. Glaubwürdig wurde diese Überlieferung
auch, weil als Beweis angeführt wurde, sie hätten das Fleisch ohne
Salz gegessen: Salz war geheiligt, hatte durch die Bibel hohen Rang,
man bekreuzigte sich an der Tafel vor dem Salzfaß des Fürsten, wo
Salz war, war ein »sacrum«, war Reinheit im ursprünglichen Sinn:
wie konnten Hexen es wagen, gesalzenes Fleisch zu verzehren?

Die Beschuldigungen gegen Hexen, was waren sie anderes als Projektionen, erwachsen aus den Dunkelheiten dessen, was man in sich
selbst an Zweifeln, an Begehren, an Rebellion gegen die Übermacht
der Heiligen Mutter Kirche verdrängt hatte!

In ganz Europa beginnt man um diese Zeit, sich näher mit Zauber-
weibern zu befassen: das fängt in Irland 1324 an, als die vornehme
Lady Alice Kyteler vor ein geistliches Gericht geladen und der Zauberei angeklagt wird. Der wirre Fall, bei dem der Teufel abscheulicher-
weise in der Gestalt eines Katers, eines schwarzhaarigen Hundes
oder, wenn er bei Laune war, allenfalls als Mohr auftrat, endete mit
der Auspeitschung und Verbrennung einer der Zofen wegen Zauberei – das ist das erste wegen Hexerei vollstreckte Bluturteil (Soldan-
Heppe).

In Italien ist man um diese Zeit noch unschlüssig, wie man mit einer »mulier striga« verfahren solle.

Der Bischof von Novara, Johann Visconti, fragt bei einem als streng geachteten und beim Volk verhaßten Juristen namens Bartolo von Sassoferraco (Severus de Alphanis) an. Der empfiehlt in einem Gutachten den Tod auf dem Scheiterhaufen und beruft sich dabei u. a. auf die Bibel: Christus habe geboten, wer nicht in seiner Gemeinschaft bleibe, den solle man hinwegwerfen wie eine verdorrte Rebe, die man bekanntlich verbrenne. Das leuchtete ein, und so verbrannte man jene unbekannte Missetäterin aus einem Ort bei Novara – und verbrannte von nun an, gestützt auf diese Auskunft, alle solchen Weiber.

Während aber hier der Säuberungswahn neue Nahrung fand, gestalteten sich die Dinge in Frankreich schwieriger. Auf Beschluß des Pariser Parlaments, einer ständischen Vertretung des Adels, wurde im Jahre 1390 der Hexenprozeß den geistlichen Gerichten abgenommen und den weltlichen Gerichten zugewiesen. Die Sorbonne verfaßte da ein gelehrtes Gutachten über diese Fälle des Inhalts, daß man zwar die Realität von Zauber anerkennen müsse, doch handele es sich hier keineswegs um eine Art christlicher Herrschaft über die Geisterwelt. Weder Bilder noch Zaubermittel hätten durch sich selbst oder durch Weihezeremonien ihre Kraft. All das beruhe vielmehr auf einem ausdrücklichen oder stillschweigenden Bündnis mit den Dämonen, die sich nicht durch Zeremonien und Beschwörungsformeln zwingen ließen – sie täten nur so, als würden sie gezwungen, um die Menschen zu täuschen.

Dieses Gutachten, unter dem Kanzler Johann Gerson (gest. 1429) verfaßt, spiegelt eine relative Liberalität. Gerson hatte an anderer Stelle geschrieben, man solle fest sein im Glauben wie Philipp von Frankreich, der einst ein Zauberbild aus Wachs, das ihm den Tod bringen sollte, ins Feuer geworfen habe mit den Worten: »Wir wollen sehen, ob der Teufel mächtiger ist, mich zu verderben, oder Gott, mich zu erhalten.«

Gerson setzte sich mit seinem Gutachten in einen gewissen Gegensatz zur Fachliteratur seiner Epoche. Es gab nämlich schon damals ein erstes systematisches und außerordentlich gründliches Werk, eine Art Vorläufer des »Hexenhammer«. Es lehrte, daß alle magischen Praktiken ketzerisch seien oder wenigstens einen starken Verdacht

67

auf Ketzerei nahelegten, so daß sie alle von der Inquisition zu prüfen seien. Entscheidend für den juristischen Charakter des Zaubereiverbrechens ist hier die Frage, welcher Art die Verbindung des Menschen mit dem Dämon ist und ob etwas verlangt wird, das nur Gott zu leisten vermag – wobei es keine Rolle spielt, ob ein Mensch geschädigt wurde durch ein Maleficium.

Dieses Buch, im Jahre 1358 von einem spanischen Dominikaner verfaßt, dem Generalinquisitor von Aragon, Nicolaus Eymericus (1320 bis 1399), trug den Titel »Directorium Inquisitorum« und stellt die erste systematische Unterweisung für Ketzerrichter dar. Zwar handelte es sich um eine private Arbeit, doch bekam sie bald nahezu amtlichen Charakter, denn ihr Verfasser war eine Autorität. Dieser Mann, der schon mit 35 Jahren Generalinquisitor geworden war, hat dieses Amt 44 Jahre lang mit Strenge verwaltet. Außerdem war er ein praktischer Kopf: er ordnete die Ketzereien alphabetisch und publizierte das Verzeichnis von zwölf Seiten in Folio, dessen Buchstabe A allein 54 Ketzereien umfaßt. Noch zweihundert Jahre später hatte die mit Kommentaren versehene Ausgabe den Rang eines Standardwerkes. Am 13. August 1578 wurde sie von Papst Gregor XIII. mit einem Privileg gegen Nachdruck versehen. Sie ist als das »goldene Buch« berühmt und bringt die Ernte scholastischer Diskussion um den Dämonenglauben ein.

Es gibt ein paar weitere Gesichtspunkte, die das drohende Unheil verschärfen: so etwas nährt sich ja nie aus einer einzigen Quelle, aus einer Ursache allein. Immer sind es, wie bei Katastrophen, mehrere Faktoren, die das Ungeheuerliche ermöglichen, das sich niemand je hat vorstellen können.

Einer dieser Faktoren ist der Leumund, mittelhochdeutsch »liumunt«. Das heißt soviel wie Gerücht: das, was von Mund zu Mund getragen wird. Lateinisch heißt das »fama publica«, also die »öffentliche Meinung«, das Gerede der Leute. In diesem Zeitalter ohne eine einzige gedruckte Zeile, fast ohne präzise Nachrichten und Mitteilungen war der Leumund eine Gewalt, die vernichten konnte: kein Gericht schützte gegen »üble Nachrede«. Mit dem, was im Dorf und auf dem Markt über einen Menschen zusammengetragen wurde, war das Material geliefert für die kalte Verbrennung auf dem Scheiterhaufen der öffentlichen Meinung. Mit dem Leumund wurde die soziale Anpassung reguliert. Noch heute fürchten in engen Gemeinschaften die Leute nichts mehr als das, was »die Leute sagen«.

Schon 1224 wird dieser Drache »liumunt« in einige Prozeßverfahren eingeführt, und zwar zuerst in der sogenannten »Treuga henrici«, in dem von König Heinrich verkündeten Gottesfrieden für die deutschen Lande. Es ist dasselbe Jahr, in dem der Vater des Königs, Kaiser Friedrich II., die Fürsten in ihren Hoheitsrechten bestätigt, auch in denen der Gerichtsbarkeit. Der Sohn führt ein, daß bei zweifelhaften Personen die »fama publica«, bezeugt von Aussagen ehrenwerter Leute, prozeßerschwerend wirken könne (Hansen). Es kommt hier nicht auf die Feinheiten der Justiz, auf die Fragen der Rechtsgeschichte an, sondern nur darauf, daß dieser Begriff, der Leumund, als vor Gericht wirksam anerkannt wird: wie sollen später, wenn die Leidenschaften erst aufgepeitscht sind, jemals Menschen zu ihrem Recht kommen, die ins Gerede gekommen sind?

Man hat sich die Zeit des Verfolgungswahnes allerdings nicht so vorzustellen, als habe in ganz Europa gleichmäßig die Hexenverfolgung gewütet wie später die Judenvernichtung unter dem systematischen Zugriff der SS: im 14. und 15. Jahrhundert brach die Jagd nach »Hexen« wie eine lokale Epidemie aus. »Es gab ausgesprochene Zauber- und Hexenländer, meist Gebirgsgegenden: Savoyen, die Schweiz, Lothringen, Schottland. Doch auch anderswo kommen jene Epidemien vor. Um 1400 war sogar der französische Hof ein solcher Herd an Zauberei« (Huizinga). Man weiß, auch in Tirol und Bayern wütete der Hexenglauben.

Aber war es nicht ein Wunder, wenn eine Frau durch die Luft flog, wenn sie Eheleute zum Streit brachte oder das Wetter mit Hagel und Blitz über das Feld? War dies denn etwas anderes als das, was man von den Heiligen wußte? Gelehrte Untersuchungen legten dar, weshalb die Werke des Teufels, da sie auf geheimen Kräften der Natur beruhten, keine Wunder seien.

Nicht jedermann glaubt an Hexen, nicht überall siegt die Inquisition: Arras kommt durch wahnwitzige Prozesse so ins Gerede, daß die Stadt ihren Kredit verliert, die Kaufleute meiden die Stadt, der Bischof selbst spricht von einer »von einigen schlechten Subjekten abgekarteten Sache«, der Herzog von Burgund fordert von der Universität Löwen ein Gutachten über den Bildzauber an. Die Gelehrten erklären, es handele sich um Hirngespinste – da entsendet der König seinen »Wappenkönig«, also eine Art Generalbevollmächtigten, nach Arras, und von Stund an werden keine neuen Opfer mehr angeklagt. Schließlich werden sogar sämtliche Hexenprozesse in Arras annulliert, das Volk feiert ein Freudenfest, auch das hat es damals noch gegeben.

Noch ist der Volkszorn ungebrochen, regt sich gelegentlich Widerstand gegen den Terror: 1233 werden zwei Dominikaner, die nach Cordes geschickt worden waren, um Ketzer aufzuspüren, von Bürgern erschlagen, 1235 vertreibt man die Inquisitoren mit Gewalt aus Toulouse, in Carcassonne werden 1240 kaltblütig dreißig Geistliche umgebracht, es gibt noch weitere Beispiele.

Erst wie sich die Stoßkraft der Inquisition statt gegen Ketzer gegen Zauberei und Hexerei richtet, verraucht die Volkswut. Über die Verderblichkeit der Zauberei war man sich damals einig, die Frage war nur, wie man Hexen erkennen und vor allem überführen könne: hier hatte das alte Recht Instrumente bereitgestellt, die mit dem Blick auf das neuerdings überhandnehmende Verbrechen der Zauberei geschärft wurden.

Von der Feuerprobe zum Hexenstechen

»Im Jahre 1350 nach Ostern geschah ein großes Zeichen in der Stadt Wittenberg, die da ist in der Grafschaft Schwerin: Ein Mensch ward zu Unrecht um Mordbrand verklagt, er sollte sich nach dem Rechte reinigen und trug ein glühendes Eisen zum Beweis seiner Unschuld. Als er es von sich warf und vom Feuer unverletzt war, da fiel das Eisen in die Erden und verschwand. Darnach wohl über ein Jahr oder zwei, da sollten Bürger die Straße ausbessern; einer davon fand das Eisen in der Erde, faßte es an und verbrannte sich die Hände. Er wurde deswegen aufs Rad geflochten wie einer, der des Mordbrands schuldig ist« (Bühler).

Solche Gottesurteile hat es bei allen Völkern gegeben, mit allen ihren Absurditäten. In Westafrika zum Beispiel zwang man bei unklaren Rechtslagen den Beschuldigten, Gift zu trinken: wenn er diese Prozedur überstand, wurde das als Beweis seiner Unschuld akzeptiert. In Europa haben sich die alten frühgeschichtlichen Gottesurteile lange erhalten, weil auch die Kirche zunächst keine anderen Möglichkeiten kannte, Schuld oder Unschuld eines Menschen herauszufinden.

Als sich der Frankenkönig Chlodwig 496 zum Christentum bekehrt hatte, gestattete er den Priestern, die Ordalien in ihrem Sinne auszubauen: so ließ man Gegner eines Prozeßstreites mit ausgestreckten Armen an einem Kreuz stehen; wer bei diesem »Kreuzurteil« zuerst die Arme sinken ließ, hatte verloren und galt als schuldig. Dieses Kreuzurteil wurde erst 816, rund dreihundert Jahre später, unter Ludwig dem Frommen als Gotteslästerung verboten. Das Gottesurteil erhielt sich aber, etwa in Form des gerichtlichen Zweikampfes, bis ins 17. Jahrhundert. Es gibt noch einige andere Proben dieser Art, bei der magische Praxis und Theologie eine unauflösliche Verbindung eingehen – eines aber ist allen gemeinsam: für den Unglücklichen, der mit der Todesstrafe bedroht ist, stellen sie eine letzte und äußerste Möglichkeit dar, sich vom Schuldvorwurf zu reinigen.

Der »Hexenhammer« sieht das sehr deutlich und äußert sich zu diesem Punkt unmißverständlich in der siebzehnten Frage: »Über die gewöhnliche Reinigung und besonders über die Probe mit dem glühenden Eisen, an welche die Hexen appellieren.« Die Frage lautet, ob die Hexe »mit der gewöhnlichen Reinigung« oder zum Gottesurteil mit dem glühenden Eisen zugelassen sei, wenn sie daran appelliere. Die Antwort lautet: »Es scheint, ja.« Aber die Autoren lassen den Leser nicht lange im Zweifel, daß diese Ansicht irrig ist: mit der bekannten weitschweifigen Geschwätzigkeit, die vom Hundertsten ins Tausendste kommt und alle nur denkbaren Autoren berücksichtigt, kommt der »Hexenhammer« zu seinem Schluß: »Daher sind die Hexen weniger als jedwede andere Missetäter, wegen der intimen Beziehungen, die sie mit den Dämonen unterhalten, durch solche Probe zu reinigen, sondern sind schon durch die bloße Tatsache, wenn sie daran appellieren, für verdächtige Hexen zu halten.«

Wie viele Beschuldigte im Vertrauen auf die übliche Rechtspraxis und auf ihre Unschuld gebeten haben mögen, sie wollten glühendes Eisen tragen, wird nicht mehr zu ermitteln sein – und kaum eines der Opfer wird verstanden haben, weshalb gerade dieser Antrag den Verdacht verstärkte. Der »Hexenhammer« war ja lateinisch geschrieben und dem Volk damals so wenig zugänglich wie die Bibel oder die Kirchenväter. Die Verfasser des »Hexenhammer« müssen diese Art Gottesurteil gehaßt haben; offenbar sind ihnen selbst auf diese Weise einige Opfer entgangen, wie sonst ist die folgende Geschichte zu erklären, die als Argument dafür gebracht wird, daß der Richter auf dieses Gottesurteil nichts geben dürfe. Da wird berichtet, wie in der Diözese Konstanz ein junger Graf, »der in solchen Dingen noch nicht viel Erfahrung hatte«, die Probe mit dem glühenden Eisen zugelassen hätte.

Und fährt fort: ». . . und während sie verurteilt war, das glühende Eisen nur drei Schritte zu tragen, trug sie es sechs und erbot sich, es von neuem eine noch längere Strecke zu tragen. Infolgedessen wurde sie, während sie es offenbar in der Hand gehabt hätten, sie nach dem Indizium der Hexerei zu verurteilen, weil keiner von den Heiligen den göttlichen Beistand so zu versuchen gewagt hätte, trotzdem von den Fesseln befreit und lebt unversehrt bis heute, nicht ohne durchaus dem Glauben des Landes ein Ärgernis zu sein.«

Für die Beurteilung eines solchen Falles war allerdings nicht wichtig, wie weit einer das Eisen trug, sondern ob die Wunde eiterte: dies konnte erst drei Tage später ermittelt werden und wurde als Schuldbeweis angesehen; zunächst ist die Wunde verbunden worden. Schon die schiefe Darstellung der damaligen Rechtspraxis verrät hier die tendenziöse Verzerrung.

Alle diese Gottesurteile waren Bestandteil einer archaischen Rechtsordnung, des alten Stammesrechtes, gewesen und wurden im frühen Mittelalter auf das christliche Weltbild projiziert. In der Zeit der Hexenprozesse änderten sie ihren Charakter: nicht die Beschuldigten appellierten, man möge sie zu dieser Form der Reinigung zulassen, sondern das Gericht unterwarf den Beschuldigten gewissen Proben, um die angebliche Wahrheit herauszufinden, d. h. um einer verzweifelt sich wehrenden Frau auf den Kopf zusagen zu können, sie sei eine Hexe. Der Unterschied zum Gottesgericht: ein positiver Befund überführte sie der Hexerei, ein negativer Befund galt nicht als Beweis ihrer Unschuld und reinigte sie noch nicht vom Verdacht.

Daß ein Körpermal einen Menschen magisch zeichnete, war uralter Glaube, das Kainsmal ist ein biblisches Beispiel. Nun begann man an der angeblichen Hexe nach Körpermalen zu suchen, nahm die Hexenprobe vor. Schon eine Warze, ein Leberfleck, ein Muttermal oder auch nur eine Pigmentstörung, wie sie bei alten Leuten häufig ist, genügte für die schon erwähnte Nadelprobe und zählte als anerkanntes Beweismittel wie heute ein einwandfreier Indizienbeweis. Dabei stach der Scharfrichter mit seiner spitzen »Visitiernadel« in das Mal, das übrigens auch eine Narbe sein durfte: als Beweis galt, wenn kein Blut floß oder wenn die Stelle unempfindlich war. Die Begründung für dieses Verfahren: wer mit dem Teufel Umgang hatte – und bei einer Hexe war dies vorauszusetzen –, bei dem mußten Teufelsbiß oder Teufelskuß Male hinterlassen haben, und da man die eigenen sexuellen Praktiken auf die angebliche Hexe projizierte, lag diese Schlußfolgerung nahe.

Es gab gelehrte Spezialisten, die das Hexenstechen in ein System brachten und Fachbücher darüber verfaßten; unter diesen sogenannten Hexenstechern waren auch Ärzte (Szasz). In England bekamen die »common prickers« für jede entdeckte Hexe eine Gebühr. Schließlich nahmen die Laienstecher so überhand, daß die Gerichte ihre »Beweise« nicht mehr akzeptierten. Wie viele Opfer allein diese spezielle Form des Säuberungswahnes gekostet hat, ist nicht mehr nachzuweisen.

Die Nadelprobe wurde außer in England in Spanien, in Deutschland und in Frankreich durchgeführt. In Frankreich und in der Schweiz wurde diese Untersuchung meist von Chirurgen vorgenommen, in Deutschland vom Scharfrichter im Beisein der Schöffen. Natürlich konnte bei dieser Probe das Ergebnis manipuliert werden: es kam vor, daß der Henker die Nadel mit dem Knopf aufsetzte, so daß weder Blut kommen noch Schmerz entstehen konnte; an einer anderen Stelle des Körpers aber konnte der Mann so fest zustechen, daß der Kontrast der Reaktionen nur allzu deutlich wurde. Auch wird man daran denken müssen, daß das überraschte und verwirrte, verzweifelt auf seine Unschuld vertrauende Opfer oft überhaupt nicht wußte, was der Sinn all dieser Prozeduren war: woher sollten sie das auch wissen! Die meisten Frauen, die dieser Praxis unterworfen worden waren, dürften verbrannt worden sein.

Wenn aber bei der Frau nichts am Leibe gefunden wurde, was man als Hexenmal hätte bezeichnen können, war die Erklärung schnell zur Hand: der Teufel drücke nur zweifelhaften Anhängern seinen Stempel auf (Soldan-Heppe). Eine solche Frau wird also, wenn der Henker mit seiner Nadel nicht allzu fest zustach, geglaubt haben, der

Mann wolle sie schonen, ohne zu verstehen, daß damit ein weiterer Schritt zum Scheiterhaufen getan war.

Auch wer nicht weinen konnte, galt als Hexe, aber die Gelehrten waren hier unterschiedlicher Ansicht: der große Bodin, eine der maßgeblichen Autoritäten auf dem Gebiet des Hexenwesens und den Verfassern des »Hexenhammer« an Fanatismus ebenbürtig, an Gelehrsamkeit überlegen, glaubte, daß nur das rechte Auge einer Hexe drei Tränen vergießen könne. Erst im 18. Jahrhundert, also als man bereits Blutdruck und Fieber messen gelernt hatte, erkannten Mediziner, daß bei einem Übermaß an Qual, etwa unter der Folter, das Auge trocken bleibt.

Es gab noch andere Mittel, eine Hexe mit angeblichen Proben zu überführen, die deutlich Beweiskraft hatten: nach Abscherung der Kopfhaare solle man einen Tropfen geweihten Wachses, so der »Hexenhammer«, mit einem Becher oder Pokal Weihwasser mischen und dies der Beschuldigten drei Tage lang unter Anrufung der Heiligsten Dreifaltigkeit bei nüchternem Magen zu trinken geben. Dies, so sagt der »Hexenhammer«, sei in Deutschland die schicklichste Methode, Hexen zu überführen – im Gegensatz zum »Abscheren der Haare« im Ausland. »Daher hat auch der Inquisitor von Como uns wissen lassen, daß er im verflossenen Jahr, welches 1485 war, zweiundvierzig Hexen habe einäschern lassen, nachdem am ganzen Körper die Haare abrasiert worden waren.«

In einer Zeit, in der man glaubte, der »Sitz der Wollust« bei Frauen sei der Nabel, scheint alles möglich gewesen zu sein; dieses Abscheren der Körperhaare ist durchgeführt worden, um das Hexenmal im Genitalbereich zu finden.

Schließlich galt alles, was dem Gericht auffällig vorkam, schon als Beweis dafür, daß es sich um eine Hexe handeln müsse: wenn eine Beschuldigte stockte, sich bestürzt zeigte, die Zunge herausstreckte, ständig auf den Boden oder zur Seite sah. Vor allem aber, wenn sie beim Aufsagen des Vaterunsers hängenblieb, bei der sechsten oder siebten Bitte Schwierigkeiten hatte oder das Gebet überhaupt nicht zu Ende brachte, galt dies als Zeichen ihrer »Teufelsbuhlschaft«.

Das Wasser spricht das Urteil

Man kann von Hexenproben nicht sprechen, ohne auf das sogenannte Hexenbad zu sprechen zu kommen, eine sehr christliche Form des Gottesurteils mit einer typisch mittelalterlichen Begründung, die doch wie keine andere die Möglichkeit gab, das Ergebnis zu manipulieren. Wie lange sich der Glaube an das Hexenbad und seine offenbarende Kraft im Volk erhalten hat, beweist eine Geschichte, die in der Vossischen Zeitung zu Berlin am 14. August 1769 erschienen ist: »Maynstrom, vom 14. August. Zu Granchester, ohnweit London, pflügte dieser Tagen ein Pächter; eines seiner Pferde fiel vor dem Pflug nieder und war gar nicht aufzubringen. Sein Nachbar sagte zu ihm: Kein Wunder, Collins, da steht sie! (eine alte Frau aus Caldecot in Cambridgshire, die für eine Hexe gehalten ward), sie hat auch meine Tochter unter, die seit vielen Jahren scheußliche Anfälle hat. Beym heiligen St. Andres, antwortete der Pächter, sie soll sinken oder schwimmen! Sie zogen die Hexe aus Caldecot in Cambridgshire nackend aus, thaten ihr einen Strick unter die Arme und warfen sie ins Wasser. Die alte Frau schwamm einige Zeit auf dem Wasser, und erhielt dann von Collins und seinem Nachbar die Erlaubnis, nach Hause zu gehen.«

Hier ist das alte Gottesurteil insofern verstümmelt, als man geglaubt hat, einer Unschuldigen werde Gott helfen und sie schwimmen lassen – ursprünglich war es genau umgekehrt. Das »judicium aquae frigidae«, der »Urteilsspruch des kalten Wassers«, offenbar schon in vorchristlicher Zeit praktiziert als Gottesurteil, war von Ludwig dem Frommen, Kaiser der Franken (814 bis 840), verboten, dann wieder zugelassen und zur Zeit Bernards von Clairvaux (1091 bis 1153), des fanatischen Kreuzzugspredigers, wieder angewandt worden: gegen die Manichäer, die schon erwähnte Sekte, war es gebraucht, dann umstritten gewesen und auf dem Laterankonzil von 1215 unter Innozenz III. verboten worden.

Im 15. Jahrhundert muß diese Form der Hexenprobe in Deutschland noch selten gewesen sein; 1436 wurde sie in Hannover an der Leine praktiziert. Ein Schreiben eines Professor Scribonius an den Magistrat zu Lemgo verrät, daß sie dort erst nach 1583 eingeführt wurde, in weiten Teilen Deutschlands aber noch unbekannt war.

Dieser Scribonius trat nachdrücklich für das Hexenbad ein, unterlag aber bei einem wissenschaftlichen Disput über diesen Gegenstand den Ärzten Johann Ewich und einem Hermann Neuwald, der Professor in Helmstedt war. Auch unter Ärzten und Theologen war das Hexenbad also umstritten, und selbst der Jesuit DelRio, einer der berühmtesten Hexenjäger und bedeutendsten Theoretiker, sprach sich gegen das Hexenbad aus: es sei keineswegs erlaubt und könne kein Recht zu Folterung bieten. Er sprach damit die Ansicht seines Ordens aus.

Seit dem 16. Jahrhundert verwendete man das Hexenbad in Deutschland meist nicht mehr im Sinne eines eigentlichen Gottesurteils. Wenn die Hexe durch das Hexenbad überführt war, wurde sie gefoltert, um das Geständnis zu erlangen: das Bad hatte nur den Rang eines Indizes. Mit Hilfe des Geständnisses wurde es dann zum Beweis erhoben. In Deutschland war dieses Verfahren aber noch bis 1649 in Gebrauch, so in Mecklenburg, und endgültig ist es erst im 19. Jahrhundert verschwunden.

Am bekanntesten ist diese Hexenprobe durch das Schicksal der Agnes Bernauerin geworden, der Bürgerstochter aus Augsburg. Unterschiedlich war die Handhabung in Europa: in Italien und Spanien kam sie nicht vor, allerdings in den spanischen Niederlanden – hier wurde sie 1595 verboten, nachdem ein Jahr zuvor das Gutachten eines Professors in Leyden zum Verbot durch den Gerichtshof im freien Holland geführt hatte. Von Deutschland aus, wo sie spät auftauchte, verbreitete sie sich über ganz Europa: von Westfalen aus nach Lothringen, schließlich nach Belgien und Frankreich; dort allerdings verbot das Pariser Parlament das Hexenbad. Mitte des 17. Jahrhunderts grassierte das Hexenbad in England und verbreitete sich, vermutlich von dort aus, nach Ostindien (Soldan-Heppe).

So umstritten wie das ganze Verfahren war die Prozedur selbst, von der Auslegung des Ergebnisses ganz zu schweigen.

Beim Hexenbad wurden der rechte Daumen und der linke große Zeh oder auch Hand und Fuß so zusammengebunden, daß die Beschuldigte ihre Bewegungsfreiheit verlor. Dann wurde sie geschoren und unbekleidet dreimal an einem Seil ins Wasser gelassen. Das Ergebnis zählte nicht gerade als Beweismittel, hatte aber doch unmittelbare Wirkungen: wer unschuldig erschien, wurde auf der Stelle freigelassen oder der kanonischen Reinigung unterzogen. Wie irrational man damals in einem solchen Zusammenhang Wasser sah, zeigt ein Urteil von 1477 gegen eine Mechtild aus Reinheim, von der man nicht weiß, ob sie als Hexe angeklagt war. Die Akten aus Pfungstadt sagen: »Man soll sie in einen Sack stecken und zu einem Gewässer fahren, einen Eimer Wasser daraus entnehmen und sie dann in das Loch stoßen« (Maaß).

Das war nun freilich ein Todesurteil, keine Hexenprobe – aber nicht nur in Pfungstadt wird man geglaubt haben, das Wasser, das sonst steigen und sich »erzürnen« könne, so besänftigen zu müssen: damals war Natur etwas anderes als heute, und der Mensch sah sie noch als magische Einheit an. Beim Hexenbad ging es um Schuld oder Unschuld – wer also galt als unschuldig, und mit welcher Begründung?

Das Wasser, so glaubte man, sei durch die Taufe Christi im Jordan geheiligt und könne keine Verbrecher aufnehmen, wenn es darauf an-

Eine Hexe wird einer Wasserprobe unterworfen. Holzschnitt, London 1613.

käme, sie zu entdecken. König Jakob I. von England, der erste Stuart, meinte, die Hexen hätten durch ihre Lossage von Gott und Christus das Taufwasser »von sich geschüttelt«.

Im Hexenbad hatte sich dieser Aspekt gewandelt: wenn die Beschuldigte schwamm, obwohl man sie so gebunden hatte, konnte es nur der Teufel sein, der ihr half. Auch erkannte man an diesem Schwimmen die spezifische Leichtigkeit der Hexen – ein Argument, das heute sofort an die parapsychologischen Phänomene der sogenannten »Levitation« denken läßt, der Aufhebung von Körpern durch außersinnliche Kräfte. Allein die Zahl der Opfer, die mit Hilfe des Hexenbades »überführt« wurden, spricht gegen dieses Argument: in solchen Massen kann auch im Mittelalter, wenn man die Levitation für möglich halten will, ein solches Phänomen nicht aufgetreten sein.

Das zu leichte Gewicht eines Menschen wurde aber ebenfalls zum Argument für den Verdacht, es könne sich um eine Hexe handeln – und es gab in ganz Europa in der Tat nur eine einzige Instanz, die einen Menschen von diesem Verdacht befreien konnte, bevor der Hexenrichter selbst die Untersuchung vornahm, die leicht mit einem schrecklichen Ergebnis enden konnte: diese Instanz war die Hexenwaage von Oudewater, von der später noch berichtet wird.

Eine Hexe wird aufgespürt

Wer eine halbe Stunde weit durch den Wald hangabwärts dem Flußpfad folgt, sieht schon von weitem den Strom durch die Stämme blitzen. Das Dorf liegt dort, wo sich zwischen den auseinanderweichenden Hügeln eine Art Mulde gebildet hat: die klobige, steinerne Kirche mit dem ummauerten Friedhof, davor die alte Linde, unter der seit alters her Gerichtstag gehalten wird, ringsum die niedrigen, strohgedeckten Fachwerkhäuser, nahezu ohne Fenster. Es gibt in diesem Dorf keine Fensterscheiben aus Glas, keine steinernen Gebäude, außer der Kirche, keine Handwerker, nicht einmal einen Schmied wie ein gutes Stück stromabwärts in Grafeneck, das unter den Burgklippen liegt. Auch fährt hier niemand über den Strom, der zu wild um die Felsen schießt, und keine Furt ermöglicht den Kaufleuten, hier aufs andere Ufer zu gelangen. Hier, in Hennestorf, wie es seit alters her heißt, gibt es ein paar Bauern und Fischer, und oben in den Wäldern rauchen die Meiler der Köhlersleute.

Allerdings, das Dorf ist weit und breit bekannt, denn hangaufwärts am Waldrand wohnt die schwarze Ursel: jeder weiß, daß sie mehr kann als Brot backen. Man sieht sie selten, und wenn sie in ihr schwarzes Umschlagtuch gehüllt zur Abendmesse geht, schreien die Kinder hinter den Hausecken Schmährufe hinter ihr her, und die Frauen werfen ihr neidische Blicke nach: die hat keinen Kerl auf dem Hals, nicht zu ackern auf dem Feld, keine Schreihälse zu versorgen, wer weiß, was die tut, wenn der Tag lang ist. Sie ist noch gut beieinander, die schwarze Ursel. Dabei trägt sie Witwenkleider, Bluse, Röcke und Haube wie alle Frauen im Dorf. Wo sie herkommt, weiß niemand. Sie spricht anders als die Leute der Gegend, ihr scharfgeschnittenes braunes Gesicht mit den schwarzen Haaren fällt unter den rundgesichtigen, rotbackigen Weibern auf, die nebeneinander in der Kirchenbank sitzen, und als man ihr vor einem guten Jahrzehnt um Christi willen den alten Ziegenstall anwies, hat man's nicht gewußt, was sie für eine ist.

Sie ist mit ihrem großen, schwarzen Hund durch den Wald herabgekommen, auf dem Rücken ihr Bündel: verirrt, erschöpft und zu Tode krank. Seitdem wohnt sie hier, und das Dorf hat es nicht zu bereuen. Zwar müssen die Bauern wie eh und je zur Fron beim Grafen, schuften die Frauen am Webstuhl, damit sie das Linnen für den Zehnten zusammenbringen, müssen melken und buttern, heuen und füttern – aber eines ist sicher: seit die schwarze Ursel im Dorf wohnt, hat Hennestorf mehr Geltung in der Gegend, und wenn hier einer fiebert oder die Pocken bekommt, über einen harten Leib oder böse Träume klagt, geht er zur Ursel, die weiß immer Rat. Zum Dank bringt man ihr ein paar Eier oder ein Stück Dörrfleisch, einen Hafen Milch oder einen Klafter Holz, und ab und an kommen auch Herrschaften von weit her – die halten sich aber nie lange auf und sehen, daß sie vor der Dunkelheit davonkommen bis Grafeneck oder weiter, bis zur Stadt. Was die hier zu suchen haben, erfährt man nie, die Ursel erzählt nichts, und der Pfarrer redet schon gar nicht darüber, der sieht's nicht gern.

Eigentlich ist es ein Versehen, daß ein so kleines Dorf wie dieses eine Kirche hat: hier hat vor urdenklichen Zeiten der alte Graf einmal bauen wollen, aber er starb, und sein Sohn hat sich's anders überlegt. Deshalb steht die Kirche, eher eine Kapelle, dort in Sichtweite des Stromes, und ein Benediktiner haust in dem kleinen Anbau und hat seinen Garten und sein Feld im Dorf. Vater Crispin, wie man ihn nennt, ist die eine der beiden Autoritäten unter den Bauern. Dann gibt es noch den Dorfältesten, den alten Jörg, der ist lange Jahre beim Grafen als Knecht auf der Burg gewesen und hat von der Welt was gesehen, und dann haben noch ein paar Männer das große Wort, aber kein Amt: die schinden sich ohnehin in der Arbeit zu Tode, im Sommer auf dem Feld, im Winter im Wald, um Holz zu schlagen. Reden tun sie alle nicht gern, aber hätte man sie gefragt, was sie von der Fremden im Ziegenstall halten, so hätten sie mit den Achseln gezuckt: wer nicht von hier ist, gilt nichts, und Vater Crispin sagt auch, er wolle nichts sagen, aber so ein alleiniges Weib sei leicht eine Beute des Teufels.

Zu der Zeit hätte niemand Schlechtes über das Dorf sagen können – aber schon ein paar Wochen später hieß es weit und breit das Hexendorf. Das Unheil begann mit einem Sturm, der hat vom Kirchturm in Grafeneck die Schindeln abgedeckt, im Wald mannsdicke Eichen gebrochen und Hagel gebracht, so daß die junge Saat auf dem Feld verdorben ist, auch schwollen die Bäche an, und der Regen hat ganze Äcker weggeschwemmt: dazu hat man am Himmel Zeichen gesehen und hat eine glühende Schlange unter dem Kreuz wie einen Teufelsspuk betrachtet – das ging, da waren die Leute sich einig, nicht mit rechten Dingen zu.

Zwei Tage später sind Knechte vom Grafen gekommen und haben das Weib aus ihrer Hütte geholt, ihre Sachen durchsucht und den verhexten Hund erschlagen, denn der hat gewinselt, als sei er ein Höllendämon. Erst hat man die Ursel in den Turm auf der Burg geworfen, dann mußte sie vor das Ketzergericht in Marktbrunn, der Stadt, in der auch der Bischof seinen fürstlichen Sitz hat. Die ganze Zeit hat sie, seit man sie mitnahm, kein Wort mehr gesagt. Nur auf dem Weg hinauf zur Burg, als ihr die Beschließerin der Gräfin mit ihrem großen Schlüsselbund begegnet ist, hat sie geschrien: »Um Christi Himmels willen, ihr wißt, daß ich euch Weibern nur geholfen habe – sagt für mich gut, sie bringen mich sonst um!« Aber die Frau hat sich nur umgedreht, und der Knecht hat der Ursel einen groben Stoß in den Rücken versetzt, so daß sie stürzte.

Das Ketzergericht tagt in einem Seitenflügel des fürstbischöflichen Schlosses: da gibt es ein Gewölbe wie einen Keller, das ist von Fackeln erleuchtet. Am hölzernen Tisch sitzen zwei Mönche, Dominikaner: man nennt sie die »domini canes«, die Hunde des Herrn, brauchbar als Hetz- und Spürhunde gegen alles, was teuflisch riecht: der Hund mit der Fackel ist ihr Sinnbild, Symbol der Wachsamkeit, und noch immer lebt in ihnen der Geist des Dominikus, der vor zwei Jahrhunderten bekehrte Albigenser um sich sammelte und den Orden als Kampfmittel gegen Ketzer schuf.

Man hört keinen Laut. Die beiden Männer in ihren weißen Rökken, am Gürtel das blitzende Skapulier, die schwarzen Mäntel der Kälte wegen über die Schulter geworfen, sitzen fast unbeweglich nebeneinander, ihre Gesichter sind im Schatten der weißen Kapuzen verborgen. Sie sind sich ihres Amtes, ihrer Würde, ihrer Verantwortung voll bewußt. Für sich selbst erwarten sie nichts, verlangen sie nichts, erhoffen sie nichts – aber für ihren Glauben würden sie glühendes Eisen aus dem Feuer holen. Sie haben nichts und niemanden zu fürchten, denn sie reinigen ihre Seelen im Gebet und fasten mehr als selbst Geistliche am Hof seiner Hochwürden, des Bischofs.

Für sie geht es nicht um das jämmerliche, sündige Leben dieses

Eine Hexe zieht einen Sturm zusammen. Aus Olaus Magnus, Historie de gentibus septentrionalibus, Rom 1555.

Weibes, sondern um einen Sieg in jener weltweiten, furchtbaren Schlacht, welche die Mächte der Finsternis gegen die heilige Kirche Christi begonnen haben, um sie zu vernichten und die Welt zur Beute des Satans zu machen.

Die schwarze Ursel ist ihnen als verdächtig angegeben worden, das vor einigen Tagen niedergegangene Wetter gemacht zu haben. Sie soll auch im vergangenen trockenen Sommer Mäuse gemacht haben und schuld sein am vorzeitigen Tod des jüngsten Hafnerbauerkindes: dessen Frau hat bezeugt, die schwarze Ursel habe dem Kind, als es fieberte, dreimal über die Brust gestrichen und dazu einen Zauber gemurmelt, sei aber schnell aus der Kammer gelaufen, als man sie habe zur Rede stellen wollen. Das waren Beschuldigungen, die zu schwer wogen, als daß man sie hätte auf sich beruhen lassen können, mußte es sich doch hier ganz offenbar um eine »striga« handeln, und wer weiß, vielleicht kam man über sie auf die Spur einer weitverzweigten Teufelsverschwörung!

Also hatte man alle Zeugen hergeholt und fein säuberlich vernommen, während die Inquisitin schon im Hexenturm lag: das blieb bei den Akten und diente nur der eigenen Erkenntnis der Wahrheit. Man wird sie ans Licht bringen, um jeden Preis, denn man ist erfahren im Umgang mit solchen Personen, es mag dies der hundertste Prozeß dieser Art sein, auch kennt man seinen »malleus maleficarum«, das heißt den »Hexenhammer«, die »Ketzergeißel« und all die anderen Schriften gründlich und wird sich keiner Milde gegenüber dem bösen Feind schuldig machen.

Der französische Gelehrte und Inquisitor für Frankreich, Nicolas Jaquier, hat es ja trefflich ausgedrückt, wenn er sagt: »Sehr viele Menschen behaupten, daß der Teufelssabbat nur ein täuschender Traum sei. Andere Leute, die den Zauberflug zum Hexensabbat nicht in Abrede stellen wollen, erheben den Einwand, der Teufel könne den versammelten Spießgesellen dort doch auch Trugbilder von unschuldigen und nichtsahnenden Personen vorgaukeln, die in Wirklichkeit gar nicht zugegen seien; deshalb sei die Anzeige eines Angeklagten, daß er diesen oder jenen Bekannten auf dem Ketzersabbat gesehen habe, nicht beweiskräftig.«

Wer sich darauf einläßt, das weiß jeder Ketzerrichter und Inquisitor, würde seine Niederlage dem Teufel gegenüber offen zugeben müssen und würde aufhören, die Schuldigen zu verfolgen. Zum

Glück hat der verehrungswürdige Jaquier in seinem Buch »Flagellorum haereticorum fascinariorum«, zu deutsch »Ketzergeißel«, diesen Einwand entschärft: »Sagt der vom Mitschuldigen Bezichtigte, der Teufel habe nur sein Scheinbild erscheinen lassen, so erwidere man ihm, der Teufel habe dies nicht ohne die Erlaubnis Gottes tun können.« Hiergegen könne der Beschuldigte nichts vorbringen, denn er habe ja nicht dem Rat Gottes beigewohnt.

Die schwarze Ursel hat, ehe sie in diesen Keller geführt wurde, mit einem Blick die Folterwerkzeuge nebenan gesehen, die dort in einer Ecke bereitstanden. Sie hat mehrere Tage im Stock zugebracht. Das war ein schweres Holzkreuz mit eisernen Schellen und Ketten, in das Hals, Arme und Beine gefesselt waren: das Instrument war so angebracht, daß sie weder stehen noch liegen konnte, sondern nur auf einer Holzbank sitzen. Ihre Handgelenke und Fußgelenke sind blutig gescheuert und entzündet, ihr ganzer Körper schmerzt, das Haar hängt ihr in Strähnen auf die Schulter, und weil sie die ganze Zeit in fast vollkommener Finsternis zugebracht hat, tränen ihr die Augen.

Sie weiß, daß man sie beschuldigen wird, eine Hexe zu sein, und sie ist sich keiner Schuld bewußt: nie hat sie Wetterzauber gemacht, nie zu jemandes Schaden ihre Kunst verwendet, die darin bestand, mit Kräutern, Salben und Absud zu heilen. Vielleicht ist sie verloren. Es ist, denkt sie, gewiß nicht schade um sie – aber ehe sie unter Qualen stirbt, wird sie doch alles tun, um ihre Haut zu retten.

Die schwere, eisenbeschlagene Tür öffnet sich, und zwei weitere Männer kommen herein, offensichtlich der Zehntrichter und der Protokollant, welche die hochwürdigen Herren Geistlichen begrüßen. Der Zehntrichter hat als Vorsitzender das Gericht zu führen, er ist vom Bischof nicht nur zum Strafrichter bestellt, sondern mit dem Blutbann beliehen worden. Daß er die Befragung dem älteren der beiden Dominikaner überläßt, der anscheinend seiner Redeweise nach ein Doktor ist, entspricht nicht dem Gesetz – aber wer fragt in diesem Keller nach juristischen Finessen! Auch daß die beiden Dominikaner statt der Zehntschöffen anwesend sind und daß kein fürstbischöflicher Kommissionär mit am Tisch sitzt, ist ungewöhnlich. Aber man hat Eile, und mit einem solchen hergelaufenen Weib nimmt man es nicht so genau: wer will, mag sich darüber beklagen.

Der Zehntrichter, ein hagerer Mann, hebt den Blick und eröffnet das Gericht, nachdem alle sich bekreuzigt haben, damit die Bosheit der »alten Schlange« mit Gottes Hilfe abgewendet wird. Er blickt das Weib an, das wie erstarrt auf dem Schemel sitzt, und eröffnet ihr die »peinliche Anwaltsklage«. Sie sei beschuldigt der Zauberei, die »in den heiligen Zehn Geboten Gottes, den beschriebenen Rechten, vorab Kaiser Karls V. Peinlicher Halsgerichtsordnung in dem 109ten Artikel heilsamtlich und versehen bei hoher und großer Leib- und Lebenstraf verbothen« sei. Er ermahnt die Anwesenden, nach der Ordnung zu verfahren und die beklagten Personen für ihre schrecklichen Untaten mit Schärfe und Ernst zu strafen. Dann beginnt das Verhör. Der Dominikaner stellt die Fragen, offenbar als Fachmann und Inquisitor. Die erste Frage lautet: Ob die Inquisitin glaube, daß es Hexen gäbe?

Ein Wahnsystem
und
seine Folgen

Die Schreibtischtäter

Die Frage nach der Existenz von Hexen stammt aus dem »Hexenhammer«. Sie verrät, daß der Hexenprozeß aus dem Ketzerprozeß erwachsen ist und sofort zu diesem zurückführen kann. Denn wenn die beklagte Person antwortet, allerdings glaube sie nicht an Hexen, ist sie schon dem Feuer verfallen: »haeresis est maxima, opera maleficarum non credere«, zu deutsch: die größte Ketzerei ist die, die zauberischen Werke für unmöglich zu halten.

Wenn sie aber an Hexen und an die »opera maleficarum« glaubt, die ja doch aktenkundig sind, muß sie überzeugt nachweisen können, daß nicht sie die Urheberin jener Untaten ist.

Der »Hexenhammer« verfährt mit dem Scharfsinn dessen, der alles aufbieten muß, um der Logik des Teufels auf die Schliche zu kommen. Am besten, so rät er, befrage man die Inquisitin sofort zur Sache selbst.

Die Situation jener Kunstfigur der »schwarzen Ursel«, die hier nur die Atmosphäre eines solchen Prozesses verdeutlichen soll, ist definiert durch die Ansätze des »Hexenhammer«. Aber bevor dieses Werk dargestellt wird, soll über seine Verfasser ein Wort gesagt werden. Aus heutiger Perspektive ist es ein wahrer Jammer, daß man so ungenügende Angaben über ihre Person besitzt: niemand kennt das Milieu, aus dem sie kamen, kein Psychotherapeut kann auf Grund seiner Befragung und Unterlagen sein Gutachten über sie erstellen, wie man das heute verlangen würde, und jede rückblickende Deutung ist nichts als Vermutung. Was also weiß man?

Der Hauptautor, der schärfste Hetzer gegen die Hexen, war ein Mann, der selbst schon einmal wegen Unterschlagung von Ablaßgeldern angeklagt worden war. Das war kein Kavaliersvergehen, denn Papst Sixtus IV. hatte 1482 gegen ihn einen Haftbefehl ausschreiben lassen. Dieser Kraemers oder Institoris, wie der Mann mit seinem lateinischen Namen hieß, war aber bereits im Kloster aufgefallen: er hatte 1474 gegen Kaiser Friedrich III. eine »unehrbietige Predigt« (Hansen) gehalten.

Nun, dieser Kaiser, ursprünglich Herzog von Kärnten und Steiermark, war 1440 Nachfolger seines Vetters Albrecht II. geworden und hatte 1452 die Kaiserkrone in Rom erlangt. Er unterstützte zwar das

Papsttum, wurde aber wegen seiner Trägheit, seines Phlegmas als der schwächste Regent der ganzen deutschen Kaisergeschichte bekannt – nur in der Heiratspolitik hatte der Habsburger Erfolg, weil sein Sohn, der berühmte »letzte Ritter« Kaiser Maximilian I., die Erbtochter Burgunds heiratete.

Eine Predigt gegen diesen Kaiser? Ein unbekannter Mönch, dessen Eifer ihn zu unbotmäßiger Kritik hinriß? Man hat den Eindruck, dieser Institoris sei von vorneherein der Typ gewesen, der »leicht zuweit geht«, ein ungeduldiger, radikaler Mensch ohne Augenmaß für die Wirklichkeit. Selbstverständlich ist Institoris Dominikaner, gehört also zur radikalen Elite der Kirche; er hat es zum Prior des Dominikanerkonvents in Schlettstadt gebracht, lebt also nicht weit von Straßburg, das in der Reformation ein halbes Jahrhundert später eine bedeutende Rolle spielen wird.

Er war ein Mann der Feder, er hat viel geschrieben, besonders gegen die »Böhmischen Brüder«, also gegen Leute, die er selbst für Schwärmer und Wirrköpfe hielt. Um seine Ideen durchzusetzen, war ihm jedes Mittel recht: so soll er, nach Untersuchungen des Historikers Joseph Hansen, im Jahre 1487 ein notarielles Dokument gefälscht und auf diese Weise die Voraussetzungen geschaffen haben, daß über ein Gutachten der Universität Köln der »Hexenhammer« überall sozusagen »amtlich« eingeführt wurde.

Glaubenseifer ist die schrecklichste Form des Eifers. Er läßt als Berufungsinstanzen weder Vernunft noch das Mitgefühl zu. Es scheint, als habe dieser Mann sich durch besonderen Eifer rechtfertigen, durch eine große Leistung profilieren wollen – und der »Hexenhammer« füllte »eine Lücke«, er wurde ganz ohne allen Zweifel gebraucht: die trägen Fürsten, die dumpfe Menge, die verderbten Kinder dieser Welt stellten sich nur allzu oft gegen eine Verfolgung von Hexen, und niemand wollte verstehen, daß hier eine Sekte des Satans am Werke war.

In der Diözese Konstanz hatte Institoris als Inquisitor, d. h. als amtlich bestallter Ketzerjäger, die Gelegenheit gehabt, Frauen foltern und verbrennen zu lassen. Ebenso war sein Ordensbruder Jakob Sprenger verfahren, auch er ein Systematiker und Ideologe, ein unerbittlicher Eiferer und Sadist. 1472 bis 1487 ist er Prior des Kölner Konvents, seit 1475 lehrt er als Professor der Theologie an der Universität Köln, ein hochgeachteter Kirchenmann. Er hatte die rheinischen und niederländischen Klöster einer Reform anschließen wollen, die von Colmar ausgegangen war, er hatte Verdienste durch die Begründung einer großen Bruderschaft, die sich zum Ziel gesetzt hatte, das Rosenkranzgebet zu verbreiten. Viele Größen der damaligen Zeit, so auch jener schon erwähnte träge Kaiser Friedrich III., traten dieser Bewegung bei. Diese Gründung hatte ihm die Heilige Mutter Gottes, die Jungfrau Maria, selbst aufgetragen. Noch im 17. Jahrhundert galt der, dem diese Vision zuteil geworden war, als »beatus Sprengerus«, und im Kloster zeigte man sich noch über Jahrhunderte die Stelle, wo er die Himmelskönigin gesehen haben wollte.

Kein Wunder, wenn der Papst zwei so verdienten Männern wie Institoris und Sprenger aus dem fernen Deutschland Glauben schenkt, wenn sie berichten, dort gäbe es neuerdings eine Sekte, die besonders abscheuliche Dinge triebe: vor allem in den deutschen Bistümern längs des Rheines, im Bistum Bremen, in Tirol und im Salzburgischen habe sie sich ausgebreitet. Was denn die Mitglieder dieser Sekte trieben? Man kann es sich denken. Unzucht trieben die Männer mit Teufeln in Weibsgestalt, also mit unter ihnen liegenden Teufeln, lat. »succubi«. Und die Weiber trieben es mit männlichen Teufeln, den »incubi«.

Was immer die Frauen im Raum Konstanz oder Schlettstadt, sinnlos vor Schmerz und Angst, unter der Folter herausgeschrien hatten, nun wurde es als Nachricht dem Papst übermittelt. Die Frauen dieser Sekte verdürben die Saat auf den Feldern, erzeugten Blitz und Hagelschlag, Krankheit und Impotenz und die Unfruchtbarkeit der Frauen. Weshalb? Sie seien verbunden in unlösbarem Bund mit dem »Feind des Menschengeschlechtes«, dem Satan.

Papst Innozenz VIII., mit bürgerlichem Namen Giambatista Cibò, ein Genueser, hatte Petri Stuhl erst vor kurzem bestiegen und war beeindruckt: er erließ noch im selben Jahr, am 5. September 1484, die berühmte Hexenbulle, die »Encyclica summis desiderantes«. Sein politisches Ziel war, die Inquisition in Deutschland durchzusetzen, die dort auf Widerstand gestoßen war. Dort hatten Fürsten und sogar Geistliche behauptet, von einer Zaubersekte sei in ihren Landen nichts zu spüren, auch hatten sie sich gegen die unheimliche Gerichtspraxis der Inquisition, die nach bisherigem Recht ungesetzlich war, zur Wehr gesetzt. Das sollte anders werden. Vorbild für eine totale Unterwerfung bot Spanien, wo die Inquisition allerdings kein solches Wahnsystem benötigte, um sich durchzusetzen: hier hätte niemand gewagt, sich den Dominikanern in den Weg zu stellen. Wenn die Deutschen Institoris und Sprenger behaupten, so mag der Papst gedacht haben, daß sich dort eine satanische Sekte ausbreite, so war ihnen zu glauben. Die Hexenbulle würde ihnen helfen, ihr schweres Werk zu vollbringen. Um seinem Willen den nötigen Nachdruck zu verleihen, sicherte sich der Papst die Hilfe des weltlichen Armes. Noch vor seiner Kaiserkrönung versprach der spätere Kaiser Maximilian I., den Inquisitoren Schutz und Förderung angedeihen zu lassen.

Dies alles hätte noch nicht gereicht, der Hexenbulle ihre entsetzliche Schlagkraft zu verleihen, wenn nicht ein anderer Umstand den Druck verstärkt hätte: Gensfleisch, genannt Gutenberg, hatte jene Gießformen erfunden, mit denen man bewegliche Lettern aus Metall herstellen konnte. Das neue Druckgewerbe begann jene »Explosion der Literatur« einzuleiten, aus der die heutige Welt der Bücher hervorgegangen ist. Damals war Druck so modern wie heute die Nachrichtenübermittlung via Satellit. So fand die Hexenbulle, als erste durch Buchdruck vervielfältigt, eine ganz ungewöhnliche Verbreitung.

Aber auch jetzt noch regte sich, nach gewissen Anfangserfolgen, gegen die Hexenjäger, die Inquisitoren, Widerstand. Ihre Glaubwürdigkeit, ihre Reputation, ihre geistliche und amtliche Existenz hingen davon ab, daß sie keinen Schritt zurückwichen. Also systematisierten sie all das, was seit Jahrhunderten über das Treiben der Ketzer und des Satans verbreitet worden war – nicht im Volke, wohlgemerkt, sondern von der lateinisch schreibenden Gelehrtenschicht. Sie beschlossen, ein Werk über die Zaubersekte des Satans zu schreiben, von der sie dem Papst berichtet hatten.

Sie sind nicht die ersten Autoren, die sich diesem Gegenstand zuwenden – aber sie sind deutsche Gelehrte, also gründlich: alles Material, das je gegen Urheber des »maleficiums« hervorgebracht worden ist, wird zusammengefaßt. Es gibt keinen neuen Gedanken, keine neuen Angriffe in diesem Werk, und doch bringt es einen neuen Ton in die Verfolgung des Hexenwesens, des Zauberwesens: es richtet sich vor allem gegen Frauen. Diese Wendung wird für rund dreihunderttausend unschuldige Frauen und Kinder, für viele tausend Männer das Todesurteil bedeuten.

Haß gegen Frauen

Über die Stellung der Frau im Mittelalter und ihre Unterdrückung weiß heute jeder Schüler Bescheid. Dennoch ist, was wirklich gelebt und gefühlt wurde, in undurchdringliches Dunkel gehüllt. Daß die Frauen im rechtlichen Sinne Besitz der Männer waren, ist bekannt, und ebenso, daß die christliche Askese ihren Ursprung im Nahen Osten hat und der Vertiefung geistiger Konzentration sowie seelischer Entfaltung dient: Yoga und Askese sind verwandt. Ursprünglich ist Askese eine Übung, ist das Zölibat, also der Verzicht auf sexuelle Triebbefriedigung, ein freiwillig gebrachtes Selbstopfer.

Der bedeutendste Theologe des christlichen Altertums, der hochgelehrte Origenes (ca. 185 bis 254), kastrierte sich selbst, um mit der Tat zu beweisen, was seine Gesinnung forderte. Dieser Mann, der die historisch-kritische Bibelwissenschaft begründete und mit seiner hochgespannten platonischen Bildung die Ideen Platons mit dem Christentum verschmolz, sah in den Frauen das Gefäß der Sünde. Sein Widersacher Bischof Methodios wollte die Seelen der Frauen für Christus retten, ohne die Radikalität des sexuellen Verzichtes aufzugeben: in seinem Werk »Gastmahl der zehn Jungfrauen« predigt er, die Seele einer reinen Jungfrau könne »Braut Christi« werden. Mit dieser Formel war die Möglichkeit gegeben, alle Leidenschaften zu verinnerlichen und sexuelles Begehren in religiöse Inbrunst zu verwandeln. Die fromme Unterwerfung so vieler Frauen im Kloster, ihre unbedingte Opferbereitschaft wären ohne den Gedanken dieser Bräutlichkeit wohl sehr viel schwerer zu durchleben gewesen.

Aber auch das unerhörter Opfer des gelehrten Origenes wirkte nach. Selbstverstümmelung durch Kastration ist nur eine logische Folge des Hasses, den der Fromme gegen das eigene Fleisch und die eigenen Lustgefühle empfinden muß, und je weniger er seinem Selbsterhaltungstrieb glaubt, je mehr er seinem Verstand mißtraut und je irrationaler sein Weltbild ist, desto größer ist die krankhafte Versuchung, mit einem einzigen Schnitt, wie der »Hofmeister« in dem Stück von Lenz, die ganze Welt ins Unrecht und sich ins Recht zu setzen. In Rußland hat sich, unter ausdrücklichem Hinweis auf einige Bibelstellen und den heiligen Origenes, im Jahre 1715 eine überfromme Sekte gebildet, die sogenannten Skopzen (russ.: die Verschnittenen), die den Gründer Kondrati Seliwnow als neuen Christus betrachteten und absolute sexuelle Enthaltsamkeit übten. Sie kastrierten sich unter Berufung auf Matthäus 19, 12 und zählten noch in der Mitte des vorigen Jahrhunderts rund 16 000 Seelen.

Der Konflikt zwischen dem eigenen Triebleben und der Kirchenzucht ist nicht endgültig zu lösen. In der Kirche wurde dieser Konflikt, nach mancherlei Schwankungen, um 1250 zugunsten des Zölibates entschieden. Daß Christus einerseits die Unauflöslichkeit der Ehe gefordert, sich andererseits aber vor die stadtbekannte Hure Maria Magdalena gestellt und ihr die »Dämonen ausgetrieben« hatte, spielte im ausgehenden Mittelalter keine entscheidende Rolle. Für den einzelnen Geistlichen war die Praxis wichtig: Bäder, in denen Männer und Frauen gemeinsam badeten und in aller Unbefangenheit sexuell verkehrten, eine grobe, derbe Sexualität, in der von Liebe wenig, von der Lust der Frauen gar nicht die Rede war, dazu der ständige Reiz lebendiger Weiblichkeit. So groß war die psychische Belastung, daß die Geistlichen selbst, zum Zölibat verdammt und von allen gehänselt, im Wirtshaus gelegentlich zu einem besonderen Wettbewerb aufforderten: es solle doch, wer Mann sei, sein männliches Werkzeug mit dem des Geistlichen vergleichen, damit jedermann sähe, daß dieser nicht eines Mangels willen, sondern als Mann Gottes abstinent sei.

Das Heiratsalter lag niedrig: um 1250 konnte ein Knabe, wenn er vierzehn Jahre alt war, eine gültige Ehe eingehen, ohne seinen Vater fragen zu müssen; das Mädchen mußte zwölf Jahre alt sein. Um 1500 lag das Heiratsalter bei siebzehn Jahren für Männer und bei dreizehn Jahren für Mädchen. Bei großen Hochzeiten wurde das Beilager auf dem Markt unter Anwesenheit des Geistlichen vollzogen, und es mag nicht leicht gewesen sein, dem weiblichen Ehrgeiz von Frauen zu widerstehen, denen mit einem Priester zu schlafen als Krönung ihrer Eroberungen vorgekommen sein mag.

Alle diese Spielregeln galten für höhere Stände, also eine winzige Minderheit. Was das Volk trieb, interessierte niemanden, und den Bauern sah man ohnehin wie Vieh an. Daß das Weib ein Geschöpf minderer Qualität, zu kurz an Verstand, unfähig zu handeln, durch Wollust gefährdet und eine Art Haustier sei, das menschliche Junge hervorbringt, diese Auffassung war allgemein – und daß die Welt nicht in Ordnung war, ließ sich leicht erklären, wenn man bedachte, daß der mächtige Fürst der Hölle bei den Weibern mit seiner Verführung einsetzen konnte.

Und der geistliche Stand? Klöster galten nicht selten als eine Art Bordell, und der verhurte Mönch, ein Zerrbild seines Standes, beweist die Unfähigkeit der menschlichen Natur, sich auf die Dauer in ihrem vitalsten Bereich zu opfern: auch hier regelten Angebot und Nachfrage den Markt. So sammelten sich anläßlich des Konzils zu Konstanz im Jahre 1414, auf dem Johann Huß verbrannt wurde, rund 1500 Dirnen in der Stadt. Damals war der Mönch unwissend, verdorben und verachtet; dem Angehörigen des Adels bot die Kirche eine Karriere, ohne daß dieser auf standesgemäße Vergnügungen verzichten mußte; dem gemeinen Mann eine Zuflucht, ohne daß er hart zu arbeiten brauchte. Das Laster war im Kloster zu Hause wie auf den Landstraßen und in den Schenken – das war die soziale Wirklichkeit, mit der es die Inquisition zu tun hatte und in der die Jagd auf zauberverdächtige Frauen verschärft wurde.

Damals galt die Kirche als Gegnerin der weltlichen Heilung: dem Willen Gottes, der Krankheiten schickte, sollte der Mensch nicht ins Handwerk pfuschen. Für Frauen gab es ohnehin keinen Arzt – so gingen sie zur Weisen Frau, zur Guten Hexe oder Schönen Dame – zur »bella donna«: so heißt noch heute eine Medizin, aus der Tollkirsche gewonnen. Die ganze Wut des geistlich gebildeten Mannes mußte sich deshalb gegen ebenjene Frauen richten, die nicht nur Weib waren, also Gefäß der Sünde, sondern den wohlerwogenen Lehren der Kirche zu widerstehen wagten: Rebellinnen, deren Widerstand sich nur aus der Macht des Teufels erklären ließ.

Für die Kirche ging es auch hier um die Macht, und die Mönche von Cluny, die Benediktiner und Schöpfer der Gotik, hatten den Kampf um die Erneuerung der Kirche mit allen Mitteln der Glaubenspropaganda aufgenommen. So war die Marienverehrung, die im frühen Christentum nicht die geringste Rolle gespielt hatte, wie der Allerseelentag und der Kult des zwölfjährigen Jesusknaben, wie die Macht des Papsttums ein Werk dieser Mönche von Cluny, deren Abt Odilo (962 bis 1048) sich dem Verfall der Kirche entgegengestemmt hatte.

Im 12. Jahrhundert lernte der gebildete, der höfische Mann seine Sinnlichkeit zum »amor sanctus«, zur himmlischen Liebe zu sublimieren und zu läutern, seine verzückten Lobpreisungen galten der Heiligen Dreifaltigkeit und der Jungfrau Maria, und während in

Frankreich die Scheiterhaufen zu rauchen begannen, also bis etwa in die Mitte des 14. Jahrhunderts, bildeten Minnekult und Marienverehrung den Spannungsausgleich zum geforderten Triebverzicht: wer der Heiligen Mutter Gottes, der wunderbaren Jungfrau, als Mann diente, wie konnte der sich als Feind des weiblichen Geschlechtes fühlen, das er doch nur zu veredeln trachtete.

Die gotische Kathedrale, am 11. Juni 1144 in St. Denis von Abt Suger eingeweiht, überwindet die Schwere, wie die Askese das Triebleben überwinden sollte: für Frauen war da kein Platz, es sei denn in Gestalt der himmlischen Jungfrau.

Ihre irdische Schwester, die einfache Frau, die mit Salben und Kräutern heilt und »weiße Magie« betreibt, die Wehmutter und Hebamme, wird von Männern zur Strecke gebracht, deren Haß auf die Frau in der asketischen Verdrängung ihren Ursprung hat – aber es ist dies nur eine, wenn auch weithin bekannte und fast zu schlüssige Erklärung für das Werk, dem die Dominikaner Institoris und Sprenger die systematische Basis gaben: in der deutschen Ausgabe von 1906 sprechen schon die Stichworte zum Thema »Weiber« eine beredte Sprache: Bosheit, Eitelkeit, Leichtgläubigkeit, unersättliche Sinnlichkeit, Zügellosigkeit werden in diesem Zusammenhang genannt, und ihr lateinischer Name »femina« wird von »fe« und »minus« abgeleitet (fe = fides, Glaube, minus = weniger, also femina = die weniger Glauben hat).

Es heißt weiter, die Frau habe und bewahre immer geringeren Glauben, und zwar aus ihrer natürlichen Anlage zur Leichtgläubigkeit, »mag auch infolge der Gnade zugleich und der Natur der Glaube in der hochgebenedeiten Jungfrau niemals gewankt haben, während er doch in allen Männern zur Zeit des Leidens Christi gewankt hatte. Also schlecht ist das Weib von Natur, da es schneller am Glauben zweifelt, auch schneller den Glauben ableugnet, was die Grundlage für die Hexerei ist.«

Als theologischer Beweis für die weibliche Schwäche wird immer wieder angeführt, auch Eva sei ja doch im Paradies der Schlange erlegen und habe damit das Unheil der Sünde über die Menschheit gebracht. Nun stammt die Gleichsetzung der Schlange und des Teufels gar nicht aus der Bibel selbst, sondern geht auf eine sogenannte pseudo-epigraphische Schrift zurück, deren hebräisches Original nicht erhalten ist und das um die Zeitwende, also im 1. Jahrhundert, entstanden sein muß. In diesem lateinischen Text schlägt Adam nach dem Sündenfall Eva vor, Buße zu tun: sie solle sich 37 Tage bis zum Hals in den Tigris stellen, er werde dies 40 Tage im Jordan tun. Aber schon nach 18 Tagen läßt sich Eva vom Satan, der ihr als Lichtengel verkleidet erscheint, von ihrer Buße abbringen. Um die Vorgänge zu verstehen, muß man die jüdische Legende kennen, deren Stoff hier ausgebreitet ist und die zu der unheilvollen Gleichsetzung der Schlange mit dem Teufel führte. Danach legte Gott, der Adam als sein Ebenbild erschaffen hatte, den Engeln nahe, dieses Abbild zu verehren, da es doch herrlicher als selbst die Engel sei.

Die Engel teilten sich, ganz wie ein Stamm, unter zwei einander feindlichen Stammesführern: die Engel unter Erzengel Michael huldigten Adam, die Engel unter Satan fielen ab und wurden von Gott zur Strafe auf die Erde verstoßen. Um Adams willen hat also dieser Satan seine Existenz im Paradies verspielt, und so verfolgt er Adam mit seinem Neid. Er versucht, den Adam zum Ungehorsam gegen Gott zu verführen, damit dieser das gleiche Schicksal erleide. In einer anderen lateinischen Schrift über den gleichen Stoff, der »Apokalypse des Mose«, wie sie irreführend heißt, ist der komplizierte Hergang jener Versuchung geschildert. Danach betreute Adam im Paradies die männlichen, Eva die weiblichen Tiere.

Der Teufel mischt sich als schlangengestaltiger Seraph unter die Engel, stimmt mit diesen in den Lobgesang ein und verläßt das Paradies wieder. Außerhalb der Paradiesmauer fängt er mit Eva ein Gespräch an, wird wieder ins Paradies eingelassen, weil er sich reuig gibt, und überredet Eva, vom Baum der Erkenntnis zu essen. Eva selbst habe dann nach ihrer Sünde ebenfalls den Adam überredet, vom Baum zu essen, wie sie es der Schlange versprochen hatte, jedoch nicht sie habe geredet, so der lateinische Text, sondern »der Teufel redete aus mir«.

Auf Grund dieser Legende wird die Sündenfallerzählung (Gen 3, 1–7) mit dem Teufel in Verbindung gebracht. »In der Schlange, die Eva verführte, sah man den Teufel. Darüber hinaus führte diese Erzählung zu der christlichen Lehre, wonach die Engelsünde in Stolz oder im Anspruch auf Gottesgleichheit bestanden habe« (Haag). Die theologische Interpretation dieser Texte füllt ganze Bände; sicher ist, daß die Anschauung des Mittelalters, das Weib sei verführbarer als der Mann, und Eva sei der Schlange, das heißt dem Teufel, erlegen, das Gewicht eines öffentlichen Urteils hatte. Was man über Hexen »wußte«, bestätigte deshalb nur, was in der Bibel zu stehen schien. So konnte jeder, der die asketischen Gebote der Kirche nicht erfüllte, mit guten Gründen den Abscheu gegen die eigenen sexuellen Begierden auf Frauen projizieren.

Eine Hexe wird verhört

Über die bereits genannte Angeklagte liegen dem Inquisitionsgericht zwei Aussagen vor: die eine besagt, sie habe das Unwetter gemacht, das neulich im Wald Bäume entwurzelt hat, auch im trockenen Sommer die Mäuse. Die Aussage des Hafners ist ebenfalls ernst zu nehmen, sie habe den Sohn verhext, doch schwerer wiegt, daß inzwischen der hochgeborene Altgraf Ernst oben auf dem Schloß kränkelt: leicht möglich, daß die Frau ihm den Tod an den Hals gehext hat, als sie unten im Turm lag.

Die beiden Dominikaner sind keine so gebildeten und hochgestellten Männer wie etwa die Verfasser des »Malleus«, dieses mächtigen Werkes, aber doch auch nicht ungebildet. Bruder Thomas, der ältere, hat einige Jahre in Rom zugebracht, sein Confrater Stephan ist Scholar gewesen und hat in Köln berühmte Professoren gehört, ehe er das Gewand der Dominikaner anzog.

Sie haben, wie der heilige Basilios, »höhere Interessen und tiefere Sorgen als etwa die, ob die Erde eine Kugel, ein Zylinder oder eine Scheibe ist oder ob sie vielleicht in der Mitte eine Höhlung besitzt wie eine Wanne«. Sie lieben alles, was zur Gottesliebe führt, und hassen alles, was vom Teufel kommt, als da sind Sünde und Fleischeslust, unkeusche Gedanken und Frauen wie diese, der man zutrauen kann, daß sie beim heiligen Abendmahl die geweihte Hostie aus dem Mund nimmt und statt des Gebetes lautlos teuflische Worte flüstert, die keiner hört.

So reflektieren sie als rechte Männer der Kirche das Licht Christi, wie der Mond das Licht der Sonne reflektiert, und sehen sie abends das Gestirn zwischen den Bäumen aufglänzen, so fühlen sie sich ihm verbunden: der Mensch braucht solche geheimen Bestätigungen seiner unsicheren Existenz. Ihre Demut ist groß. Bruder Thomas pflegt, wenn sie von Zweifeln befallen sind, zu sagen: »Laß uns ein Mauerloch suchen.« Damit meint er, sie sollten tun wie die Sonneneidechse. Man weiß aus dem gelehrten »Physiologus«, dem Tierbuch, ihre ergreifende Geschichte: im Alter erblindet sie und schlüpft dann in ein nach Osten gerichtetes Mauerloch. Von dort aus starrt sie die aufgehende Sonne an. So soll bekanntlich auch der Mensch, wenn die Augen seines Verstandes getrübt sind, die Hilfe Christi, die Sonne der Gerechtigkeit suchen. Mit dieser Anspielung verrät Bruder Thomas eine kleine Eitelkeit und weist sich als heller Kopf aus.

Gewiß, erwidert dann Bruder Stephan, wir müssen nach Osten schauen, damit unsere Blindheit weicht – und zeigt damit, daß er die Anspielung verstanden hat. Sie suchen dann ihre Zellen auf und versenken sich ins Gebet, bis ihnen mit Christi Hilfe das Verworrene klar und das Ungeordnete überschaubar wird.

Bruder Stephan hat nicht soviel erlebt wie Bruder Thomas, aber gründlicher studiert. Übrigens hat der Jüngere vor dem Älteren eine starke Hochachtung: Bruder Thomas ist einige Zeit in den Gebirgen, die man Ardennen nennt, Einsiedler gewesen und wäre ohne die Hilfe der Heiligen Mutter Gottes im Winter gewiß verhungert, hätten ihn nicht Köhler gefunden und ins Dorf gebracht.

Die Fragen, die sie zu stellen haben, damit die Wahrheit ans Licht kommt, sind im »Malleus« festgelegt. Nicht im Sinne einer juristischen Formulierung, sondern als Hilfe, wie man sie in Handbüchern findet. Dem Älteren steht die Aufgabe zu, die Inquisitin zu befragen, der Jüngere assistiert. Man läßt sich Zeit, niemand treibt zur Eile. Der Protokollant hat den Gänsekiel aus der Spanschachtel geholt und mit schwarzer Tinte zu schreiben begonnen.

Wie lange es her sei, fragt Bruder Thomas nun mit einer Stimme, die vor lauter Kälte messerdünn klingt, daß sie in dieses hochverdammte Laster der Hexerei geraten? Und was sie dazu bewegt habe?

Das Weib gibt keine Antwort. Mit gesenktem Kopf sitzt es da, man sieht, wie ihre Brust sich unter dem Leinenhemd hebt und senkt, und hört das Kratzen des Gänsekiels. Draußen hört man weit entfernt einen Hahn krähen: wer dächte da nicht an das Martyrium des heiligen Petrus und an die Last seines hochherrlichen Stellvertreters auf Erden, des Papstes Innozenz?

Bruder Thomas seufzt aus tiefstem Herzen. Er würde, sagt er oft,

Frau Alraune als Symbol des Hexen- und Zauberkrautes. Aus Cube, Hortus sanitatis, 1485.

lieber jeden Tag im Klostergarten sein Brevier lesen und dem Läuten der Vesperglocke lauschen, als diese Arbeit tun – aber er ist Dominikaner. Also ist er mit der Bürde beladen, hier in diesem düsteren Keller mit eigenen Händen im Schmutz wühlen und mit dem Satan kämpfen zu müssen, der in diesem Weib eine willige Verbündete besitzt, in diesem und in allen Weibern, manchmal sogar in den Nonnen.

In was für Gestalten, fragt Bruder Thomas und umklammert fest sein Skapulier, als könne er so die Wahrheit aus diesem Geschöpf pressen, ist der leidige Teufel zu dir gekommen? Und wann? Morgens, mittags oder abends?

Kein Laut, keine Antwort.

Ich frage dich, was er mit dir geredet hat. Was hat er getan? Was hat er an dir getan, mit dir getan? Sprich im Namen des Vaters, des Sohnes und des Heiligen Geistes!

Ich hab' nichts getan, sagt das Weib, und die Tränen rinnen ihr über die Wangen. Zu mir ist kein Teufel gekommen.

Bruder Thomas weiß aus Erfahrung, daß die Tränen ein Zeichen sind: von der anderen Seite zieht jetzt der unsichtbare Teufel an ihrer Seele, wie er selbst sie hier gepackt hat – deshalb rinnt ihr das Wasser aus den Augen. Jetzt kommt es darauf an, nicht nachzulassen. Er verdankt dieser Beobachtung viel, denn sie hat ihn dazu gebracht, niemals nachzulassen. So hat er schon manche Hexe überführt und sich weithin in den rheinischen Landen einen Namen gemacht: der Prior selbst hat ihn wegen seines Eifers gelobt. Also greift er unter den Tisch in den Kasten und holt eine Rabenfeder hervor, die man in der Hütte des Weibes gefunden hat.

Die Frage, was er nach den ersten Gesprächen von ihr begehrt hat und warum sie eingewilligt habe, stellt er schon gar nicht mehr – er weiß es. Es wird nichts anderes sein, als was er selbst von den Weibern begehrte, ehe er aus Schlettstadt in die Einsamkeit floh, um seiner Begierden Herr zu werden.

Was hat dir der Teufel versprochen, und was hat er dir gegeben? Weshalb hast du dies hier genommen?

Es ließe sich fragen, was es gewesen ist, was er in den Sachen der unglücklichen Frau gefunden hat. Ein Stück Holz, das er zur Alraune erklärt, ein Stück Wachs, so daß man sie verdächtigen kann, Bildzauberei getrieben zu haben, einen zu kostbaren Schmuck, den ihr nur

98

der Teufel durch Zauberei verschafft haben kann, oder eine irdene Schüssel, von der es heißt, sie habe damit den Wetterzauber gemacht, indem sie auf einen trockenen Stein Wasser gegossen und dabei allerlei unheilige Sprüche gemurmelt habe? Dem Argwöhnischen wird alles zum Indiz, und keine Unschuld kann so unbefangen sein, daß ein allzu mißtrauischer Richter ihr nicht die Schuld von der Stirn abzulesen vermeint.

Dem Inquisitor ist es gleich, ob die Maleficantin jetzt oder später gesteht. Er ist seiner Sache sicher und wird auch hier dem Satan entgegentreten, ohne sich beirren zu lassen. Daß man Mittel hat, die verstockten Hirne aufzuschließen und den Stummen die Zunge zu lösen, erleichtert ihm seine Aufgabe. Er nimmt sie so ernst, wie die Verfolger aller Zeiten ihre Aufgabe ernst nehmen, und wie sie ist er frei von Zweifeln gegenüber der eigenen Handlungsweise: wer ihm sagen würde, er sei ein seelisch kranker Mann, ein Quäler und Sadist, den würde er für verrückt erklären. Wo er steht, da steht das Recht, und hinter dem Recht stehen Herren und Heilige, Fürsten und Bischöfe und am Ende der Papst selbst – sollen sie alle irren?

So wird in den Fragen fortgefahren: Ob sie schreiben und lesen könne? Ob sie sich dem Teufel verschrieben habe, und mit wem zusammen? Und ob er ihr die Hand geführt hätte und welche Hand? Der Inquisitor fragt nach jeder Einzelheit: Was sie geschrieben habe? Was für eine Farbe die Tinte gehabt habe? Woher sie diese Tinte genommen hätte? Wer dieses Dokument, den Vertrag mit dem Teufel, jetzt verwahre?

Geschäftsmäßig, genau nach Vorschrift, wird gefragt, und dies ist erst der Anfang. Er will wissen, ob sie anders als christlich getauft sei? Wer dabeigewesen sei? Was der Teufel dabei über sie gegossen und woher er das genommen habe? Ob er nicht an ihrer Stirn entlanggestrichen sei und sich ihr sichtbar gezeigt habe, so, als habe er ihr was auf die Stirn kratzen wollen?

Die Frau, so mag es gewesen sein, schreit voll Wut die beiden Männer an, man solle sie endlich in Frieden lassen – das ist für den Inquisitor ein Zeichen, sie dem ersten Grad der Folter zu unterwerfen, denn wenn man ihr jetzt nachgibt, wird der Teufel wieder die Oberhand bekommen.

Bruder Stephan greift nach der kleinen Bronzeglocke auf dem Tisch und läutet hastig. Es erscheint ein Mann in der Tracht eines

Stadtknechtes, der die Widerstrebende vom Sitz hochreißt und an der eisernen Handfessel aus dem Keller zieht in einen andern Raum: dort brennt ein Schmiedefeuer, und die Folterwerkzeuge liegen bereit wie heute Scheren und Pinzetten in einer Arztpraxis. Auch dieser Vorgang, die sogenannte »territio«, die Einschüchterung, und die Folter selbst sind ordentliche Rechtsmittel und durch Erlaß in ihrer Anwendung geregelt und beschränkt. Daß man mit überführten Hexen nicht streng genug umgehen könne, war die allgemeine Auffassung der Zeit: das Volk selbst würde sie gerne mit Knüppeln prügeln oder mit eigenen Händen zerreißen für den Schaden, den sie den Menschen antaten.

Was der Inquisitor wissen wollte

Jedes Opfer, dem klargeworden ist, wie unentrinnbar seine Lage war, muß Augenblicke des höchsten Entsetzens durchlebt haben. Denn wer sich unschuldig weiß, vertraut auf die Macht der Vernunft und der Logik: die Wahrheit muß ans Licht kommen, das Gute muß siegen. Die Erkenntnis, daß man Opfer blinder Willkür ist, der mit Gründen der Logik nicht beizukommen ist, führt zur völligen Apathie oder zu wildem Aufbäumen, zum Zynismus dessen, der das Absurde als Muster des Labyrinths erkannt hat: einige überlieferte Aussagen spiegeln diese Reaktion wider – da werden dann die unsinnigsten Dinge behauptet, die sinnlosesten Beschuldigungen ausgestoßen, denn nur die groteske Parodie der angeblichen Verbrechen könnte, aus der Sicht des Gefolterten, den unbarmherzigen Inquisitoren zeigen, wie unglaublich ihre Unterstellungen sind. Auf einen Menschen, der sich keiner Schuld bewußt ist, werden die Fragen der Inquisitoren wie höllische Hirngespinste gewirkt haben.

Ob die »Drudnerin« die heilige Hostie geschändet, ob sie nachts auf dem Besen zum Hexensabbat gefahren sei, ob sie in »Keller, Kammer und Ställ'« gefahren sei, kleine Kinder ausgegraben, Zwietracht zwischen Eheleuten gestiftet habe oder jemandem unheilbare Krankheiten angehext, das alles wurde mühsam erfragt. Der »Hexenhammer« gibt die Weisung, verstockte Personen notfalls ein ganzes Jahr in Haft zu behalten und ihnen dann die kanonische Reinigung mit zwanzig bis dreißig Eideshelfern aufzuerlegen. Wenn diese Zahl nicht zusammenkam, war die Beschuldigte verloren, und wo hätte es je Menschen gegeben, die sich unter so schrecklicher Bedrohung in so großer Zahl ohne Not exponiert hätten?

Auch im einzelnen verraten die Fragen pathologische Neugier. Offenbar verwandten die Inquisitoren gelegentlich Aufzeichnungen: eine solche Aufzeichnung, der »Kelheimer Hexenhammer«, aus einer sehr viel späteren Zeit, gibt wieder, was sich in den Köpfen der Herrschenden angesammelt hatte – hier ist nicht ausgesuchte Bosheit am Werke, sondern die herrschende Meinung. Genau wollte man es wissen, wie es zuging draußen auf dem Hexenberg oder beim Verzehr von Kindern: Ob sie welche auf dem Friedhof ausgegraben habe? Was sie mit den Kindsleichen getan? Ob sie sie gekocht, gesotten oder gebraten? Was sie mit dem Fleisch gemacht habe? Zu was sie die daraus gemachten »Materialia« gebraucht und verwendet habe? Auch die Wettermacherei fehlt nicht, und ebensowenig der Hexentanz, der nun seit über hundert Jahren im Repertoire der Beschuldigungen auftaucht: Wenn Tanz gewesen sei, was seien es für Spielleute gewesen? Ob man in der Ordnung herumgetanzt sei? Ob die Paare gelegentlich »auf die Seite gewischt« seien, und was sie bisweilen zu tun pflegten? Wie sie gesehen habe, daß »ihr Ehemann inzwischen nicht erwacht ist«?

Die Phantasie des Inquisitors zeichnet das Bild örtlicher Idylle: hier ist kein Fest auf der Burg gemeint, hier tanzt das Volk den Reigen, nur daß der Satan dabeigewesen sein soll. Man weiß ja, was alles möglich ist auf der Welt: das Elixier verwandelt die »prima materia« in Gold, wenn man es nur richtig anstellt; die Kriege und Aufstände kommen, weil der Planet Mars die Luft vergiftet und die Menschen gallig und mißmutig gemacht hat; Würmer entstehen aus dem Schlamm, und das Gehirn kühlt das Herz; die Ideen existieren abgeschieden und außerhalb der Welt, und die Begriffe sind nur ihr Widerschein; der Satan umschleicht die Kirche, wie der Feind um eine Burg schleicht – das alles wußte man. Also wußte man auch, was die Maleficantinnen treiben, wenn sie nachts, ohne daß der Mann es merkt, auf einem Besenstiel zum Schornstein hinausreiten zum Hexensabbat.

Gerade der Inhalt all dieser Verdächtigungen und Beschuldigungen verweist, wie ein Spiegelbild, auf seine kirchlichen Ursprünge: wie sich der Novize im Kloster vor seinem Herrn auf den Boden wirft, so huldigt die Hexe dem Satan, die Zauberer beichten dem Teufel an den Hauptfeiertagen der katholischen Kirche ihre Sünden, die darin bestehen, daß sie dem christlichen Gottesdienst beigewohnt haben, der Teufel erlegt ihnen Buße auf und erteilt sogar Absolution, oft nimmt er die Parodie einer Messe vor, bekleidet mit schwarzem Ornat, und führt alle Zeremonien durch, die zu einer Messe gehören. An Opfergaben erhält er Kuchen, schwarze Tiere und Korn, dann wird das Abendmahl in beiderlei Gestalt gereicht, die Oblate ist schwarz wie eine Schuhsohle, der Wein wird aus einer Kuhklaue oder einem ähnlich widerlichen Gefäß getrunken. Nach der Messe »vermischt sich der Teufel fleischlich mit allen anwesenden Männern und Frauen und befiehlt Nachahmung«, wie dies in dem Urteil des Inquisitionsprozesses von Avignon aus dem Jahre 1582 (nach DelRio) festgehalten wurde.

Der Christ legt das Glaubensbekenntnis ab, gehört als Christ zu einer besonderen Gemeinschaft, sein Widerpart muß also Gott, Jesus, der Heiligen Mutter Gottes und allen Heiligen abgeschworen haben, es sind sogar Formeln für solche Abschwörungen überliefert, als sei diese Wahnvorstellung real – was sich die Inquisitoren da zusammengefabelt haben, wirkt grotesk: »Ich stehe hier auf dem Mist / Und verleugne Jesum Christ«, hat das im protestantischen Hessen geheißen, im Elsaß um 1659: »Da stehe ich auf dem Mist, / Verleugne Gott, alle Heiligen und Jesum Christ.« Von katholischen Hexen ist auch die Formel überliefert: »Ich fasse an diesen weißen Rock / Und verleugne Mariäs Sohn und Gott.« Die Teufelsverschreibung mit Blut ist aus dem »Faust« bekannt, die Gewohnheiten der Hexe passen ins Bild: sie »tritt das Kreuz, fastet am Sonntag und ißt am Freitag Fleisch«.

»Wollen wir die Hexerei als Ganzes fassen, so erscheint sie, vom Standpunkt der Doktrin betrachtet, als eine in sich vollendete diabolische Parodie des Christentums«, schreibt Soldan und stellt die Kontraste gegeneinander: »Der Christ sieht in dem Heiland den Bräutigam seiner Seele, die Hexe hat in dem Teufel ihren Buhlen. Im Christentum waltet Liebe, Wohltun, Reinheit und Demut, in der Hexerei Haß, Bosheit, Unzucht und Lästerung, der Christ ist strafbar vor Gott, wenn er das Böse tut, die Hexe wird vom Satan gezüchtigt, wenn ein Rest von Menschlichkeit sie zum Guten verführet hat« –

Der Hexensabbat auf dem Blocksberg. Während in der Mitte eine Hexe den Hintern eines Bocks küßt, tanzen andere Hexen mit Dämonen oder fliegen durch die Luft. J. Praetorius, Blockes-Berges Verrichtung, Leipzig 1669.

nun gut, aber ist die Forderung der Kirche überhaupt erfüllbar? Ist
nicht dem entsetzten, mit sich selbst entzweiten Christen die Welt
eine Hexen- und Teufelswelt? Wenn soviel geistliche und göttliche
Kräfte die Welt in einen solchen Sumpf verwandelten, wie er sich im
14. Jahrhundert darbot, wenn sich nichts besserte und alles schlechter
wurde, wenn jeder unter dem Druck seines Sündenbewußtseins lebte
– bot sich hier nicht eine Erklärung? Und die Übel, die ja unmöglich
in der eigenen Brust ihren Ursprung haben konnten, waren sie hier
nicht mit Händen zu greifen? Der Hexenwahn ist eine Form von
Selbsthaß gewesen, das abgespaltene Böse, das man bekämpfen konnte, weil man das angeblich Böse in sich nicht bändigen konnte.

Deshalb spiegelt die schwarze Gegenwelt des Teuflischen sein Abbild so genau: an keiner Stelle überschreiten die inquisitorischen Fragen den geistigen Horizont der Kirche, nur wuchern sie auf dem Boden uneingestandener geheimer Wünsche und Selbstvorwürfe und
verraten viel über den Mann, der diese Frage formuliert, aber nichts
über sein Opfer, dem die Folter bestimmt ist. Mit gebrochenem Willen wird es erneut die »Wahrheit« der Doktrin bestätigen: im Zwei-
felsfalle siegte die Doktrin, nicht die Wahrheit, wie etwa das Beispiel
von Lindheim zeigt. Hier waren fünf bis sechs Frauen beschuldigt
worden, auf dem Kirchhof des Dorfes ein frisch begrabenes Kind
ausgegraben und zu einer Hexensalbe verarbeitet zu haben. Unter
entsetzlichen Foltern gestanden sie alles, aber einer der Ehegatten dieser Unglücklichen leistete Widerstand und brachte es so weit, daß
man das Grab des Kindes in Gegenwart des Ortsgeistlichen und angesehener Zeugen öffnete. Man fand den Leichnam des Kindes unversehrt – der Inquisitor aber erklärte den Fund für »teuflische Verblendung« und bestand darauf, daß das Eingeständnis mehr gelten müsse
als der Augenschein, denn die Frauen hätten ja alle selbst gestanden.
Man müsse sie deshalb »zur Ehre des dreieinigen Gottes«, der die
Zauberer und Hexen auszurotten befohlen habe, vertilgen. In der Tat
wurden alle diese Frauen verbrannt.

Wie schreibt Trithemius (1442 bis 1516), der berühmte Abt des Klosters Sponheim, in seinem 1508 vollendeten und 1555 erschienenen
Werk über die Abwehr von Zauber: »Und leider ist die Zahl solcher
Hexen in jeder Landschaft sehr groß, und es gibt keinen noch so kleinen Ort, wo man nicht eine Hexe der dritten oder vierten Klasse an-
träfe. Aber wie selten findet sich ein Inquisitor, und wie selten (fast

104

nirgends!) findet sich ein Richter, der diese offenbaren Frevel gegen Gott und Natur rächt! Es sterben Menschen und Vieh durch die Niederträchtigkeit dieser Weiber, und niemand denkt daran, daß es durch die Bosheit der Hexen geschieht. Viele leiden fortwährend die schwersten Krankheiten und wissen nicht, daß sie behext sind!«

Eine Hexe wird gefoltert

Der Scharfrichter und sein Gehilfe gehen ans Werk, nicht anders als jeder andere Mann, der sein Handwerk versteht. Freilich sind sie »unehrlich«, müssen in der Wirtschaft auf einem dreibeinigen Hokker sitzen, weil auch der Galgen dreibeinig ist, und werden mit Scheu betrachtet: so ein Freimann besorgt von den Gehenkten allerlei, was gut zu brauchen ist für Magie und Medizin. Man weiß: er schlürft selbst das Blut der Toten, deshalb ist er so stark. Seine Kunst: mit einem einzigen, mächtigen Schlag trennt er ein Haupt vom Rumpf, knüpft dem Galgenvogel die Schlinge und setzt das Werkzeug schnell und genau an, damit der verstockte Sünder ein Geständnis ablege.

Hier im Raum kennt ihn jeder: erst neulich hat er draußen auf dem Richtplatz einem Mordbrenner den Kopf abgeschlagen. Mit heiserer Stimme rief er, während die Menge Gebete murmelte, sein: »Habe ich recht gerichtet?« Und der Richter antwortete ihm laut: »Du hast gerichtet, wie Urteil und Recht gegeben und wie der arme Sünder es verschuldet hat.« Und wie üblich rief der Freimann, das noch blutige Schwert in der Hand: »Dafür dank' ich Gott und meinem Meister, der mich diese Kunst gelehrt.«

Auf der Bank sitzen der Richter und die beiden Dominikaner, an einem Tisch der Protokollant. Man verzichtet auf die »territio verbalis«. In manchen Fällen wird den Beschuldigten das Werkzeug gezeigt, damit der Schrecken seine Wirkung tue, aber bei diesem Weib braucht man keine Umstände zu machen: man hatte an ihrem Leib ein Mal entdeckt, doch muß nun festgestellt werden, daß es tatsächlich ein Stigma des Teufels war.

Der Scharfrichter streift ihr das Hemd von der Schulter und weist einen braunen Fleck vor. Richter und Schöffen treten heran, der

Scharfrichter sticht mit einer Nadel in die Haut: es kommt ein wenig Blut. Das ist ärgerlich, denn hätte die Stelle nicht geblutet, dann wäre klar gewesen, daß es sich um eine Hexe handelt. Der Richter weist den Scharfrichter an, die Frau genau zu prüfen. Also reißt man ihr die Kleider vom Leib, der schmutzig und häßlich ist, ein mit Läusebissen und Ekzemen, blauen Flecken und Schürfstellen übersäter Körper. Dennoch können die Männer den Blick kaum abwenden und verbergen ihre Neugier nur schlecht: nackte Weiber sieht man genug, aber ein Leib, den der Satan selbst umarmt hat, weckt Neugier und Grauen.

Der Henker sucht den Leib Stück für Stück ab, Nacken und Brüste, Rücken und Bauch, bis er kurz über der Scham am Haaransatz einen zweiten Pigmentfleck findet – und hier kommt beim Stich kein Blut, der Verdacht bestätigt sich also. Man wirft einander vielsagende Blicke zu, und der Richter weist den Protokollführer an, den Umstand festzuhalten.

Die Frau hat nichts gesagt. Jetzt schreit sie wie ein Tier auf und beschimpft die Männer mit den gemeinsten Ausdrücken als Säue und Böcke, als geile, gottverdammte Hurenböcke, bis ihr jemand mit dem Handrücken auf den Mund schlägt, daß ihr die Lippe platzt und sie Blut und Zähne spuckt.

Der Beweis, daß sie wirklich eine Hexe ist, scheint damit erbracht, aber der Richter muß das Bekenntnis haben, die »Urgicht«: erst die freiwillige Mitteilung seitens der Hexe schließt die geheime Voruntersuchung ab, das sogenannte Vorgericht, und macht den Weg frei für den peinlichen Rechtstag.

In einem solchen Fall ist die Folter ersten Grades geboten, die »territio stricte sic dicta«, also das Verfahren genau wie angekündigt. Der Daumenstock gilt dabei den Juristen nicht einmal als vollgültiges Mittel. Mit geübtem Griff legt der Scharfrichter die Daumen der nackten Frau jeweils zwischen zwei Eisenplatten, die mit Schrauben zusammengepreßt werden, und zieht die Schrauben fest. Es herrscht vollkommene Stille im Gewölbe, die Frau keucht und wimmert mit fast tierischen Lauten, aber sie weint nicht – auch dies ein Beweis ihrer Teufelsbuhlschaft: Tränen sind, wie schon Sprenger und Institoris im »Hexenhammer« geschrieben haben, Zeichen der Bußfertigkeit.

Sie verliert auch nicht das Bewußtsein, während das Blut von den Daumen rinnt und der Scharfrichter mit dem Knauf seines Stockes fest auf die Eisenplatten klopft: sie zuckt nur jedesmal zusammen vor Qual. Wie kann eine Frau, ohne daß ihr der Teufel beisteht, solche Schmerzen ertragen? Mit einem Blick verständigen sich Scharfrichter und Richter. Die Frau wird auf einen Schemel gesetzt, dann schlingen ihr der Scharfrichter und sein Gehilfe, ein kleiner, farbloser Mensch mit Sommersprossen und wasserblauen Augen, Schnüre um die Fußgelenke. Daran wird dann gezogen, wie man an einer Schlinge um einen Baumstamm zieht: schnell rötet sich die Haut, schneidet der Strick ins Fleisch, und nun fängt das Weib doch an zu schreien wie ein Tier und wirft sich hin und her: falls sie nicht doch noch gesteht, wird man ihr einen Helm schneiden, darin ist der Scharfrichter Meister. Er umschlingt dann den Kopf solcher Hexen mit Schnüren und zieht sie so geschickt zu, daß sie in die Kopfhaut einschneiden und die Hautlappen sich lösen. Auch das Brennen mit Pech und Schwefel auf der bloßen Haut bringt oft den gewünschten Erfolg, ehe man zum Aufziehen mit dem Stein greifen muß.

Der Scharfrichter reißt der Frau den Mund weit auf und schiebt ihr schnell ein »Capistrum« zwischen die Zähne, den altbewährten Knebel, der verhindert, daß man das Heulen und Schreien der Opfer hört. Dann legt er ihr zum ersten Mal die Spanischen Stiefel an, aber noch nicht so stark, daß die Knochen splittern. Man sieht, wie sich ihr Gesicht verzerrt und ihr der Schweiß auf die Stirn tritt, noch immer scheint der Teufel ihr beizustehen, denn viele haben schon jetzt ihre Missetaten gestanden. Hier aber wird offensichtlich weiterhin das »maleficium taciturnitatis« ausgeübt, zu deutsch, das Malefiz des Verschweigens.

Daß die Frau keine Tränen hat, ist ein sicheres Zeichen ihrer Zunft, man sieht auch, wie der Dämon in ihr arbeitet, ihr trockenes Schluchzen, ihr Zittern und ihre Bewegungen verraten, wie er innen gegen das Kreuz kämpft, das man ihm vorhält. Bruder Thomas beschwört sie mit der vorgeschriebenen Formel: »Ich beschwöre dich bei den bitteren Tränen, die unser Erlöser am Kreuz, die seine Mutter über seine Wunden und alle Heiligen und Auserwählten Gottes hier in der Welt vergossen haben, daß du, sofern du unschuldig bist, Tränen vergießest. Im Namen des Vaters, des Sohnes und des Heiligen Geistes. Amen.«

Der Dominikaner erkennt, daß man für heute nicht zum Ziele

kommen wird. Er verständigt den Bürgermeister mit einem Wink, der seinerseits dem Scharfrichter den Befehl gibt, die übrigen Instrumente zu zeigen: die Ruten, den sogenannten Betstuhl, ein Brett mit spitzen Nägeln zum Knien und die Zangen, mit denen man die Finger- und Fußnägel herausreißt, die Streckleiter, verstärkt durch verschiedene schwere Steingewichte – damit ist der Vorschrift Genüge getan.

Natürlich weiß jeder dieser Männer, daß die Folter nur dann wiederholt werden darf, wenn neue Indizien für die Schuld der Beschuldigten sprechen, denn so will es die »Peinliche Halsgerichtsordnung«. Hier aber geht es um den Kampf gegen den Satan, und so kann man nicht davon sprechen, die Folter werde wiederholt – sie wird nur am zweiten oder dritten Tag fortgesetzt. Inzwischen ist es notwendig, darauf zu achten, daß sie sich nicht durch Selbstmord entzieht: also muß der Bader den Auftrag bekommen, zwei Tage bei dem Weib zu wachen, man wird das aus der Stadtkasse bezahlen. Der Scharfrichter schraubt die Spanischen Stiefel von den furchtbar zerquetschten Beinen, das Blut rinnt auf die Fliesen, mit einer unwillkürlichen Bewegung streicht das Weib das Haar aus der Stirn, verwandelt ihr Gesicht in eine blutige Maske.

Zwei Hexen werden gefoltert. Deutscher Holzschnitt, 16. Jahrhundert.

Man reißt sie hoch, stößt sie hinaus, führt sie hinab in den lichtlosen Keller, in dessen feuchten Ecken Ungeziefer haust, auch Ratten verirren sich über die steinerne Treppe. Die Herren stehen auf und strecken sich: so undankbar ihr Amt ist, sich mit verstockten Maleficantinnen herumzuplagen, so wichtig ist es. Bruder Thomas erteilt den Anwesenden seinen Segen, man wird sich in zwei Tagen erneut zusammenfinden.

Und gibt es niemanden, der sich für diese Frau einsetzt, der zum Fürsprecher wird dieser einen, die so unschuldig ist wie viele andere Frauen auch? Es gibt zwar gelegentlich Widerstand gegen die Praxis der Inquisitoren, aber kaum eine Möglichkeit, jemanden aus ihren Händen zu befreien, wenn erst einmal das Verfahren eröffnet ist – und für dieses Weib, das am Rande des Dorfes gelebt hat, wird niemand sich dem Verdacht aussetzen, er hülfe dem Satan, sei vielleicht selbst sogar ein heimlicher Verbündeter: der Gedanke, sie könne Rechte haben wie jeder Mensch, sie sei als unschuldig zu betrachten, bis sie ihrer Schuld überführt sei, und man dürfe sie ohne Verteidiger nicht vor Gericht stellen – dieser Gedanke kommt in jener Zeit kaum jemandem, weder bei den geistlichen noch bei den weltlichen Instanzen.

Erster Widerstand gegen den Verfolgungswahn

Widerstand gegen die Inquisition, die Hexen aufspürte, gab es schon vom ersten Augenblick an, aber kaum aus Motiven der Humanität oder aus Gründen der Vernunft, sondern weil man eigene Rechte beeinträchtigt sah, sich mit diesen Sonderbeauftragten aus Rom nicht recht abfinden konnte oder weil die Hexenverfolgung im Sprengel ungute Folgen hatte – in der Sache selbst gab es nur ausnahmsweise Einspruch. Ein Beispiel:

Als die Hexenverfolgung in Tirol am 14. Oktober 1485 ihren Anfang genommen hatte, eine Wirkung der schon mehrfach erwähnten Hexenbulle des Papstes Innozenz VIII., regte sich sehr bald Widerstand: die Denunziationen hatten auch das Haus des damaligen Regenten von Tirol, des Erzherzogs Sigismund, nicht verschont. Der

Bischof selbst war über das Vorgehen des Inquisitors Heinrich Institoris – der damals erst einen Ruf als Inquisitor hatte, nicht als Verfasser des »Hexenhammer« – bestürzt und schrieb am 8. Februar 1486 an einen Freund: »Mich verdreust des Münchs, ich find in des Papst Bullen, daß er bei viel Päpsten ist vor Inquisitor gewesen, er bedunkt mich aber propter senium ganz kindisch sein worden, als ich ihn hier zu Brixen gehört habe mit dem Kapitel.« Mit anderen Worten: der Mann, der später als Verfasser des »Hexenhammer« so schrecklichen Einfluß auf die Verhältnisse seiner Zeit ausüben wird, ist bereits hier wegen Senilität untragbar, und die Empörung aller Vernünftigen und auch Gläubigen zwingt den Bischof, dem Manne nahezulegen, er möge das Land verlassen und in sein Kloster zurückkehren.

Zu dieser Art von souveräner Unbefangenheit einem Fanatiker gegenüber gehörte damals noch kein besonderer Mut, sondern vor allem eine Portion gesunder Vernunft. Offensichtlich war dieser Erzbischof ein Mann, der sich sein Augenmaß bewahrt hatte – und seine Position erlaubte ihm, seine Auffassung durchzusetzen, selbst gegen den Beauftragten des Papstes.

Ob es in einer geistlichen oder weltlichen Herrschaft zu Hexenverfolgungen kommt oder ob es still bleibt, hängt zu jener Zeit von Individuen ab – nämlich von der geistigen Verfassung jener, welche die Macht haben. Ein Beispiel: Als 1581 in Trier der Erzbischof Johann von Schönenburg sein Amt antritt, gibt es dort keinerlei Hexenverfolgungen. Der neue Kirchenfürst, ein schlichter und bescheidener Mann, räumt seinem Generalvikar, dem Suffraganbischof Peter Binsfeld, mehr Macht ein, als sich hätte vertreten lassen – und dieser Binsfeld ist »ein Hexenjäger der erbarmungslosesten Sorte« (Baschwitz): er scheint sich durch Fanatismus den Weg in sein Amt gebahnt zu haben. Überall in den Dörfern und Marktflecken des Bistums werden Menschen, vorwiegend Frauen, als hexenverdächtig aufgespürt, gefoltert und auf den Scheiterhaufen gebracht – nur in der Stadt selbst gelingt es nicht, Hexenprozesse in Gang zu setzen. Der Mann, der dies verhindert, ist der Doktor der Rechte Dietrich Flade und führt seit zwanzig Jahren den Vorsitz bei Gericht. Er ist, obwohl kein Theologe, zeitweise Rektor der Universität Trier gewesen und hat auch im Rat des Kurfürst-Erzbischofs gesessen, ein honoriger Mann also, den jeder kennt und schätzt.

Er war nicht der einzige Mann in Amt und Würden, welcher der

Hexenjägerei Widerstand geleistet hat und ihr zum Opfer gefallen ist: allein in den Jahren 1588 bis 1593 sind in der Erzdiözese Trier neun Geistliche als Hexenmeister aus dem Wege geräumt worden: ein Abt sowie Kapläne, Dechanten und Pfarrer. In Trier kommt man nicht weiter, weil das Gericht unter Vorsitz von Flade keinen der vorgelegten Beweise anerkennt. Schließlich ernennt der Erzbischof auf Drängen Peter Binsfelds einen Mann als Hexenjäger, der sich auf dem flachen Land bereits durch Eifer verdient gemacht hat – aber auch jetzt noch hält Flade an seinem Standpunkt fest. Man wüßte über all diese Vorgänge übrigens so gut wie nichts, wenn der amerikanische Historiker George L. Burr nicht die »Prozeßakten Flade« 1891 in den Archiven entdeckt und veröffentlicht hätte.

Zwei Jahre lang hatte die Stadt Trier noch eine Galgenfrist. Das Erzbistum selbst litt bereits unter dem Verfolgungswahn, als noch ringsum kein Mensch daran dachte, systematisch Hexen zu jagen. So konnte der Ratsherr Weinberg am 30. Juni 1589 in sein Tagebuch schreiben: »Mich nimmt es wunder, daß es in dem katholischen und heiligen Stift von Trier . . . so viele böse Weiber gibt, warum dem Teufel dort mehr von Gott die Zauberei gestattet werden soll als in der Stadt Köln. Wer hat früher gehört, daß Zauberer oder Zauberinnen in Köln verurteilt, verbrannt worden wären?« Die Todfeinde des mutigen Dietrich Flade lassen sich Zeit. Als sie die erfolterten Geständnisse von vierzehn angeblichen Hexen beisammen haben, die alle behaupten, den Bürgermeister auf dem Hexensabbat gesehen zu haben, legen sie ihre »Beweise« vor. Der Erzbischof setzt eine Kommission ein, um die Vorwürfe zu prüfen. Was hätte er anders tun können im Jahre 1588?

Ohnehin ist er ratlos: zunächst hatte er die theologische Fakultät gefragt, wie man gegen Flade vorgehen solle – aber die ließ sich zu keiner Stellungnahme drängen. Dann gab er dem Gericht Anordnung, den Flade zu verhaften, aber das Gericht wehrte sich mit dem Hinweis darauf, Flade sei ihr vorgesetzter Richter. Aber das alles half nichts. Man hatte selbstverständlich den Dr. Flade gewarnt, er hatte zu fliehen versucht, war aber gefangen und unter Hausarrest gesetzt worden.

Am 17. August 1589 wird das Verfahren gegen Flade eröffnet, der inzwischen ins Gefängnis im Rathaus eingeliefert worden ist. Man hat zu den Aussagen der vierzehn Hexen auch die zweier Geistlicher beschafft: auch sie geben an, den Bürgermeister auf dem Hexensabbat gesehen zu haben – über die Themen Hexensabbat und Walpurgisnacht wird in nächsten Kapiteln zu berichten sein.

Flade kennt diese Anschuldigungen. Die beiden Priester haben sie ihm im Gefängnis ins Gesicht sagen müssen – und er hat geantwortet, es könne sich nur um ein vom Teufel vorgegaukeltes Trugbild gehandelt haben. Welchen Eindruck auf ihn selbst die Qual dieser gefolterten Männer gemacht hat, ist in den Akten nicht überliefert.

Nach der Eröffnung des Verfahrens und während der Folter muß Flade selbst die Namen angeblicher Teufelsgenossen nennen. Er tut dies stets mit dem Zusatz, er könne nicht wissen, ob er die Leute selbst gesehen habe oder ein vom Teufel geschaffenes Trugbild.

Flade wird dann vier Wochen später noch einmal gefoltert. Er gesteht, an den vielen Schnecken schuld zu sein, welche damals die Gemüsebeete heimsuchten. Sogar eine plausible Erklärung liefert er unter dem Schmerz der Folter: er habe mit Hilfe des Teufels Kot zusammengeballt und in die Luft geworfen. Das ist für damalige Zeiten nicht so absurd, wie es heute klingt – so glaubte man mit Aristoteles, daß die Regenwürmer aus Schlamm entständen. Schließlich muß er bekennen, daß er einmal vergebens versucht habe, den regierenden Fürstbischof durch schädlichen Zauber ums Leben zu bringen. Am 18. September 1589 wird Flade hingerichtet. Sein Herrscher erweist ihm die Gnade, daß er erst erwürgt wird, ehe man den Leichnam verbrennt.

Mit ihm sterben zwei andere Bürgermeister, einige Ratsherren und Schöffen und einige Priester: so endet hier der Versuch, dem organisierten Wahnsinn Widerstand zu leisten.

Es hat in anderen Gegenden des Rheinlandes noch Jahrzehnte gedauert, bis sich auch hier die Jagd organisieren ließ – und es wird deutlich, daß zur Entstehung von »Hexenwahn« außer dem radikalen Freund-Feind-Denken und außer einem logischen System, das durch Autorität gesichert ist, noch ein weiterer Faktor gehört, nämlich eine Gruppe, die materiellen Profit aus solchen Verfolgungen zieht – sei es direkt durch Bereicherung oder indirekt durch Zuwachs an eigener Macht.

Der Dr. Dietrich Flade, dessen Denkmal man in Trier vergeblich sucht, war der erste »Märtyrer der Vernunft« im Kampf gegen den Hexenwahn – aber der erste, der einen geistigen Kampf gegen den Verfolgungswahn aufnahm, war er nicht. In der Sprache der Kleriker liest sich das so: ein gewisser Laymann hat sich 1629 gegen alle jene geäußert, die den Hexenwahn für Verblendung halten, man würde heute sagen, für eine Illusion: »Dieses hat sich auch vor etlichen Jahren Dr. Vlaet, ein fürnehmer churfürstlich trierischer Rat, mit Ernst unterfangen, welchem sich der hochwürdige Herr Dr. Binsfeldius widersetzt hat und Confessionem Maleficarum geschrieben. Dieser Herr ist hernach gefangen worden und als er seinen Betrug und seine Verführung mit einer öffentlichen Oration entdeckt hat, ist er, wie auch Edelin, ganz reumütig ausgeführt und verbrannt worden.«

Flades Halsstarrigkeit aus Gewissensgründen gab wohl den Anstoß, daß der Hexenjäger Binsfeld sich mit seinen Erfahrungen zu Worte meldete. Sein Werk »Bekenntnisse der Hexen« enthält den ersten Hinweis auf einen katholischen Theologen, der die Hexenverfolger radikal angriff: es handelt sich um den Holländer Cornelius Callidius Loos, dessen Name von Binsfeld verschwiegen wird: der hat mit einer Schrift »De vera et falsa magia« nachdrücklich erklärt, Hexenausfahrten seien Aberglaube und Einbildung.

Nur durch die Tortur würden die armen Hexen zu ihren Bekenntnissen gebracht, und es werde in den Hexenprozessen mit Hilfe einer neuen Alchemie aus Menschenblut Gold und Silber gemacht. Er ging sogar so weit, zu erklären, daß es Zauberer, die Gott absagen und dem Teufel huldigen, die mit seiner Hilfe Wettermachen und andere Dinge vollbrächten, gar nicht gebe. Der Mann hatte den Mut, an den Rat und die Geistlichkeit von Trier diese Schrift zu schicken – dazu gehörte mindestens ebensoviel Mut wie Luther ihn aufbrachte, als er seine Thesen zur Disputation handschriftlich verbreitete. Loos wurde auf Befehl des päpstlichen Nuntius festgesetzt und am 15. März 1592 im Kloster St. Maximin in Trier zum Widerruf gezwungen: anwesend waren der hochwürdige Dr. Binsfeldius, der Abt und viele andere Zeugen. Er wurde aus dem Lande gejagt und ging nach Brüssel. Weil er nicht schwieg, kam er auch dort, als der Hexenwahn um sich griff, ins Gefängnis.

Noch einmal entließ man den tapferen Geistlichen, dann drohte ihm wieder die Anklage, und man hätte ihn diesmal sicher auf den Scheiterhaufen gebracht, wenn der Tod ihn nicht am 3. März 1593 der Verfolgung entzogen hätte (Riezler). Er hinterließ, wie ein hexengläubiger Kleriker schrieb, nicht wenige Anhänger »seiner Dummheit«. »Mögen diese«, schrieb später der Autor DelRio (»Disquisitiones magicae«, 1606), »wenn auch spät, inne werden, wie gefährlich es ist, dem Urteil der Kirche die Delirien des einen Ketzers Weier vorzuziehen.« Damit ist Dr. Johannes Wierus gemeint, für den sich in Deutschland der Name Weyer eingebürgert hat. Dr. Weyer verbrachte einen wesentlichen Teil seines Lebens im Herzogtum Kleve, Jülich, Berg, in jenem kleinen Fürstentum, dessen Hauptstadt Düsseldorf und dessen Kanzler Konrad von Heresbach war, ein gebildeter Humanist. Um das gleich vorwegzunehmen: Dr. Wierus mußte keinen Scheiterhaufen besteigen und starb, wenn auch bedroht, 1588 im Alter von 72 Jahren in Tecklenburg, wohin ihn ein Krankheitsfall in der befreundeten Familie des Grafen Bentheim gerufen hatte. Er ist in der dortigen Schloßkirche beigesetzt.

Die Frage ist nun: Welche Argumente verwandte er, welche Möglichkeiten nutzte er, und wie groß war für einen solchen Widerstand damals noch der »Spielraum«? Darauf gibt seine Geschichte eine gewichtige, aber keine generelle Antwort, weil die Verhältnisse in den verschiedenen Fürstentümern durchaus verschieden waren – immerhin hatte aber diese Stimme der Vernunft noch über Ländergrenzen und über viele Jahrzehnte hinweg ihre Wirkung.

Der Sieg des Agrippa von Nettesheim

Die Lesebuchgeschichte vom braven Mann Dr. Wierus, vom Arzt und Helfer unschuldiger Hexen, beginnt mit Magie, mit dem Bericht über das wilde Leben seines Lehrmeisters, der erst an die Zauberei glaubte, dann ihr abschwor und eines der Vorbilder für Goethes »Faust« abgab: der Dr. Weyer mußte sehr nachdrücklich erklären, daß Heinrich Cornelius Agrippa zu Nettesheim, als er am 18. Februar 1535 in Grenoble starb, keineswegs vom Teufel in Gestalt eines schwarzen Pudels geholt worden sei.

In der Tat, dieser Agrippa von Nettesheim hatte als erster den Mut, dem Inquisitionsgericht eine sogenannte Hexe zu entreißen, und das muß dem Vater des jungen Studiosus Wierus, der seinen Sohn dem Doktor brachte, tief beeindruckt haben. Fast alles in der Existenz dieses Agrippa ist falsch, unecht oder undurchsichtig, und doch spielte er in diesem Falle vor Gericht eine ähnliche Rolle wie zwei Jahrhunderte später der unerschrockene Voltaire.

Wer also war Agrippa von Nettesheim? Man weiß es nicht. Er wurde am 14. September 1486 in Köln geboren und legte sich den Namen Agrippa wohl nach »Colonia agrippina«, dem römischen Namen Kölns, zu. Nettesheim war ein kleiner Ort bei Köln gewesen und Heinrich Cornelius vermutlich sein richtiger Name.

Daß man sich neu benannte, war im Zeitalter der gelehrten Studien der Antike, also des Humanismus, üblich: Agrippa von Nettesheim maßte sich außerdem auch gleich drei akademische Titel an, den Doktor der Theologie, den Doktor der Rechte und den der Medizin. Offensichtlich hatte er viel Sinn für Public Relations. Schon als Zwanzigjähriger erregte er durch seine Streiche Aufsehen, einige seiner Taten wurden auf den etwa gleichaltrigen Doktor Faust übertragen und sind in die Sage eingegangen. Sein Leben führte ihn nach Pavia, wo er 1515 den Studenten Vorlesungen über die Geheimen Wissenschaften hielt, nach Lyon, wo er 1524 der Leibarzt der Königinmutter von Frankreich wurde. Er befand sich als Leibarzt im Gefolge eines kaiserlichen Feldherrn, der mit dem Landsknechtsführer Georg von Frundsberg 1525 vor den Mauern Roms erschien. Dieser Connétable von Bourbon wollte sich die Krone von Südfrankreich aufs Haupt setzen; Agrippa von Nettesheim hatte ihm die Sterne zu deuten und das Horoskop zu stellen, das gehörte zu den Aufgaben eines studierten Leibarztes. Welcher Astrologe hätte in solcher Lage seinem fürstlichen Auftraggeber etwas anderes als Glück zu prophezeien gewagt!

Aber es scheint, daß die Daten nicht recht stimmten: der junge Fürst fiel bei der Erstürmung Roms. Kaiser Karl V. von Habsburg hatte mit dieser Schlacht zwar die Vorherrschaft Frankreichs in Oberitalien gebrochen, aber was nützte das dem Dr. Agrippa von Nettesheim, der wegen des Verlustes seines Gönners mit Frau und Kindern in Not geriet. Aber auch diesmal fand er einen Freund und Gönner, nämlich den regierenden Erzbischof von Köln, den Grafen Wied, der ihm 1532 ein Haus in Bonn anwies und für seinen Lebensunterhalt sorgte. Der ruhelose Mann brach dann noch einmal nach Lyon auf und wurde dort ins Gefängnis geworfen, als sein Schüler Dr. Wierus gerade in Paris studierte.

Bevor auf das Verhältnis zwischen Agrippa und Weyer eingegangen wird, muß von den Schriften des Agrippa gesprochen werden – sie sind die Essenz dieses Lebens, das in seiner Bewegtheit und Buntheit dem des sagenhaften Dr. Faustus brüderlich gleicht. Agrippa von Nettesheim schrieb zwei wichtige Werke: auf Grund seiner eigenen Erfahrungen in der Magie und Zauberkunst schrieb er über diese Wissenschaften eine Satire mit dem Titel »Von der Eitelkeit aller Wissenschaften und Künste«, Köln 1527.

Er selbst, der geschickte Schauspieler und Akademiker, war zu ehrlich, um nicht zu sehen, wie wenig jene wußten, welche zu wissen behaupteten – und zu empfindlich, um soviel Lüge und Anmaßung ertragen zu können. Sein besonderer Spott galt den Inquisitoren, die er »blutdürstige Raubvögel« nannte und scharf angriff. Er beschrieb in dieser Schrift auch, wie eine Maffia von Inquisitoren das Fürstentum Mailand terrorisiert hatte, bis die Edelleute zu den Waffen griffen und die Inquisitoren verjagten.

Die schon 1520 in Köln erschienene Schrift »De occulta philosophia«, die dem Graf Wied gewidmet ist, ein vielbesprochenes Werk über Magie, hatte Aufsehen erregt und ihm viele Gönner gewonnen. Auch der damalige Papst zählte zu den Männern, die diesen Agrippa schätzten und förderten. Daß er die Inquisition mit so scharfen Worten angriff, machte ihn allerdings verdächtig. Als der vierzehnjährige Johannes Weyer, begleitet von seinem Vater, den Agrippa von Nettesheim 1520 in Antwerpen bat, sein Lehrer und Meister zu sein, lag der Prozeß in Metz gerade ein Jahr zurück. Agrippa galt jedenfalls als berühmter, wenn auch umstrittener Mann. Der Haß aber, mit dem der Klerus diesen glänzenden Geist bis über den Tod hinaus diffamierte, hatte seine Gründe.

Agrippa von Nettesheim war in Metz Syndikus gewesen und hatte damals offensichtlich auch zum Domkapitel gute Beziehungen gehabt. Domkapitel, Ortsgeistlichkeit und Magistrat hatten offensichtlich den Einbruch der päpstlichen Inquisition ins Bistum abschlagen wollen – es ging in jener Epoche vor dem Ausbruch der Reformation wohl weniger um den Glauben als um Macht. So wird Agrippa von Nettesheim gedeckt gewesen sein, als er im Jahre 1519, ein Menschenalter nach dem Erscheinen des »Hexenhammer«, als Anwalt vor Gericht auftrat, um eine Bauersfrau zu verteidigen, die vom Inquisitor, dem Dominikaner Savini, der Hexerei beschuldigt worden war. Man hatte die Frau bereits der Tortur unterworfen und ihr ein Schuldbekenntnis abgezwungen. Dennoch gelang es Agrippa, diese Frau der Inquisition zu entreißen.

Welche Situation fand er nun vor, als er die Verteidigung übernahm? Savini hatte erklärt, keineswegs ohne hinreichende Verdachtsgründe vorgegangen zu sein. So sei schon die Mutter der Angeklagten als Hexe verbrannt worden, und bereits hier liege ein hinreichender Verdachtsgrund: man wisse doch, daß die Hexen ihre Kinder gleich nach der Geburt den Dämonen zu weihen pflegten – falls ihre Kinder nicht überhaupt aus dem »fleischlichen Umgang« mit dem Teufel hervorgegangen seien.

Der Dominikaner stützte sich dabei auf den »Hexenhammer« und alle sonstigen Autoritäten. Daß eine Hexe ihr Kind bei der Geburt dem Teufel weihe, wurde allgemein vermutet; Hebammen gehörten aus diesem Grund zu den besonders verdächtigen Personen: leicht konnten sie bei der Geburt die Kirche betrügen und dem Teufel in die Hand arbeiten. Bei einer Hexenmutter galt dies als selbstverständlich.

Agrippa von Nettesheim griff den Dominikaner Savini scharf an und bezichtigte ihn unverfroren der Ketzerei: »Wenn es so wäre, wie Ihr gesagt habt, wäre die Gnade der Taufe dann nicht vernichtet? Sollte der Priester dann bei der Taufe vergebens gesagt haben: Weiche, unreiner Geist, und mache Platz dem Heiligen Geist? Dies würde nämlich vergebens sein, wenn das Kind dadurch, daß eine gottlose Mutter es geweiht hat, dem Teufel unterworfen bleiben würde.«

Das ist reine scholastische Spitzfindigkeit, aber eine, die damals überzeugt haben muß. Agrippa von Nettesheim, der angemaßte Doktor der Theologie, erklärte weiter, alle Menschen seien, wie der christliche Glaube lehre, sündig und verflucht und nur durch das Heil der Taufe vom Satan erlöst. »Seht Ihr nun, wie unhaltbar, nichtig und sogar ketzerisch Euer Urteil ist?«

Voll Wut drehte der Inquisitor den Spieß um und warf seinerseits diesem Agrippa von Nettesheim Ketzerei vor, aber er kam damit nicht weit, denn das Gericht schloß sich der Auffassung des Agrippa an. Die Frau wurde freigelassen. Ganz offensichtlich war eine Kraftprobe mit diesem Ausgang nur möglich, weil Savini keinen Rückhalt beim Klerus von Metz hatte.

Agrippa ist ein unsteter Mann gewesen, er verließ noch im selben Jahr die Stadt, und damit hatte der Dominikaner Savini freie Hand. Viele Frauen wurden damals ins Gefängnis eingeliefert, andere mußten fliehen, im Volk aber breitete sich eine panische Angst vor Hexen aus: die Menge auf der Straße jubelte jeder Verhaftung zu.

Im Jahr 1520, als die Hysterie ihren Höhepunkt erreicht hatte, griff der Geistliche Johannes Roger Brennon ein und predigte so entschieden gegen den fanatischen Dominikaner, daß sich die Einwohner von Metz besannen. Schließlich wandte sich das Blatt, man nahm Partei für die unschuldig Inhaftierten und bedrohte den Inquisitor, der sich am Ende nicht mehr auf die Straße wagte. Alle Beschuldigten wurden freigelassen, auch kehrten die geflohenen Frauen nach Metz zurück. Johannes R. Brennon selbst schilderte diese Vorgänge seinem Lehrer, dem Agrippa von Nettesheim, in einem ausführlichen Schreiben. Er beschreibt darin auch, daß die von Agrippa befreite Frau sich gelegentlich im Pfarrhaus einfand und dem Geistlichen Brennon allerlei kleine ländliche Geschenke brachte, auch habe sie gebeten, ihrem Retter einen Gruß auszurichten (Baschwitz).

Man wird sich fragen, wie es damals möglich war, der Inquisition einen so wirkungsvollen Widerstand zu leisten, obwohl die scharfen Angriffe auf die Ketzerverfolger doch auch den Papst trafen? Die Kurie hatte sich indessen aus Gründen, die nicht erkennbar sind, auf die Provokation nicht eingelassen.

Der Hexenprozeß wurde damals auch noch als ein Spezialfall der Ketzerprozesse aufgefaßt und ist noch keine gewohnte Erscheinung gewesen. Das änderte sich aber schon um die Mitte des 16. Jahrhunderts. Als Dr. Wierus im besten Mannesalter stand, hätte kein noch so geschickter Verteidiger mehr den Sieg des Agrippa von Nettesheim wiederholen können, und zum Ende des Jahrhunderts hatte das Wahnsystem den Sieg über alle Widerstände davongetragen.

Ein Wetterleuchten der Vernunft

Dr. Weyer ist nicht der Mann gewesen, der erklärt hat, daß die Dämonen der Hölle Hirngespinste seien, ebenso Teufel und Hölle, und daß es Hexerei und Zauberei nicht gebe und nicht geben könne – einen solchen Standpunkt einzunehmen fällt ja selbst Menschen des 20. Jahrhunderts nicht immer leicht. Damals hätte es überdies bedeutet, sich selbst zum Ketzer zu erklären. Der Leibarzt des Herzogs Wilhelm IV. von Cleve ist ein Kind seiner Epoche, und so schildert er in seinem Buch die Einrichtung der Hölle mit 572 Höllenfürsten, die damit zum getreuen Abbild der europäischen Gesellschaft des 16. Jahrhunderts wird; er spricht von sieben Millionen Dämonen und glaubt an Zauberei, die mit Hilfe des sehr mächtigen Teufels zustande käme, und diese Art Zauberei hat für ihn den gleichen Realitätswert wie etwa die Giftmischerei.

Er zieht aus diesen »mittelalterlichen« Auffassungen nicht dieselbe Konsequenz wie die Fanatiker seiner Zeit, sondern behält den klaren Blick. Seine Argumentation bleibt im Grunde wohl hinter der des Cornelius Loos zurück, aber er ist überzeugt, daß in den Hexenprozessen viel unschuldiges Blut vergossen und den »armen Zaubervetteln« in bezug auf Unwetter und Leibesverletzungen zuviel zugeschrieben werde. Das Prozeßverfahren bewirke, daß die armen Leute viel lieber im Feuer sterben wollen, als unmenschlicherweise auseinandergestreckt und gefoltert zu werden. Die Geständnisse der Hexen von ihren nächtlichen Ausfahrten und Tänzen, Vermischung mit dem Teufel und Verwandeln von Mensch in Tier erklärt er durch Verblendung und Täuschung, »daß sie nicht anders meinen, als sie haben's getan«.

Gegen diesen Einwand hatte die Kirche allerdings längst strenge Gegengründe parat. Der schon erwähnte Dominikaner Jaquier hatte in seiner »Geißel« erklärt, selbst wenn die Hexen sich das alles nur einbildeten, seien sie dennoch schuldig, weil sie sich in wachem Zustand mit Vergnügen daran erinnerten und weil sie den Willen hätten, mit dem Teufel in Verbindung zu treten.

Immerhin, noch 1621 meinte ein Gießener Jurist in einem Gutachten über Hexenprozesse: der größere und weisere Teil der Theologen, Juristen, Staatsmänner und Ärzte nehme an, daß die Hexenzusammenkünfte meist nur Illusionen seien und daß bei Spielen und Tänzen nur Trugbilder von den Frauen gesehen würden. Heute ist nicht mehr zu ermitteln, ob diese wohlmeinende Annahme des Juristen stimmt, fest steht nur, daß dieser »größere und weisere Teil« der Gebildeten sich nicht durchgesetzt haben kann oder seine Meinung im Laufe des Jahrhunderts geändert haben muß.

Am Hofe des Herzogs von Cleve waren die Humanisten, d. h. die kritisch denkenden Köpfe, die zwar fromme Christen, aber keine religiösen Fanatiker waren, unter sich. So mag sich bei Dr. Weyer im Gespräch mit den Freunden der Gedanke herausgebildet haben, dem »Hexenhammer« Widerstand zu leisten. Sein Buch »Von den Blendwerken der Dämonen sowie von Bezauberungen und Vergiftungen« ist im Jahre 1563 erschienen, also 74 Jahre nach dem Erscheinen des »Hexenhammer« und ein gutes Menschenalter nach dem Prozeß in Köln, bei dem Agrippa sich mit der Inquisition angelegt hatte.

Mit dem Drucker Johannes Herbster (lat. Oporinus) war Weyer freundschaftlich verbunden. Druckort war selbstverständlich Basel. »In Basel saßen damals die großen Druckherren und Verleger, die berühmte Humanisten als Korrektoren und Lektoren beschäftigten. Da waren die ersten epochemachenden Ausgaben der Bibel und des Neuen Testamentes im Urtext erschienen, die Kirchenväter in riesigen Bänden, die antiken Klassiker, die Werke des Erasmus« (Friedental), und 1519 hatte man dort die erste Gesamtausgabe der Werke Luthers veröffentlicht, versehen mit einem Vorwort des jungen Humanisten Capito, der ausrief, daß jetzt »das Gewissen der Laien aufgewacht sei«.

Das lag fast ein Menschenalter zurück, und doch bewährte sich auch jetzt die Wahl des Ortes, die Freundschaft zu einem Mann wie Johann Herbster. Man war dort vor Hexenjagden verhältnismäßig sicher – sicherer jedenfalls als sonst in der Schweiz. Im calvinistischen Kanton Genf waren im Jahre 1562 vierunddreißig Menschen angeklagt, von denen elf auf der Folter absurde Missetaten gestanden und verbrannt wurden; sieben Personen widerstanden und wurden freigelassen. Auch in den Kantonen Zürich und Luzern hatte es Hexenprozesse gegeben, wenn auch nicht im Ausmaß wie in der französischen Schweiz.

Nur in Basel hatten bedachtsame Großbürger ihren Einfluß gegen diesen geistlichen Terrorismus geltend gemacht. Nachdem die Schrift des Dr. Weyer in Basel erschienen war, wurden die Hexenprozesse, mit denen man selbst dort zögernd begonnen hatte, bis zum Jahre 1602 ganz eingestellt. Als dann überall in Europa der Hexenwahn neu ausbrach, blieb auch Basel nicht verschont – aber die dortigen Hexenprozesse endeten mit vergleichsweise milden Strafen und ergaben nur eine einzige Hinrichtung im Jahre 1624.

Dr. Weyers Buch richtet sich offen und ohne jede kluge Rücksicht gegen den »Hexenhammer«, den er »gar unbegründet und gottlos«

nennt, und er schreibt jedem gelehrten Bücherschreiber, der sich auf den »Malleus« stützte, ausdrücklich ins Stammbuch, daß er »von den Hammerschmieden, denen er zuviel geglaubt hat, betrogen ist«. Bevor nun aber über die Schicksale des Buches und seine Auswirkungen berichtet wird, ein Wort zu den Lebensumständen Weyers, der in Holland Wier heißt.

Der Vater war ein begüterter Großkaufmann gewesen, der seinen Sohn auf die Lateinschule nach Hertogenbosch schickte und ihn dann bei Agrippa von Nettesheim in Antwerpen anmeldete. Weyer zog mit Agrippa von Antwerpen nach Bonn. Nachdem er zwei Jahre bei Agrippa gelernt hatte, ging er als Student der Medizin nach Paris und Lyon. Seine Praxis eröffnete er in seiner Heimatstadt Grave.

Welche Atmosphäre in seinem Haus geherrscht hat, dafür gibt es eine sehr eindrucksvolle Schilderung, die allerdings nicht ihn, sondern seine Frau Judith, geb. Wintgens, betrifft; das Ehepaar hatte vier Söhne und eine Tochter. Dr. Weyer selbst hat die Szene beschrieben: Ein junges Mädchen, angeblich von Dämonen besessen, hatte von einem Priester als Gegenmittel einen geweihten Lederbeutel mit einem geheimnisvollen Briefchen darin. Frau Judith lud das Mädchen zu Tisch und nahm ihr während des Essens den Beutel vom Hals. Alle Anwesenden sprangen erschrocken auf und liefen davon, aus Furcht vor dem schrecklichen Ausbruch von Besessenheit, der nun ja nicht ausbleiben konnte. Nur Frau Judith, ihre Tochter und das Mädchen blieben am Tisch sitzen und aßen ruhig weiter, während Frau Judith dem Mädchen freundlich zusprach (Baschwitz). Dann wurde die Lederhülle aufgeschnitten. Das Briefchen war ein unbeschriebenes Stück Papier. Man warf das »Gegenmittel« ins Feuer, das Mädchen erhielt weiterhin »guten Unterricht« von der Hausfrau, und es gab keinerlei Rückfälle mehr.

Diese Nüchternheit und das entschiedene Vertrauen auf den gesunden Menschenverstand im Hause des Arztes stammten aus der Erfahrung, aus dem Umgang mit Besessenen und Hysterikern. Immer wieder waren dem Arzt Menschen gebracht worden, die angeblich ein Dämon in Besitz genommen hatte, denen man Nägel oder Nadeln in den Leib gezaubert haben sollte: sie hätten diese Gegenstände erbrochen oder mit dem Kot ausgeschieden. Dr. Weyer konnte weder an der Speiseröhre noch am Darm irgendwelche Verletzungen feststellen, auch wies der Patient keine Anzeichen innerer Verletzungen auf, also mußten die Nägel wohl heimlich in die Exkremente praktiziert worden sein.

Auch die besessenen Nonnen aus den umliegenden Klöstern vermochten ihn nicht zu beeindrucken. Es gab solche psychischen Epidemien in den Klöstern Kentorp bei Arnheym, in Weert, Xanten, Nijmwegen, Den Bosch und im Kloster Nazareth bei Köln. In all diesen Fällen war Weyer als Gutachter tätig gewesen. Den Rat, den er den Oberen des Klosters Nazareth erteilt hat, gibt er in einer der späten Ausgaben seines Werkes wieder, und in der Tat unterscheidet sich diese Empfehlung in nichts von dem, was heute ein Psychotherapeut empfehlen würde: man soll die Patientinnen voneinander isolieren und nach Möglichkeit bei ihren Familien unterbringen. Junge Mädchen soll man möglichst nicht Zeuginnen solcher Anfälle werden lassen, denn sie seien leicht beeinflußbar. Die feierlichen Teufelsaustreibungen verschlimmerten nur die Anfälle – eine Einsicht, die offenbar unter anderem darin beruht, daß ein solcher Zustand um so schlimmer wird, je mehr Aufmerksamkeit er hervorruft.

Weyer ist wie gesagt weit davon entfernt gewesen, die Existenz des Teufels zu bestreiten. Aber er schreibt in dem ersten Teil seines Buches, der dem Teufel gewidmet ist, einen Satz, dessen Tragweite ihm selbst vielleicht nicht einmal zu Bewußtsein gekommen ist. Der Teufel könne, so meint er, nur so weit gehen, »so weit die Ordnung der Natur gestattet und zuläßt« – das heißt, die Naturwissenschaften ziehen der Theologie eine unüberschreitbare Grenze. Damals lebt Galilei noch und wird nur durch die »territio magna«, die Androhung der Folter, zum Widerruf gezwungen werden; Tycho de Brahe stellt einen ersten Fixsternkatalog mit tausend Fixsternen zusammen, mit Galileis berühmten Fallversuchen wird zum ersten Mal, indem man auf eine Hypothese ein Experiment gründet und es durch Messungen nachprüft, ein Naturgesetz exakt formuliert – es sind Messungen, die bei gleicher Versuchsanordnung stets das gleiche Ergebnis erbringen und Beweiskraft haben.

Von all diesen Ereignissen kann Dr. Weyer keine Kenntnis gehabt haben, aber er reagiert, als sei er als Arzt vor allem Naturwissenschaftler und nicht, wie man von ihm als Christen fordert, vor allem der Autorität der Kirche unterworfen. Vor der Konsequenz schreckt er nicht zurück: »Aus diesem allen ist die zwingende Schlußfolgerung zu ziehen, daß unerfahrene Leute bisher dem Teufel und seinem Heer viele Dinge als wahrhafte Begebenheiten zugeschrieben haben, die doch in Wirklichkeit nichts als Verblendung, Verzauberung, Lüge, Betrug und Teufelswerk waren.«

Daß man alte Frauen unter der Beschuldigung, sie seien Hexen, grausam foltert, läßt ihm keine Ruhe. Er stellt fest, diese Verfahren widersprächen der erst 1532 erlassenen »Peinlichen Halsgerichtsordnung« Karls V. und die üblichen Grausamkeiten weltlichem und kirchlichem Recht. Und schließlich: seine Gegenüberstellung von Zauberern und gelehrten Magiern, die zu Macht und Ansehen gekommen seien, mit den Opfern der Hexenprozesse mußte gerade hochgestellte Persönlichkeiten überzeugen. Der Zauberer, sagt Weyer, riefe den Teufel zu Hilfe auf eigenes Verlangen und werde von ihm betrogen, die armen Weiber aber seien willenlose Opfer. Beiden spiegle der Teufel vor, sie hätten mit ihren angeblichen Künsten Wetter gezaubert oder Mensch und Vieh geschädigt.

Schließlich hat sich auch der Begriff der »Verblendung«, mit dem jedermann damals arbeitete, für den Dr. Weyer als unhaltbar erwiesen, und so läßt er für die Hexenverfolger mit ihrem unbelehrbaren Fanatismus selbst diesen mildernden Umstand nicht gelten und schleudert ihnen entgegen: »Ihr Tyrannen, blutdürstige Richter, Schlächter, Folterknechte und wilde Räuber, die ihr die Menschlichkeit ausgetrieben habt und keine Gnade kennt! Ich lade euch vor den Richterstuhl Gottes, der zwischen uns entscheiden wird, wo die Wahrheit, die ihr unter die Füße getreten und begraben habt, auferstehen und euch verdammen wird, racheheischend für eure Unmenschlichkeiten.«

Dr. Weyer schrieb 1557 in lateinischer Sprache »Von der Krankheit des Zorns und ihrer Heilung auf philosophischem, medizinischem und theologischem Wege«, das gegen den Glaubensfanatismus gerichtet war. Er hatte Grund, ihn zu hassen. In seiner Heimat kämpften die protestantischen Geusen, die Habenichtse, gegen die spanischen Unterdrücker. Und die spanischen Kolonialherren richteten nach der Eroberung von Zutphen, Naarden und Haarlem ein Blutbad unter der Bevölkerung an. Dr. Wierus blieb Katholik wie Erasmus von Rotterdam und Konrad von Heresbach, der kluge Kanzler in Düsseldorf, aber er sympathisierte mit den Rebellen und griff die Unmenschlichkeit der Herrschenden an, ein Jahrhundert vor den Greueln des Dreißigjährigen Krieges.

Als Dr. Wierus 57 Jahre alt war, verlor er seine Frau. Er brauchte lange, um diesen Verlust zu verwinden, und heiratete dann doch wieder. Auch seine zweite Frau, Henriette, muß eine entschlossene und kluge Frau gewesen sein, denn auch von ihr wird berichtet, daß sie ihrem Manne bei der Heilung einer Hysterikerin mutig half. Mit 63 Jahren setzte sich der Arzt in Kleve zur Ruhe und starb mit 72 Jahren: die fanatische Verfolgung von Frauen nach den Richtlinien des »Hexenhammer« war inzwischen auf weltliche Gerichtsbarkeiten übergegangen und erreichte erst im 17. Jahrhundert den Charakter eines kollektiven Wahnsystems – im selben Jahrhundert übrigens, das auf so vielen Gebieten die ersten wichtigen Schritte naturwissenschaftlicher Erkenntnis brachte.

Eine der Ursachen, daß die Grausamkeit gegen Verdächtige sich steigerte, dürfte in materiellen Interessen zu suchen sein, in einem System der Ausbeutung, das sich auf kirchliche und weltliche Autorität berufen konnte.

Die Geschäfte mit dem Hexenwahn

Das große Geschäft begann mit der Denunziation. Daß Amtspersonen dazu angehalten waren, jeden Verdacht der Hexerei unverzüglich ihren Oberen zu melden, versteht sich: hier war die Denunziation Pflicht. Aber damit das Volk sich lebhaft an der Hexenjagd beteiligte, mußte den bestehenden Vorurteilen und dem herrschenden Aberglauben mit Geld ein wenig aufgeholfen werden. Jeder, der eine Hexe anzeigte oder wenigstens seinen Verdacht äußerte, bekam zum Beispiel im Bistum Bamberg 10 Gulden, eine für damalige Verhältnisse nicht unerhebliche Summe (Merzbacher). Wenn sich sein Verdacht bewahrheitete, war ihm ein bestimmter Anteil am Vermögen der »Hexe« sicher.

Sobald eine Person wegen des Verdachtes auf Zauberei ins Gefängnis eingeliefert worden war, wurde ihr gesamter Besitz auf verdächtige Hexenwerkzeuge wie Besen, Gabeln, Schmierbüchsen und Kräuter untersucht, jede Schublade wurde, ganz wie bei einer Hausdurchsuchung heute, durchwühlt, und schließlich nahm man das ge-

124

samte Inventar in ein ausführliches Gesamtverzeichnis auf. Dazu gehörten die Viehbestände, die Futtermittel, der gesamte Besitz und Grund und Boden ebenso wie das Mobiliar und die persönliche Habe. Die besondere Aufmerksamkeit der Hexenjäger galt selbstverständlich dem Bargeld und etwaigen Außenständen.

Damit hatte der Hexenprozeß eine materielle Basis, die überhaupt erst erklärt, weshalb der seit Erscheinen des »Hexenhammer« grassierende Hexenwahn immer neue Nahrung fand – ohne handfeste Interessen bestimmter Gruppen wäre es wohl zu so sinnlosen Verfolgungen kaum gekommen.

An einem Hexenprozeß verdiente jeder, der daran beteiligt war. Als Beispiel sollen die Taxen aus Franken genannt werden, denn für das Hochstift Würzburg ist eine Zentgerichtskostenordnung erhalten (Merzbacher), die Bischof Julius in seinem Bistum erlassen hatte, um Ordnung in die Verhältnisse zu bringen. Der Zentgraf, der Zentschreiber, die Schöffen und der sogenannte Landknecht bekamen ihre Sätze, man würde heute Diäten sagen, unterschieden nach gewöhnlichen Verhören und solchen, die sich über die Nacht hinzogen. Dem Botengänger, der das Ergebnis des Verhörs zur fürstlichen Kanzlei bringen mußte, stand ebenso ein Lohn zu wie dem Geistlichen, der der zu Tode verurteilten Maleficantin mit den üblichen Tröstungen der Religion zur Seite stand; allerdings strich Bischof Julius Echter von Mespelbrunn (1573 bis 1617), ein fanatischer Hexenjäger, als Erbauer des Schlosses Mespelbrunn und Gründer der Universität Würzburg bekannter, diese Gebühr.

Was von dem Scharfrichter und seinem Knecht, was vom Gericht während der Befragung an Wein und an Mahlzeiten benötigt wurde, ging auf Rechnung des Beschuldigten. Nicht selten saßen diese Männer am Tisch und ließen sich, während sie der Folter zusahen und sich am Anblick einer unglücklichen Frau auf der Streckleiter weideten, auf ihre Kosten mit Wein vollaufen.

Aber nicht nur allen diesen ehrenwerten Männern, die am Hexenprozeß beteiligt waren, sondern auch dem Scharfrichter stand eine Taxe zu: er selbst erhielt z. B. in Franken für ein peinliches Verhör täglich zehn Batzen, sein Knecht sechs Batzen. Wenn eine Person bis zu viermal aufgezogen wurde, erhielt er selbst einen halben Gulden. Einfache Hinrichtungen mit dem Strang, mit dem Schwert oder mit Wasser brachten ihm drei Gulden. Bei Hinrichtungsarten, die ihn mehr Mühe kosteten – zum Beispiel beim Verbrennen, beim Zutodefoltern mit Zangen oder beim Pfählen –, wurde ihm ein Höchstlohn von vier Gulden zugebilligt. Wenn eine der Hexen mit Ruten »gestrichen« wurde, auch dies ein mühsames Geschäft, mußten dem Scharfrichter eineinhalb Gulden gezahlt werden. Und schließlich: wenn eine Person »peinlich am Leben gestraft wurde«, mußte sie an den »Nachrichtenknecht« einen »Beschreigulden« abführen.

Der Erzbischof von Köln veröffentlichte eine Liste, um die Ausgaben in Grenzen zu halten. Der Tarif benannte 55 Punkte, die sich teils auf die Folter, teils auf die Hinrichtung bezogen. Wenn es um das Verbrennen ging, waren z. B. Gebühren für »ein Seil und das Vorbereiten und das Anzünden des Scheiterhaufens« fällig. Am meisten bekam der Henker bei »Auseinanderreißen und Vierteilen durch vier Pferde«, nämlich fünf Reichstaler, 26 Weißgroschen, dazu fünf Reichstaler extra, »um die vier Teile an vier Orten aufzuhängen, für das dazu notwendige Seil, für Nägel, Ketten und den Transport« (Donovan).

In Frankreich betrugen die Ausgaben für eine Verhandlung und Hinrichtung ungefähr 500 Franken. Vom Stroh für die Pritsche bis zur Gebühr für das »Nachschlagen der Akten« kam alles auf die Rechnung, und selbst der Mann, der den Folterer abholen mußte, ehe die Folter begann, wurde entlohnt, ebenso die Frau, die der Angeklagten die Haare abschnitt.

Selbstverständlich wurden alle die hier aufgezählten Kosten den Hexen zur Last gelegt. Welch geringes Interesse z. B. die Scharfrichter daran hatten, die Leiden dieser Opfer zu verkürzen, läßt sich leicht erkennen: jeder Tag, den der Mann eine Übeltäterin länger unter den Händen hatte, brachte ihm bares Geld.

Schöffen und Scharfrichter waren aber nur die subalternen Figuren in diesem Spiel. Gefährlicher war, daß selbst die Einkünfte der Richter von dem Eifer abhingen, mit dem sie Hexen verurteilten. Damals gab es ja noch keinen festbesoldeten Richterstand, wie man ihn aus dem späteren absolutistischen Flächenstaat kennt. Das Einkommen der Richter hing meist von den Strafgeldern ab, welche aus den Vermögen der Verurteilten eingezogen wurden. So kam es, daß sich die Juristen nicht selten zum Hexenrichteramt drängten und auf ihre Kosten kamen. Für jede überführte Hexe wurde eine Prämie gezahlt – kein Wunder, daß die Freisprüche so selten waren.

Dennoch gab es Reaktionen von Menschlichkeit. So soll an dieser Stelle Dr. Philipp Dürr genannt werden, der 1629 nach dem Tod seiner Frau und seiner Kinder aus Gram über die Würzburger Hexenprozesse, mit denen er amtlich befaßt war, in den Kapuzinerorden eintrat.

Alle diese plausiblen Methoden, sich am Vermögen von Personen zu bereichern, die man aus der Gesellschaft der Christen, und das heißt der Menschen, ausgestoßen hatte, finden ihre Krönung in der Konfiskation. Mittel aus solchen konfiszierten Vermögen wurden, wie aus den Akten nachweisbar ist, beim neuen Schloßbau der Mainzer Erzbischöfe verwendet, auch die Kirchen in Großmannsdorf (Main) und Gerbrunn wurden mit Geldern aus den Hexenprozessen gefördert. Es versteht sich, daß die Konfiskation, jedenfalls im damaligen Franken, bürokratisch geregelt war, wenn auch je nach Laune des jeweiligen Fürsten. Der schon erwähnte Julius Echter hatte nur geringe Gebührensätze gefordert, um so schlimmer wütete Philipp Adolf von Ehrenberg. Der Fürstbischof von Bamberg, Johann Georg Fuchs II. von Dornberg, zog sich auf diese Weise sogar den Ärger Kaiser Ferdinands II. zu.

Die Konfiskation selbst wurde von einem Nachlaßpfleger, dem sogenannten Hexen-Curator, durchgeführt, der von einem Hexen-Curatorenschreiber unterstützt wurde. Diese Beamten verpflichteten sich eidlich, sich an dem von ihnen verwalteten Gut nicht zu bereichern. Sie mußten Inventarlisten anlegen, den Besitz betreuen und durften niemandem Einsicht in ihre Unterlagen gewähren. So kam es, daß die Hexenjagd allen Beteiligten reichlich Geld brachte, sie »füllte fürstliche und städtische Kassen und spendete Richtern, Henkern und Denunzianten nicht unerhebliche Taxen. Nicht zu Unrecht bemerkt Friedrich Spee, daß »jeder mit seiner Portion Suppe vorliebnehme« (Merzbacher).

Diese Form der Ausbeutung überführte sich gelegentlich selbst: wenn die Hexenjagd einen gewissen Höhepunkt erreicht hatte, so daß sich kein Mensch mehr seines Lebens sicher war, blieben die Äcker unbestellt, der Handel kam zum Erliegen, die fortgesetzten Konfiskationen schädigten schließlich die Wirtschaft, und es zeigte sich, daß der Verfolgungswahn schnell aufhörte, wenn ihm die materielle Basis entzogen war.

Hierfür bietet das Erzbistum Trier zur Zeit des Binsfeld, von dem bereits die Rede war, ein ausgezeichnetes Beispiel. Der Trierer Domherr Johann Linden (Gesta Trevirorum Bd. III) beschreibt es unmißverständlich:»Inzwischen wurden Notare, Abschreiber und Gastwirte reich. Der Scharfrichter ritt ein Vollblutpferd wie ein Edelmann vom Hof und trug Gold- und Silberborten; sein Weib wetteiferte in prunkvoller Kleidung mit vornehmen Damen. Die Kinder der Hingerichteten wurden ins Elend hinausgejagt; ihr Hab und Gut wurde beschlagnahmt.« Ein Zeitgenosse schreibt:»Schließlich, während die Flammen noch immer unersättlich waren, verarmte das Volk. Man mußte Gesetze erlassen, die Kosten des Verfahrens und den Profit der Untersucher einschränken. Und plötzlich, wie wenn im Krieg die Kriegskasse erschöpft ist, erlosch der Eifer der Verfolger.«

So wie hier in Trier ist es auch in anderen Landstrichen gegangen, und oft war der Zwang, der unerträglich gewordenen wirtschaftlichen Verelendung Einhalt zu gebieten, der einzige Grund für das Ende der Verfolgungen: sobald niemand mehr an der Hexenjagd verdienen konnte, verlor man den rechten Eifer, den Dingen auf den Grund zu gehen, und alle die Notare, Geschäftsleute und Handlanger wandten sich anderen Obliegenheiten zu.

Der zweite Grad und ein Versprechen

Nach zwei Tagen wird die Angeschuldigte, genannt schwarze Ursel, abgemagert und kalkweiß im Gesicht, erneut zum Verhör geholt. Wieder sitzen dieselben Männer am Tisch, wieder legt der Scharfrichter die Instrumente bereit, während ein Gehilfe die Angeschuldigte festhält. Die Brutalität der nun folgenden Szene kann mit literarischer Phantasie kaum mehr ausreichend beschrieben werden, denn die Methoden jener Epoche wirken auf den heutigen Menschen durch den zeitlichen Abstand gleichsam perspektivisch verzerrt: er ist an andere, nicht weniger ausgeklügelte Methoden des Terrors gewöhnt, hat andere Aspekte der Unmenschlichkeit und des Schreckens erfahren, die ihm kaum mehr die Möglichkeit lassen, sich im Stil des Historienromanes mit den Qualen auf der Nagelbank und der Streckleiter zu identifizieren. Um dennoch die Szene wiederzugeben, wird hier ein Protokoll, allerdings aus dem Jahre 1724, herangezogen, das wie eine unmittelbare Reportage aus der Folterwerkstatt wirkt (Soldan-Heppe I):

»Als demnach die peinlich Befragte die ihr zum zweitenmal angelegten Spanischen Stiefel abermals über dreißig Minuten hartnäckig überstanden, so zwar, daß sie während der Folterung weder die Farbe im Gesicht veränderte noch eine einzige Zähre hat fallen lassen, auch nicht vermerkt werden konnte, daß ihre Kräfte abgenommen oder die Strafe sie geschwächt oder verändert hätte, so fürchtete der Inquisitor, der vierte Grad möchte die Angeklagte nicht zum Geständnis bringen und befahl zum fünften Grad zu schreiten. Demgemäß wurde die Angeklagte vorwärts aufgezogen und mit zwei Ruten bis zu dreißig Streichen geschlagen. Als die Angeklagte aber zuerst gebunden werden sollte, hat sie begehrt, man möge sie doch nicht ferner peinigen, mit dem Zusatze: ›sie wollte lieber sagen, daß sie es getan hätte und sterben unschuldig, wenn sie nur keine Sünde daran täte.‹ Dieses wiederholte sie mehrmals; in Betreff der ihr vorgehaltenen Artikel aber beharrte sie beim Leugnen. Daher dem Nachrichter befohlen, die peinlich Befragte rückwärts aufzuziehen.

Mit der Aufziehung ist dergestalt verfahren, daß die Arme rückwärts gerade über dem Kopfe gestanden, beide Schulterknochen aus ihrer Verbindung gedreht und die Füße eine Spanne weit von der Erde entfernt gewesen sind. Als die Angeklagte ungefähr sechs Minuten also aufgezogen gewesen, hat Dr. Gogravius befohlen, sie abermals mit dreißig Streichen zu behauen, was denn auch geschehen ist. Peinlich Befragte verharrte aber beim Leugnen. Auch als Dr. Gogravius zu zweien Malen, jedesmal zu acht Schlägen, die Frau anschlagen ließ, hat sie nur gerufen: ›Ich habe es nicht getan! Ich habe es nicht getan!‹ Ferner auch, obwohl die Frau zum dritten Mal mit ungefähr zehn Schlägen angeschlagen und ihr außerdem die bisherigen Folterwerkzeuge (die Daumenschrauben und die Spanischen Stiefel) wieder angelegt sind, dergestalt, daß sie fast unerträglich geschrien, hat sie doch über dreißig Minuten diesen fünften Grad ebenso unbeweglich wie die vorhergegangenen überstanden, ohne zu bekennen.

Wie nun Dr. Gogravius dafür halten mußte, daß die erkannte Tortur gehörig ausgeführt, gleichwie dann der Nachrichter mitteilte, daß nach seinem Dafürhalten peinlich Befragte die Folter nicht länger werde ausstehen können, so hat Dr. Gogravius sie wieder abnehmen und losbinden lassen und dem Scharfrichter befohlen, der Gefolterten die Glieder wieder einzusetzen und sie bis zu ihrer völligen Genesung zu verpflegen.«

Wenn eine Gefolterte alle diese Schmerzen ertrug, ohne zu gestehen, konnte dies nur ihrem Bund mit dem Teufel zuzuschreiben sein. Man vermutete zum Beispiel, er säße in Gestalt einer Mücke in der Nähe seiner Buhlin und vermittle ihr so diese unmenschliche Stärke. Auch wenn jemand an den Foltern starb, was offenbar nicht selten vorgekommen ist, hatte angeblich der Teufel seine Hand im Spiel. In den Protokollen steht dann etwa: »Es ist aber derselben, als der Scharfrichter sie erst besehen, der Hals oben im Gelenk ganz entzwei gewesen. Wie es damit hergegangen, kann niemand wissen.« So aus einem Protokoll vom 22. August 1668 (Wasungen), und an anderer Stelle: »Als man ihn untersuchte, fand man sein Genick ganz eingedrückt.« In solchen Fällen fragte niemand, ob wohl jemand Gründe gehabt haben konnte, den Opfern das Genick zu brechen, damit verborgen blieb, was ihnen im Gefängnis geschehen war, oder damit die Angst vorm Teufel neue Panik erzeugte – es kann den Scharfrichtern und ihren Gehilfen nicht schwergefallen sein, ihre eigenen Verbrechen auf diese Weise gelegentlich zu kaschieren: der Genickbruch war Satanswerk.

Wie ging es weiter mit dieser Frau, die in Ketten auf Stroh lag und »bis zur völligen Genesung« verpflegt wurde? Auch hierüber bieten die Protokolle genügend Anhaltspunkte.

So versprachen 1487 in Zürich die Richter einer Frau, sie nicht hinzurichten, wenn sie gestehen würde. Sie vertraute und erzählte lang und breit von ihrem Teufelsbündnis. Ob sie auch andere Personen angab, ist nicht bekannt. Die ehrenwerten Richter hielten Wort und ließen sie auf Lebenszeit einmauern mit der Bestimmung, sie solle täglich einmal Essen erhalten und nach dem Tod ihr Leichnam verbrannt werden.

Im Turm war eine solche Frau allen Demütigungen durch die Bewacher ausgeliefert bis hin zur Vergewaltigung. Vor Gericht stand sie ohne Schutz, ohne Kenntnis der geheimen Anschuldigungen und auf eine Weise verdächtigt, daß ihr auch bei Unschuld niemand mehr helfen konnte. Der Folter standzuhalten war fast unmöglich, obwohl auch das vorgekommen ist – davon ist noch zu reden. Der Jurist

Hartwig von Dassell beschreibt in seiner 1597 erschienenen Schrift die Praktiken, wie sie wohl von dem Hexenjäger Heinrich Julius von Braunschweig in Lüneburg angewendet wurden. So soll der Hexeninquisitor, wenn alle Ermahnungen zum freiwilligen Geständnis nichts fruchten, die Beschuldigten erneut auf die Folter bringen, und »während sie in die Höhe geschraubt werden, läßt er ihnen die Aussagen ihrer Genossen, mit Verschweigung der Namen, vorlesen und ruft ihnen zu: Ihr seht also, daß ihr durch Zeugen überführt worden seid« (Soldan-Heppe).

Wenn auch das nichts hilft, gibt es andere Mittel: man soll die Delinquentin in ein »entferntes castrum« bringen. Dann solle man eine weite Reise vortäuschen und die Verhaftete durch abgeschickte Weiber besuchen lassen, die sich mit ihr unterhalten. Diese Frauen sollen der Verhafteten versprechen, ihr die Freiheit zu verschaffen, wenn sie ihnen nur ein wenig von ihrer Hexenkunst beibringen wolle. Und wenn schließlich dies alles nichts helfe, dann könne der Richter zum Schein das Todesurteil verkündigen, ja er könne sogar bis zu einer Scheinhinrichtung gehen, d. h. bis zum Gang auf den Richtplatz, wenn die Umstände das zulassen.

Damit ist der Höhepunkt der vielstufigen Quälerei noch nicht erreicht; die schon erwähnte Wasser- oder Feuerprobe führte das Opfer einen Schritt weiter ins Verderben. Schließlich wurde die Beschuldigte in den Hexenturm zurückgebracht, aber für die Pflege der Opfer war der Scharfrichter zuständig: derselbe Mann, dessen Einkünfte davon abhingen, wie viele Menschen er zu foltern hatte und ob diese Arbeit schwerer oder leichter war; gewiß kein entscheidender Gesichtspunkt, aber eine Versuchung. Auch in diesem Gewerbe gab es aber wohl Menschen und Unmenschen. Menschlich konnte man es nennen, wenn der Scharfrichter dem Opfer zuredete, doch um Gottes willen ein Geständnis abzulegen, sei es auch um den Preis, andere unschuldige Menschen zu belasten. Denn wenn das Geständnis befriedigte, hörte die Folter auf, und vielleicht war sogar Gnade zu erlangen – die Gnade des Erdrosseltwerdens.

Im anderen Falle wurde weitergefoltert, und wer so stark war, auch dies auszuhalten, von dem durfte man wohl mit Recht annehmen, daß er »mit dem Teufel im Bunde« stand. In dem vorhin geschilderten Fall ging der Scharfrichter ins Gefängnis und hielt der Beschuldigten vor, daß sie ohne Teufelsbündnis diese Tortur niemals hätte überstehen

131

können. So brachte er denn sein Opfer durch »gütliches Zureden« zum Geständnis.

Es gab manchen Fall, der anders verlief. So wurde am 2. April 1662 eine Frau unter Anklage der Hexerei von 11 Uhr vormittags bis gegen 5 Uhr am folgenden Morgen fast ohne Pause gefoltert. Man hörte auf, als man sie schließlich doch umgebracht hatte. So groß war die Angst, es könne vielleicht doch eine Frau, mit dem Teufel verbündet, das Herz der Richter verwirren, daß im »Hexenhammer« die Mahnung eines anderen »Fachmannes« weitergegeben wird, die »Unholde« sollten rücklings in die Folterkammer geführt werden – aus Furcht, der Blick der Frau könne den Richter erweichen und bezaubern. Man hat allerdings nicht den Eindruck, daß diese Gefahr sehr groß gewesen ist.

Das Geständnis der schwarzen Ursel ist verlorengegangen, wie alle Hexenakten jener Stadt. Es muß etwas darin gestanden haben vom Wettermachen und vom Milchzauber, von der Krankheit des Hafnerbauerkindes und all der anderen Kinder, die noch im selben Jahr gestorben sind an der Verhexung.

Man hat die schwarze Ursel schließlich mit sieben anderen Zauberinnen ohne große Umstände an einem klaren Herbsttag draußen vor der Stadtmauer verbrannt: die Zähne waren ihr ausgeschlagen, sie schien von Sinnen zu sein und blickte aus blutunterlaufenen Augen nur noch empor, den wackelnden Kopf weit ins Genick geworfen, als käme von dort oben das Heil oder ihr Buhle, der Satan. Sie war abgemagert bis zum Skelett, mit Wunden und Schwären bedeckt, sprach nicht mehr und schien auch nichts mehr zu verstehen. Deshalb hatten die Knechte des Scharfrichters auch ihre liebe Not mit ihr, bis sie endlich am Pfahl angebunden und mit Strohkränzen umwunden war. Der Wind trieb ihr, als der Scheiterhaufen angezündet war, den beißenden Qualm ins Gesicht. Sie muß erstickt sein, ehe die Flamme an ihr emporschlug und sie verzehrte.

Pakte mit dem Teufel

Der große Gegenspieler dieser Herren Richter, Beisitzer, Scharfrichter, dieser geistlichen und weltlichen Fürsten und Würdenträger, war der Teufel. Daß man mit ihm einen geheimen Pakt abschließen konnte, glaubte damals wohl jedermann. Diese Überzeugung fand in Goethes »Faust« ihre sehr deutsche, poetische Fassung: man erinnert sich, wie der Pudel diesen Dr. Faustus umkreist, wie er entweicht, wie schließlich Mephistopheles, gleichsam die humanistische Ausgabe des mittelalterlichen Teufels, als »fahrender Scholar« auftritt und mit dem grübelnden Weltveränderer den schlimmen Pakt schließt: es geht um die unerhörte Steigerung der eigenen Existenz, um sinnliche und außersinnliche Erfahrung und Erkenntnis in diesem Teufelspakt, nicht mehr nur um die Goldmacherei oder das Lebenselixier, und unterzeichnet wird mit Blut; »Blut ist ein ganz besonderer Saft«. Verpfändet wird, wie man weiß, die Seele, dieses kostbare Relikt des Mittelalters, und in der Tat endet die Tragödie ja mit dem pompösen Aufschwung:

> »Alles Vergängliche
> Ist nur ein Gleichnis;
> Das Unzulängliche,
> Hier wird's Ereignis;
> Das Unbeschreibliche,
> Hier ist es getan;
> Das Ewig-Weibliche
> Zieht uns hinan.«

Die Seele Faustens jedenfalls schwebt nach oben, dem Teufel zum Trotz hat Läuterung stattgefunden.

Wie sah nun der Teufelspakt im Mittelalter wirklich aus, wie ist er in die Hexenprozesse geraten? An das Teufelsbündnis glauben die Christen, seit es die Kirche gibt. Literarisch war dieser Glaube, eine logische Konsequenz des Teufelsglaubens, schon zur Zeit Justinians I. (527 bis 565) gestaltet worden, als in Konstantinopel die Hagia Sophia gebaut und als das Corpus Juris aufgezeichnet wurde.

Eine Hexe küßt Satan den Hintern. Aus R. P. Guaccius, Compendium Maleficarum, Mailand 1626.

Eine Legende erzählt, ein gewisser Vicedominus Theophilus, der in seiner Gemeinde in Kleinasien sein Amt als Ökonom durch Verleumdung verloren hätte, sei durch diese ungerechte Zurücksetzung verzweifelt gewesen und habe sich von einem jüdischen Zauberer verführen lassen, einen förmlichen Pakt mit dem Teufel einzugehen. Schon an dieser Exposition ist dreierlei interessant: auch im frühen Christentum reichte offenbar Glaubensstärke nicht immer aus, um den Verlust eines Amtes zu verwinden. Ferner kann nur niedrige Verleumdung zu einem solchen Verlust führen. Und schließlich kommt das Böse im Herzen eines Christen immer von außen, als Verführung, und hier ist es doppelt verabscheuungswürdig: der Zauberer ist nicht nur Zauberer, sondern ein jüdischer Zauberer. Diesem also erliegt der fromme Theophilus in seiner Verzweiflung und sagt sich von Christus und allen Heiligen los, dafür garantiert ihm der Teufel, der nun sichtbar erscheint, die Wiedereinsetzung in sein Amt als Ökonom, also als eine Art Kassierer. Theophilus muß das mit seiner Handschrift beglaubigen.

Nun, der entfernte und bemerkenswert fromme Vorgänger des unheiligen Dr. Faustus ist nicht eben vertragstreu. An ihm demonstriert die Legende, daß Zerknirschung und tätige Reue selbst nach solchem Abfall ihre Wirkung tun. Dem Theophilus, dieser labilen Persönlichkeit, gelingt es jedenfalls laut Legende, durch langwierige Buße die Fürsprache der heiligen Jungfrau Maria zu erlangen und seine Schuldverschreibung wiederzubekommen: Gott gewährt ihm Versöhnung. Selbst in dieser frühen Vorgeschichte also ist es das Ewig-Weibliche, das den Teufelsbündner hinanzieht.

Diese Theophiluslegende tritt nun ihren Marsch durch die Jahrhunderte an und gehört zum Lesestoff in den Klöstern: zahlreiche berühmte Kleriker, darunter die Roswitha von Gandersheim, die Dichterin erhabener Lieder und wilder sadistischer Höllenszenen, nehmen den Stoff auf und geben ihn weiter. Aus der Literatur entrinnt die Idee vom Teufelspakt ins Leben. Bald geht das Mißtrauen so weit, daß der ehemalige Mönch Gerbert, der beim Islam in die Schule gegangen war und wegen seiner geistigen Überlegenheit höchst zwiespältig beurteilt wurde, bei den Zeitgenossen in den Verdacht gerät, durch einen Teufelspakt auf den Stuhl Petri gekommen zu sein.

Es ist erstaunlich, wieviel Mißtrauen sich mit dieser Religion artikuliert hat: immerhin kommen solche Pakete zunächst nur über die Vermittlung eines Zauberers zustande, und mächtig ist der Zauberer nur, weil er einen Pakt mit dem Teufel hat.

Aber schon bald werden die Zauberer mit den Ketzern zusammengebracht: wenn Gott mit den Menschen einen Bund geschlossen hatte – der Alte Bund der Juden war mit dem Regenbogen besiegelt worden –, so hatten schon die Kirchenväter der frühen Christenheit den Satan im Bund mit den Irrlehrern, den Ketzern, gesehen. Und wenn einerseits die Zauberer mit dem Teufel im Bund standen, andererseits aber auch die Ketzer – weshalb behandelte man dann nicht Zauberer wie Ketzer? Weshalb reinigte man die Menschheit nicht von allen, die von Gott abgefallen waren, also auch von Zauberern?

Das ist die Logik eines »totalen Krieges«, die Logik aller, welche sich die Welt nicht anders vorstellen können, als ein Schlachtfeld zwischen den Mächten des Lichtes und denen der Finsternis, ausgebildet im Laufe vieler Jahrhunderte. Im Vorderen Orient hatte das

Christentum ja in scharfer Konkurrenz zu den Mithrasjüngern, später auch vor allem zu den Manichäern, gestanden: Mani (gest. 277) aus Babylon hatte eine gnostische Mischreligion gepredigt, die sich bis nach Indien und China verbreitet hatte und im Osten erst im 13. Jahrhundert, im Westen im 5. Jahrhundert erlosch. Diese Feindschaft war in der Kirche unvergessen, zumal alle die neueren Ketzer, die Bogumilen und Katharer, von denen schon die Rede war, ähnliche Vorstellungen entwickelten. Übrigens war es gerade dieser ethische Rigorismus, dieser unbeirrbare Glauben der Sekten an den Kampf zwischen Gut und Böse gewesen, der die Kirche zu entschiedener Stellungnahme zwang: nur waren in der Sicht der Kirche eben die Katharer die Verbündeten des Teufels, der Radikalismus schlug gewissermaßen auf die Sekte zurück.

Nun dachte man im Mittelalter nicht rational, sondern in Analogie: es kam auf die symbolträchtige Entsprechung an, auf die bedeutsame Geste, auf das Zeichen. In der Kirche gab es den sakralen Kuß, den innigsten Ausdruck der Körpersprache für die Verehrung: so glaubte man, auch dem Teufel müsse ein Kuß der Ergebenheit geleistet werden, ein Kuß aufs Gesäß als schändliche Huldigung. Wer also zu den Ketzern gehörte, mußte dem Teufel gehuldigt haben, und wer ein Zauberer war, desgleichen: zum ersten Male war in einem Ketzerprozeß des Jahres 1303 gegen den Bischof von Coventry der Vorwurf eines solchen Kusses erhoben worden. Er taucht noch in den Hexenakten des 18. Jahrhunderts auf. Teufelskuß und die Verschreibung an den Teufel gehören demnach zum Standard des von Gott Abgefallenen – aber bei den Hexen kommt noch eine andere Vorstellung dazu, der Hexentanz auf dem nächtlichen Berg, die Feier der Walpurgisnacht.

Schließlich, als Höhepunkt der Abscheulichkeiten, wirft man ihnen den Geschlechtsverkehr mit dem Teufel vor: er bildet das widernatürliche Gegenstück zur reinen Gottesminne frommer Nonnen, die in Liebe zum himmlischen Bräutigam entbrannt sind.

Wege zum Blocksberg

Die erste Frau, die der Unzucht mit dem Teufel beschuldigt wurde, war die 56jährige Angela, Herrin auf Labarehlte, die der Inquisitor Hugo von Beniol zur Strecke gebracht hat. Sie starb in den Flammen des großen Autodafés zu Toulouse im Jahre 1275, denn sie gestand, allnächtlich sexuellen Umgang mit dem Satan gehabt zu haben. Das Ergebnis dieser Beziehung sei ein Ungeheuer mit Wolfskopf und Schlangenschwanz gewesen, zu dessen Ernährung sie allnächtlich kleine Kinder habe stehlen müssen.

Wie hat nun eine solche wahnsinnige Vorstellung überhaupt entstehen können? Und wie hängt sie zusammen mit der frommen Walpurga, der Benediktinerin aus England, die mit 69 Jahren als Äbtissin eines Klosters in Heidenheim (Mittelfranken) im Jahre 779 gestorben ist und der Walpurgisnacht ihren Namen gegeben hat?

Die letzte Frage ist leichter zu beantworten als die nach dem Ursprung dieser »Teufelsbuhlschaft«: die heilige Walpurga, die Schutzheilige gegen Pest, Husten, Tollwut und Hungersnot, hat zwei Tage, die ihr gewidmet sind: das Todesdatum, den 25. Februar, und den 1. Mai – und die Woche vor diesem ersten Mai galt in ländlicher Zeit als Walpurgiszeit. Ebenso heißt die Nacht vor dem 1. Mai Walpurgisnacht: es ist die Nacht der alten Fruchtbarkeitskulte, so vermuten die Volkskundler.

Hans Biedermann schreibt in seinem Buch »Hexen« (1974): »Es ist keineswegs ausgeschlossen, daß auch die früher erwähnten sagenumwobenen Hexenberge einst vorchristliche Kultplätze trugen und daß sich die Berichte von lästerlichen Riten auf ihnen auf alte Vegetationsfeste beziehen, die in der Abgeschiedenheit der Bergwelt zelebriert wurden; oder war in der Epoche der Hexenverfolgungen nur noch die Erinnerung daran lebendig?«

Die Frage muß offenbleiben, sie erklärt übrigens in keinem Falle die Entstehung des Verfolgungswahnes gegen Hexen: allein die riesige Zahl der Opfer und der Umfang der Prozesse sprechen gegen die gelegentlich vorgebrachte Meinung, die Kirche des 16./17. Jahrhunderts habe mit diesen Prozessen alte heidnische Kulte ausrotten müssen, und es seien diese absurden Vorwürfe nicht ganz aus der Luft gegriffen. Ganz sicher sind die »Walpurgisnächte« im alten bäuerlichen

Jahr bedeutsame Nächte gewesen, und so kommt es diesen Vorstellungen durchaus entgegen, wenn in dieser Nacht die Weiber auf Besen durch die Lüfte fahren: ihr Ziel ist der unheimliche Berggipfel, wo der geile Satan thront und sich huldigen läßt, wo sie den Reigen tanzen und wo es zugeht wie auf der dörflichen Kirchweih. Dort in der Wildnis erleben diese Hexen Dinge, die ein normaler christlicher Mann nicht einmal zu träumen wagt, dort findet die unerhörte Orgie statt, der Gruppensex – allerdings auf gleichsam höchster Ebene, unter Anleitung des Satans selbst, eine männliche Projektion.

Diese Träume haben eine uralte Vorgeschichte – und jeder kennt sie, der auch nur einige der bekanntesten griechischen Sagen kennt. Man erinnert sich: Zeus verliebt sich in die Jungfrau und raubt sie, indem er sich in einen Stier verwandelt, Zeus verliebt sich in die Gattin des Generals Amphitryon und erobert sie, indem er die Gestalt des Gatten annimmt und sie täuscht, also mit anderen Worten: dieser Gott »verkehrt« mit menschlichen Weibern, ebenso werden Männer von Göttinnen geliebt, die antike Mythologie ist voll von solchen Geschichten, die auf dichterische Weise oft sehr wahr erfaßte psychologische Vorgänge Gestalt werden lassen.

Als das Christentum diese Welt des Hellenismus, diese spätgriechische Kultur Schritt für Schritt eroberte, fand eine gewaltige geistige Auseinandersetzung statt: auf der einen Seite die »Gebildeten« aller Länder von Kleinasien bis zur Provence, auf der anderen Seite die rigorosen Kleriker, welche ihre eigene, auf der Bibel beruhende Lehre gegen die Kritik der Intellektuellen absichern mußten.

In dieser Epoche, als jedermann in religiösen Kategorien dachte, wie etwa heute in denen der Politik, wurden von Kirchenlehrern, Rabbinern und Philosophen die großen Systeme der Dämonologie geschaffen. Und damals entstand auch die Lehre, der Satan sei der Gegner Gottes – »dem Talmud hätte dieses nichts Geringeres als Gotteslästerung erschienen« (Soldan-Heppe). Aus dem Wust dieser kämpfenden Dämonen treten zwei Gestalten deutlich hervor, die hier von Interesse sind: die Lilith, die verführerische Schöne, und die sogenannten Sehirim: sie liefern den Schlüssel für jene Vorgänge, die man viele Jahrhunderte später auf den Blocksberg verlegt hat.

Die Lilith, die ihren Namen von den Assyrern erhielt, ist der personifizierte weibliche Albtraum, als »daemon succubus« schon bei den Akkadern bekannt, also um 2300 v. Chr., und von den folgenden

Kulturen des Zweistromlandes übernommen. Von den Assyrern erbten die Hebräer die Lilith, und die gelehrten Rabbis machten diese Gestalt zu einer kinderfressenden Dämonin. Es gibt über diese Lilith eine großartige Geschichte. »Nach Rabbi Bensira war Lilith Adams erste Frau und verließ ihn aus Hochmut, um ihm nicht untertan zu sein.« Man liest das heute mit anderen Augen als etwa im Mittelalter und sieht, mit wieviel beschwörender Kraft den Frauen klargemacht wurde, sie hätten dem Manne untertan zu sein: ein Schreckbild fluchwürdigen Verhaltens wird gezeichnet, mit allen Konsequenzen: »Drei Engel, auf Adams Klage von Gott nachgesandt, holten sie am Roten Meere ein und drohten, wenn sie die Rückkehr verweigere, sie selbst ins Wasser zu werfen und täglich hundert von ihren Kindern zu töten. Lilith ging die Bedingung hinsichtlich der Kinder ein und sprach: ›Laßt mich ziehen, weil es nun einmal meine Bestimmung ist, Kindern nach dem Leben zu trachten, den Knaben nämlich vor dem achten Tage nach der Geburt, den Mädchen aber vor dem zwanzigsten. Doch verspreche ich und schwöre bei dem lebendigen Gotte, daß ich die Kinder verschonen will, sooft ich entweder euch selbst oder eure Namen oder eure Zeichen auf einem Amulett erblicke.‹

Dies wurde genehmigt, und daher kommt es, daß alle Tage hundert Teufel sterben und daß man den neugeborenen jüdischen Kindern ein Amulett mit den Namen der drei Engel Senoi, Sansenoi und Samangaloph umhängt und ebendiese Namen in den vier Ecken der Wochenstube anschreibt.« (Soldan-Heppe).

In der lateinischen Bibelübersetzung, der Vulgata, wird der Name Lilith mit »Lamia« übersetzt: so ist die griechisch-römische Mythologie in die Bibel eingedrungen.

Was hat all das nun mit dem Gruppensex auf dem Blocksberg und mit der sogenannten Teufelsbuhlschaft der Hexen zu tun? Die Lilith war nach Ansicht des Rabbi Elias eine jener vier Frauen, mit denen Adam nach dem Sündenfall lebte, nämlich mit ihr und mit Nahamah, Ogereth und Malachath: als er nach dem Sündenfall im Bann und von Eva getrennt lebte, zeugte er während dieser 130 Jahre mit diesen Müttern sämtliche Dämonen. Andere Kirchenlehrer meinen, während dieser Zeit habe sich Adam mit den weiblichen und Eva mit den männlichen Dämonen vermischt.

Die oben genannten Sehirim des Alten Testamentes, die man auch wohl als bocksgestaltige Wesen der Wüste deutet, als eine Art Satyrn, führen ebenfalls auf den wichtigen Punkt hin: diese Wesen vermischen sich mit Menschen und dringen in sie ein. Hier verbinden sich die altorientalischen Vorstellungen von Dämonen mit denen der spätgriechischen Gnosis, und schließlich wird Satan, der große Widersacher, als einer angesehen, der das Unheil mit Hilfe ebensolcher Dämonen stiftet: der Kirchenlehrer Augustin erklärt, die Dämonen vollzögen den Koitus mit menschlichen Weibern, »jedoch so, daß es dem Dämon nicht um Befriedigung der eigentlichen Wollust zu tun sei, sondern nur um die Verführung der Menschen zum Laster und seiner eigenen dadurch vergrößerten Herrschaft«.

Die Frage, wie der Teufel denn seine Dämonen und Hexen zur Stelle schaffe, machte keine Schwierigkeiten: im Evangelium stand ja, daß der Satan den Körper des Erlösers durch die Luft entführt und auf eine Zinne des Tempels gestellt habe. Thomas von Aquin meinte daher, wenn der Teufel dies mit einem einzigen Körper tun könne, so könne er es auch mit vielen oder sogar allen Körpern tun. Über Jahrhunderte hinweg hatte sich also eine Vorstellung gebildet, die besagt, daß Dämonen mit Menschen geschlechtlichen Umgang haben können, daß der Teufel diese Dämonen regiere und daß die, die von ihm mit Hilfe der Dämonen verführt seien, ihm huldigten und nicht nur dies: die vom Hexenjäger beschuldigten Frauen mußten genau angeben, ob und wie der Teufel mit ihnen verkehrt habe. Daß es der Teufel war, erkannte man nach Ansicht der klerikalen Fachleute an der eisigen Kälte des Gliedes und des Samens, wie überhaupt die Dämonen leicht froren und deshalb die Wärme des Menschen suchten.

Es wirkt auf den heutigen Menschen fast unglaublich, aus wieviel Quellen sich dieser absurde Glaube speist und daß eine solche Dämonenlehre jemals Gegenstand ernsthafter Erörterung hat werden können: ob ein unkörperlicher Geist nicht nur die Fähigkeit habe, körperlich zu werden und einen Koitus auszuüben, sondern ob auch Zeugung möglich sei, rief eine komplizierte scholastische Diskussion hervor, an der auch Thomas von Aquin sich mit Autorität beteiligte. Man kam zu dem Schluß, daß der Dämon sich erst einem Manne als Sukkubus hingäbe, so den männlichen Samen aufnähme, um ihn boshafterweise dann auf ein Weib zu übertragen, dem er sich nunmehr als Inkubus nähere. Thomas von Aquin betrachtete einen so erzeugten Sohn ganz konsequent als Kind des menschlichen Samenspenders, ist

aber der Ansicht, ein solches Kind überträfe an Größe und Stärke
»normale« Kinder, denn der dämonische Erzeuger träfe dank seiner
höheren Kenntnisse den besseren Zeitpunkt der Zeugung.

Das findet, wie fast jeder andere nur denkbare Aberglaube zum
Thema, seinen Niederschlag im »Hexenhammer« und wird damit in
den Rang einer wissenschaftlichen Erkenntnis erhoben – denn noch
gibt es keine Wissenschaft, die nur der Vernunft, der Logik und dem
Beweis folgt, der durch Experimente erbracht wird, noch hat niemand die wahre Bewegung der Erde im Weltraum erkannt, und noch
steht alle Wissenschaft in der Bibel und in einem verfälschten Aristoteles.

Kein Zweifel: der »Hexenhammer« hat in seiner Zeit etwa den gleichen Stellenwert wie heute ein Kommentar zum Strafrecht. Und die
Beschäftigung mit diesem Werk wird auch erklären, weshalb alle nur
denkbaren Vorstellungen über die sogenannten Hexen, gespeist aus
vielerlei Quellen des Glaubens und Aberglaubens, zum Volksglauben
werden konnten.

Dazu gehört zum Beispiel auch die Frage, wieso die Knusperhexe
Kinder frißt, eine sehr unheimliche Vorstellung.

Das Scheusal,
das die Kinder verschlingt

Hänsel und Gretel sind ja zum Glück entkommen und haben die
Hexe, wie man weiß, in den Hexenofen schieben können, ehe es ihnen selbst an den Kragen gehen sollte, aber wie kommt es zu diesem
unsinnigen Vorwurf? Daß die klerikale Überlieferung alle die alten
Schamanenkünste und Zaubereien auf bestimmte Frauen projizierte,
daß der Teufelswahn den Hexenwahn hervorbringen konnte, ist allenfalls noch verständlich – aber wie kam es zum unerschütterlichen
Glauben an einen solchen Kannibalismus?

Das hängt vordergründig mit der Sprache zusammen, in der damals
alle gelehrten Werke abgefaßt waren, alle Verordnungen, Gesetze
und Untersuchungen, mit dem Latein. Freilich war das eine verdor-
bene, mit abenteuerlichen Wortformen durchsetzte Sprache, wie sie

von Würdenträgern und Bettelmönchen, Klosterbrüdern und Beamten gesprochen und geschrieben wurde – und zwar in ganz Europa und Nordafrika, in den Klöstern Kleinasiens ebenso wie in denen Irlands und Oberitaliens, in Rom wie in Konstantinopel. In dieser Gelehrtensprache wurden für jene bösartigen Frauen, die man heute als »Hexe« bezeichnet, verschiedene lateinische Ausdrücke benutzt, und diese wiederum stammen aus dem antiken, im Mittelmeerraum geformten Sprachschatz.

Wie Tacitus für die Götter der sogenannten Germanen lateinische Namen benutzte, so erfaßten die Bezeichnungen aus dem Mönchslatein die Tatbestände der Zauberei von Frauen – und übertrugen damit auch uralte orientalisch-griechische Vorstellungen auf die Beschuldigten. Die Römer zum Beispiel glaubten an die »striga«, sie aßen an bestimmten Zeiten Bohnenbrei mit Speck, um sich gegen diesen unheimlich flatternden Nachtspuk zu schützen, der einem das Blut aussaugte und junges Fleisch verzehrte. Man verstand die »strigen« auch als Unholdinnen, die am Vieh vorbeistrichen und es streiften, um es krank zu machen. Also hießen im Mittelalter Frauen, die man der Hexerei gegen Vieh anklagte, Strigen. Vieh, das aus unerfindlichen Gründen mager wurde und verfiel, war »strigosus«, d. h. von einer Striga sozusagen infiziert.

Man weiß allerdings nicht, ob die Ackerbauern zwischen der Atlantikküste und der Elbe, diese keltogermanischen Stämme, schon früher geglaubt hatten, daß es Frauen gibt, die das Vieh verzaubern, oder ob diese Vorstellungen erst nach der Völkerwanderung mit der Entwicklungshilfe der Mönche ins Land gekommen waren; gewiß kannte man Zaubersprüche, gewiß auch Magie, aber wie sie aussah, ist schwer zu ermitteln. Im Falle der »striga« könnte man sich vorstellen, daß es da einen Zauberglauben gab, an den sich das neue Wort heftete. Jedenfalls bietet sich hier ein Muster für derartige kulturelle Übertragungen.

Ganz ähnlich wird im Fall einer anderen Bezeichnung verfahren, nur daß hier die Wortübertragung in die Hintergründe der antiken Mythologie leuchtet. Eines der Wörter, mit denen man die angeblich zaubernden Frauen bezeichnete, hieß »lamia«, und dieses lateinische Wort war aus dem Griechischen übernommen worden. Die frühen Kulturvölker verarbeiteten die Begegnung mit anderen Völkern und Kulturen ja nicht wissenschaftlich, sondern zunächst mythologisch,

Hexen brauen ein Hagelunwetter. Titelseite von Ulrich Molitor, De lanijs et phitonicis mulieribus, Köln 1489.

das heißt mit einer eher poetischen Sinnsetzung. Die Lamia gehört nun zum Kreis der Gestalten, die aus solchen Begegnungen entstanden sein müssen. Jedermann kennt den Baal, den großen Gott der Fruchtbarkeit und der orgiastischen Feste, dem die Phönizier Kinder opferten. Die Lamia gilt im griechischen Mythos als Tochter dieses Baal mit einem Weib, das Afrika verkörpert und das die Griechen »Libya« nannten.

Was hat das alles mit der Hexe in Hänsel und Gretel zu tun? wird man fragen, aber der Zusammenhang wird sofort ersichtlich, wenn man die Geschichte der Lamia kennt: sie verliebte sich nämlich in Zeus, wie so viele der griechischen Schönen, oder sie wurde von ihm verführt. Jedenfalls kam die Sache, wie fast alle solche Verhältnisse, ans Licht, und die empörte rechtmäßige Gattin Hera rächte sich: nicht an Zeus, dem sie nicht gewachsen war, sondern an dem jungen Weib. Sie verwirrte den Verstand der Lamia, so daß diese ihre eigenen Kinder tötete. Es gibt auch andere Lesarten dieses Mythos, die hier aber nicht weiter interessieren.

Jedenfalls meinten die Griechen mit Lamia diese Unglückliche, die in ihrem Wahnsinn die Kinder fremder Frauen raubte und schließlich zur Unholdin wurde; man glaubte, sie könne sich in vielerlei Gestalt verwandeln. Im übertragenen Sinn ist die Lamia dann das kinderfressende Scheusal, die Unholdin, der Schlund – und es wäre einleuchtend, könnte man sagen: weil man im Mittelalter die zaubereiverdächtigen Frauen Lamia nannte, so dichtete man ihr mit diesem Namen auch an, daß sie Kinder verzehrte.

Tatsächlich aber ist die Sache komplizierter. Schon vor Jahrtausenden betrachteten die Menschen gewisse Minderheiten – etwa Fremde oder auch Angehörige religiöser Minderheiten – mit Angst und Mißtrauen. Und weil die Menschen Angst hatten, dichteten sie diesen »anderen« allerlei Schlimmes an. So glaubten um 200 die römischen Heiden, die Christen verzehrten Kinder. Ein hochgebildeter Mann wie Minucius Felix, Verfasser eines Dialoges zwischen einem Heiden Caecilius und einem Christen Oktavius, berichtet als Meinung der Heiden, die Christen träfen sich heimlich, beteten einen Eselskopf oder die Genitalien ihres Oberpriesters an, setzten den Anwesenden ein Kind, mit Mehl überdeckt, vor, um es zu töten. Das Blut des Kindes werde von den Christen gierig aufgeleckt.

Später werden dann von den Christen selbst wiederum Angehörige bestimmter Sekten, zum Beispiel die der Montanisten, der schlimmsten Greuel verdächtigt: sie sollen alljährlich ein Kind geschlachtet haben. Kannibalismus wird also, wie die sexuelle Ausschweifung, ein oft selbstverständlicher Bestandteil dessen, was man gegen die »Bösen« vorzubringen hat. Seltsam mutet auch an, wie die Lilith, von der vorhin gesprochen worden ist, ebenfalls ihre eigenen Kinder tötet, ganz wie die Lamia. Dennoch dürfte der stereotype Vorwurf gegen die Hexen, sie hungerten nach Kinderfleisch, vor allem auf das Wort »lamia« zurückgehen. In den Prozeßakten taucht diese gräßliche und absurde Vorstellung immer und immer wieder auf, und der »Hexenhammer« verfestigt sie, u. a. im Buch II/13, zur wissenschaftlich untermauerten Lehre.

Zum Schluß noch ein Wort über die Bezeichnung »Hexe«. Sie geht auf uralte mittelhochdeutsche Wörter zurück und ist mit dem »hag«, einem alten Wort für »Zaun«, verwandt. Die Wörter »hagzissa«, »hāzissa« oder auch »hāzus« wurden im westlichen Sprachbereich gebraucht und ähneln dem althochdeutschen Wort »zunrīta« = Zaunreiterin. Mit der Silbe »hag«, also Zaun, verbindet sich der Wortstamm »tusjō«, was soviel wie unreiner Geist, Unholdin bedeutet. Im Mittelalter gebrauchte man, etwa bis zum 16. Jahrhundert, die lateinischen Bezeichnungen. Aus der Schweiz kehrte dann das Wort »Hexe« wieder in den deutschen Sprachgebrauch zurück: die böse Alte, die auf Zäunen reitet, ist nun zur Hexe geworden, wie sie jedermann kennt. Das hat einen einleuchtenden Grund: man braucht nur alle die verschiedenen Eigenschaften der Lamien und Strigen übereinander zu legen, und man bekommt das Bild der Hexe, der alten, dürren Frau, die Mensch und Vieh verhext und Kinder brät und verzehrt, die in der Walpurgisnacht dem Teufel durch den Kuß huldigt und orgiastische Feste feiert. Diese Einheitlichkeit des Bildes über ganz Europa hin verdankt man vor allem der Fleißarbeit der schon erwähnten Verfasser des »Hexenhammer«.

Systematiker
und
Sadisten

Das Handbuch über Hexen

Wer die drei rot eingebundenen Bände durchblättert, die zum ersten Mal in deutscher Sprache 1906 bei Barsdorf in Berlin erschienen sind, hat zunächst Mühe, sich die schreckliche Wirkung dieses Werkes vorzustellen, das von J. W. R. Schmidt übersetzt wurde: die langatmige Trockenheit im Stil der Zeit, die umständliche Genauigkeit ermüden schnell, und erst langsam tritt der unbeirrbar boshafte Zug deutlich hervor. Zugleich erschrickt man vor der Gründlichkeit, der Pedanterie des Verfassers, von dem man überdies weiß, daß er ein Greis war, dessen geistlicher Lebenslauf zu wünschen übrigließ. Der »Hexenhammer« enthält keinen bedeutenden Gedanken, keine neuen Akzente, er ist kein Ergebnis forschenden Geistes, sondern trägt zusammen, was die vorausgegangene Literatur je zum Thema des Maleficiums geäußert hat – aber er hat einen Vorteil, der ihn zum Handbuch für die »Macher« der geistlichen und weltlichen Obrigkeit werden läßt: er läßt keine Frage unbeantwortet. Schon einer der gründlichsten Kenner der Materie, Joseph Hansen, hat Ende des 19. Jahrhunderts über dieses »Monstrum voll geistiger Sumpfluft« geschrieben: »Aber zu der schonungslosen und unerbittlichen konsequenten Brutalität dieser Vorgänger, ihrer an Stumpfsinn grenzenden, aber mit theologischer Eitelkeit durchsetzten Dummheit tritt hier noch ein kaltblütiger und geschwätziger Cynismus, ein erbärmlicher Hang zur Menschenquälerei, der beim Leser immer wieder Grimm und die äußerste Erbitterung über die Väter dieser eklen Ausgeburt religiösen Wahns wachruft.«

Mit solchen Äußerungen der Empörung ließen sich ganze Seiten füllen. Der Übersetzer des Werkes hat sich in seinem Vorwort mit dieser selbstverständlich berechtigten moralischen Entrüstung kritisch auseinandergesetzt und schreibt, daß man erst jetzt beginne, die geschichtlichen Voraussetzungen des Hexenglaubens und somit auch jener schrecklichen Prozesse zu verstehen. Freilich sieht er die Ereignisse nur aus der Perspektive des Historikers, wenn er schreibt: »Es gibt heutzutage hoffentlich niemand mehr, der der Inquisition oder der Hexenverfolgung noch das Wort redet, so fest auch immer, trotz der unleugbaren Errungenschaften der Wissenschaft, selbst in unseren modernen Zeiten der Glaube an Hexenwerk und Teufelsspuk die

148

Geister gefangen hält. Aber man versetze sich einmal in die Lage der Menschheit gegen Ende des Mittelalters: man müßte sich wundern, wenn der *Hexenhammer nicht* erschienen wäre.«

Daran ist gewiß richtig, daß in Epochen drohender Gewalt sich immer einer findet, der die herrschenden Ängste und Aggressionen, Erkenntnisse und Irrtümer auf das Format eines Handbuches bringt, einer mit mehr Konsequenz, mit mehr Härte und größerer Entschlossenheit als alle, der alle Zweifel beseitigt: als ob nicht mit dem Zweifel auch die Menschlichkeit beseitigt würde.

Der lateinisch geschriebene »Malleus maleficarum« ist ein Werk von Fachleuten für Fachleute, das heißt für alle, die mit der Bekämpfung des Maleficiums betraut waren. Das waren in Deutschland offenbar besonders viele, denn allein hier erschienen im Laufe der folgenden Jahrhunderte sechzehn Neuauflagen – eine für jene Zeiten ganz ungewöhnlich hohe Zahl. Mehr als die Hälfte dieser Neuauflagen wurden hundert Jahre nach dem ersten Erscheinen gedruckt, das heißt, als zum Ende des 16. Jahrhunderts der Verfolgungswahn seinen Höhepunkt erreichte (Baschwitz). In Frankreich erschienen elf Nachdrucke, in Italien nur zwei, ebenfalls in dieser zeitlichen Verschiebung. Erst 1584 erschien der »Hexenhammer« zum ersten Mal in England, bis zum Jahre 1669 wurden es dort sechs Ausgaben.

Niemand kann also sagen, die Hexenverfolgungen seien ein speziell deutsches Phänomen. Wie weit ihre Wurzeln zurückreichen, wie sich die Faktoren des Verfolgungswahnes zusammensetzen, ist in diesem Buch bereits ausführlich behandelt worden. Gewiß aber ist die Gründlichkeit unübertroffen, mit der diese zwei deutschen Dominikaner dieses Fachbuch geschrieben haben, und auch ihr pathologischer Frauenhaß. Wie beim Rassenhaß oder speziell beim Antisemitismus, der in Auschwitz, mitten im 20. Jahrhundert, auf eine unvorstellbar grausame Weise triumphiert hat, müssen im »Überbau« der Epoche verschiedene Faktoren aufeinandertreffen, verschiedene Sicherungen durchbrennen, ehe die Vernunft beiseite gedrängt und von der Massenhysterie überwältigt wird.

Gründlichkeit und Gelehrsamkeit, kurz »Wissenschaftlichkeit«, sind auch in jener Zeit ein Bürge gewesen, daß alles mit rechten Dingen zugeht und man nicht zu zweifeln hat – freilich nur innerhalb der Theologie. Das heißt: wer sich auf die Bibel und die Kirchenväter berufen konnte, wer überdies die Förderung durch den Papst für sich in

Anspruch nehmen konnte, der hatte jede Autorität hinter sich, die er für eine unkritische Haltung brauchte. Was also steht im »Hexenhammer«?

Zunächst die Texte der schon erwähnten Hexenbulle, der »Apologia«, vermutlich aus der Feder des Jakob Sprenger, und der »Approbatio«; auf diesen Vorspann wird noch zurückzukommen sein. Der eigentliche Textteil enthält die folgenden drei Abschnitte: was sich bei der Zauberei zusammenfindet, 1. der Teufel, 2. der Hexer oder die Hexe, 3. die göttliche Zulassung. Der zweite Band befaßt sich mit »den verschiedenen Arten und Wirkungen der Hexerei und wie solche wieder behoben werden können«. Das dritte Buch bietet die Konsequenzen, nämlich: »Der Kriminalkodex: über die Arten der Ausrottung oder wenigstens Bestrafung durch die gebührende Gerechtigkeit vor dem geistlichen oder weltlichen Gericht.«

Es erscheint fast unmöglich, die wirre Vielfalt dieses Werkes auch nur annähernd zutreffend darzustellen. Andererseits ist es wichtig, sich einen Eindruck zu verschaffen, wie dieses Buch denn nun wirklich vorgeht, damit man versteht, wie die Infektion durch den Säuberungswahn vonstatten ging. Aus jedem Band sollen deshalb Beispiele belegen, was der Verfasser gemeint und gewollt hat. Dabei ist, was uns heute lächerlich erscheint, die allgemeine Meinung der Zeit – schrecklich wird der »Hexenhammer« nicht, weil er diese Lächerlichkeiten und Spitzfindigkeiten ungeprüft wiedergibt, sondern weil seine unerbittliche Vollständigkeit kein Ausweichen erlaubt: zum Schluß gibt es nichts mehr, was nicht den Verdacht auf Hexerei zuließe, und ein Verdacht ist im 17. Jahrhundert schon fast so gut wie ein Verhör, ein Verhör fast schon ein Todesurteil: das ist die Radikalität der gesellschaftlichen Norm.

Über Teufel,
Hexen und göttliche Zulassung

Der erste Band beginnt mit der Frage, ob es Zauberei gäbe. Das ist, wie schon geschildert, der Punkt, an dem die Weichen gestellt werden: »Ob die Behauptung, es gäbe Hexen, so gut katholisch sei, daß die hartnäckige Verteidigung des Gegenteils durchaus für ketzerisch gelten müsse?« Der Verfasser legt die Schlinge sehr behutsam. Mit sechs Einwänden stellt er die Auffassung dar, es könne aus bestimmten theologischen Gründen keine Zauberei geben. Da heißt es zum Beispiel: »5. Ferner: Was körperlicher Kraft unterworfen ist, hat nicht die Kraft, auf körperliche Wesen einzuwirken. Die Dämonen aber sind den Kräften der Sterne unterworfen, was daraus ersichtlich ist, daß gewisse Beschwörungen bei der Anrufung der Dämonen bestimmte Konstellationen beobachten. Daher haben sie keine Gewalt, irgendwie auf körperliche Wesen einzuwirken, und ebensowenig und noch viel weniger die Hexen.«

Oder eine Position vorher: »Wie das Werk Gottes stärker ist als das des Teufels, so auch seine Macht. Aber wenn es Zauberei in der Welt gäbe, so wäre ja das Werk des Teufels gegen die Macht Gottes. Wie es also töricht ist, zu meinen, die abergläubisch angenommene Macht des Teufels meistere das Werk Gottes, ebenso ist es unerlaubt, zu glauben, daß die Geschöpfe und Werke Gottes durch die Werke des Teufels verändert werden können, an Menschen wie an Tieren.«

Man sieht, das Werk stellt sich seinen Gegner erst zurecht, es läßt die vernünftigen, aber eben seiner Meinung nach »ketzerischen« Meinungen ausführlich zu Worte kommen, ehe es sie sozusagen zerschmettert. Seine Ausführungen werden hier ausführlich zitiert, weil sie die Position der Kirche bezeichnen.

»Hier sind drei ketzerische Irrlehren zu bekämpfen, nach deren Zurückweisung die Wahrheit ersichtlich sein wird. Einige nämlich haben nach der Lehre des S. Thomas, IV, dist. 24, wo er von der Hexenhinderung spricht, zu behaupten versucht, es gäbe auf der Erden keine Zauberei; sie lebe nur in der Vorstellung der Menschen, die natürliche Erscheinungen, deren Ursachen verborgen sind, Hexen zuschieben.

Andere geben zu, daß es Hexen gibt, daß sie aber nur in der Einbildung und Phantasie bei den Hexentaten mitwirken; noch andere behaupten, die Hexenkünste seien überhaupt Phantasie und Einbildung, mag auch ein Dämon wirklich mit einer Hexe zu tun haben.

Ihre Irrtümer werden wie folgt gezeigt und zurückgewiesen. Die Ersteren nämlich werden überhaupt als Ketzer gekennzeichnet durch die Gelehrten, besonders durch S. Thomas in der erwähnten dist. IV, 24, art. 3, und zwar in corpore, da er sagt, solche Ansicht sei durchaus wider die gewichtigen Lehren der Heiligen und wurzele im Unglauben, weil die Autorität der Heiligen Schrift sagt, daß die Dämonen Macht haben über die Körperwelt und über die Einbildung der Menschen, wenn es von Gott zugelassen wird, wie aus vielen Stellen der Heiligen Schrift ersichtlich.«

Noch einmal faßt der Verfasser dann all die gegenteiligen Ansichten zusammen, begründet seinen Vorwurf der Ketzerei gegen alle, die solche Einwände erheben, und sagt: »Daß aber diese Einwände nach Ketzerei riechen und gegen den gesunden Sinn des Canon verstoßen, wird gezeigt zunächst aus dem göttlichen, sodann aus dem kirchlichen und bürgerlichen Rechte; und dies zwar im allgemeinen; dann im besonderen durch die Erklärung der Worte des Canon (= Normen des Kirchenrechts), mag dies auch in der folgenden Frage noch deutlicher abgeleitet werden. Das göttliche Recht nämlich schreibt an vielen Punkten vor, daß man die Hexen nicht nur fliehe, sondern auch töte. Solche Strafen würde es nicht eingesetzt haben, wenn jene nicht in Wahrheit und zu wirklichen Taten und Schädigungen mit den Dämonen sich verbündeten.«

Es folgen Bibelstellen, z. B. Levit. 19: »Wessen Seele sich zu Magiern und Wahrsagern neigte und mit ihnen hurte, gegen die will ich mein Antlitz erheben und will sie vertilgen aus der Schar meines Volkes.« Ebenso 20: »Ein Mann oder Weib, in denen ein pythonischer oder göttlicher Geist war, soll sterben; mit Steinwürfen soll man sie töten.« (Pythonen heißen solche, an denen ein Dämon wunderbare Taten vollbringt.) Soweit der »Hexenhammer« an dieser Stelle. Das geht seitenweise so weiter, man wird später noch absurdere Beispiele lesen.

Institoris behandelt die Textstellen zunächst aus dem kirchlichen Recht, dann geht er zum bürgerlichen Recht über; zu seiner Zeit gibt es noch nicht die »Peinliche Halsgerichtsordnung« Kaiser Karls V., sondern nur die Autoren des Römischen Rechtes, es gibt kein allgemeines bürgerliches Recht, sondern eine Vielfalt von Gewohnheitsrechten und im Bereich der Kirche eben jenes »Corpus juris«. So zitiert der Verfasser des »Hexenhammer« denn allerlei heute unbekannte Größen, und das liest sich so: »Diese Gesetze nämlich lauten so: ›Niemandem ist es erlaubt, zu weissagen; andernfalls wird an ihm das rächende Schwert die Todesstrafe vollziehen.‹ Es heißt weiter: ›Es sind auch welche, die mit Zauberkunst dem Leben der Frommen

Der Teufel trägt zu Wolfsberg in Kärnten eine Frau durch die Luft davon. Flugblatt 1517.

nachstellen, auch die Herzen der Weiber zu böser Lust verführen; diese werden den wilden Tieren preisgegeben‹, wie cod. c. l. multi. Es bestimmen auch die Gesetze, daß die anzuklagen jeder zugelassen wird, wie auch der Canon sagt, c. infavorem fidei lib. 6 de haeresis. Daher heißt es ebendort: ›Zu solcher Anklage wird jeder zugelassen, wie bei einer Anschuldigung wegen Majestätsbeleidigung.‹ Denn sie verletzen ja gewissermaßen die göttliche Majestät selbst. Ebenso sollen sie den Untersuchungen zur Ausforschung unterworfen sein: auch jeder beliebige, ohne Ansehung der Würde, wird der Untersuchung unterworfen, und wer überführt wird, oder wer seine Tat leugnet, der sei dem Folterknecht übergeben; sein Leib werde zerfleischt von der ›Kralle‹, und so büße er die seiner Tat entsprechende Strafe; cod. c. l. si ex. tec. Man bemerke, daß solche einst zweifache Strafe erlitten, Todesstrafe und Zerfleischung des Leibes durch die ›Kralle‹ oder dadurch, daß man sie zur Verschlingung den Bestien vorwarf; jetzt aber werden sie verbrannt, weil es Weiber sind.«

Diesen Text muß man zweimal lesen, ehe man den Sinn begreift. Aus alten byzantinischen Rechtsquellen, denn nichts anderes ist ja das »Corpus juris«, wird zitiert, daß sogenannte Wahrsager mit der Todesstrafe durch Enthaupten zu bestrafen seien. Aber da ja die tatsächliche Auferstehung des Körpers zum Glaubensinhalt des damaligen Christen gehört, ist diese Strafe nicht so sehr schlimm: man weiß, daß jeder nach dem Fegefeuer noch eine Chance hat, in den Himmel zu kommen. Die Gesellschaft, die diese Übeltäter nachhaltig strafen will, muß also diese Chance ausschalten: deshalb wird der Leichnam mit der »Kralle«, wohl einem eisernen Instrument des Henkers, zerfetzt, oder man wirft ihn den Löwen vor. Im späten Mittelalter macht man sich's einfacher, »da es Weiber sind«, aber man erzielt den gleichen Effekt, denn der Körper wird vernichtet, die körperliche Auferstehung auf diese Weise ausgeschlossen.

Noch ein paar Beispiele für den Wirrwarr der Vorstellungen und Gedanken dieser Zeit: Zur Vollbringung von Hexenwerken müsse ein Hexer immer mit einem Dämon zu tun haben, seien diese Hexenwerke nun schädlich oder nicht. Säuberlich weiß der Verfasser zu unterscheiden zwischen schädlichen Werken, die durch Himmelskörper verursacht seien, und denen, bei denen die Dämonen ihre Hand im Spiele hätten. Man glaubt damals auch, daß jemand, der z. B. neidisch sei, mit Hilfe dieses Neides den anderen Menschen verzaubern könne; besser wäre es vielleicht, »verwünschen« zu sagen.

Hier findet sich die uralte Vorstellung von der magischen Wirkung des »bösen Blickes«. Wie neue Spiegel eine Trübung bekämen durch die Spiegelung eines Weibes, das die Regel hat, so könnten nach Aristoteles auch die Augen die Luft infizieren. »Wenn also eine Seele heftig zur Schlechtigkeit bewegt worden ist, wie es besonders alten Weibern passiert, so geschieht es wie vorhin angegeben. Ihr Blick ist giftig und schädlich, und zwar am meisten für Kinder, die einen zarten Leib haben und leicht empfänglich sind für Eindrücke.« Ein an den Augen leidender Mensch, sagt der »Hexenhammer«, könne bisweilen durch seinen Blick die Augen dessen schädigen, der ihn ansähe, »was daher kommt, daß die mit der bösen Eigenschaft behafteten Augen die Mittelluft infizieren und die infizierte Luft die Augen infiziert, welche auf die Kranken gerichtet sind, so daß in gerader Linie jene Infizierung übertragen wird ...«

Der Glaube an den »bösen Blick« ist übrigens keine Erfindung des

Mittelalters, sondern in der ganzen Welt verbreitet: bei den Naturvölkern, die den Sehvorgang nicht abstrahieren können, herrscht häufig die Überzeugung, die »Seele« säße im Auge und könne das Auge verlassen, um Unheil zu stiften. Auch der böse Blick des Basilisken gehört in diesen Zusammenhang. Im Mittelalter »wußte« man, daß jeder sterben muß, den ein Basilisk zuerst sieht, während dieses Fabelwesen stirbt, wenn man selbst ihn zuerst erblickt.

Der Gründlichkeit des »Hexenhammer« entgeht nichts: auch für das Bleigießen, wie man es zu Neujahr kennt, findet sich die entsprechende Stelle. Wer sich Gewißheit verschaffen will, ob sich's bei einem Gesundheitsschaden um Hexerei handelt, folge den Gewährsleuten des Institoris: »Sie halten nämlich geschmolzenes Blei über den Kranken und gießen es dann in eine Schüssel voll Wasser, und wenn sich dann eine gewisse Figur bildet, dann urteilen sie, die Krankheit sei durch Hexerei gekommen.« Das erklärt der »Hexenhammer« mit dem Einfluß des Saturns auf das Blei, »weil er sonst böse ist, wie auch die Sonne über dem Golde durch ihre Kraft Hexerei anzuzeigen pflegt«.

Was immer irgendwann von Aristoteles behauptet, was von Plinius überliefert und in den Klöstern und Kollegs des Mittelalters als begründetes Wissen disputiert wurde, hier wird es herangezogen und in gravitätischer Gelehrsamkeit in Beziehung gesetzt zum Lebensziel des Schreibers, der offensichtlich ein für allemal die Hexerei ausrotten will. Und weil nach einigen Jahrzehnten jeder Fachmann diese Schrift kannte und ihre Argumente als Anklage den angeblichen Hexen entgegenschleuderte, glaubte schließlich jedermann all das, was jedermann glaubte, und aus dem Herrschaftswissen der Kirche wurde der Aberglaube des Volkes.

Es würde ermüden, hier etwa die immer neuen Anläufe des »Hexenhammer« vorzutragen, mit denen Institoris die Gegner der Hexenverfolgung aufbaut, um sie dann mit scharfen Gründen zu demontieren. Nur ein Beispiel soll noch referiert werden, um den Stil des Ganzen bloßzulegen. Es geht um eine Kernfrage, die achtzehnte Frage, nämlich: »Wie gegen fünf Argumente von Laien zu predigen, womit sie hier und da zu beweisen scheinen, daß Gott dem Teufel und den Hexen keine solche Macht läßt, derartige Hexereien zu vollführen.« Noch einmal also Theologie, bevor das Wüten der Hexenjäger weiter dargestellt wird.

Gelehrte Disputation

Gott, sagen die Zweifler am Hexenwesen laut Institoris, straft den Menschen seiner Sünden wegen mit dem Schwerte, mit der Hungersnot und mit der Sterblichkeit – er hat's nicht nötig, noch andere Strafen hinzuzufügen, zum Beispiel die Maleficien der Hexen. Der »Hexenhammer« erwidert darauf mit Autorität: Gott habe seine Macht über den »Lauf der Natur« oder auch über die Himmelskörper nicht beschränkt, dergestalt, daß er ohne diese Dinge nicht handeln könne. Er könne also unbeschränkt strafen – und als Beispiel nennt der »Hexenhammer« jene schon erwähnte »Sünde« König Davids, die erste Volkszählung, die bekanntlich mit Sterblichkeit bestraft wurde. Eine abstruse Argumentation, der noch ein Zitat zugefügt werden soll: »Gott erlaubt mit Recht, daß solches Böses geschieht, wodurch ja auch der Teufel indirekt gar gewaltig gepeinigt wird und den größten Kummer erlebt. Aber durch das Böse, was von Hexen durch die Macht der Dämonen verübt wird, wird der Teufel indirekt aufs Heftigste gepeinigt, indem gegen seinen Willen Gott das Böse benutzt, zum Ruhme seines Namens, zur Empfehlung des Glaubens, zur Läuterung der Auserwählten, zur Häufung der Verdienste . . .«

Auf gut deutsch: zwar schadet der Teufel mit Hilfe der Dämonen den Menschen und befindet sich somit im Gegensatz zu Gott, aber weil Gott nun all das – man darf vermuten durch seine Werkzeuge, die Inquisitoren und Hexenjäger – zu seinem eigenen Ruhm wendet, wird der Teufel nun wiederum doch auch »gepeinigt«. Es fällt einem modernen, an sachliche Argumentation gewöhnten Menschen nicht leicht, sich in diesen Denkwelten zu bewegen, aber erst die Kenntnis solcher Vorstellungen erklärt, wie effizient die Hexenverfolgung war: dieses System garantiert die vollkommene Entlastung des eigenen Gewissens – und genau dies wird bei jeder Art von »Hexenverfolgung« gebraucht.

Die Scholastiker lieben die Dreiteilung ihrer Beweisführungen, auch werden Gott, Teufel und Mensch immer wieder gleichsam stufenweise abgehandelt. Nach der höchsten Ebene kommt deshalb die Ebene des Teufels: »Wenn das wahr wäre, was von den Teufeln gepredigt wird, daß sie nämlich die Zeugungskraft hemmen könnten, so daß also ein Weib nicht empfängt, oder wenn sie empfängt, dann eine Frühgeburt tut, oder wenn sie keine Frühgeburt tut, daß sie auch dann noch die Geborenen tötet, dann könnten sie ja schlechterdings die ganze Welt vernichten, und dann könnte man weiter sagen, daß die Werke des Teufels stärker seien als die Werke Gottes, nämlich als das Sakrament der Ehe, so Gottes Werk ist.«

Im Klartext heißt das: Wo immer eine Frau keine Kinder bekommt, vermutet man Hexerei. Wo immer es zu einer Frühgeburt kam, geriet der Teufel in Verdacht und nicht selten auch eine »Hexe«. Und auch wenn ein Kind starb, argwöhnte man leicht, dies könne eine unnatürliche Ursache haben, wobei der Begriff der Natur kaum entwickelt war in einer Welt, die von außermenschlichen Kräften und Mächten regiert wurde. Das Problem, was denn tatsächlich Unfruchtbarkeit, Frühgeburt und Säuglingssterblichkeit verursacht haben könne, stellte sich Institoris kaum – für ihn ging es lediglich um eine theologische Frage. Zwar weiß auch er, daß nicht alle diese Dinge auf den Teufel oder auf Hexerei zurückgehen, denn er ist zwar borniert, aber nicht dumm, und er sagt an anderer Stelle selbst in ähnlichem Zusammenhang: »Wenn nämlich jemand lahm wird, erblindet, den Verstand verliert oder stirbt, kann das aus einem Mangel der Natur entstehen, weshalb man solcherlei nicht ohne weiteres den Hexen zuschreiben darf.«

Er schreibt dann wörtlich: »Das andere, worauf zu antworten ist: warum nämlich Gott lieber an der Zeugungskraft Hexerei geschehen lasse als an anderen menschlichen Handlungen? Darüber ist oben auch schon gesprochen worden in dem Thema von der göttlichen Zulassung unter dem Titel: ›Wie die Hexen die Zeugungskraft und den Beischlaf hemmen können.‹ Es geschieht nämlich wegen der Scheußlichkeit des Aktes, und weil die Erbsünde, durch die Schuld der ersten Eltern verhängt, durch jene Handlung übertragen wird. Das wird auch an der Schlange bewiesen, die das erste Werkzeug des Teufels etc.«

Kein Argument ist plump, keines spitzfindig genug, das nicht dem Ziel dienen könnte, jeden Einwand gegen die Hexenjagd zu entkräften. Dabei werden alle Proportionen des Himmels und der Hölle bewahrt, und der gelehrte Theologe kann seinem krankhaften Haß auf Frauen, auf alle Sinnlichkeit, ein frommes Mäntelchen umhängen: er weiß, daß man Schuldgefühle erzeugen muß, um die Menschen zu beherrschen, und für Jahrhunderte folgt man ihm blindlings, weil die eigene Interessenlage dies zu gebieten scheint.

Es lohnt sich, noch einen Blick in die beiden anderen Bände zu werfen, wobei man der Versuchung schwer widersteht, immer neue Zitate aus dieser theologischen Schlangengrube ans Licht zu ziehen.

Kranke Phantasie

Der zweite Teil dieses Werkes, der Hauptteil, weil er von der Art handelt, wie die Hexen bei der Verübung ihrer Hexentaten zu Werke gehen, ist in achtzehn Kapitel geteilt, mit »nur zwei Schwierigkeiten, von denen die eine am Anfang steht, nämlich wer nicht behext werden könne, also über Präservativmittel; die andere steht am Ende und handelt über Heilmittel für die Behexungen, wodurch Behexte geheilt werden können; da nach dem Philosophen, Phys. 4, das Entfernende und das Hindernde zusammenfallen und Ursachen per accidens sind, so daß man hierin das ganze Fundament dieser schauderhaften Hexerei hat«.

So beginnt wörtlich des »Hexenhammers zweiter Teil«.

Die Antwort: drei Arten von Menschen können laut »Hexenhammer« nicht verhext werden. Erstens die, »welche die öffentliche Gerichtsbarkeit gegen die Hexen üben oder durch irgendein öffentliches Amt gegen sie wirken«. Vom Amtsboten bis zum Scharfrichter also ist jeder geschützt, keiner muß vor den Hexen Angst haben.

Zweitens sind Menschen geschützt, »die nach den gehaltenen und geheiligten Bräuchen, wie durch Besprengen mit Weihwasser, durch das Nehmen des geheiligten Salzes oder durch die am Tage der Reinigung geweihten Kerzen und durch den erlaubten Gebrauch der am Palmsonntag geweihten Zweige sich schützen (womit die Kirche exorzisiert), um die Macht der Dämonen zu schwächen; drittens diejenigen, welche durch heilige Engel auf verschiedene und unzählige Arten begnadet sind«. Es soll dazu einer der im »Hexenhammer« aufgeführten originalen Beweise zitiert werden – falls das Wort Beweis hier überhaupt angebracht ist. Dafür, daß »gewisse Kräuter« gegen Hexerei helfen, wird folgender Beweis angeführt:

»So nämlich traf es sich in demselbigen Jahre, wo dies Buch begonnen ward, in der Stadt Speyer, daß eine fromme Frau mit einer als Hexe Verdächtigen nach Weiberart einen Streit hatte. In der Nacht, da sie ihren kleinen Säugling in die Wiege legen wollte und im Herzen erwog, was sie am Tage mit der Hexe vorgehabt hatte, fürchtete sie Gefahr für ihr Kind. Sie legte daher zu dem Knaben geweihte Kräuter, besprengte ihn mit Weihwasser, gab ihm ein wenig geweihtes Salz in den Mund, schützte ihn mit dem Zeichen des Kreuzes und band die Wiege sorgfältig fest. Und siehe da, um Mitternacht hörte sie das Kind schreien; und als sie, wie gewohnt, nach dem Knaben fassen und die Wiege, die in gleicher Höhe mit dem Bette stand, bewegen wollte, bewegte sie zwar die Wiege, konnte aber den Knaben nicht greifen, weil er fort war. Zitternd und laut klagend über den Verlust des Kindes brannte die Ärmste ein Licht an und fand das Kleine weinend unter dem Bette in einem Winkel, doch unverletzt. Daraus kann man abnehmen, wie groß die Macht in den Exorzismen der Kirche liegt gegen die Nachstellungen des Teufels. Ferner leuchtet freilich auch ein die Gnade und Weisheit des allmächtigen Gottes, die sich von Ende zu Ende mächtig zeigt; sie schaltet gnädig auch über den Hexereien jener ganz verworfenen Menschen und Dämonen, so daß, wo sie den Glauben zu mindern suchen, sie ihn in vieler Herzen kräftiger Wurzel fassen lassen. Ja, sehr viel Nutzen kommt den Gläubigen aus solchen Übeln, da so der Glaube durch die Bosheit der Dämonen gestärkt, das Mitleid Gottes ersichtlich wird und seine Macht sich offenbart, die Menschen getrieben werden, auf ihrer Hut zu sein und zu entbrennen, Christi Leiden und die Gebräuche der Kirche zu verehren.

In jenen Tagen ward auch der Schulze eines Dorfes namens Wiesenthal mit schweren Schmerzen und Qualen seines Körpers behext, was ihn traf durch Hexentat, worüber er aber nicht durch andere Hexen, sondern durch Erfahrung belehrt ward. Er sagte nämlich, daß er sich an jedem einzelnen Sonntage durch Salznehmen und Weihwasser schütze; und weil er das an einem Tage über einer Hochzeitsfeier versäumt hatte, ward er an demselben Tage behext.«

Es folgen noch weitere Beispiele dieser Art, und so untersucht der Verfasser in sechzehn Kapiteln, die alle diese Art von »Wissenschaftlichkeit« aufweisen, was Hexen alles anstellen. Man kann sich ohne Mühe alle diese Gerichtsherren, Gutachter, geistlichen und weltli-

Eine Hexe verzaubert einen Fuß. Aus Ulrich Molitor, De lanijs et phitonicis mulieribus, Köln 1489.

chen Herren vorstellen, wie sie in diesen Kapiteln immer und immer wieder geblättert haben, um irgendeiner verstockten Angeklagten einen Präzedenzfall vorzuhalten.

Da geht es zum Beispiel seitenweise um das »Ausfahren der Hexen«, das bereits behandelt worden ist. Im »Hexenhammer« heißt es: »Wie sich aber aus dem Vorhergehenden ergeben hat, haben sie sich eine Salbe aus gekochten Gliedern von Kindern, besonders solcher, die vor der Taufe getötet worden sind, zuzubereiten und nach Anleitung irgendeines Dämons damit irgendeinen Sitz oder ein Stück Holz zu bestreichen, worauf sie sich sofort in die Luft erheben, und zwar am Tage und in der Nacht, sichtbar wie auch unsichtbar.«

Das Stichwort »Hexensalbe« verdient ein besonderes Kapitel; daß die Salbe aus den Gliedern getöteter Kinder zubereitet sei, die man vor der Taufe getötet habe, verweist auf eine andere fixe Idee der Hexenjäger, nämlich auf den Verdacht gegen die Hebammen, und diese Problematik wiederum ist mit dem theologischen Problem der Taufe verknüpft: es mag sehr schwer gewesen sein, zu erklären, daß der getaufte und fromme Christ, den jeder aus dem Dorf in der Kirche sah, trotz dieses Schutzes der Taufe von Hexerei, das heißt vom Teufel, geschädigt werden konnte.

Wie gesagt: der »Hexenhammer« ist ein gründliches Buch, seine Verfasser kennen jedes Detail ihres Stoffes. Wie die Hexen sich den Inkubi unterwerfen, wie sie sich bei der Hexerei der Sakramente der Kirche bedienen, wie sie »männliche Glieder wegzuhexen pflegen«, wie sie sich in Tiergestalten verwandeln und viele andere Untaten mehr, werden in diesem zweiten Band ausführlich dargestellt, wobei selbst bei diesen Phantastereien noch erhebliche Steigerungen möglich sind. In der Tat behauptet der Verfasser allen Ernstes, die Hexen zauberten gelegentlich einem Mann den Penis fort, so daß an dieser Stelle die Haut glatt sei: keine Wunde, keine Spuren, aber eben Verlust des Gliedes, das sich nach einiger Zeit wieder an seinem alten Platz befinde.

Der Text fährt dann fort: »Was endlich von denjenigen Hexen zu halten sei, welche bisweilen solche Glieder in namhafter Menge, zwanzig bis dreißig Glieder auf einmal, in ein Vogelnest oder einen Schrank einschließen, wo sie sich wie lebende Glieder bewegen, Körner und Futter nehmen, wie es von vielen gesehen ist und allgemein erzählt wird, so ist zu sagen, daß alles dies durch teuflische Handlung und Täuschung geschieht; denn also werden in der angegebenen Weise die Sinne der Sehenden getäuscht.«

Es folgt ein längerer, höchst verschrobener Absatz über das Verfahren, wie die Dämonen diese Sinnestäuschung bewerkstelligen. Für die Hexenjäger ist das eine ernste Frage: denn schon die frühen Verteidiger unschuldiger Opfer hatten das Argument angeführt, dies alles sei Sinnestäuschung und keine reale Zauberei. So geben nun die Verfasser des »Hexenhammer« in diesem Falle zu, es handele sich um Sinnestäuschung – damit wird die Glaubwürdigkeit insgesamt nur gesteigert.

Unergiebig ist im zweiten Band das Kapitel über die Verbindung

zwischen Hexen und Tieren, denn daß sich Hexen in Katzen, Hasen
oder andere Tiere, Zauberer in Wölfe verwandeln können, ist alter
und »heidnischer« Glaube, dessen Ursprung wohl in der Kulturgeschichte des frühen Jägertums liegt, wohl auch in Kulturformen, die
Mensch und Tier zu einer magisch-mystischen Einheit im Toten verbinden.

Hier, im »Hexenhammer«, geht man gelehrt vor. So wird auf die
Zauberin Kirke zurückgegriffen, die Odysseus und seine Gefährten
in Schweine verwandelt, also erstaunlicherweise auf die heidnische
Antike, aber nur, weil der Kirchenvater Augustin in seinem »Gottes-
staat« davon berichtet. Dem schließt sich ebenfalls eine Untersuchung über die Frage an, welches der Unterschied zwischen »Gauke-
lei« und Sinnestäuschung sei – und eben solche Textstellen vermitteln
in ihrer Bemühtheit den Eindruck, daß der Verfasser eben doch nicht
wider besseres eigenes Wissen phantasierte, sondern auf seine be-
schränkte Art wissenschaftlich vorging.

Haß gegen Hebammen

Den Hebammen gilt des »Hexenhammer« besonderer Haß. Schon in
Band I ist die Rede davon, »daß die Hexenhebammen die Empfängnis
im Mutterleibe auf verschiedene Weise verhindern, auch Fehlgebur-
ten bewirken und, wenn sie es nicht tun, die Neugeborenen den Dämonen opfern«. Über die beiden ersten Tatbestände, nämlich Emp-
fängnisverhütung und Abtreibung, besteht für den »Hexenhammer«
kein Zweifel, »da durch natürliche Mittel, z. B. durch Kräuter und
andere Mittel, ein Mensch ohne Hilfe der Dämonen bewirken kann,
daß ein Weib nicht gebären oder empfangen kann, wie oben ausgeführt ist«. Das bedeutet: jeder kann die Empfängnis oder die Geburt
verhindern, und daß er's tut, kann kein Beweis dafür sein, daß es sich
um eine Hexe handelt. Andererseits ist diese Untat aber jeder Hexe
zuzutrauen, wenn schon normale Menschen solche Rezepte anwenden.

Für die Autoren des »Hexenhammer« ist also Kräuterwissen allein
noch kein Grund, Hexerei zu vermuten. Andererseits weiß man, daß

Hexen mit allerlei Kräutern und Extrakten manipulieren, und findet sich bei der Durchsuchung ihrer Wohnstatt eine Wurzel, die wie eine Alraune aussieht, ein Stechapfel oder ein Salamander, so verstärkt dies den Verdacht. Mit Vernunft und Logik hat das kaum noch etwas zu tun.

Hier, im Buch I, geht man schnell zu einem ergiebigeren Thema über, nämlich wie die Hexen die Neugeborenen den Dämonen opfern. Und in ihrem Eifer kommen sie auf ein Thema, das in der Überschrift überhaupt nicht genannt ist:»Betreffs der ersten Art, daß bestimmte Hexen gegen die Weise aller Tiere, außer den Wölfen, Kinder zu zerreißen und zu verschlingen pflegen, ist der Inquisitor von Como zu nennen, dessen oben Meldung geschehen und der uns erzählt hat usw. usw.« Hexen, sagt also das Buch, zerreißen und verschlingen Kinder, was sonst nur Wölfe tun. Und wenn diese Hexen Hebammen sind, tun sie das natürlich auch. Der Beweis: der Inquisitor von Como hat's berichtet und der hat deshalb in einem Jahr 41 Hexen brennen lassen, während die anderen nach Österreich flohen.

Aus feministischen Kreisen ist geäußert worden, hier habe es eine Art feministischer Geheimorganisation gegeben, der Hexensabbat sei nichts anderes als eine Art»Ärztinnenkongreß« von Frauen der Weißen Magie gewesen, von empirisch arbeitenden helfenden Frauen, und die Kirche habe aus Machtgier, und weil sie das medizinische Monopol der Männer habe schützen wollen, diese Bewegung zerschlagen (Ehrenreich/Englisch). Daran, daß die Frau jahrhundertelang auf empörende und absurde Weise diskriminiert worden ist, besteht allerdings kein Zweifel, weil der Stärkere den Schwächeren nur dann nicht unterdrückt, wenn die Gesellschaft ihn daran hindert. Auch ist sicher richtig, daß im Mittelalter die Medizin, vor allem die Gynäkologie, in den Händen der Frauen lag und diese Frauen der »Weißen Magie« den Buchmedizinern, die an den Universitäten von Montpellier, Bologna, Paris, Oxford und Cambridge nach Aristoteles Medizin studiert hatten, weit überlegen waren (Becker, Brackert u. a.). Tatsächlich waren die heilkundigen Frauen bis zur Mitte des 15. Jahrhunderts in den Städten, wo studierte Mediziner als Stadtärzte in den Dienst genommen wurden, aus dem Heilberuf verdrängt worden und gleichsam in den Untergrund gegangen: die Hebammen übernahmen Geburtshilfe, Frauen- und Kinderheilkunde im Niemandsland der Medizin und organisierten sich schließlich zunftmäßig: sie konnten Lehrmädchen ausbilden wie Handwerksmeister, aber die Konkurrenzsituation zur Medizin der etablierten Ärzte war nicht zu übersehen. Andererseits wurden die Hebammen in einigen Städten noch im 17. Jahrhundert offiziell zu Rate gezogen, besaßen patrizische Frauen z. B. in Frankfurt die Oberaufsicht über die Hebammen, prüfte die Gattin des Bürgermeisters noch 1653 die Hebammen auf ihre Würdigkeit.

Das Konfliktfeld, in dem die Hebamme sich seit dem Heraufkommen einer »männlichen« Medizin befand, kann hier indessen nicht näher beschrieben werden: kein Zweifel besteht, daß sich der Druck verstärkte. »Die Geburtenregelung, die wohl immer Bestandteil der von Frauen praktizierten Gynäkologie war, wurde seit dem 16. Jahrhundert aus der medizinischen Wissenschaft ausgeschlossen. Der letzte Schutz der mittelalterlichen Frauen vor der totalen Ausbeutung ihre Gebärfähigkeit war zerbrochen, in den Städten des 16. Jahrhunderts waren zwanzig Geburten im Leben einer Frau keine Seltenheit« (Becker).

Aber die Jagd auf Hexen ist nicht mit der Jagd auf Hebammen und der Hexensabbat nicht mit dem Hinweis auf Frauenfeste am Wochenbett zu erklären: die Hexe, wie der »Hexenhammer« sie schildert, ist nicht die Heilkundige der Weißen Magie, sondern ein Phantom in den Köpfen neurotischer Hexenjäger.

Die Verfolgung der Hebammen und der »weisen Frauen« hat wohl vor allem damit zu tun, daß sie über Wissen verfügten, das der Kirche unheimlich war, nicht damit, daß es Frauen waren – obwohl dieser Umstand den Haß verstärkte. Um zu verstehen, weshalb Menschen verfolgt wurden, die anderen Menschen halfen, muß man vom Naturbegriff des Mittelalters ausgehen. Die Frage der spätantiken Philosophie hatte gelautet: Was ist wert, gewußt und getan zu werden? Darauf hatten philosophische Schulen wie die Stoiker oder die Epikureer ihre streng moralischen, logisch begründeten Antworten gegeben. Die christlichen Denker antworteten: Nur was zur Gottesliebe führt, ist wert, gewußt zu werden. So lehrte man, der Mond sei Sinnbild der Kirche, denn er reflektiere das Licht der Sonne wie die Kirche das göttliche Licht; die Zahl 11 galt als sündig, weil sie die Zahl 10, Zahl der Gebote, »überschritt«; Natur war, was von Gott geschaffen war, und niemand wollte Mond und Sonne erforschen: die Fragestellung lautete, wie man der Sünde widerstehen könne, nicht, wie die

164

Welt beschaffen sei oder wie soziale Gerechtigkeit hergestellt werden könne. So waren Leid und Krankheit die Strafen, mit denen Gott die Menschen züchtigte, und wer Menschen heilen wollte, durfte dies nur im Einklang mit der Kirche tun. Vom Laterankonzil Anfang des 13. Jahrhunderts wurde deshalb jeder Arzt mit dem Kirchenausschluß bedroht, der eine medizinische Behandlung ohne kirchlichen Beistand vornahm. Jeder, der außerhalb dieses streng definierten Raumes seine Heilkunst auszuüben wagte, stellte sich gegen die Kirche, zog Mißtrauen auf sich und konnte nur finstere Gründe haben, Gott sozusagen zu umgehen oder die strenge Vorschrift der Kirche zu mißachten. So allgegenwärtig war ja die Kirche im Mittelalter, daß selbst die Hochzeitsnacht nicht ohne kirchlichen Beistand durchgeführt wurde, übrigens auch nicht nachts, sondern am Tage als »öffentliches Beilager«. Die Ehe galt damals noch nicht als Sakrament, aber der Priester gab seinen väterlichen Rat, segnete das Brautbett als »Werkstatt der Liebe« und war mit allen Gästen anwesend, wenn das Paar die Ehe vollzog.

Gewiß war die »weise Frau«, welche mit allerlei Kräutern half, sich um Frauenleiden kümmerte, Abtreibungen vornahm und empfängnisverhütende Mittel gab und auch wohl gelegentlich Liebeszauber betrieb, dem Klerus ein Dorn im Auge, aber anzunehmen, daß es sich beim Hexenwahn um organisierte Verfolgung aus rationalen Motiven gehandelt habe, schreibt dem Klerikalismus jener Epoche mehr Rationalität zu, als er besaß.

Andererseits: wenn im 17. Jahrhundert etwa ein Medikus als Gutachter herangezogen wurde und das Hexenstechen durchführen mußte, hätte er wohl mehr Humanität und Selbstverleugnung aufbringen müssen, als realistischerweise anzunehmen ist, um einer solchen Verdächtigen nicht das Handwerk zu legen: ein auf den Hochschulen Paris, Bologna oder Salerno ausgebildeter Arzt mag diese Weiber aus dem Volk als schmutzige Konkurrenz empfunden haben. Man wird die wahren Ursachen für diese haßerfüllte Verfolgung der Hebammen klarer sehen, wenn man den Text des »Hexenhammer« selbst zu Rate zieht.

Verdacht am Kindbett

Die Verfasser des »Hexenhammer« greifen hier auf ihre Erfahrungen als Hexenjäger zurück. Ohne weiteres beginnen sie mit einem Fall aus der Erzdiözese Straßburg, berichten von einer »gewissen ehrbaren und der seligsten Jungfrau Maria überaus ergebenen Frau«, die dort eine Herberge betrieb, »sie hat aber als Aushängeschild einen schwarzen Adler«. Die erzählt von ihrer Schwangerschaft, bei der sich eine Hebamme von üblem Ruf beworben habe, ihr beizustehen, während sie selbst eine andere Hebamme habe hinzuziehen wollen – die klassische Konkurrenzsituation also zwischen zwei sozusagen freiberuflich tätigen Frauen.

Dann kommt die Geschichte: »Als ich aber beim Herannahen der Niederkunft eine andere Hebamme gedungen hatte, betrat die erstere in einer Nacht, kaum daß acht Tage verflossen waren, unwillig mit zwei anderen Weibern meine Kammer, und sie näherten sich meinem Bette. Als ich meinen Mann rufen wollte, der in einer anderen Kammer schlief, blieb ich an den einzelnen Gliedern und der Zunge so von den Kräften verlassen, ausgenommen Gesicht und Gehör, daß ich nicht eine Laus (?) hätte bewegen können.

Zwischen jenen beiden stehend stieß also die Hexe folgende Worte aus: ›Siehe, die schlechteste der Frauen soll nicht ungestraft davonkommen, weil sie mich nicht als Hebamme hat annehmen wollen.‹ Als die beiden anderen, die ihr zu Seite standen, ein gutes Wort einlegten, indem sie sagten: ›Sie hat ja niemals einer von uns geschadet‹, entgegnete die Hexe: ›Weil sie mir dieses Mißfallen erregt hat, will ich etwas in ihr Eingeweide hineintun; doch so, daß sie um euretwillen innerhalb eines halben Jahres keinen Schmerz spüren wird; wenn aber das verflossen ist, wird sie genug gepeinigt sein.‹ Sie trat also an mich heran und berührte mit der Hand meinen Bauch, und es schien mir, als ob sie nach Herausnahme der Eingeweide gewisse Dinge, die ich jedoch nicht sehen konnte, hineintäte.«

Allein diese Textstelle zeigt, wie vollkommen irrational man damals dachte, denn offensichtlich machte sich niemand lächerlich, wenn er behauptete, eine Schwangere habe ohne »Eingeweide« bis zu ihrer Niederkunft weiter existieren können. Es folgt eine langatmige Schilderung des weiteren Verlaufs der Sache, wobei ihr Mann und ihr Sohn, ein Landarchidiakonus, eine Rolle spielen. Der Schluß dieser abenteuerlichen Geschichte soll wieder wörtlich zitiert werden:

»Nachdem sechs Monate auf den Punkt abgelaufen waren, befiel sie plötzlich ein folternder Schmerz in den inneren Eingeweiden in so grausiger Weise, daß sie weder am Tage noch in der Nacht ablassen konnte, mit ihrem Geschrei alle zu stören. Und weil sie, wie vorausgeschickt worden ist, der Heiligen Jungfrau und Königin des Mitleids sehr ergeben war, glaubte sie auch, wenn sie bei Wasser und Brot an den einzelnen Sonntagen fastete, durch deren Fürsprache befreit zu werden. Als sie daher eines Tages ein natürliches Geschäft verrichten wollte, da brach jene Unsauberkeit aus dem Körper hervor; und indem sie ihren Mann samt dem Sohne herbeirief, sagte sie: ›Sind das etwa eingebildete Dinge? Hab ich nicht gesagt, daß nach Verlauf eines halben Jahres die Wahrheit erkannt werden würde? Oder hat jemand gesehen, daß ich jemals Dornen, Knochen und auch Holzstücke gegessen hätte?‹ Es waren nämlich Rosendornen in der Länge von vier Fingerbreiten mit verschiedenen anderen Dingen ohne Zahl (ihr in den Leib) hineingetan worden.«

Es folgen zwei weitere absurde Geschichten dieser Art. Das Geständnis einer Magd aus Breisach, die schon im ersten Buch erwähnt wird, gehört in diese »Beweissammlung« ebenso wie ein Fall aus Dann in der Diözese Basel, auch von Fällen in der Erzdiözese Straßburg ist die Rede. Immer wird von der massenweisen Abschlachtung von Kindern phantasiert, die noch ungetauft sind. Das System wird deutlich: man hat aus den Frauen unter der Folter irgendeine Unterstellung herausgeholt, nun wird ebendiese Aussage als Beweis angeführt.

Aber der Haß gegen Hebammen hat in der Tat tiefere Gründe: »Man muß jedenfalls annehmen, daß sie durch das Drängen böser Geister gezwungen werden, derlei zu tun, bisweilen auch gegen ihren Willen. Denn der Teufel weiß, daß solche Kinder vom Eintritt in das himmlische Reich wegen der Strafe der Verdammnis oder der Erbsünde ausgeschlossen werden. Daher wird auch das Jüngste Gericht länger hinausgeschoben, unter dem sie den ewigen Qualen überliefert werden, je langsamer sich die Zahl der Auserwählten ergänzt: ist sie voll, so wird die Welt aufgehoben werden. Und wie es im Vorausgeschickten berührt worden ist, haben sie sich auf Anraten der Dämo-

167

nen aus solchen Gliedern Salbe zu bereiten, die zu ihrer Benützung dient.

Aber auch diese schauderhafte Schandtat darf zur Verwünschung eines so großen Verbrechens nicht mit Stillschweigen übergangen werden, daß sie nämlich, falls sie die Kinder umbringen, sie den Dämonen auf folgende Weise weihen: Wenn nämlich das Kind geboren, trägt es die Hebamme, falls die Wöchnerin nicht selbst schon Hexe ist, gleichsam, als wollte sie eine Arbeit zur Erwärmung des Kindes vollbringen, aus der Kammer heraus und opfert es, indem sie es in die Höhe hebt, dem Fürsten der Dämonen, d. h. Luzifer, und allen Dämonen; und statt dessen über dem Küchenfeuer.«

Jede Hebamme wird so verdächtigt, jede Wöchnerin! Man muß sich immer wieder vor Augen halten, welche Verbreitung und Bedeutung dieses Buch hatte, um die Wirkung solcher Textstellen zu ermessen. Der »Hexenhammer« behandelt dann, er »reflektiert«, wie man heute sagen würde, einige mit dieser Verdammnis der Kinder verbundenen theologischen Fragen und versteigt sich dazu, einen Unterschied zu machen zwischen Kindern, die von Hexen-Müttern, und solchen, die von Hexen-Hebammen den Dämonen geweiht werden: für diese Theologen ist das insofern ein Problem, als man ganz seltsame Vorstellungen von Erblichkeit hat: »Denn wer kann sagen, daß die mütterlichen Verbrechen oder fremden Sünden, was die Bestrafung angeht, nicht auf die Söhne übergehen?« Das sind scholastische Problemstellungen, die heute logisch nicht mehr nachzuvollziehen sind, aber eine Ahnung davon geben, in welchen absurden Denkkategorien die Schärfe der Logik angesetzt wird. So zieht der »Hexenhammer« hier Thomas von Aquin heran (II, 2, qu. 108) und schreibt: »Er sagt nämlich, es geschehe, weil die Söhne ihrem Körper nach gewisse Besitzstücke des Vaters seien und Diener und Tiere Besitzstücke der Herren; und da jemand an allen seinen Besitzstücken zu strafen sei, so werden auch die Söhne öfter für die Eltern bestraft.«

Man müsse feststellen, heißt es im »Hexenhammer«, daß »derartige Kinder immer, bis zum Lebensende, zur Vollbringung von Behexungen neigen«. So wird vom »Hexenhammer« nicht nur jede Wöchnerin verdächtigt, eine Hexe zu sein, jede Hebamme, die ein Kind übers Herdfeuer hält, um es zu trocknen, sondern jeder Mensch, der ja doch von einer Hebamme ins Leben geholt worden sein muß: wer weiß, ob er nicht, ohne es zu wissen, den »Dämonen dargebracht« worden ist.

Wenn man alle Stellen des »Hexenhammer« durchgeht, die Hebammen erwähnen, dann findet man, daß diese stereotypen Anschuldigungen mit einem Nachdruck geäußert werden, als seien die Verfasser in dieser Frage persönlich betroffen und müßten auch den leisesten Zweifel im Keim ersticken.

Dergleichen, heißt es im Band I des »Hexenhammer«, sei nicht unglaublich, »auch deshalb nicht, weil die Hebammen hierbei den größten Schaden bereiten, wie reuige Hexen uns und anderen oft gestanden, indem sie sagten: ›Niemand schadet dem katholischen Glauben mehr als die Hebammen. Denn wenn sie die Kinder nicht töten, dann tragen sie, gleich als wollten sie etwas besorgen, die Kinder aus der Kammer hinaus, und sie in die Luft hebend, opfern sie dieselben den Dämonen!‹«

Es gibt aber für diesen Unsinn eine theologisch-psychologische Erklärung: Wie anders soll sich ein Greis, der unerschütterlich gegen die Hexerei kämpft und ringsum die Sünde sieht, der selbst schon einmal aus dem Amt entfernt, von gefolterten Frauen verflucht, von anderen vielleicht irgendwann einmal verführt worden ist, wie anders soll er sich erklären, daß Taufe, Gebet und Weihwasser, daß Abendmahl und Frömmigkeit gegen Hexerei machtlos sind? Er muß den Punkt finden, an dem der Teufel unbemerkt seinen Fuß zwischen die Tür bekommt, und er hat ihn gefunden: dort, wo die Frauen unter sich sind, wo das blutige und ihm, dem Mann des Zölibats, ekelhafte Geschäft der Geburt geleistet wird, wo ein Augenblick genügt, um die Seele des Kindes Gott zu entreißen, dort findet er die Erklärung, und sein Verdacht wird sich schnell bestätigt haben: die Fülle der Geständnisse, die Gott nie zugelassen hätte, wären sie von Unschuldigen nur der Folter wegen geäußert, beweist seine Theorie: alle diese Verhexten müssen Opfer der Hebammen sein!

Die Übel der Welt aus einem einzigen Punkt zu erklären ist stets das Bestreben des Menschen, der die Zusammenhänge seiner Existenz verstehen will und die Dimension des Unverständlichen schwer erträgt. Aber jedes System, das ebendies zu leisten glaubt, sollte dem Vernünftigen verdächtig sein. Ursachen und Wirkungen bilden ein so vieldimensionales System, daß die Erklärung von einem einzigen Punkt her mit Sicherheit falsch ist: gerade die Schlüssigkeit der Beweisführung macht die totale »weltanschauliche« Erklärung verdächtig. Der »Hexenhammer« will das Übel an dieser Wurzel ausrotten: so dürfte der Haß zu erklären sein, mit dem er in allen drei Bänden die Hebammen mit besonderem Nachdruck verdächtigt.

Im dritten Teil wird das noch einmal bekräftigt: da ist von den »Hexen-Hebammen« die Rede, »die alle anderen Hexen an Schandtaten übertreffen und über die auch im ersten Teil des Werkes gehandelt worden ist; von denen es auch eine so große Anzahl gibt, wie man aus ihren Geständnissen erfahren hat, daß kein Dörfchen existiert, wo derartige sich nicht finden«.

Daß sich einer der Autoren des »Hexenhammer« in besonderem Maße der Marienverehrung gewidmet hat, ist gewiß kein Zufall. Die Verfasser lassen denn auch keine Gelegenheit aus, diesen Gedanken zu stärken: mit pathologischem Haß auf alles, was weiblich ist, mit theologischem Scharfsinn und wirrer Gelehrsamkeit werden hier offenbar zölibatäre Defekte überkompensiert. So führen die Darlegungen des »Hexenhammer« dazu, daß der Beruf der Hebamme für zwei Jahrhunderte lebensgefährlichen Verdacht auf sich zieht in einer Epoche, in der die Jungfrauengeburt glorifiziert wird.

Wie sich dieses Mißtrauen im einzelnen ausgewirkt und zu einer Lawine von Verfolgungen hat führen können, dafür soll hier das Beispiel von Limburg stehen. In Roermonde, das damals zum Herzogtum Limburg gehörte, kam 1613 eine Frau durch das Gerede eines Kindes in den Verdacht der Hexerei. In den folgenden Monaten kamen in den umliegenden Orten Stralen und Ool, Wassenberg, Swalm und Herringen Massen von Menschen auf die Anklagebank, Männer, Frauen und Kinder. Es war die Zeit, als zwar die nördlichen Provinzen sich schon in der Vereinigten Republik der Niederlande konstituiert hatten, aber neue Kämpfe zu erwarten waren. Das Herzogtum Limburg gehört zum katholisch gebliebenen Süden. Schon nach kurzer Zeit war das ganze Land dieser Hexen wegen fieberhaft erregt. »Man erzählte sich, wie die Hexen und Zauberer wenigstens tausend Menschen umgebracht, zahlloses Vieh getötet und an Ackerland, Feldfrüchten und Obstgärten unglaublichen Schaden angerichtet hätten« (Soldan-Heppe). Nun wurde die Inquisition erfolgreich tätig und fand heraus, daß die eigentliche »Hexenprinzessin« eine Hebamme und deren Helfer, der »Fahnenträger der Zauberer«, ein Chirurg war. Beide wurden eingekerkert, furchtbar gefoltert und verbrannt. Vom 24. September bis in den Oktober 1613 wurden in Roermonde 64 Hexen und Zauberer gehängt und verbrannt. Hier ist die Spur des »Hexenhammer«, der den Verdacht auf die Hebamme als die Urheberin des Unheils lenkt, deutlich zu erkennen. Bevor genauer gezeigt wird, welche konkreten Wirkungen dieses Buch hatte, soll der Band III vorgestellt werden.

Todfeinde als Zeugen

Der dritte Band war für jeden, der als Inquisitor oder als weltlicher Richter mit Hexenprozessen zu tun hatte, ganz unerläßlich. Sein Ziel ist klar, schon die Überschrift nennt es: »Es folgt der dritte Teil des ganzen Werkes, über die Arten der Ausrottung oder wenigstens Bestrafung durch die gebührende Gerechtigkeit vor dem geistlichen oder weltlichen Gericht, und wird fünfunddreißig Fragen enthalten.«

Wichtig ist für die Verfasser die Frage der Zuständigkeit und die Definition des strafrechtlichen Problems. Wer als Ketzer bezeichnet werden muß – ob auch der, der sich nur im Glauben irrt, oder der, der vom Glauben schlecht denkt, oder auch der, der gegen die guten Sitten handelt, die wiederum dem Glauben entsprechen –, das ist festgelegt. Wer sich z. B. in der Frage irrt, ob die Sonne größer als die Erde sei, verfiele keinem gefährlichen Irrtum. »Ein Irrtum aber gegen die Heilige Schrift, gegen die Glaubensartikel, gegen die Bestimmungen der Kirche, ist Ketzerei . . .«

Auch die Zuständigkeit und die Art des Zusammenwirkens zwischen den geistlichen Stellen untereinander und zwischen geistlichen und weltlichen Stellen wird für damalige Verhältnisse präzise abgehandelt. Die für die Zukunft so unheilvolle Übertragung der Hexenverfolgung an weltliche Gerichte ist hier niedergelegt, ja der Sinn dieses ganzen Handbuches scheint darin zu bestehen, diese Übertragung zu untermauern, so daß jeder weiß, woran er sich zu halten hat, und die Hexenverfolgung mit gebotener Strenge fortgeführt wird.

Dazu heißt es: »Es scheint auch, daß in der Ketzerei der Hexen, wenn auch nicht in anderen Ketzereien, auch die Diözesanen selbst ihre Rolle beim Erkennen und Urteilen auf dem bürgerlichen Forum abzutreten imstande sind; einmal, wie in den Argumenten berührt wird, weil dies Verbrechen der Hexen nicht rein geistlich, sondern im Gegenteil wegen der zeitlichen Schädigungen, die von den Hexen angetan werden, mehr bürgerlich ist, dann auch, weil man sieht, daß besondere Gesetze zur Bestrafung der Hexen bezüglich des ganzen Herganges der Bestrafung herausgegeben worden sind.

Es scheint endlich, daß dieser ganze Hergang sehr viel zur Ausrottung der Hexen und zur größten Erleichterung der Ordinarien dienen würde, wenn ein in der Öffentlichkeit zu fürchtender Richter da ist.«

Bis zur endgültigen Urteilsfällung, heißt es im »Hexenhammer«, könne der Richter die Dinge in die Hand nehmen, und für diesen Zweck sei der vorliegende Band III des »Hexenhammer« in drei Abschnitte gegliedert, eben als Handhabe für den Prozeßbeginn, für die Durchführung und für das Urteil.

Der »Hexenhammer« steht auf dem Boden des damals geltenden Rechtes; jeder einzelne Schritt, den der Richter für die Beurteilung des Wahrheitsgehaltes tun muß, um die Sache voranzutreiben und zum Geständnis zu kommen, ist von Gesetz und Brauch gedeckt. Das ist ein Tatbestand, der sich bei fast jeder Säuberung findet: entscheidend ist der Spielraum, den man sich mit angeblich guten Gründen einräumt, um das Gesetz zur Abwehr von vermeintlichen Übeln und im Sinne der eigenen Auffassungen extensiv auszulegen. Hier wird stets offenbar, welche Absichten die jeweilige Justiz im Auge hat – und die Hexenjustiz hatte die Ausrottung der Hexen im Auge. Der Wunsch, sich rechtlich zu geben und an Brauch und Gesetz zu halten, andererseits aber den eigentlichen Auftrag voll zu erfüllen und die »Endlösung« durchzuführen, führt zur Heuchelei, ja zum Zynismus. Dafür sollen die folgenden Zitate Beispiele liefern.

Man weiß, die Denunziation einer angeblichen Hexe erfolgte anonym. Auch die Verfasser des »Hexenhammer« wissen, daß sie Prozeß und Urteil unglaubwürdig machen würden, wenn jeder seinen feindlichen Nachbarn, jede Frau ihre Nachbarin als Hexe anzeigen könnte. In der Pose des Biedermannes erklärt der »Hexenhammer« zu diesem Problem, das systematisch im Zusammenhang mit der Erörterung der Zeugen abgehandelt wird: »Merke, daß Exkommunizierte, ebenso Teilhaber und Genossen des Verbrechens, ebenso Infame und Verbrecher, Sklaven gegen ihren Herren zur Verhandlung und zum Zeugnis in jedweder Glaubenssache zugelassen sind: ebenso wie Ketzer gegen Ketzer zugelassen sind, so auch Hexer gegen Hexer, jedoch nur mangels anderer Beweise und immer gegen und nicht für.«

Diese Unterscheidung allein stellt einen einzigartigen Beweis für Heuchelei dar und spricht für sich selbst: wie kann es um Wahrheit gehen, wenn dieselbe Person nur als Denunziant gehört werden kann, nicht als Entlastungszeuge? Der Absatz endet:»Auch Gattin, Söhne und Angehörige gegen und nicht für: art. per, c. filii, de haer. I. VI; und zwar deshalb, weil deren Zeugnis zum Beweise wirksamer ist.«

Dann wendet sich der »Hexenhammer« der heiklen Frage zu, wie man zu verfahren hat, wenn Verdacht besteht, daß der Denunziant, hier Zeuge genannt, ein Todfeind der angezeigten Person sein könnte. Der Richter in einem Hexenprozeß, sagt der »Hexenhammer«, darf einen solchen Menschen als Zeuge nicht zulassen: das Römische Recht, dem die Verfasser folgen, schließt diese Möglichkeit aus naheliegenden Gründen aus. Bei gutem Ruf mußten es im Hexenprozeß drei Zeugen sein, bei schlechtem Ruf genügten zwei.

Man muß bei der Beurteilung einer solchen Prozeßsituation übrigens wissen, daß der Beweis in der Sprache der damaligen Juristen »nicht-künstlich« war, das heißt, er erfolgte einzig und allein für den Richter, nicht für die Prozeßparteien. Ferner bestand Zeugniszwang, d. h. der Richter konnte und mußte die Zeugen treiben, den Eid zu leisten und ihm die Wahrheit zu bekennen. Wenn sich gewisse Zeugen in »verdammungswürdiger Hartnäckigkeit« weigerten, den Eid zu leisten, mußten sie laut »Hexenhammer« schon deshalb als Ketzer angesehen werden (Merzbacher).

Was ein Todfeind ist, weiß jeder. Und auch, was es bedeuten würde, wenn von zwei Zeugen einer oder zwei ein Todfeind wäre, braucht nicht näher erläutert zu werden: in einem Prozeß, in dem eine Beschuldigung schon fast so gut wie eine Verurteilung ist, würde jede Willkür zum Zuge kommen, und niemand könnte sich mehr seines Lebens sicher sein. Dessen sind sich auch die Verfasser des »Hexenhammer« bewußt, wie sich gleich zeigen wird. Aber ihre Sorge, es könnte sich eine Hexe unter Berufung darauf, sie sei von einer Todfeindin böswillig angezeigt worden, dem Zugriff des Richters entziehen, ist zu groß, als daß die Autoren diese Frage auf sich beruhen lassen könnten, ja man hat den Eindruck, als verdrängten sie die eigene

Erfahrung, daß gerade aus dörflichen Todfeindschaften solche Angebereien kommen, durch um so größere Strenge.

Zunächst einmal wird die Todfeindschaft definiert, und der »Hexenhammer« sagt, nur eine Feindschaft sei tödlich, wenn »... der Tod entweder tatsächlich zwischen die Betreffenden gebracht worden ist oder beabsichtigt worden ist, ihn zwischen sie zu bringen, oder dasjenige, was auf dem Wege dazu ist«. Es liegt den Verfassern also offensichtlich daran, den Begriff Todfeindschaft so stark einzuengen, daß er kaum mehr angewendet werden kann, denn nur in den allerseltensten Fällen wird der Beklagte beweisen können, ein bestimmter Feind habe ihm nach dem Leben getrachtet. »Andere besonders schwere Feindschaften aber, so wie auch die Weiber leicht zu solchen Feindschaften erregt werden, schließen zwar nicht gänzlich vom Zeugnis aus, schwächen aber ihre Aussagen einigermaßen, so daß man ihren Bekundungen nicht vollen Glauben schenken darf; in Verbindung mit anderen Stützen und den Aussagen anderer Zeugen können sie einen vollen Beweis ausmachen.«

Die Heuchelei erreicht einen weiteren Höhepunkt: die Frage, wie man aus dem Beschuldigten herausbekommt, mit wem er verfeindet ist, und sein Versuch, sich unter Hinweis auf eine Todfeindschaft dem Prozeß zu entziehen, nimmt der »Hexenhammer« wahr, um dem Richter ein paar Tricks und Kniffe zu verraten – so, als müßten die Verfasser den Spieß umdrehen und von einem vagen Unrechtsgefühl ablenken. Er verläßt die Position der Sachlichkeit, indem er sagt, es fänden sich unter den Richtern sehr viele »weniger Vorsichtige und Umsichtige«, die die Aussagen von zänkischen Frauen zurückwiesen. Denen schreibt der »Hexenhammer« ins Stammbuch: »Weil jene die Kniffe (!!!) und Vorsichtsmaßregeln der Richter nicht kennen, reden und urteilen sie wie die Blinden von der Farbe.« Wer also eine Spur von Vernunft, von Gerechtigkeitsgefühl zeigt und sich auf das Dorfgeschwätz nicht einläßt, ist »weniger vorsichtig und umsichtig«, offenbar, weil er das Ziel der Ausrottung der Hexen aus den Augen verliert.

Den beschuldigten Personen konnte eine Verteidigung gewährt werden. Die gesetzlichen Bestimmungen machten das zwar zur Vorschrift, aber in Kurbayern wie im Elsaß, in Konstanz wie in Eichstätt setzte man sich darüber hinweg, auch in Bamberg und Würzburg. Falls aber doch ein Advokat die Verteidigung übernahm, gab man ihm die Denunzianten nicht bekannt, auch mußte er sich hüten, »dem Glauben ein Ärgernis und der Gerechtigkeit Schaden zuzufügen« (Merzbacher).

Was blieb in diesem wirren Knäuel von Beschuldigungen als mögliche Verteidigungslinie in einem Hexenprozeß? Allenfalls der Hinweis, es müsse sich um eine böswillige Verleumdung von seiten eines Todfeindes gehandelt haben. Hier setzen die Verfasser des »Hexenhammer« ihre ganze Erfahrung ein: sie raten dem Richter, für den dieses Handbuch geschrieben ist, ohne viele Umstände zum – Betrug, genauer gesagt, sie nennen Mittel, mit denen eine Argumentation, die offenbar einigen Erfolg versprach, ausgetrickst werden konnte. In der Frage 12 heißt es wörtlich:»Und mögen auch die Mittel verklausuliert oder hinterlistig sein, so kann der Richter sie doch zum Besten des Glaubens und des Staatswesens anwenden, da auch der Apostel sagt:›Da ich verschlagen war, habe ich sie mit List gefangen.‹«

Man möge, heißt es, diese Kniffe besonders bei denen anwenden, die »öffentlich nicht übel beleumundet oder auch durch irgendein Indizium der Tat nicht kennzeichnet sind«. Bei einem solchen Trick soll der Richter die Kopie der Aussage vorlegen »unter Hinzufügung noch anderer Äußerlichkeiten, die anderwärts von Hexen angeführt und nicht von den Angebern oder Zeugen ausgesagt worden sind«. Es liegt auf der Hand, daß eine so gefälschte Aussage jeden Beschuldigten verwirren und damit dem Richter ausliefern muß.

Der nächste Trick geht eher psychologisch vor. Der »Hexenhammer« weist ausdrücklich darauf hin, daß der Angeklagte überrumpelt wird, wenn er plötzlich mit der Frage nach Todfeinden konfrontiert wird:»Nicht gefaßt und vorbereitet, und da er die Belastungszeugen der Angeber nicht gesehen hat, antwortet der dann vielleicht, er glaube nicht, solche Feinde zu haben.« Damit ist für den »Hexenhammer« eine Gefahr ausgeschaltet.»Oder wenn er sagt, ich glaube welche zu haben, dann nennt er sie; und sie werden aufgeschrieben, und auch der Grund der Feindschaft, damit der Richter nachher um so sicherer nachzusehen imstande ist ...«

Das geht so weiter: der Richter kann, so der letzte Trick, die Beschuldigte fragen, ob sie ihren schwersten Belastungszeugen kenne (niemand weiß ja, was dem Gericht vorliegt),»und dann wird sie sagen:›Ja!‹ oder:›Nein!‹ Wenn sie ›nein‹ sagt, wird sie ihn später, wenn man ihr einen Advokaten gewährt, nicht als ihren Todfeind hinstellen können usw. ... Wenn sie ›ja‹ sagt, dann soll sie gefragt werden, ob sie weiß oder gehört hat, daß er und sie selbst etwas gegen den Glauben ausgeführt hat, wie es die Hexen gewöhnt sind. Wenn sie ›ja‹ sagt, ›er hat das und das getan‹, soll sie gefragt werden, ob er ihr Freund oder ihr Feind sei; sie wird sogleich antworten, Freund, und zwar deshalb, damit man bei seinem Zeugnis stehenbleibe; und dann kann sie ihn bei jenem Prozesse nicht als Todfeind durch ihren Advokaten angeben, da sie unter Eid vorher ausgesagt hat, er sei ihr Freund.«

Als Richtschnur all dieser Betrugsmanöver zuungunsten der Beschuldigten durch den Richter gilt, was im »Hexenhammer« bereits ein paar Seiten vorher ausgedrückt worden ist: »Der Richter beachte ..., daß er nicht schnell bereit sei, dem Advokaten zu glauben, wenn er für die Angezeigte eine Todfeindschaft namhaft macht, deshalb, weil sehr selten bei einem solchen Verbrechen jemand ohne Feindschaft aussagt, da die Hexen immer allen verhaßt sind.« Es sind fünf Tricks, die dann verraten werden, und ein weiterer, der »zur völligen Genugtuung und Beruhigung scrupulöser Geister« empfohlen wird, wenn die »vorgenannten Arten vielleicht von manchen für listig und mit Verschlagenheit angewendet beurteilt werden sollten«. Die ersten beiden Tricks bestehen darin, daß man dem Angeklagten oder seinem Advokaten die schriftliche Kopie des Prozesses zeigt, ihn also mit den Beschuldigungen konfrontiert, die Namen der Zeugen aber in veränderter Reihenfolge offenlegt. Dann wird der Beschuldigte gefragt, ob er alle diese Zeugen als Todfeinde angäbe. »Gibt er alle an, so wird der Angezeigte um so schneller auf einer Lüge ertappt werden ..., gibt er aber bestimmte an, dann wird die Ursache der Feindschaft um so leichter erforscht werden.«

Hier hat der Wahnsinn allerdings Methode: aus nachbarlicher Feindschaft entsteht Haß, der Haß führt zur Denunziation beim Inquisitionsgericht, und dieses Gericht wertet eben diesen Haß eines Unschuldigen als Argument gegen den Beschuldigten, »da Hexen allen immer verhaßt sind«. Übrigens kann man an die Stelle des Wortes »Hexen« leicht die Bezeichnung für andere Minderheiten setzen: man wird sehen, wie deutlich die Schwierigkeit wird, das Recht für Menschen zu sichern, die »immer allen verhaßt sind«.

Schon die gründlichere Beschäftigung mit nur wenigen Absätzen des dreibändigen Werkes zeigt, welcher Geist des Hasses und der

Lüge hier am Werke war – wenn auch mit besten Absichten. In der Tat ist der »Hexenhammer« nahezu in den Rang eines kanonischen Buches erhoben worden, und seine Autoren genossen z. B. bei dem großen Rechtsgelehrten Carpzow (1595–1666) das gleiche Ansehen wie die Kirchenväter Augustin und Isidor.

Die entscheidende Wendung

Der »Hexenhammer«, später Ausdruck des mittelalterlichen Frauenhasses, ist der Schlußstein eines ganzen scholastischen Gebäudes, das über dem Begriff der Zauberei errichtet wurde, zu einer Zeit, als es etwa ein Viertel mehr Frauen als Männer gab. Zugleich bezeichnet dieses Werk eine entscheidende Wendung, nämlich den Übergang dieser Delikte von der geistlichen in die weltliche Gerichtsbarkeit. Um zu verstehen, weshalb gerade im Zeitalter des Barock die Hexenverfolgungen eine solche Steigerung erlebten, muß man ein wenig Rechtsgeschichte betreiben. Ursprünglich war, wie schon beschrieben, die Zauberei als eine Angelegenheit der Kirche angesehen worden. Im Laufe des 16. Jahrhunderts wurde aber das alte kirchliche Verfahren immer mehr zurückgedrängt, und schon 1569 wurde auf einer Synode in Salzburg die Bestrafung der Hexerei »nach den Rechten« ins Auge gefaßt, also nach weltlichem Recht.

In den berühmten »Hundert Beschwerden der Deutschen Nation«, die 1521 von den Reichsständen dem Kaiser vorgetragen wurden, ist die Frage der Hexerei selbst nicht berührt worden (Riezler). Aber es wird geklagt über die Art und die Ausdehnung geistlicher Gerichte, über die Art, wie sie den Inquisitionsprozeß führen und wie Frauen der Hexerei verdächtigt werden. Es solle ein solcher Prozeß nur im Falle von Gerüchten, die von ehrbaren Leuten ausgingen, zugelassen werden, aber dies werde nicht beachtet, und so hätten die geistlichen Richter ihre verordneten Leute, die liefen in die Städte, Flecken und Dörfer und forschten, ob darin Leute wohnen, die sträflich sein möchten. »Und wiewohl nach Vermögen der Rechte öffentlicher Meineid, Ehebruch, Zauberei und dergleichen geistlichen *und* weltlichen Richtern zu strafen zugehört und also Prävention stattge-

177

funden hat, unterstehen sich doch die geistlichen Richter, solche Strafe wider Recht allein vor sich zu ziehen, was der weltlichen Obrigkeit hoch beschwerlich und leidlich ist.«

Nach der berühmten Hexenbulle »Summa desiderantes« erlischt der Zweifel an der Realität der Hexerei, und nach Erscheinen des »Hexenhammer« verschiebt sich die Tendenz der Anklage: nun steht das Malefizium selbst im Vordergrund, nicht mehr die Ketzerei. Und damit gerät der Hexenprozeß in die weltliche Zuständigkeit: gerade hier eine Handreichung zu geben ist ja das erklärte Ziel des Werkes. Diese Verschiebung auf die Seite der weltlichen Gerichtsbarkeit erfolgt in einer Zeit, als die Übernahme des Römischen Rechtes in vollem Gange ist. Der »Hexenhammer« setzt ja auch juristisch neue Maßstäbe, weil von nun an die heimliche Denunziation die öffentliche Anklage ersetzt, die Hexe außerhalb des allgemeinen Rechtes gestellt und die Folter ohne Einschränkung als Mittel eingesetzt wird, um ein Geständnis zu erlangen.

Im 16. Jahrhundert beginnt sich aber auch der Souveränitätsgedanke auszubilden, als dessen Verfechter Jean Bodin gilt – man wird von ihm noch hören. Mit anderen Worten: der gelehrte Jurist tritt an die Seite des Herrschers, der sein Fürstentum zu einem Flächenstaat umwandelt, der seine Herrschaft durch Verwaltung und Vereinheitlichung absichert, und der »Hexenhammer« liefert die substantielle Grundlage für die Verschärfung des Vorgehens gegen Hexen: nicht mehr Kirchenmänner und Ordensgeistliche werden von nun an über die Verfolgung der »Drudnerinnen« zu befinden haben, der »Lamien« und »Strigen«, sondern die strengen Juristen, denen alles daran liegt, die fürstliche Autorität zu festigen.

So scheint es logisch, daß im 16. Jahrhundert die Juristen sich zum Hexenprozeß äußern, aber Namen wie Bodin, DelRio oder auch Remy zeigen, wie schreckliche Folgen die Verbindung von religiösem Fanatismus mit juristischer Logik ergeben konnte, wenn ein machtbesessener Fanatiker die Quersumme zog. In der Rechtsgeschichte Deutschlands endete das Mittelalter am 7. August 1495, an dem Tage, als eine höchste Berufungsinstanz ergänzend zu den alten deutschen Gewohnheitsrechten eingesetzt wurde, das Reichskammergericht zu Wetzlar. Noch der Referendar Goethe hat sich da seine ersten Erfahrungen mit der Justiz geholt. Man erinnert sich: auf der Visitenkarte steht gelegentlich noch heute das »Dr. juris utriusque«, was zu deutsch heißt, daß der Mann Doktor beider Rechte ist – nämlich des Kanonischen wie des Römischen Rechtes. Dieses war als Hilfsmittel, wenn das lokale Recht versagte, schon immer herangezogen worden, seit die Universitäten von Padua, Bologna oder Montpellier Rechtswissenschaft lehrten, also seit dem 14. Jahrhundert. Als »ratio scripta«, als niedergeschriebene Vernunft, hatte es sich erst im Bereich der Kirche, dann auch bei den Fürsten durchgesetzt und wurde zum »gemeinen Recht« des Reiches, das als sogenanntes Pandektenrecht eben noch die Juristen des 18. Jahrhunderts beschäftigt hat.

Noch ein Wort zum Strafrecht, um das es hier ja vor allem geht. In Deutschland hatte die sogenannte »Bambergensis« größte Bedeutung, eine generelle »Strafrechtsreform« für das geistliche Fürstentum Bamberg, die von Johann Freiherr zu Schwarzenberg und Hohenlandsberg im Jahre 1507 erlassen wurde und alle Verbrechen gegen die Religion, also auch Meineid, Ketzerei und Zauberei, an die Spitze der Verbrechen stellte. Weil dies aus dem kirchlichen Recht übernommen ist, wird auch die Feuerstrafe als Todesstrafe für Ketzerei beibehalten. Aber noch verfolgt die »Bambergensis« nicht nach den Grundsätzen des »Hexenhammer«, sie läßt zu, daß Zauberei ohne schädliche Wirkungen nach Ermessen des Richters bestraft wird.

Die berühmte »Carolina«, die »Peinliche Halsgerichtsordnung« Karls V., vereinigt 1532 materielles und formelles Strafrecht, sie stärkt den gelehrten Richterstand und schwächt die Schöffen, und die Wahrheitsfindung erfolgt nun von Amts wegen. Dabei verdrängt das Prinzip der Schriftlichkeit die althergebrachte Mündlichkeit, und das Inquisitionsprotokoll dient als alleinige Grundlage der Wahrheitsfindung (Merzbacher). Nun heißt es: »Was nicht in den Akten steht, existiert nicht.« Der vorsitzende Richter ist auch Vorsitzender des Schöffenkollegiums, und so bietet dieses erste Reichsstrafgesetz die Mittel, Hexenprozesse als weltliche Prozesse im Sinne des »Hexenhammer« durchzuführen.

179

Das Abgründige des Jean Bodin

Der Mann, dessen Theorie in Frankreich viele hundert Frauen zum Opfer gefallen sind, hat rund zweihundert Jahre vor Lessings »Nathan der Weise« die Fabel von den drei Ringen aufgeschrieben, die wohl auf ein islamisches Vorbild zurückgeht und die Idee der Toleranz in Glaubensdingen verkündet. Eben seiner Toleranz wegen sollte er, als Parteigänger der Hugenotten verdächtigt, in der Bartholomäusnacht ermordet werden und entging, als rund 22 000 Menschen aus Glaubensgründen niedergemetzelt wurden, nur durch Zufall diesem Schicksal. Ein religiöser Fanatiker war Jean Bodin nicht, konnte er nicht mehr sein, aber er war ein unbeugsamer Moralist, und er war es, der 1576 in seinen »Sechs Büchern über die Republik« als erster den Gedanken der Souveränität überzeugend formulierte. Wer seinen souveränen Fürsten mißachte, schrieb er in diesem Werk, der mißachte damit Gott, dessen Bild dieser auf Erden darstelle.

Die »Republik« wurde in fast alle europäischen Sprachen übertragen, sein Autor mit 46 Jahren weltberühmt, er war in England, beeindruckte aber Königin Elisabeth I. nicht sehr. In seiner Jugend war er Karmelitermönch gewesen, jetzt lehrte er Römisches Recht in Toulouse, ein Mann von Geist und Weltkenntnis, wenn auch gewiß ein strenger Logiker, dessen »Republik« im Jahre 1580 bereits die fünfte Auflage erlebte und überall diskutiert wurde. Um so unbegreiflicher scheint es, daß aus der Feder desselben Mannes im Jahre 1580 die »Daemonomanie« erschien, ein Werk, das den »Hexenhammer« an Hexenhaß und Sadismus noch übertrifft. Es erschien zuerst in französischer, dann in lateinischer Sprache und hatte einen Anhang, der sich direkt gegen den schon geschilderten Johannes Weyer wandte; das Traktat hieß »Widerlegung der Meinungen von Johannes Wier« und enthielt auch die Verdächtigungen jenes Pudels, der dann als Höllenhund in den »Faust« geriet. Über die Ursachen dieses Fanatismus des Jean Bodin kann man Vermutungen anstellen.

Sein Starrsinn, seine Unerbittlichkeit, sein Säuberungswahn allein reichen allerdings noch nicht aus, um eine psychoanalytische Deutung auch nur denkbar erscheinen zu lassen und das Leben dieses Mannes unter solchen Aspekten zu untersuchen. Tatsache bleibt, daß ein hochverdienter Rechtsgelehrter zum Schreibtischtäter wurde.

Der Teufel liebt eine Hexe. Aus Ulrich Molitor, Von den Unholden und Hexen, Konstanz 1489.

Aber nicht nur das: er selbst ließ Kinder, Mädchen und selbst Krüppel foltern. Bei der Folter solle, so empfiehlt der Gelehrte, glühendes Eisen angewendet werden, und wenn jemand verurteilt sei, so solle er auf langsamem Feuer verbrannt werden, damit er einen Vorgeschmack auf das ewige Höllenfeuer bekäme.

Bodin hatte kurz zuvor, mit 47 Jahren, zum ersten Male geheiratet und scheint sexuelle Schwierigkeiten gehabt zu haben. Auffallend intensiv befaßte er sich mit dem Nestelknüpfen, dem Schlingen eines magischen Knotens, der angeblich Impotenz verursacht. Bodin behauptet, fünfzig verschiedene Arten dieses Schadenszaubers zu kennen, was auf ungewöhnlichen Eifer in dieser Sache schließen läßt. Der Mann, der in reifen Jahren unter Umständen heiratete, die wir nicht kennen, entwickelt in diesem einen Punkt, der Feindschaft gegen zaubereiverdächtige Frauen, einen geradezu hysterischen Haß, einen Sadismus, der genau das Gegenteil von seiner sonst so geschätzten Toleranz darstellt: was er in sich an Grausamkeit, an sexuellem Besitzwünschen verdrängt haben mag, kommt ihm auf allen Wegen entgegen – ein krasses Beispiel von »Übertragung«. Dieser psychologische Begriff ist in dem Kapitel »Ein Bibelwort und goldene Stäbchen« bereits ausführlich behandelt worden. Bodin ist nicht selbst der Sadist, er foltert nicht eigenhändig. Aber er entwirft für seinen Haß eine Theorie, einen »ideologischen Überbau«, und dieser wiederum erlaubt ihm und allen, die sich an seine unbestreitbare Autorität halten, die Stimme des Gewissens zu überhören. So erscheint, aus der jüngsten Geschichte durchaus vertraut, das Bild des frustierten, sittenstrengen Eiferers, dessen Grausamkeit nicht als Bruch, sondern als Ergänzung einer pathologischen Persönlichkeit wirkt.

Baschwitz weist noch auf einen weiteren Punkt hin. Er sagt, wie alle seine Zeitgenossen habe Bodin seinem Entlastungsbedürfnis nachgegeben, wenn er glaubte, die Hexen hätten nicht unschuldig sein können, denn sie seien ja doch verbrannt worden! Anders ausgedrückt: daß diese auf dem Scheiterhaufen verkohlten Menschen, Männer wie Frauen, unschuldige Opfer gewesen sein sollten, das war ein so ungeheuerlicher Gedanke, daß man vor ihm die Augen verschloß und sich in die Bestätigung des Wahnes flüchtete.

Der »Hexenhammer«, als Machwerk enger Gehirne ein Werk aus dem Geist der Scholastik, war im Raum der Kirche entstanden und autorisiert worden, Jean Bodin war weltlicher Jurist: in beiden Fällen haben Männer ihre Gelehrsamkeit als Waffe benutzt, um einen Feind zu bekämpfen, der nur in ihrer Einbildung existierte. Im Fall des Bodin ist das besonders unbegreiflich. Der damalige Parlamentsrat und Bürgermeister von Bordeaux, Michel de Montaigne (1533 bis 1592), ein scharfer Gegner der Hexenjäger und bedeutender Philosoph, hat von dem etwa gleichaltrigen Kronrat Jean Bodin gesagt, der habe »mehr Verstand als die ganze Schreiberbande dieses Jahrhunderts«.

Bodin starb mit 67 Jahren in Laon an der Pest, er hinterließ ein bedeutendes literarisches Werk und schreckliche Wirkungen auf dem Gebiet der Hexenjagd. Er galt als Autorität für rund ein Jahrhundert, noch der deutsche Philosoph Christian Thomasius studierte ihn 1694 in Halle, ehe er am Sinn der Hexenverfolgungen zu zweifeln begann. Für Deutschland erschien Bodins Werk, von dem »ehrenfesten und hochgelehrten Doktor beider Rechte« Johann Fischart besorgt, 1581 in Straßburg. Aber Bodins Werk hatte nicht nur in Deutschland Folgen, wo insgesamt 11 Auflagen erschienen, die letzte erst 1698 in Hamburg. In Frankreich selbst ließ sich Heinrich III. von seinem Kronanwalt Jean Bodin nicht beeinflussen, was die Hexenjagden angeht, aber König Jakob von Schottland bezog sich, wie gesagt, bei seinen Verfolgungen auf Jean Bodin, und auch der sonst so vernünftige König Heinrich IV. von Frankreich folgte unbegreiflicherweise den Argumenten des Bodin: er übertrug die Aufgabe, Hexen zu verfolgen, einem der »bücherschreibenden Massenmörder« (Baschwitz). Von ihnen soll im folgenden Kapitel die Rede sein.

Bücherschreibende Massenmörder

Im Jahre 1602 erschien in Lyon aus der Feder des ehemaligen Oberrichters Henry Boguet eine »Abhandlung über Zauberer«. Der Mann, ebenfalls ein angesehener Jurist, hatte mit über fünfzig Jahren mit der Hexenjagd begonnen. Den Anstoß hatte eine Achtjährige gegeben, Françoise Secretain – über diesen Fall wird noch zu berichten sein und auch über die Unerbittlichkeit, mit der hier vorgegangen worden ist.

Sein Buch stellt in aller Ausführlichkeit dar, welches Unheil durch Hexen geschehen sei und wie sie sich bereits über ganz Frankreich ausgebreitet hätten. Überall im Land wußte man von Zauberern und Zauberinnen, die vom Teufel die Gabe empfangen haben sollten, sich in Wölfe und Wölfinnen verwandeln zu können. Sie trieben mit dem Teufel oder mit wirklichen Wölfen Unzucht und streiften nachts durchs Land, schon zahllose Menschen seien von diesen Unholden angefallen und zerrissen worden. Das Parlament in Paris gestattete den Bauern in der Umgebung von Dôle im Herbst 1573, auf Werwölfe Jagd zu machen, und nach Boguets Schilderung war um 1598 das massenhafte Auftreten von Werwölfen geradezu epidemisch.

Das erklärt die Grausamkeit, mit welcher der Jurist gegen alle Zauberinnen vorging, wobei sein Verhalten auch unter Juristen nicht unumstritten war: es scheint, daß die Lässigkeit französischer Richter zum Teil auch auf den Einfluß der Schriften Weyers zurückzuführen ist. Eben deshalb hatte Jean Bodin ja auch seiner Schrift das Traktat gegen Weyer angehängt.

Wenige Jahre später schrieb Descartes seine »Abhandlungen über die Methode«, in denen er die Grundsätze rationalen Denkens formulierte, beschrieb Galilei, durch das Fernrohr blickend, die Mondgebirge, entwickelte der Astronom Kepler die erste Kristalltheorie in seiner Schrift über den »sechseckigen Schnee« – aber jetzt, um 1580, konnte Jean Bodin berichten, ein gewisser Trois-Echelles habe ihm versprochen, alle Hexen Frankreichs zu entlarven, und es seien ihrer 300 000, grob geschätzt. Der Mann versprach dies allerdings um den Preis seiner Begnadigung, die ihm gewährt wurde. So zog er von nun an durchs Land, machte bei jung und alt die Nadelprobe und entdeckte so selbst über 3000 Hexen, die zu einem großen Teil angeklagt und verurteilt wurden.

Die auf Französisch geschrieben Schrift des Boguet erlebte zahlreiche Auflagen und verbreitete den Hexenwahn weit. Ihr unbewußter Rechtfertigungscharakter blieb den Zeitgenossen verborgen. Boguet starb 1619 mit fast siebzig Jahren in seinem Bett, ein Mann, dem sein Gewissen keine Schwierigkeiten gemacht zu haben scheint.

In dieser Reihe ungerührter Theoretiker soll aber auch der von Haß besessene de Lancre genannt werden. Auch er interessierte sich übrigens besonders fürs Nestelknüpfen, erzeugte also eine Angst, die dann zur Ursache von Impotenz geworden sein kann. Aber in dieser Epoche vermischen sich die Motive. Wir werden heute hellhörig, wenn wir erfahren, daß der Präsident des Rates von Bordeaux und der Rat de Lancre selbst eine große Untersuchung unter den Basken von Labourd anstellten. De Lancre glaubte, alle 30 000 Einwohner dieses Ländchens im äußersten Südwesten Frankreichs seien mit dem Teufel verbündet. Mit 56 Jahren wurde er von seinem König beauftragt, die Verhältnisse in der Gegend von Biarritz und Bayonne zu untersuchen – offenbar, weil er fließend Baskisch sprach.

Sein Verfolgungswahn hatte bizarre Züge angenommen. Er glaubte ernstlich, daß viele tausend Teufel, die vor den christlichen Missionaren in Indien und China hatten fliehen müssen, nun in Schwärmen nach Labourd geflogen seien und hier ihre Zuflucht gefunden hätten. Tausende von Hexen pflegten sich an der spanischen Grenze zu ver-

Eine Hexe verzaubert Reiter, über ihr ihr Schutzteufel, auf dem Berg ein Wetterzauber. Holzschnitt aus Cicero, De officio, Augsburg 1531.

sammeln, um von da nach Neufundland zu fliegen – das erinnert an den mittelalterlichen Aberglauben, die Hexen flögen von dort nach Frankreich in die Dauphiné. Damals waren die Basken noch ein Volk von Seefahrern, Walfängern und Kapitänen, wie es später die Friesen gewesen sind, und vor Neufundland wurde gefischt. Der Oberrichter de Lancre behauptete, bei manchen Hexensabbaten seien hunderttausend Hexen und zweitausend Kinder zugegen gewesen. Er schritt mit äußerster Strenge gegen diesen Teufelsspuk ein und schonte niemanden. Als die Fangflotte der baskischen Fischer von den Fischgründen vor Neufundland zurückkehrte, fanden viele ihre Frauen nicht mehr, waren Kinder verwaist, viele Herde kalt. Die Männer rotteten sich zusammen und tobten, de Lancre gab nicht nach. Schon hatte er drei Geistliche, die ihm widersprachen, verbrennen, fünf andere Kleriker in den Hexenturm werfen lassen, da griff der Bishof von Bayonne ein, ließ die Geistlichen befreien und sorgte für Ruhe. Nach vier Monaten kam diese Spirale des Wahnsinns zum Stillstand, nachdem mehr als 600 Personen verbrannt worden waren.

Und wieder setzte der Rechtfertigungszwang ein: Oberrichter de Lancre schrieb ein Traktat, das ihn entlastete, denn er bewies darin, was bewiesen werden mußte. Bezeichnenderweise nehmen die sexuellen Spiele des Teufels mit den Frauen auch hier einen beachtlichen Raum ein. So wurde ein frommer Abscheu erzeugt mit alldem, was aus eigenen, verdrängten Wünschen aufgestiegen war.

Dieser Hexenjäger setzte sich mit 63 Jahren zur Ruhe und schrieb noch zwei weitere Bücher zum Thema. Fünfzehn Jahre lebte er unangefochten bis zu seinem Tode, ein weiterer Beweis für die Fähigkeit des Menschen, auch die größten Scheußlichkeiten zu verdrängen und schließlich in Frieden zu sterben. Unsere Väter, schreibt de Lancre in seinem Werk, lebten in dem Irrtum, begründet auf irrigen Vorstellungen, daß Hexen nicht zum Tode zu verurteilen, sondern einfach ihren Pfarrern und Seelsorgern zuzuweisen seien, als ob es sich einfach um Illusion und falsche Einbildung handele.

Zu dieser Generation unerbittlicher und hochgestellter Juristen gehören noch drei weitere Namen: der Spanier Martin DelRio, 1551 geboren, zuletzt Vizekanzler und Generalstaatsanwalt von Brabant, der 1608 schon mit 57 Jahren starb, Nicolas Remy (1530 bis 1612), Generalstaatsanwalt und Geheimer Rat des Herzogs Karls III. von Lothringen, sowie in Köln der Suffraganbischof Peter Binsfeld (1540 bis 1603), der wie alle diese Männer ein Traktat gegen die Hexen schrieb und schon im Zusammenhang mit dem Kampf des Dr. Weyer genannt worden ist.

Der Spanier, aus adliger Familie stammend, erlebte als junger Mensch in Holland, wie die Terroristen, später als Geusen und Kämpfer für die Unabhängigkeit der Niederlande gefeiert, das Schloß seiner Väter und seine eigene Bibliothek zerstörten. Er begab sich zu spanischen Verwandten ins Mutterland und trat mit dreißig Jahren in den Jesuitenorden ein. Sein Haß gegen die protestantischen Aufrührer beherrschte sein Leben. Im spanisch besetzten Teil der Niederlande machte er Karriere, wurde schon bald Generalstaatsanwalt von Brabant und lehrte an verschiedenen Universitäten als Professor Römisches Recht.

DelRio sprach fünf Sprachen, die Plumpheit und Grobheit des deutschen »Hexenhammer« irritierte ihn, so schrieb er seine »Untersuchungen über Zauberei«. Das Werk erschien 1593, sein intellektuelles Niveau war so bemerkenswert wie sein Fanatismus. Verhaftete Hexen, so schrieb er, hätten gestanden, daß auf einer ihrer letzten Zusammenkünfte der Satan als Fürst erschienen sei und den versammelten Hexern und Hexen Mut zugesprochen habe: »In wenigen Jahren werdet ihr über alle Christen triumphieren, denn es geht dem Teufel ausgezeichnet infolge der Bemühungen von Wierus und seinen Anhängern, die gegen die Inquisition auftreten mit der Behauptung, daß dies alles nur törichte Einbildung sei.«

Auch DelRio erklärte, wer als Richter eine geständige Hexe nicht zum Tode verurteile, begehe eine Todsünde. Wer gegen das Todesurteil stimme, verrate Mitschuld, und wer versichere, daß Hexengeschichten, die verbürgt seien, auf Täuschung oder Einbildung beruhten, der mache sich selbst als Hexer verdächtig. Noch 1746, als Lessing siebzehn Jahre war und Voltaire in die Académie Française gewählt wurde, erschien die letzte Auflage der insgesamt zwanzig Auflagen dieses Buches. DelRio galt in kirchlichen Kreisen als unbestreitbare Autorität, sein Werk wurde in ganz Europa zitiert, seine einseitige Argumentation beherrschte über ein Jahrhundert das Vorgehen der Gerichte.

Ein Sadist von nicht geringerem Pflichtbewußtsein war ein anderer Franzose, auch er Jurist und Literat. Man muß sein Familienleben als normal bezeichnen, jedenfalls könnte kein Verfechter einer gesunden christlichen Moral etwas daran auszusetzen haben: Nicolas Remy, auch Remigius genannt, starb mit 82 Jahren als Haupt einer Familie, die sieben Kinder und zahlreiche Enkelkinder umfaßte. Dieser Remy war, wie schon erwähnt, Generalstaatsanwalt in Lothringen, ein Mann von unbegreiflicher Strenge, der sich selbst verargte, einmal milde gewesen zu sein: da hatte er Kinder, deren Eltern verbrannt worden waren, nur mit Geißeln nackt um den Richtplatz herum treiben lassen, auf dem die Scheiterhaufen ihrer Eltern noch glühten. Ein solcher »äußerlicher Schein der Begnadigung« sei, so schrieb er später, eines ernsthaften Hexenrichters unwürdig. Grausamkeit als Alterskrankheit? Fanatismus als Wahnsinn!

Der Mann hatte in Toulouse bei Jean Bodin gehört, ging mit vierzig Jahren nach Lothringen und nahm bald jene Stellung ein, die schon sein Oheim innegehabt hatte. Das Buch »Teufelsdienst« schrieb er, als er 65 Jahre alt war und die Summe seiner Erfahrungen ziehen konnte. Alle Hexenprozesse in England kosteten zusammengenommen nicht soviel Opfer wie die Tätigkeit dieses einen Mannes allein in Lothringen: nach eigenen Angaben ließ er innerhalb von fünfzehn Jahren über achthundert Menschen verurteilen und verbrennen, fünfzehn Beschuldigte begingen aus Angst vor der Folter Selbstmord, einige wenige Angeklagte widerstanden der Folter und konnten nicht zu einem Geständnis gebracht werden, rund achthundert Verdächtige konnten fliehen. Remy übte aber seine Tätigkeit noch viele weitere Jahre aus, so daß eine zahlenmäßige Bilanz schwer zu ziehen ist.

Ein Sadist hoch zu Roß

Wo die Autoriäten ihre Federn gegen Teufel und Hexen schwangen, waren auch die Gehilfen der Justiz, die Folterknechte und Büttel, mit Eifer zur Hand, die gehorsamen Vollstrecker. Oft konnten sie sich, wie alle Säuberer, als Wohltäter verängstigter Menschen darstellen. So gab es in England den Sadisten Matthias Hopkins, der als »Generalhexenfinder«, hoch zu Roß, von berittenem Gefolge begleitet, seit 1645 durch die östlichen Grafschaften Englands zog.

Dieser Sohn eines Geistlichen aus Essex hatte bin Ipswich Rechts-

Der englische Generalhexenfinder führt Hexen mit deren »imps« (Hilfsgeistern) vor, die so gewaltsame Namen tragen wie z. B. »Pyewackett«, »Ilemanzar«, »Jarmara«. Holzschnitt 1647.

wissenschaften studiert, es aber dort zu nichts bringen können und die Zeichen der Zeit erkannt: er gab sich den hochtrabenden Titel, unter dem er von Ort zu Ort zog, berief sich auf die Teufelslehre König Jakobs I. und ein paar Flugblätter und ließ sein Kommen wie ein Feuerschlucker oder Seiltänzer ankündigen. Wenn er eingetroffen war, erließ der jeweilige Magistrat auf Anregung dieses Fachmannes hin einen Aufruf an die Bevölkerung, alle der Hexerei verdächtigen Frauen herbeizubringen, damit sie untersucht würden. Daß man ihn freudig begrüßte und bewirtete, versteht sich, auch ersetzte man ihm die Reisekosten und zahlte ihm ohne weiteres die Taxe für jede überführte Hexe, nämlich zwanzig Schilling pro Person.

Als in dem kleinen Städtchen Houghton ein Geistlicher gegen ihn aufstand, schrieb er an einige Mitglieder des Magistrates: »Ich wundere mich sehr, daß solche bösen Menschen Verfechter, und noch dazu unter Geistlichen, finden, die täglich Schrecken und Entsetzen predigen sollten, um die Übeltäter zu erschüttern. Ich gedenke Eurer Stadt einen plötzlichen Besuch abzustatten. Diese Woche komme ich nach Kombolton, und es steht zehn gegen eins zu wetten, daß ich mich zuerst nach Eurer Stadt wende; doch möchte ich zunächst mit Zuverlässigkeit wissen, ob Eure Stadt viele Parteinehmer für solches Gesindel zählt, oder ob sie bereit ist, uns einen freundlichen Empfang und gute Bewirtung angedeihen zu lassen, wie andere Orte es taten, wo ich war.«

In Scharen, zu Hunderten, brachte man ihm die verdächtigen Frauen, die der Wasserprobe unterworfen wurden. Doch einige Behörden erhoben Bedenken gegen diese Art der Beweisführung. Der geschickte Hopkins stellte sich daraufhin um und wandte jetzt nur noch die Nadelprobe an: den Frauen wurden unter freiem Himmel die Kleider über den Kopf gezogen, die Knechte besorgten das mit geübtem Griff, dann trat der Generalhexenfinder heran und nahm selbst, vom Volk ringsum bestaunt, die Nadelprobe vor. Er benutzte wie üblich eine Nadel mit Holzgriff, mit der man leicht manipulieren konnte, um eine »unempfindliche« Stelle zu entdecken.

Alle auf diese Weise entdeckten Hexen wurden in den Turm geworfen und später von weltlichen Gerichten abgeurteilt. Allein in der Grafschaft Suffolk wurden im Jahre 1645, um nur eine Zahl zu nennen, zweihundert Personen verdächtigt, 124 wurden in Bury St. Edmunds vor Gericht gebracht und 68 Personen hingerichtet – wobei man sich immer wieder vor Augen halten muß, daß es Menschen waren, die man nicht einmal als unschuldig bezeichnen kann, weil die Begriffe Schuld und Unschuld hier sinnlos sind.

Als Folterer war er seiner Zeit voraus und arbeitete mit modernen Methoden: Frauen ließ er so lange auf untergeschlagenen Beinen sitzen, bis die Schmerzen unerträglich wurden, auch wandte er die landesübliche Folter des Schlafentzuges an. Einen über achtzigjährigen Geistlichen, der fünfzig Jahre lang sein Amt treu verwaltet hatte, ließ er von kräftigen Männern mehrere Tage im Zimmer herumstoßen, bis der Mann gestand, er habe zwei »imps«, also böse Hausgeister. Mit Hilfe des einen habe er bei ruhiger See vor Harwich ein Schiff untergehen lassen. Als der Geistliche wieder bei Verstand war, widerrief er seine Geständnisse.

Dieser Hopkins wurde schließlich Opfer der von ihm erzeugten Erbitterung. Er wurde, wohl »etwas außerhalb der Legalität«, vor Gericht gestellt, der Wasserprobe unterworfen und getötet. Menschen dieser Art verbreiten Entsetzen, sie benötigen die Brutalität, um das Bewußtsein ihrer eigenen angeblichen Minderwertigkeit zu betäuben, sie sind süchtig nach Macht und unfähig zur Großmut. Als Henker und Folterer werden sie zum Schrecken der Menschheit, ebenso als starre Fanatiker, die man nur schwer entlarven kann, weil sie durch die Autorität ihres Amtes und ihrer Gelehrsamkeit abgeschirmt sind. Zu den letzteren gehört auch der schon erwähnte Peter Binsfeld.

Christen, wie sie im Buche standen

Über das Leben des Suffraganbischofs Peter Binsfeld (1540 bis 1603) weiß man nicht allzuviel. Aber in der Zeit, als er den entscheidenden Einfluß auf den Fürstbischof Johann VI. hatte, der als Kurfürst über die Trierischen Lande von 1581 bis 1599 herrschte, wurde das Land fast zur Wüste. Doktoren, Bürgermeister, normale Bürger der Stadt, Landstreicher, Geistliche, sie alle kamen ohne Ansehen der Person auf den Scheiterhaufen, wenn irgend jemand sie der Hexerei verdächtigt hatte. In sechs Jahren wurden aus etwa zwanzig Dörfern der nächsten Umgebung 306 Menschen verbrannt. In zwei Dörfern blieben nur zwei Frauen am Leben. Diese Morde waren auf das Wirken jenes Peter Binsfeld zurückzuführen, eines hochgelehrten Fanatikers, der seine Ausbildung 1570 bis 1576 auf dem »Collegium Germanicum« in Rom erhalten hatte.

Bei der Fanatisierung der Hexenverfolgung spielt der Widerstand einiger Männer mit gesundem Menschenverstand und moralischem Mut eine eigentümliche Rolle. Von Cornelius Loos, dem unerschrockenen Holländer, und dem Bürgermeister Flade ist schon berichtet worden. Bedeutender noch ist Michel de Montaigne (1533 bis 1592), der französische Späthumanist, der mit seinem literarischen Werk die Gattung des Essays vorbereitet hat. Seine »Essais«, also Versuche, umkreisen denkerisch ihren Gegenstand und setzen Skepsis gegen Gläubigkeit, Vernunft gegen Verschwommenheit, kritische Betrachtung gegen verblasene Schwärmerei. Er spricht damit die Stimmung seiner Epoche aus, die sich gegen jede Autorität wendet. Alles Wunderbare wird mit Widerwillen betrachtet, das Natürliche aus dem natürlichen Zusammenhang erklärt.

So meint Montaigne im Jahre 1588, von dem, was man über Hexen sage, sei nichts verbürgt. Vielmehr sei anzunehmen, daß es teilweise mit ganz natürlichen Dingen zugehe, teilweise auf Sinnestäuschung beziehungsweise auf Lüge beruhe. Er schreibt, es sei weit wahrscheinlicher, daß unsere Sinne uns täuschen, als daß ein altes Weib auf einem Besenstiel in den Schornstein fahre, und es müsse weit weniger befremden, wenn Zungen lügen, als wenn Hexen ihre angeblichen Taten ausführten (Soldan-Heppe). Man möge deshalb den Weibern, wenn sie ihre Nachtfahrten eingestehen wollten, lieber Nieswurz als Schierling geben, das heißt wohl, lieber der Lächerlichkeit als dem Tode preisgeben.

Für einen Mann vom Schlage Binsfelds war soviel Unbefangenheit eine unerträgliche Herausforderung: er »bewies« aus den Geständnissen der Hexen, die er selbst hatte foltern lassen, also aus Erfahrung, und aus den Kirchenvätern und Scholastikern, daß diese Freigeisterei sich in einem schändlichen Irrtum befinde.

Der mutige Cornelius Loos glaubte in seinem Werk »Über die wahre und falsche Zauberei« 1591 sogar feststellen zu können, die Hexenprozesse in Deutschland seien im Abklingen begriffen, obwohl Binsfeld 1589 sein Traktat veröffentlicht hatte, das dem Verfolgungswahn eine neue, modernere Basis mit aktuellem Beweismaterial gab. So wurden auch die »unwissenden Geistlichen« von Binsfeld eingeschüchtert und die »zweifelerfüllten Richter« mit der Autorität der Kirche zur Räson gebracht.

Dieser Peter Binsfeld muß ein ausgezeichneter Psychologe gewesen sein, denn sein Landesfürst, der sanfte Johann VI., erkannte die eigene Erkrankung als Wirkung von Hexerei und ließ dem energischen Binsfeld freie Hand. So kam es zur Menschenjagd. Das Buch des Binsfeld wurde mehrfach übersetzt und gedruckt; hundert Jahre lang galt sein Verfasser in Deutschland, England und Frankreich als Autorität. Für Bayern hatte das Buch besondere Bedeutung, weil der Münchener Drucker Adam Berg 1591 von dem Assessor des Münchener Stadtgerichts Bernhard Vogel eine deutsche Übersetzung mit dem Titel »Tracta vom Bekenntnis der Zauberer und Hexen; ob und wieviel diesen zu trauen ist« anfertigen ließ. Der »Hexenhammer«, die Bücher von DelRio und Peter Binsfelds Werk beherrschten für lange Jahrzehnte die bayerische Rechtsprechung und lieferten den reisenden Hexenfahndern die Grundlage ihrer mörderischen Tätigkeit.

Peter Binsfeld war ein Mann der Kirche und ist als Mann der Kirche gestorben. Eine nicht weniger erschreckende Gestalt ist Benedikt Carpzov, ein Jurist und dazu ein christlicher Mann, wie er im Buche steht: kein Katholik, sondern lutherischer Christ, der zu Hause die Bibel mit so unglaublichem Fleiß las, daß er sich rühmen konnte, sie im Laufe seines Lebens dreiundfünfzigmal durchgelesen zu haben. Der regelmäßige Kirchgang am Sonntag war für diese Kreise, die fest im Glauben wurzelten, ebenso selbstverständlich wie der Gang zum Abendmahl. Schon sein Vater war Professor der Rechte in Wittenberg gewesen, der Sohn zeigte sich dieses Vorbildes würdig. So ist er, der in hohem Maße an Autorität glaubte, selbst zu einer unbestrittenen Autorität geworden – ein Mann, von dem es heißt, daß ihm im 17. Jahrhundert auf dem Gebiet des Kriminalrechtes kein Gelehrter auch nur annähernd gleichgekommen sei.

Ein Zeitgenosse, der diesen Mann bewunderte und selbst an Hexen glaubte, P. A. Oldenburger, schrieb 1675, Carpzov habe mit eigener Hand 20 000 Todesurteile unterzeichnet. Die Zahl ist zu unglaublich, als daß man ihr ohne weiteres Vertrauen schenken könnte, aber sie vermittelt eine Vorstellung von dem Ruf dieses Juristen.

Carpzov hatte zunächst einigen Gerichten im Kurfürstentum Sachsen vorgesessen, ehe er sich als Professor in Leipzig einen Namen machte und dort 1666 mit einundsiebzig Jahren starb. Dieser Deutsche, gründlich und fleißig, wie es seiner Nation entspricht, gab eine Zusammenfassung des gesamten geltenden Strafrechtes und gilt als Schöpfer der deutschen Wissenschaft vom Strafrecht – und in diesem Zusammenhang behandelte er eben auch die Hexerei. Diese Art Gelehrsamkeit orientierte sich an den Autoritäten, an den Leuchten der Rechtswissenschaft – so bezog er sich denn auf Bodin und Remy, auf DelRio und Binsfeld – und natürlich auf den »Hexenhammer«. Sein Lehrbuch erschien 1635 in Wittenberg, vier Jahre später als die aufregende Schrift eines Unbekannten, von der noch berichtet wird, die »Cautio criminalis«, die in Rinteln gedruckt wurde und sich mit guten Gründen und einer mitreißenden Beredsamkeit gegen Hexenprozesse wandte.

Carpzovs Werk, die »Practica rerum Criminalium«, wurde bis 1723 neunmal nachgedruckt und enthält den Grundsatz, daß der Richter im Falle der Hexerei als einem Ausnahmeverbrechen vom ordentlichen Gerichtsverfahren abweichen dürfe, und zwar stets zuungunsten des Angeklagten. Majestätsverbrechen und Falschmünzerei gehörten bezeichnenderweise zu diesen Ausnahmeverbrechen, also Taten, welche die Autorität des Fürsten ebenso schädigten wie die angebliche Hexerei die der Kirche, ebenso Hochverrat und Straßenraub. Carpzov erfand, um sein Ziel zu erreichen, eine juristische Kategorie, die für sich selbst spricht, den sogenannten »Vermutungsbeweis«, eine schon der Definition nach absurde Konstruktion. In diesem Zwitter spiegelt sich die ganze Unsicherheit eines Denkens, das mit scheinbar vernünftigen juristischen Gründen die Blößen der eigenen Absicht verdeckt – und die sich an den Macht- und Besitzverhältnissen orientiert, an Autorität und Würde, nicht an Gerechtigkeit und Mitgefühl.

Der »Vermutungsbeweis« des Carpzov besagt schlicht, daß man bei diesen besonderen Verbrechen – Majestätsbeleidigung gehörte dazu! – keine Beweise benötige, sondern auf Grund der bloßen Vermutung die Folter anwenden dürfe, gegen das sonst geltende Recht. Carpzov ist Wissenschaftler, er wünscht Präzision und rechnet also aus, daß die Hexerei ein fünffaches Verbrechen sei, daß sie dreifach verschärfte Folter verdiene und fünffach die Todesstrafe. Noch 1728 berief sich in Winterberg im westfälischen Sauerland ein Anwalt, der die Fürstenmacht vertrat, auf diesen »Vermutungsbeweis«, woraufhin eine gewisse Anna Maria Rosenthal als Hexe umgebracht wurde. In Kursachsen hatte man ohnehin die berühmte »Carolina« übertroffen, seit Kurfürst August von Sachsen 1572 verschärfte Strafbestimmungen erlassen hatte. Nun ging dieses sächsische Recht in das Werk Carpzovs ein und wurde zur allgemeinen Rechtspraxis. Nach Ansicht des Thomasius, eines deutschen Gegners des Hexenwahnes, ist das Vorbild Sachsens die Ursache dafür, daß auch die anderen protestantischen Fürstentümer die Hexenjagden aufnahmen: auch hier wirkte noch der Geist des »Hexenhammer« nach, warf die Scholastik ihre langen Schatten. So wurden diese Bodin und Remy, Binsfeld und Carpzov in diesem Punkt zu Widersachern einer heraufziehenden Epoche, die sich an neuen Werten orientierte, und zu Vollstreckern im Dienste einer Autorität, die sich überlebt hatte.

Shakespeares Hexen-Story

Im Norden Schottlands findet sich in dem kleinen Forres, dicht an der Hauptstraße, die in den Ort führt, ein Gedenkstein für die Hexen, die hier umgebracht wurden: man sperrte sie in ein Faß, das innen mit Nägeln besetzt war, und rollte es vom Steilhang eines nahen Hügels herab. Wo das Faß ausrollte, wurde es mit seinem menschlichen Inhalt verbrannt. Das war ungewöhnlich, denn in England selbst und auch in Schottland wurden Hexen sonst nicht lebend verbrannt, sondern gehenkt. Hier in England war und blieb die Folter verboten, aber dennoch gelang es, die beschuldigten Frauen zu falschen Selbstanschuldigungen zu bringen. Unweit jener Stelle, einige dreißig Kilometer weiter, befindet sich der »Macbeth-Hillock«, hier haben sich die Hexen getroffen, um ihren gräßlichen Sud zu kochen, und auch Dunbar, das Schloß des edlen Than von Schottland, steht noch heute.

Kein Zweifel: Shakespeare hat sich seinen Schauplatz gut gewählt, und was heute wie aus einer wilden Mythologie entnommen wirkt, war damals hochaktuell. Diese Aktualität bezieht sich vor allem auf die Angst der Herrscher, umgebracht zu werden. Die Geschichte der Gesetzgebung macht deutlich, welche Motive schon Königin Elisabeth I. 1563 dazu bewogen haben, dem Parlament ein Gesetz gegen »Beschwörungen, Zaubereien und Hexereien« vorzulegen. Da werden zunächst die üblichen, diesem Bereich zugeordneten kriminellen Handlungen aufgezählt, nämlich das Beschwören von Geistern zu Zauberzwecken, das Wahrsagen über verborgene Schätze oder gestohlenes Gut, es wird Liebeszauber verboten, der »unerlaubte Leidenschaft« weckt, und jede Art von Schadenszauber. Der »Ersttäter«, wie man heute wohl sagen würde, ist mit einem Jahr Gefängnis zu bestrafen und muß mehrfach am Pranger stehen, der Rückfalltäter wird härter angefaßt. Zum Galgen wird nur verurteilt, wer mit Zauberei einen Menschen umgebracht hat.

Wenn Mitglieder des hohen Adels sich nach diesem Gesetz schuldig machen, sollen sie vor einen Gerichtshof gezogen werden, der von Peers zusammengesetzt ist, »wie das in Fällen von Schwerverbrechern und Verrat gebräuchlich ist« (Baschwitz).

In Schottland wurde, mit Zustimmung des Parlaments, im Jahre 1563 ein ähnliches Gesetz von Maria Stuart eingebracht. Daß dem

Herrscher durch magische Praktiken geschadet werden könne, war die allgemeine Auffassung, auch konnte niemand, der auf einem Thron saß, der Treue seiner Peers sicher sein: durch Zauberei ließen sich die unauffälligsten Anschläge gegen gekrönte Häupter durchführen – wenn auch mit größerem Erfolgsrisiko als bei blankem Mord. Dieser an Hysterie grenzende Argwohn hatte gute Gründe: wenn auch nur irgendwo der Tod eines Herrschers vorausgesagt war, etwa durch ein Horoskop oder Wahrsagerei, rotteten sich sehr schnell Unzufriedene zusammen, wurde konspiriert und agitiert. Deshalb wurde schon wenige Wochen nach der Thronbesteigung der Königin Elisabeth ein junger Edelmann verhaftet, der aus den Sternen die Lebensdauer der Königin zu errechnen versucht hatte. 1562 gab es einen Prozeß gegen eine Gräfin Lennox und einige ihrer Freunde; sie wurden des gleichen Deliktes beschuldigt, nur daß nicht die Sterne,

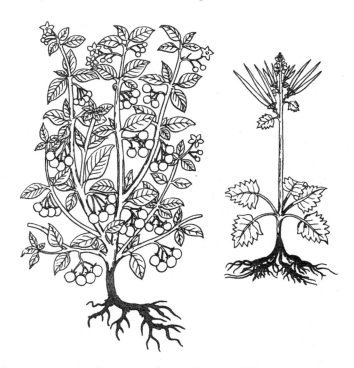

Schwarzer Nachtschatten und Eisenhut (Wolfskraut), zwei Hexenkräuter, deren Wirkung schon seit der Spätantike bekannt ist.

sondern »betrügerische Wahrsager« die gewünschten Auskünfte gegeben haben sollen.

Die Herrscher, von den Glaubensspannungen ihrer Zeit verunsichert, fühlten sich von Meuchelmord bedroht, der religiöse Fanatismus kannte keine Grenzen: Königin Elisabeth I., von den Ansprüchen ihrer Rivalin Maria Stuart aufgebracht und zum äußersten entschlossen, erließ fünf Jahre nach ihrer Thronbesteigung unter dem Druck des Klerus die Hexengesetze ihres Vaters, Heinrichs VIII., neu. Aber es dauerte drei Jahre, bis zum ersten Mal Hexen vor Gericht standen; aus der 45jährigen Regierungszeit der Königin sind 535 Anklagen und 82 Hinrichtungen wegen dieses Deliktes bekannt: obwohl also die Hexenprozesse zahlenmäßig nicht ins Gewicht fielen, hatten sie in den damaligen Flugschriften eine enorme Publizität und wurden detailliert beschrieben wie heute Geiselnahmen und Flugzeugentführungen.

Das Schema der Hexenprozesse in England entsprach dem auf dem Kontinent, was die Absurdität der Beschuldigungen anging. Aber in England hatten die Hexen sogenannte »imps« – man wird sie als eine Art Schadenskobolde bezeichnen können. Sie erschienen den Hexen in Tiergestalt, man faselte in einem Falle von vier schwarzen Katzen, die zu einer Hexe gehörten, dann wieder von zwei Hunden, von denen einer wie ein Löwe aussah, von gespenstischen Fohlen, eines schwarz, eines weiß, oder von »imps«, die wie Kröten oder Mäuse aussahen. Englische Hexen pflegten ihre Hilfsgeister mit ihrem eigenen Blut zu nähren, Hexenmale fanden sich immer bei ihnen, keiner wurde vorgeworfen, sie bete Satan an, gefoltert wurden sie nicht, weshalb viele Hexen auf dem Weg zur Richtstätte ihre Schuldbekenntnisse widerriefen. Weil es keine Folter gab und das Gericht nach Rechtsnormen vorging, die, verglichen mit der Willkür auf dem Kontinent, akzeptabel waren, wurden in England im Durchschnitt nur 19 Prozent aller angeklagten Personen verurteilt. Insgesamt gab es wohl in ganz England nicht mehr als 1000 Opfer, eine bescheidene Zahl, verglichen mit den Opfern etwa südlich der Mainlinie.

In Shakespeares Werk sind Hexen und Hexenglaube durchaus gegenwärtig: der Herzog von Gloucester erwähnt als Vorwand für die eigenen Mordanschläge, die Königin suche seinen Tod »mit Teufelstränken verdammter Hexerei« und übermanne seinen Leib mit »höllischer Zauberei«, er zeigt seinen verkümmerten Arm, »ausgetrocknet wie ein welker Sproß«, als Beweis, und wie es auch in anderen Dramen Shakespeares Geister gibt, so gibt es auch die Hexenkünste, mit denen sie beschworen werden: schon das frühe Drama »König Heinrich IV.« enthält eine solche Szene. Der Stoff zu der Hexenszene in »Macbeth« aber stammt aus Schottland, das Stück ist König Jakob VI. von Schottland gewidmet, der Shakespeares Landesherr geworden war, und es greift einen Stoff auf, der in einer alten schottischen Chronik stand. Aber Shakespeare läßt in den Hexenszenen Worte sprechen, die auf kürzlich geschehene Ereignisse anspielen. Mit Banquo spricht Shakespeare König Jakob I. unmittelbar an, denn Banquo hieß ein Vorfahr des Königs.

Jakob I. wurde 1566 in Edinburgh geboren und war ein Jahr alt, als sein Vater vom Liebhaber seiner Mutter, dem Earl of Bothwell, umgebracht wurde: das Haus des Vaters wurde in die Luft gesprengt, der ins Freie taumelnde Mann draußen erdrosselt. Von den protestantischen Adligen wurde Maria Stuart gezwungen, auf die Krone zu verzichten, die auf Jakob I. übertragen wurde. Er blieb Protestant und haßte den Katholizismus. Als er 22 Jahre alt war, wurde seine Mutter Maria Stuart bekanntlich im Exil in England auf Befehl ihrer Feindin enthauptet. Er trug als Jakob VI. die Krone Schottlands und als Jakob I. die Krone Englands.

Seine Ängste fanden Nahrung, ja eine plausible Erklärung, als er die Werke des großen Staatsrechtlers Jean Bodin las, dem von ganz Europa bewunderten Verkünder der Souveränität: »Genauso, wie ein Schiff nur ein ungeformtes Holz ist, wenn man ihm seinen Kiel, der die Spanten trägt, seinen Bug, sein Heck, seine Decks nimmt, so ist auch der Staat ohne souveräne Macht, die alle Glieder und Parteien einigt und alle Haushalte und Körperschaften zu einem Körper zusammenfügt, kein Staat mehr.« Der junge Mensch mit seinem Haß auf rebellische Adlige muß das mit tiefer Befriedigung gelesen haben, und wie Schuppen mag es ihm von den Augen gefallen sein, als der große Bodin die Hexen und ihre Teufelskünste mit der gleichen Unerbittlichkeit anprangerte, mit der er auch den Gedanken der Souveränität herausgearbeitet hatte. Der junge Herrscher machte sich diese Unerbittlichkeit zu eigen, ein schlagender Beweis dafür, daß zum Wahnsystem von Verfolgern neben der eigenen Motivation die Theorie gehört, die das eigene Gewissen entlastet. König Jakob I. übernahm von Bodin nicht nur die Unmenschlichkeit des Überzeugungstäters, sondern auch alle Absurditäten der Scholastik, die Hexen vorgeworfen wurden, um nicht zu sagen den Frauenhaß, der dem König, Elisabeths und Maria Stuarts Schicksale bedenkend, sehr einleuchtend erschienen sein muß.

König Jakob hielt sich für einen ausgezeichneten Kenner des Hexenwesens und aller List, welche von Dämonen angewandt wurde. Die erste Gelegenheit, dieses Wissen zu erproben, bot sich ihm, als er 24 Jahre alt war. Er ließ es sich nicht nehmen, selbst die Hexenprozesse von Berwick zu leiten, die Folter persönlich zu überwachen und sich ein eigenes Urteil zu bilden: das entsprach, wie zu erwarten ist, dem Bild, das die Hexenliteratur vom »Hexenhammer« bis zu Bodin ihm vorzeichnete. Eine junge Dienstmagd, Geillis Duncan aus der Gegend von Edinburgh, war das erste unglückliche Opfer, das weitere Schuldige lieferte, unter anderem die angesehene Frau Agnes Sampson, die Jakob I. persönlich auf Schloß Holyrood vernahm. Sie gestand, mit sechs Männern und neunzig Weibern um die Kirche von North-Berwick getanzt zu sein, dem Teufel in Gestalt eines Mannes den Hintern geküßt zu haben, und die gefolterte Geillis, die Kindermagd, mußte dem König, damit er endlich zufrieden war, die Tanzweise des Hexensabbats auf einer kleinen Trompete blasen – es war ein schottisches Kinderlied, nur kannte er es nicht. Agnes Sampson wußte, daß sie verloren war. Als es ihr gelungen war, dem König ihre Glaubwürdigkeit zu beweisen, redete sie ihm ein, sie habe mit anderen Hexen das Unwetter erzeugt, das das Schiff seiner aus Dänemark gekommenen Braut in Seenot gebracht hatte, aber sie allein sei die Urheberin der Verschwörung. An dem unerschütterlichen Glauben des jungen Königs freilich sei die Macht des Satans zuschanden geworden, auch habe der Satan eine ohnmächtige Rede voll Haß auf dem letzten Hexensabbat gehalten und Jakob I. als den größten Feind des Teufels in aller Welt bezeichnet. Dies stimmte den König gnädig, der Frauen und Männer unbarmherzig hatte foltern lassen: er ließ Agnes Sampson erdrosseln, ihr Leichnam wurde verbrannt. Jedermann kannte diese Ereignisse. Anspielungen auf diese Hexenprozesse von Berwick sind in Shakespeares »Macbeth« enthalten.

Der König wütete weiter, ging jedem Verdacht nach, schüchterte Gerichte ein und veröffentlichte schließlich 1591 seine »Demonology«, mit dem er einen Angriffsfeldzug des Satans nachzuweisen versuchte: die fixe Idee der Epoche hatte einen neuen Triumph zu verzeichnen. Der König kam damit den Gedankengängen DelRios sehr nahe. Er erklärte die historische Wendung, den Generalangriff des Teufels, mit dem Bündnis zwischen den Katholiken und dem Teufel, so wie DelRio es den Protestanten vorwarf.

Aber wie das Verhalten König Jakobs den Verlauf einer sozusagen infektiösen Kollektivneurose zeigt, nämlich den Hexenwahn auf Grund des Teufelswahnes und persönlicher Disposition, so zeigte es auch eine Art Selbstheilung. Die unbeschränkte Macht des absolutistischen Herrschers wirkt bei diesen Vorgängen wie ein Verstärker epochaler Schwingungen. Zunächst erließ König Jakob I. durch das Parlament im Jahre 1604 das Gesetz gegen »Beschwörung, Hexerei und Umgang mit bösen und verruchten Geistern«, wobei auch für solche Straftatbestände (die sonst leichter genommen wurden) die Todesstrafe angeordnet wurde: Frauen, die sich des Umganges mit bösen Geistern schuldig machten oder »imps« nährten, eben diese Schadenskobolde, seien mit dem Tod zu bestrafen.

Aber merkwürdigerweise griff König Jakob I. im Jahre 1604 in einen Prozeß ein, offenbar nun doch voller Zweifel gegen die Foltermethoden, und ließ durch Kaplan Harnsett, einen Mann seines Vertrauens, der später zum Bischof aufstieg, eine Vierzehnjährige, die angeblich von Dämonen gequält wurde, entlarven; sie wurde freigelassen. Der Kaplan hatte seinerzeit die vom König verbotenen und aus dem Verkehr gezogenen Schriften des Reginald Scot, eines Kämpfers gegen den Hexenwahn, gelesen – nun war er für dieses Experiment gerade der richtige Mann. Die Prozesse in England liefen zwar weiter, aber Zweifel waren geweckt. Im Jahre 1616 tadelte er die Richter eines Massenprozesses gegen Hexen in Lancaster so schwer, daß sich die Leute anfingen vorzusehen, und 1621 entlarvte der König selbst eine junge Besessene namens Katherina Malpas: sie simulierte die Anfälle und ließ sich dafür Almosen geben.

Als der Nachfolger, König Karl I., im Jahre 1625 den Thron bestieg, übernahm er die Grundsätze seines Vaters. Bis zum Bürgerkrieg unter Cromwell und der Revolution nach 1642 wurde in England keine Hexe mehr hingerichtet. Während des Bürgerkrieges trieb der Generalhexenfinder Hopkins sein Unwesen, neue Hexenjagden flammten auf, zwar wurde Reginald Scot nun gelesen und verbreitet, aber das alte System starb nicht aus. Erst die Rechtsprechung des Sir John Holt, des Obersten Richters, setzte dem Spuk ein Ende. Die

201

letzte Frau, die in England als Hexe gehenkt wurde, war Alice Molland, die 1684 in Exeter sterben mußte, 1712 stand in England zum letzten Mal eine Frau wegen Hexerei vor Gericht.

Greuel auf Burg Lockenhaus

Es gab im 16. Jahrhundert eine Frau, auf die viele Merkmale einer Hexe zutreffen: sie soll schön gewesen sein, sie hatte unglaubliche Verbrechen begangen, als stünde sie mit dem Teufel selbst im Bunde, sie hatte gefoltert, gemordet und sogar Menschenfleisch gegessen – was ist ihr geschehen? Sicher ist aus heutiger Sicht, daß es sich um einen wahrhaft abnormen Fall von Sadismus gehandelt haben muß, um eine psychische Erkrankung, deren Tiefe, wohl durch eine soziale Isolierung und die Möglichkeit fast unbeschränkten Machtmißbrauches, bis ins Wahnwitzige gesteigert worden war. Neben den Taten dieser Kranken, die auf Schloß Lockenhaus im Burgenland hauste, nehmen sich die literarischen Phantasien des Marquis de Sade fast harmlos aus: sie hat mit Sicherheit über hundert Mädchen furchtbar abgeschlachtet. Wenn je der Name Hexe auf einen Menschen zutraf, wenn die Handlungen einer solchen Mörderin mit Teufelsbuhlschaft und Hexensabbat erklärbar waren, dann die dieser Erzsébeth Báthory, der Tochter aus ungarischem Adelshaus.

Als Mädchen von fünfzehn Jahren heiratete sie 1575 – also einige Jahrzehnte nachdem der »Hexenhammer« erschienen war und in Europa schon Scheiterhaufen brannten – den um sechs Jahre älteren Franz Nádasdy II. Auch die Nádasdys gehörten zu den großen Familien Ungarns und hatten sich gegen die Türken ausgezeichnet. Stammsitz der Familie war die Burg Lockenhaus im Burgenland, südlich von Wien, am Rande der weiten ungarischen Tiefebene. Franz Nádasdy, als Kind ein Schwächling, wurde als Jüngling bärenstark, ein erprobter Haudegen gegen die Türken, der dann als Oberfeldhauptmann den Namen »schwarzer Beg« bekam. Im Jahre 1600 ließ er in der Festung Pápa Hunderte von meuternden Wallonen und Franzosen, die als Söldner gegen die Türken kämpften, mit »unmenschlicher Grausamkeit« hinrichten. Er starb 1604.

Nun war die Nádasdy allein. Oben auf ihrer Burg mordete sie ebenso wie im Palais in Wien, wo die Mönche des nahen Klosters nachts von den Schreien der Gefolterten aufschreckten. Ihr Blutdurst fand Helfer, nach blinder Laune tötete sie, und zwar ausschließlich Mädchen: im Feuer glühend gemachte Schlüssel und Geldstücke wurden den unglücklichen Opfern auf die Handfläche gepreßt, mit dem Bügeleisen bearbeitete sie selbst die Mädchen, bis das Gesicht der Gefolterten eine einzige Brandwunde war. Sie ließ ihnen die Arme auf den Rücken schnüren, so daß sie »schwarz wie Kohle« wurden und peitschte sie eigenhändig aus, bis die Fußsohlen platzten und das Blut spritzte. Bis zu fünfhundert Stockschläge mußten die Opfer erdulden, dann wurden ihnen mit der Schere die Adern aufgestochen, damit sie verbluteten. In einigen Fällen wurde den Opfern, um sie am Schreien zu hindern, der Mund zugenäht. Die Gräfin schnitt den Opfern Fleisch aus dem Leib, ließ es braten und zwang sie, es zu verschlingen (Keller).

Die Leichen ließen sich nur schwer beseitigen. Einige waren unter den Betten im Fußboden vergraben, andere in Vorratsmieten. Als einer der Schwiegersöhne zu Besuch kam, ein Graf Zrinyi, scharrte sein Hund eine Leiche aus der Erde, auch fiel der Gestank auf. Als die schreckliche Frau krank zu Bett lag und auf die Lust der Folter verzichten mußte, zerrte eine ihrer teuflischen Helferinnen ein Mädchen nackt an ihr Bett: sie riß der Unglücklichen mit den Zähnen Fleischstücke aus Wangen und Schulter.

Alle diese Einzelheiten sind – ohne Anwendung der Folter – gerichtsnotorisch und zuverlässig bezeugt. Man hat sie 1894 in Breslau publiziert, und der Schriftsteller Paul Anton Keller (»Ferien vom Ich«), dem jetzt die Burg der Nádasdys gehört, hat sie in seinem 1973 erschienenen Heft über die Burg, die jetzt als kleines Schloßhotel betrieben wird, veröffentlicht.

Das Grauen wuchs, die Gerüchte verstummten nicht. Ihr Oheim, der Palatin György Thurzó, wurde informiert. Die Frau hielt sich gerade auf ihrem Witwensitz bei Chactice (Slowakei) auf. Sie hatte am 29. Dezember drei Mädchen massakriert, von denen eines tot vor dem Kellertor lag. Mit zwei Zeugen, den Schwiegersöhnen der Gräfin, fand Thurzó die Tote, als er am nächsten Tag ins Schloß ritt. Sie war so mit Krusten von Blut bedeckt, daß der Palatin zuerst meinte, sie sei bekleidet.

»Die Empörung war ungeheuer. Zu Beginn des Jahres 1611 wurden die Mittäterinnen der Gräfin zum Feuertod verurteilt; vorher wurden ihnen die Finger – ›die Instrumente, mit denen gegen Christenblut gesündigt worden war‹ – abgehackt.« Diese Helferinnen, Weiber wie aus der Hölle entstiegen, waren die hagere, zahnlose »Dorkó« und die Anna Darvulia, auch sie eine hemmungslose Sadistin, die mit der Schere die Venen der Gefolterten aufgerissen hatte, wenn ihre Herrin zu Ende war. Diese Frauen waren von »Ficzko« begleitet gewesen, einem debilen Krüppel, der die Mädchen angelockt hatte. Er wurde enthauptet.

Und die Gräfin selbst? Wurde sie vom Inquisitor verhört, traute man ihr Hexenritt und Walpurgisnacht zu, stand sie als Maleficantin vor Gericht, weil sie nach Ansicht jener Zeit nur durch ein Bündnis mit dem Teufel zu solchen Untaten hätte befähigt werden können? Nichts von alledem: sie paßte nicht ins Klischee, nach dem überall in Europa, in Österreich, im nahen Kärnten und Tirol, unschuldige Frauen bis zum Wahnsinn gefoltert und auf den Scheiterhaufen gebracht wurden, und sie gehörte zu den großen Familien Ungarns.

Allerdings gab es in Ungarn selbst noch im 16. Jahrhundert keinerlei Hexenverfolgungen. Das Ofener Stadtrecht, das vor 1421 endgültig festgelegt worden war, sah milde Strafen vor: Hexen und Zauberer, die zum ersten Male ergriffen worden waren, sollten an einem Freitag auf einem besuchten Platz der Stadt auf einer Leiter »vom Morgen bis zum Abend« stehen und einen Judenhut auf dem Kopf tragen, auf den die heiligen Engel gemalt wären. Anschließend sollten sie schwören, von ihrem Irrtum ablassen zu wollen, und sollten dann frei sein. Falls man sie aber zum zweiten Male ergriffe, sollte man sie wie Ketzer brennen.

Auch im 16. Jahrhundert sind Hexenprozesse in Ungarn nicht vorgekommen. Allerdings hatte der ungarische Reichstag 1525 die Verbrennung der Ketzer nachdrücklich gefordert. Nur einmal, 1550, wurde das Gesetz durchgeführt. Auch das Gesetzbuch des Fürsten Báthory von 1583 hatte keinen einzigen Hexereiparagraphen. Wenn es später zu Hexenprozessen kam, wurden die Paragraphen gegen Giftmischerei und Mord angeführt. Im Falle der blutigen Gräfin wurde das Strafrecht nicht angewendet.

Dem Kaiser wurde vorgestellt: »Beide – Báthory und Nádasdy – sind große Reichsbarone sowie gute Bürger des Vaterlandes. Der Kaiser möge mit Erzsébeths Verbannung zufrieden sein.« Auf ihrem Witwensitz, auf dem sie überführt worden war, starb sie drei Jahre später. Es gibt keine psychiatrische Krankengeschichte dieser Frau, also keine Möglichkeit, die Verursachungen dieser wahnwitzigen Quälsucht diagnostisch zu erfassen. Daß im 15. Jahrhundert vielerlei Recht herrschte, ohne daß die Menschen damals »schlechter« waren, weiß jeder aus dem Geschichtsunterricht. Im Zusammenhang mit dem Hexenwahn wird aber doch deutlich, daß zu jeder Form einer Verfolgungshysterie das Klischee gehört, das festgeschriebene »Feindbild«: im Krieg jagt man Spione wie 1914 in Frankreich und Deutschland, im Kampf gegen Kriminalität sind es »Tatverdächtige«, vor den Revolutionen sind es die Umstürzler. Da reichen oft schon ein Bart oder ein besonderer Hut, daß Verdacht aufkommt, und im vorgefaßten Bild manifestiert sich das Böse, das beseitigt werden muß, ob Jude, Anarchist, Kulak oder Hexe – jedermann weiß, daß diese Reihe fast unerschöpflich ist.

Also trafen die Hexenjagden nur die armen, alten Weiber? So einfach liegen die Verhältnisse nicht – aber es zeichnet sich doch so etwas wie eine »Klassenstruktur« ab, wenn auch die Folter schließlich jede Aussage denkbar, jeden Verdacht sicher, jeden Zugriff möglich machte.

Zunächst sei also festgestellt: es konnte prinzipiell jeder in die verzweifelte Lage kommen, der Hexerei verdächtigt zu werden. »Weder das Geschlecht noch das Lebensalter oder eine mehr oder weniger bevorzugte Stellung in der Öffentlichkeit schützten vor der Möglichkeit einer Bezichtigung« (Merzbacher). »Jedoch der Großteil der Befragten gehörte den ärmeren unteren Volksschichten an.«

Man würde aber gegen die historische Wahrheit gröblich verstoßen, wollte man behaupten, daß es sich bei den Opfern der Prozesse ausschließlich um unschuldige Menschen gehandelt habe, schreibt Merzbacher in seinen »Hexenprozessen in Franken« 1970. Vielfach träfe man unter den »Hingerichteten« auf arbeitsscheue und ausschweifende Geschöpfe, die ihren fleißigeren, sparsameren und sittlicheren Nachbarn ihren Wohlstand neideten. Häufig seien die Opfer des Hexenwahnes »zermürbte, zerrissene Naturen, die, von Gott und dem Glauben abgefallen, einem verhängnisvollen Kultus anhingen«. Einige Historiker meinen, die Hexerei habe, sozusagen als Modeverbrechen, reale Straftatbestände wie »Kindesmord, Giftbeibringung und schwere Brandstiftung« absorbiert. Neben vielen wertvollen Menschen endeten, so heißt es da, wahrscheinlich zahlreiche negative Kreaturen in den Flammen. Und schließlich: in der »ungeheuren Menge der Prozeßakten« begegne man auch einer »beträchtlichen Anzahl hysterischer Personen«.

Zieht man die »Hysteriker« ab, die Kindesmörderinnen, die Giftmischer und Brandstifter und schließlich die Arbeitsscheuen, die Ausschweifenden und vom Glauben Abgefallenen, bleiben bedauerlicherweise »viele wertvolle unschuldige Menschen« übrig, die zugegebenermaßen Opfer der Hexenprozesse geworden seien. Welches Wissenschaftsverständnis hinter solchen Wertungen steht, die von Merzbacher aus über hundert Jahre alten Quellen zitiert sind (Buchinger, »Julius Echter von Mespelbrunn«, Würzburg 1843; Ferdinand Riegler, »Hexenprozesse«, Graz 1926), mag jeder selbst entscheiden. Wenn man die Dinge vom Kopf auf die Füße stellt, sehen sie anders aus: wo viele Tausende von Menschen gefoltert und umgebracht werden, sind gewiß auch solche darunter, die Verbrechen begangen, die Schuld auf sich geladen haben, und in den Schichten, die z. B. im 16. Jahrhundert verelendet und ausgebeutet waren, mag manches vorkommen, das sich sittlich hochstehende Akademiker niemals träumen lassen, die historische Abhandlungen über Hexen schreiben. Noch anders ausgedrückt: Die Herren mögen mit ihren Feststellungen recht haben und verfälschen doch mit ihren Wertungen die Tatbestände. Weshalb trifft es denn die »ärmeren, unteren Volksschichten«? Weil sie schneller in Verdacht gerieten. Und daß diese Menschen in Verdacht geraten mußten, läßt sich leicht erklären.

Wenn man von der Frage ausgeht, wo denn der Verdacht, eine Frau sei eine Hexe, seinen Ausgang nahm, dann kommt man der Frage näher, weshalb die eine »Klasse« von Hexenwahn besonders hart betroffen wurde. Denn Verdacht als eine manifeste Form der Angst braucht eine Motivation, und die entspricht dem Besitz: der Bauer, der den Verlust seines Viehs, der Unwetter und Hagelschlag fürchtet, wird jeden Habenichts argwöhnisch betrachten, jeden schiefen Blick als Bedrohung empfinden, und wenn er erst weiß, daß es Frauen gibt, die Vieh verzaubern und Wetter machen können, wird er schnell jemanden im Verdacht haben und schließlich auch manchen Beweis dafür finden: Angst macht erfinderisch.

206

Daraus folgt umgekehrt: wer in der Gesellschaft nicht seinen festen Platz hatte, wer nicht seßhaft war, wen die Knechte und Hintersassen, die Gevatterinnen und der geistliche Herr nicht einordnen konnten, zog in schlimmen Zeiten leicht Mißtrauen auf sich. Weil Verdacht das auslösende Moment der Verfolgung war, noch dazu ein Verdacht, der mit Handgeld belohnt wurde, traf die Verfolgung eher die Mißliebigen als die »fleißigeren, sparsameren und sittlicheren Naturen«, was immer man darunter heute verstehen mag – es traf Menschen, die ohnehin verdächtig waren, es traf Rückfällige und sozial Schwache und natürlich auch jene, die »vom Glauben abgefallen waren«.

Aber traf es denn nicht neben den »negativen Kreaturen« (Josef Kohler, »Bodinus und die Hexenverfolgung«, Berlin 1919) die vielen wertvollen, unschuldigen Menschen? Hier wird dieser Ansatz absurd: Des Verbrechens der Hexerei, das es nicht gibt und nie geben kann, hatte sich kein einziges jener hunderttausend Opfer schuldig gemacht. Jeder Verurteilte war unschuldig, was immer er sonst getan haben mag. Also traf der wahnwitzige, von der Obrigkeit genährte Verdacht eben auch nur Unschuldige. Daß in der Masse der Verurteilten auch hysterische und labile, »kriminelle« und bösartige Naturen gewesen sind, steht außer Zweifel – aber dies war nicht Gegenstand des Prozesses, der zielte auf Hexerei und erpreßte das Geständnis mit der Folter. Nicht weil irgend jemand die ärmeren unteren Schichten hätte verfolgen wollen, war die Hexenjustiz eine Klassenjustiz, sondern weil die, die für ihren Besitz fürchteten, die Ursachen ihrer Angst auf jene projizierten, von denen sie Haß und Neid zu erwarten hatten, vor allem also von den Unterdrückten und Entrechteten.

Damit erhebt sich die Frage, ob denn diese Unglücklichen wenigstens gerechte Richter fanden? Es waren Richter, die sich am »Hexenhammer« und den Werken der gelehrten Juristen, der Bodin und Remy, Binsfeld und Carpzov orientierten und die am Hexenprozeß verdienten – wie hätte man von ihnen Milde und Vernunft erwarten können in einem so aufgebrachten Zeitalter.

Besessene Kinder

Françoise Secretain, ein kleines Mädchen von acht Jahren, galt als besessen, und die zuständige Geistlichkeit bemühte sich vergeblich, dem Kind mit bewährten Mitteln die Dämonen auszutreiben. Der Oberrichter Boguet erfuhr in seinem Amtssitz St-Claude von diesem Fall und bemühte sich persönlich: er erfuhr von dem Kind den Namen einer bisher unbescholtenen Frau, welche Dämonen ausgesandt habe, um die kleine Françoise zu quälen. Die Frau wurde verhaftet, gemartert und auf diese Weise gezwungen, sich schuldig zu bekennen und Mitschuldige anzugeben. Auch aus diesen Menschen wurden Namen herausgepreßt, die Scheiterhaufen rauchten. Oft wurden die Verurteilten nicht erst erdrosselt, sondern lebend verbrannt. Es ist der Name einer Frau überliefert, die sich in ihrer Qual dreimal vom Pfahl losriß und dreimal vom Henker in die Flammen zurückgestoßen wurde. Auch Kinder wurden von Boguet verbrannt: sie seien ohnehin nicht zu bessern, wenn sie einmal dem Teufel ergeben seien (Baschwitz). Dies geschah im Jahre 1600, im selben Jahr, als Giordano Bruno als Ketzer verbrannt wurde.

Solche Kinderprozesse waren keineswegs spektakulärer als andere Hexenprozesse: häufig lösten Kinder, wie im Falle der kleinen Françoise, den Massenwahn aus, aber ebenso häufig wurden sie auch seine Opfer; man verbrannte Kinder bis herunter zu vier Jahren. Auf den heutigen Menschen wirkt es unbegreiflich, wenn er hört, daß auch kleine Kinder in Hexenprozessen umgebracht wurden. Aber Unmenschlichkeit oder Abartigkeit früherer Epochen – auch heute werden Kinder verstümmelt, getötet, zerschossen, freilich auf andere Weise – das ist nicht einmal ein Beweis für die besondere Unmenschlichkeit des Hexenwahnes. Das ist nur ein weiteres Indiz dafür, daß die Gefühle der Menschen so veränderlich sind wie ihre Grundsätze und daß die Justiz diese Gefühle widerspiegelt. So richtete man im Jahre 1732 in Breslau einen Säugling öffentlich hin, weil er aus der Blutschande zwischen Vater und Tochter hervorgegangen war – auch Tiere wurden ja zu jener Zeit noch mit Kriminalstrafen belegt.

Daß allerdings die ganze Breite inquisitorischer Spitzfindigkeit auch auf Kinder angewandt wurde, zeigt einmal mehr, daß die menschliche Logik ein fragwürdiges Instrument ist, wenn sie unter absurden Voraussetzungen zu arbeiten beginnt. Ebenso deutlich tritt der Systemzwang zutage: auch die Bosheit eines verärgerten Kindes kann die Maschinerie in Gang setzen, die ganze Landstriche in Schrecken versetzt. Ein Wunder ist das nicht: damals war landauf, landab von Hexenprozessen die Rede.

Aus einer Zeit, als England nicht mehr als etwa drei Millionen Einwohner hatte, sind während der Regierungszeit der Königin Elisabeth I. (1558 bis 1603) 535 Anklagen wegen Hexerei und 82 Hinrichtungen aktenmäßig bekannt. Die Zahl ist nicht groß, verglichen mit den rund dreihundert Personen, die jährlich allein in London wegen aller möglicher Vergehen gehängt wurden. Spektakulär wurden sie erst durch die öffentliche Aufmerksamkeit: jeder Hexenprozeß wurde detailliert im »Fernsehen jener Zeit« beschrieben, im Flugblatt, und wo die eigene Kenntnis fehlte, arbeitete die Phantasie mit. Das Gesetz in England verbot klugerweise, Kinder unter vierzehn Jahren als Zeugen zuzulassen, aber danach richtete sich die Gerichtspraxis nicht, wenn es um Hexerei ging.

Die Liste der Fälle, in denen Kinder Hexenprozesse auslösten, ist endlos: in Chelmsford in der Grafschaft Essex bekam der Richter die Anzeige gegen eine gewisse Ursula Kempe, die gegen Lohn die Kinder anderer Leute pflegte und gelegentlich Heilzauber anwandte, wenn sich jemand verhext fühlte. Diese Frau war von ihrer Auftraggeberin angezeigt worden, weil beide über den Lohn in Streit geraten waren. Auch der uneheliche Sohn der Kempe, ein Junge von acht Jahren, wurde gehört und beschuldigte seine Mutter, sie verfüge über »imps«, über böse Hauskobolde. Die Kempe, vom Richter bedroht und überredet, bekannte sich schuldig, nannte auch Mitschuldige, und diese wiederum, miteinander verfeindet und verzankt, beschuldigten einander gegenseitig der Hexerei, einige Kinder zwischen sieben und acht Jahren beschuldigten die Erwachsenen, eine Siebenjährige ihre Mutter, eine Achtjährige ihre Großmutter. Das Gericht hatte eine »Hexenrotte« entdeckt, doch die Sache endete glimpflich: zwei Todesurteile wurden gefällt, sechs Frauen sprach man schuldig, offenbar ohne sie umzubringen.

Die kindliche Phantasie lieferte, was man nur hören wollte: wie die Erwachsenen ihre »imps« riefen, sie faselten von schwarzen Vögeln, von Hunden, die wie kleine Löwen aussähen, von schwarzen Katzen oder, wie im Falle der Enkelin, von einem schwarzen und einem weißen Fohlen. In anderen Fällen sah man, wie im schwedischen Dalarne, den Teufel selbst als einen Mann mit rotem Bart und spitzem Hut, während die hysterischen Kinder von Salem einen »langen, schwarzen Mann« als Hexenmeister gesehen haben wollen, das sollte dann der Kapitän Alden aus Boston sein. Meist sind es Mädchen in der Vorpubertät, die ihre Spannungen durch solche Phantastereien entladen, und oft steigern sich diese Kinder, oft noch nicht einmal Teenager, in ihre Rolle bis zur Hysterie.

In England führte das in Bury St. Edmunds 1652 zur Anerkennung des sogenannten »Gespensterbeweises«. Die Mädchen behaupteten nämlich, während sie von Zuckungen geschüttelt wurden und mit lauten Schreien ihre Qual ausdrückten, deren Ursache die Hexerei sein sollte, sie könnten den schrecklichen Quälgeist sehen, der ihnen so zusetze, und er trüge das Gesicht der Hexe, die an allem schuld sei. Das Gericht glaubte das und sah voll Entsetzen den Mädchen zu, die immer neue Beschuldigungen hervorstießen.

Das wirkt absurd, doch wird man sich erinnern, daß in Bury St. Edmunds erst 1645 rund 22 Personen gefangengenommen und 68 gehenkt worden waren, ein Schock, der den Leuten noch in Erinnerung war. Der Gerichtsvorsitzende war damals Sir Matthew Hale gewesen, ein besonders rechtlicher und vertrauenswürdiger Mann, dem sein König das Amt eines Lord Chief Justice of England verliehen hatte. Sir Hale, der hochbetagt und guten Gewissens starb, scheint aber mehr Prinzipien als gesunden Menschenverstand besessen zu haben. Er verfaßte nach diesem Prozeß eine Schrift »Betrachtung über die große Gnade Gottes, der uns vor der Macht und Bosheit übler Geister bewahrt hat« und vertrat mit dem ganzen Gewicht seiner würdigen Person jene stupiden Anschauungen, die er schon während des Prozesses vertreten hatte. Er hat damit die Rechtsprechung in England nicht unwesentlich beeinflußt.

Was war nun wirklich geschehen? Ein Hexenprozeß gegen zwei ältere Frauen war anhängig, erregte Mädchen spielten die Ankläger, Lord Cornwallis und einige andere Herren beschlossen, ein Experiment durchzuführen, um der Sache auf den Grund zu gehen. Man nahm eines der von Krämpfen befallenen Mädchen beiseite und ließ es glauben, es werde von jener Hexe von hinten berührt, die es mit ihrem Zauber quäle. Das Mädchen wand sich in Zuckungen, obwohl eine andere, über jeden Zweifel erhabene Person sie anfaßte. Somit war für jedermann, auch für die Herren Lord Cornwallis und Sir Bacon, klar, daß es sich hier um eine bewußte Täuschung handelte, nicht um Dämonen. Der Vorgang selbst war nicht neu: schon König Jakob I. hatte auf diese Weise angebliche Dämonen als Schwindel entlarvt und die Hexen laufen lassen.

Der Oberrichter Sir Matthew Hale ging indessen von der Überzeugung aus, daß die Tatsächlichkeit des Lasters der Hexerei nicht zu bezweifeln sei, denn sie werde 1. durch die Heilige Schrift und 2. durch den »Consensus gentium« bestätigt, in dem die Weisheit alter Völker Gesetze gegen die Zauberei aufgestellt habe. Die beiden Frauen beteuerten ihre Unschuld vergeblich. Der Richter überzeugte die Geschworenen, man verurteilte sie zum Tode.

In Schottland war es eine Elfjährige, Christine Shaw, die mit ihrer Hysterie sieben Menschen den Tod brachte. Die Kirche schrieb einen allgemeinen Fastentag für die Erlösung dieses Kindes von den bösen Geistern aus, den 11. Februar 1697. Das Mädchen wurde, als die Beschuldigten umgebracht waren, schlagartig gesund und hat später einen Geistlichen geheiratet.

Berühmt ist die Geschichte des furchtlosen Pfarrers Gaufridy, der keine Mitschuldigen preisgab, obwohl er bestialisch gefoltert wurde. Am 3. April 1611 wurde er vor einer riesigen Zuschauermenge erdrosselt und verbrannt. Er war das Opfer einer Vierzehnjährigen, die sich in den 34jährigen Mann verliebt hatte und denunzierte, er habe sie verführt. Ihre Mutter ließ die Sache auf sich beruhen, aber als das Mädchen zwei Jahre im Kloster war, fiel sie in Besessenheit und wurde von Exorzisten geplagt, die aber hilflos waren: das Mädchen steckte die Insassinnen des Klosters an. Die Sache wurde zum Ärgernis, man bot neue Leute auf und nahm Gaufridy fest. Wenn er nicht standhaft geblieben wäre, wäre daraus eine Katastrophe entstanden wie in Loudon oder in Dalarne.

Der Fall von Loudon ist berühmt, er hat ganz Europa beschäftigt und ist in François de Pitavals Sammlung berühmter Kriminalfälle enthalten, weshalb er hier nicht ausführlicher dargestellt werden soll; Aldous Huxley hat über die Vorgänge in Loudon, die dem Pater Grandier zum Verhängnis wurden, 1952 den Roman »Die Teufel von Loudon« veröffentlicht: auch hier handelte es sich um eine infektiöse Hysterie, um Betrug und Terror. Ein Dämon namens Asmodäus stahl dem Oberteufel Luzifer den Pakt, den Grandier mit ihm geschlossen hatte, es gab Exorzismen, Folter und Intrigen, in die Richelieu verwickelt war. Urbain Grandier wurde am 18. August 1634 lebend auf dem Marktplatz verbrannt, die Exorzisten, die ihn auf den Scheiterhaufen gebracht hatten, endeten im Irrsinn. Inzwischen war Loudon zur Sehenswürdigkeit geworden, man reiste an, um die besessenen Nonnen zu sehen, die sich in Krämpfen wälzten, oder um die zu begaffen, die ihre Kutte und ihr Hemd hochhoben. Die Epidemie endete, als die Herzogin von Aiguillon, die sich das Schauspiel ansah, voll Ekel ihre geldlichen Zuwendungen an das Kloster einstellte: schlagartig hörten die Besessenheiten auf.

Es waren aber nicht nur halbwüchsige Mädchen, die Hexenjagden auslösten. In Würzburg wurden um 1630 auch Knaben Opfer der Hexenprozesse: den Anfang machte beim »fünfzehnten Brand« ein Knabe von zwölf Jahren in der ersten Schule, dann folgten zwei, drei oder vier Schüler bei jedem Brand, ganze Schulklassen wurden dezimiert. Aber es heißt in den Flugblättern auch: »Es sind etliche Mädlein von sieben, acht, neun und zehn Jahren unter diesen Zauberinnen gewesen; zweiundzwanzig von ihnen sind hingerichtet und verbrannt worden; sie haben über ihre Mütter gezetert, die sie solche Teufelskunst gelehrt haben.«

Man weiß nicht, was entsetzlicher ist: diese lakonischen Berichte über Kinder als Opfer, oder die Schilderung, wie die Hysterie von Kindern zum Schrecken des Landes wurde. Dafür bieten die Vorgänge in Dalarne ein ausgezeichnetes Beispiel. Sie zeigen deutlich, daß es bei diesen Hexenprozessen nicht um die Ausrottung altmodischer Geheimbünde ging noch um die Ausschaltung weiblicher Volksmedizinerinnen, sondern um einen Säuberungswahn, der im theologischen System begründet war. Hier in Dalarne hat man sogar das exakte Datum, an dem das Unheil begann.

Die Zeiten
ändern sich

Der Schrecken von Dalarne

Das Unheil für 84 Erwachsene und 15 Kinder der Landschaft Dalarne begann an einem bestimmten Tag des Jahres 1668 in Elfdal – aber bevor sein Verlauf geschildert wird, ein Wort zur Situation in Schweden, der protestantischen Großmacht, die bis zum Tode Gustav Adolfs die Hoffnung aller Protestanten gewesen war.

Natürlich glaubten auch die Schweden, wie jedermann in dieser Zeit, an Zauberei, und es gab im Volk allerlei Unfug mit Zauberpraktikern und Heilmagie, mit dem Menschen hätten geschädigt werden können. Indessen setzte König Gustav Adolf von Schweden im Jahre 1618 im Anschluß an ein älteres Gesetz Strafen für Gift und Zauberei fest, vor allem, wenn mit Hilfe von Zauberei ein Verbrechen verübt werden sollte. Sechs Zeugen mußten eine solche Anklage erhärten, doch war die beklagte Person entlastet, wenn sich zwölf angesehene Personen fanden, die den guten Leumund der Angeklagten bestätigen konnten.

Wie ist es nun trotz so vernünftiger Gesetze in Schweden zu so schrecklichen Hexenprozessen gekommen, während im benachbarten Norwegen während vieler Jahrhunderte insgesamt nicht mehr als 25 Personen durch Hexenprozesse zu Tode gekommen sind? Die Ursache ist der Dreißigjährige Krieg.

König Gustav Adolf von Schweden ließ die Hexenprozesse gar nicht erst aufkommen, womit nicht gesagt sein soll, daß es im Protestantismus keine Hexenverfolgungen gegeben hat; darüber wird noch ausführlich zu sprechen sein. Aber als die schwedischen Landsknechte von den europäischen Kriegsschauplätzen in Deutschland in ihre Heimat zurückkehrten, müssen sie mitgebracht haben, was sie dort erlebt hatten.

Königin Christina stemmte sich noch mit Entschiedenheit gegen diesen Verfolgungswahn und schrieb an ihre Minister, sie gäbe nichts auf die Bekenntnisse alter Weiber, daß sie am Hexentanz teilgenommen hätten – aber hier wird schon die Spur des »Hexenhammer« sichtbar. Sie befahl am 16. Februar 1649, alle laufenden Prozesse einzustellen und die verhafteten Hexen sofort freizulassen, ausgenommen in solchen Fällen, in denen ein Mord nachgewiesen worden sei. Es sei eine allgemeine Erfahrung, schrieb Königin Christina, daß durch Verfolgungen die Zahl angeblicher Hexen anwachse, so daß die Hexenprozesse zu einem aussichtslosen Wirrwar führten mit unabsehbaren Gefahren für unschuldige Menschen. Sie folgte damit der berühmten Streitschrift »Cautio criminalis« des Friedrich Spee, eines anonymen katholischen Theologen, deren volkstümliche deutsche Ausgabe, von einem Feldprediger Seiffert veranstaltet, der schwedischen Königin gewidmet worden war (Baschwitz).

Noch hatte man in Schweden also nichts zu fürchten, auch nicht, als die Königin 1654 abdankte und ein Jahr später in Rom zum Katholizismus übergetreten war. König Karl XI. saß acht Jahre auf dem Thron, als das Unheil ausbrach, und zwar genau am 5. Juli jenen Jahres. An diesem Tag nämlich berichtete der dortige Pastor, der fünfzehnjährige Eric Ericsen beschuldige das achtzehnjährige Mädchen Gertrud Svensen, sie stehle Kinder für den Teufel.

Andere Kinder in Elfdal und später im nahen Mora beschuldigten alle möglichen Frauen, diese hätten sie auf Befehl des Teufels zum Hexensabbat mitgenommen. Es wurden bei den Kindern Ohnmachten und Krämpfe beobachtet, also alle Zeichen von Hysterie, und bald außer sich, bald in durchaus normalem Zustand erzählten die Kinder von einem Ort, den sie Blakulla nannten und wohin sie mit den Hexen geflogen seien. Manche sagten, sie hätten dort vom Teufel Schläge bekommen, und dies sei die Ursache ihrer Kränklichkeit. Die Seuche sprang nun von Tal zu Tal, in den Häusern sprach man von nichts anderem mehr als von dem, was die Kinder berichteten: die lagen morgens in den Armen der Eltern im Bett und hatten doch nachts die unheimlichsten Dinge erlebt. Die Geistlichkeit suchte Erklärung in der Bibel und Abhilfe im Gebet: der Heilige Geist, so befand man schließlich, der immer die Ehre Gottes gegen den Teufel verteidige, würde nicht zugeben, daß die Knaben lögen, denn es heiße im Psalm: »Aus dem Munde der jungen Kinder und Säuglinge hast du dir eine Macht zugerichtet, daß du vertilgest den Feind und die Rachgierigen« (Soldan-Heppe).

Auffallend waren auch für den Skeptiker die Übereinstimmung der Aussagen und ihre Deutlichkeit. Überall im Land wandte sich jetzt die öffentliche Meinung gegen die Hexen, und auch der königliche Hof in Stockholm konnte sich dieser Stimmung nicht entziehen, obwohl es sich doch um den Hof eines absoluten Herrschers, nicht um eine gewählte Regierung handelte. Später äußerte sich König Karl XI.

215

von Schweden gegen den Herzog von Holstein, »seine Richter und
Kommissarien hätten auf vorgebrachten, eindringlichen Beweis mehrere Männer, Weiber und Kinder zum Feuertode verurteilt und hinrichten lassen; ob aber die eingestandenen und durch Beweisgründe
bestätigten Handlungen wirkliche Tatsachen oder nur die Wirkung
zügelloser Einbildungskraft gewesen seien, sei er bis jetzt nicht imstande zu entscheiden«.

Um zu klären, was in jener fernen Landschaft nun wirklich geschah, wurde eine Kommission entsandt, die das Ergebnis ihrer Arbeit in einem umfänglichen Bericht niederlegte. Am 13. August 1669
traf die Kommission in Dalarne ein und wurde von rund dreitausend
erregten Menschen empfangen. Schon am nächsten Tag nahm sie ihre
Arbeit auf und verhörte ohne Pause die verhafteten Frauen, die der
Hexerei beschuldigt waren, und etwa dreihundert Kinder.

Was die Kommission zu hören bekam, war unglaublich. Die Kinder sagten aus, wenn sie den Teufel anriefen, so »erscheine er in der
Gestalt des tollen Andreas im grauen Rock mit rot und blau gewirk-
ten Strümpfen, mit rotem Bart und mit einem hohen Hut, der mit far-
bigen Schnüren verziert sei von mancherlei Farbe. Dabei trage er
Kniebänder von bedeutender Länge.« Er schmiere die Kinder mit einer Salbe ein, setze sie auf eines seiner Tiere und fahre mit ihnen gen
Blakulla, wo ein Palast stehe. In dessen Hof weideten die Tiere, die sie
dorthin getragen hätten, und in dessen Gemächern fänden die Gast-
mähler und Gelage statt. Von einem weißen Engel war die Rede, der
ihnen verboten habe, wozu der Teufel sie auffordere, und manchmal
weise er die Hexen zurück, ließe die Kinder aber eintreten.

Wirre Vorstellungen gehen da durcheinander: die Tracht des Teufels ähnelt wohl der eines bäuerlichen Hochzeitsbitters, und was man
sich in den abgelegenen Höfen über die Feste am Königshof erzählte,
mischt sich mit abergläubischem Teufelsspuk.

Die Kommission war entschlossen, den Dingen auf den Grund zu
gehen: sie forderte einige Hexen auf, eine Probe ihrer Zauberkunst zu
geben. In ihrer Angst erklärten manche, sie hätten durch das Geständnis ihre Zauberkraft verloren – zu widerrufen wagten sie nicht.
Manch eine dieser Bäuerinnen aus dem Landesinneren mag noch nie
im Leben so hohen Herren gegenübergestanden sein.

Die Kinder wiederum, überraschend ernst genommen und nun
auch mit Strafe bedroht, schrien den sprachlosen Frauen ins Gesicht,

diese hätten oft fünfzehn bis sechzehn Kinder mitbringen müssen, alle zusammen seien sie auf einem Ziegenbock durch die Lüfte geritten. Aber, so fragte man sie, soviel Menschen hätten doch auf dem Rücken eines einzigen Ziegenbocks keinen Platz? Die Hexe, war die Antwort, habe dem Bock eine Stange in den Hintern gesteckt, darauf hätten sie alle Platz gehabt.

Bei 23 beschuldigten Frauen erreichte man das Geständnis schnell, 87 Frauen, die anfangs »hartnäckig leugneten«, wurden ebenfalls für schuldig befunden. Es wurden an einem heiteren Sommertag, am 25. August 1669, unter strahlend blauem Himmel, wie der Bericht ausdrücklich hervorhebt, 84 Erwachsene und 15 Kinder verbrannt. Die Kommission hatte ganze Arbeit geleistet, die Bevölkerung atmete auf. Weitere 128 Kinder wurden während eines Jahres in jeder Woche einmal an der Kirchentür ausgepeitscht, zwanzig der Kleinsten nur an drei aufeinanderfolgenden Tagen. Unbestraft entlassen wurden 47 andere Personen.

Damit war die Arbeit getan, die Kommission reiste ab und verfaßte einen gründlichen Bericht – was war dort wirklich geschehen? Genauer gefragt: woher kommt die Übereinstimmung der Aussagen bei den Jugendlichen, woher die Geschichte vom Ziegenbock, vom Hexensabbat, vom Teufel, der Harfe spielte, Hexen und Kinder prügelte und Söhne und Töchter zu Blakulla hatte, die aber hätten keine Kinder, sondern zeugten nur Schlangen, Eidechsen und Kröten?

Die Erklärung ist einfach: den Stoff für diese wirren Phantastereien bot das Gespräch der Erwachsenen. Europa war damals überschwemmt mit einer ersten Welle von eifernden Flugschriften meist theologischen oder politischen Inhaltes, sie gelangten nachweislich bis nach Finnland. Entstellt und verzerrt mögen die Berichte von den Hexentaten in den Dörfern von Mund zu Mund gegangen sein, jedermann sprach davon wie heute von Marsmenschen und Weltraumschiffen aus fremden Milchstraßen.

Daß dies so gewesen sein muß, beweist die Tatsache, daß solche von Kindern ausgelösten Hexenverfolgungen nicht einmalig waren. Ein Jahrzehnt später ereigneten sich ganz ähnliche Vorgänge in Calw im Schwarzwald, aber hier blieb das Unheil unter Kontrolle; eine alte Frau und ihr Stiefenkel wurden 1673 hingerichtet, einige Personen wies man aus, aber mehr geschah nicht, vielleicht, weil man an Dalarne dachte (Baschwitz).

In Schweden freilich hatte der Verfolgungswahn weiter um sich gegriffen: 1675 wurden im dünnbesiedelten Angermanland allein 75 Personen wegen Hexerei umgebracht, und selbst als der berühmte Arzt und Gelehrte Urban Hjärne, ein Mitglied des Königlichen Kommissorialgerichtes, das ganze Lügengewebe falscher Anschuldigungen aufdeckte, obwohl er eigens dazu eingesetzt worden war, die Hexen abzuurteilen, änderte sich nichts. Es gelang nicht, die Wahrheit gegen den Widerstand der Geistlichkeit durchzusetzen, die ihrerseits unmöglich zugeben konnte, daß all diese Urteile gegen Hexen in Wirklichkeit Justizmorde waren. Sie mußte am Wirken des Teufels festhalten, solange es ging, denn wie hätte sie all das erklären können, ohne sich selbst von Grund auf in Frage zu stellen, noch dazu in Konkurrenz zum Katholizismus? So selbstverständlich war den Protestanten ihr Christentum nicht, daß sie sich hätten leisten können, als weniger eifrige Christen gescholten zu werden. So hörten die Hexenprozesse in Schweden erst in der zweiten Hälfte des 19. Jahrhunderts gänzlich auf.

An dieser Stelle ein Wort zur Haltung der Protestanten: Luther hat der historischen Legende nach auf der Wartburg selbst mit dem Tintenfaß nach dem Teufel geworfen, ihm war der »Leibhaftige« allgegenwärtig. Freilich faßte er ihn als Werkzeug göttlichen Zornes über die Sünde, als Mittel überirdischer Strafjustiz auf, und der Teufel kann nur in dem Maße wirken, als Gott ihm dazu den Spielraum läßt.

Eine weitere, von der Haltung der katholischen Kirche abweichende Auffassung: Nicht die äußerlichen Riten, Gebetsformen und Weihwasser sind gegen den Teufel so sehr wichtig, sondern der Glaube ist der Schutz, »und wenn die Welt voll Teufel wäre«. Er hat sich aber den Teufel als den verächtlichen Feind durchaus »aufgebaut« und ihn mit Grimm bekämpft, seine drastische Sprachmacht hat die bisher eher diffusen Vorstellungen über den Teufel zu einem schlimmen Widersacher personalisiert (Bauer). Den Katholiken waren Calvinismus, Luthertum und alle Ketzer hervorgegangen aus dem »Rachen der Schlange«, man konnte sie wegen Zauberei anklagen und umbringen. Dem Protestanten wiederum konnte der Hexenwahn aus theologischen Gründen nicht verdächtig sein, der doch im Teufelsglauben verankert war.

Freilich ließen die Hinwendung zum reinen Wort, die Schärfung des persönlichen Gewissens und der Abbau der alten kirchlichen Autorität ein geistiges Klima entstehen, das eher auf Vernunftsgründe hörte. Fest steht, daß »das Übel in keinem protestantischen deutschen Lande jemals die gleiche Höhe erreicht hat wie in den Gebieten der katholischen Länder und geistlichen Fürsten« (Soldan-Heppe) – das heißt, wie im Geltungsgebiet des »Hexenhammer«.

Um 1630, dem Ausgangsjahr dieses vergleichenden Berichtes, und in den folgenden Jahrzehnten war mit dem Ende des Schreckens nicht zu rechnen: in Europa war man vielerorts mit Eifer dabei, Hexen auszurotten, und hatte sich an diesen Zustand gewöhnt wie heute an den Verkehrstod oder die Jugendkriminalität. Nur wer selbst als Opfer betroffen war, begriff das ganze Ausmaß des Wahnes, der in der gehobenen Gesellschaftsschicht selbst schon als höchst fragwürdig empfunden wurde.

Was war es also für eine Zeit, in der Unschuldige zu Hunderten verbrannt und Hexenöfen gebaut wurden, in der die Bauern gegen diese neue Fron murrten, immer mehr und mehr Holz heranschaffen zu müssen, und in der die Herren den Dreißigjährigen Krieg gegeneinander austrugen? Es war nicht nur die Epoche des Simplizius Simplizissimus, der Feldherren Tilly und Wallenstein, der Mutter Courage und ihrer Kinder – es war auch die Zeit, in der unter Ängsten sich eine neue Epoche vorbereitete und ankündigte.

Die Hexenbrände in Franken

Kaum jemand, der heute durch die blühende Mainlandschaft fährt, hinauf zur Festung in Würzburg, oder durch die alten Gassen von Bamberg bummelt, am Dom vorbei zur Michaelskirche, denkt an die blutige Zeit Frankens, als die Menschen jeden Tag den Schritt des Boten erwarteten, der sie zum Verhör abholen würde, zur peinlichen Befragung. Die großen Kirchenfürsten des frühen 17. Jahrhunderts waren zugleich auch die unerbittlichsten Hexenverfolger, wobei die Societas Jesu, der Orden der Jesuiten, sie beriet und ihnen zur Hand ging.

Zum Beweis ein paar Zahlen: 1625 bis 1630 wurden in den beiden Landgerichten Bamberg und Zeil mehr als neunhundert Prozesse durchgeführt, und eine im Jahr 1659 mit bischöflicher Genehmigung gedruckte Broschüre meldet, der Bischof habe sechshundert Hexen verbrennen lassen. In Hallstatt wurden an einem einzigen Tag 13 Hexen eingeäschert, von 102 verhafteten Hexen mußten am 7. Februar 1618 insgesamt 28 Hexen auf den Scheiterhaufen. Die Phantasie der Folterer erzielte prächtige Ergebnisse, die dann auch die Kassen füllten. So heißt es in den Akten: »Es habe auch die Zauberin bekannt, wie ihrer dreitausend die Walpurgis-Nacht auf dem Kreydeberg auf dem Tanz gewesen, hat jeder dem Spielmann einen Kreutzer gegeben, damit der Spielmann vierzig Gülden zu Lohn bekommen, und habe auf demselben Tanz sieben Fuder Wein dem Bischof zu Würzburg aus dem Keller gestohlen.«

In einem früheren Kapitel ist geschildert worden, welches Geschäft die Hexenjagd war. Hier in Franken flossen viele tausend Gulden in die Taschen des Hofes und seiner Handlanger. So hatten in Bamberg die Verfolgungen 1625 unter dem Bischof Johann Georg einen Umfang angenommen, der selbst den kaiserlichen Hof beunruhigte und schließlich Kaiser Ferdinand II. selbst zum Eingreifen veranlaßte, was freilich vergeblich blieb. Dort in Bamberg waren die Jesuiten am Werk.

In einem älteren historischen Werk heißt es: »Der Einblick in einen Teil der Prozeßakten ließ folgende Eigentümlichkeit des Bamberger Verfahrens erkennen: die eingezogenen Personen wurden in der Regel dreizehnmal examiniert und die peinliche Frage in folgenden Stufen vollzogen: Zuerst gebunden, dann Anlegung von Daumenschrauben, drittens Beinschrauben, viertens der Zug auf der Leiter, fünftens Geißelung mit Ruten.« Manchmal gab es »Gnadenzettel«. An einem Tag, dem 10. Februar 1628, bekamen sieben Personen den Gnadenzettel. Einer soll hier, zitiert nach Soldan-Heppe, wiedergegeben werden:

»Obwohln gegenwertig vor Gericht gebrachte Persohnen dem itzt verlesenen Urtheil auf Ihrem schweren Verbrechen und verdienst nach billich mit dem feuer vom leben zum tode zu straffen, so läßt jedoch der hochwürdige unser allerseits gnädige Fürst und Herr von Bamberg außer sonderbaren bewegenden Ursachen Ihnen diese hohe fürstl. Gnad erzeigen und erweißen, daß Sie nemlich erstlich mit dem Schwerdt vom leben zum todt hingerichtet, alßdann mit dem feuer zu Pulfer und Asche verbrent werden sollen. Neben dissem aber soll die

Verbrennung dreier Hexen, ein Ehemann der Hexen wird enthauptet, ein anderer liegt bereits tot da. Holzschnitt, Nürnberg 1555.

Anna Eberl wegen Ihrer undt viel begangenen Missethaten erstlich Ein Griff mit glühender Zange gegeben, hernach ihre rechte Hand, mit welcher sie erschröcklich und unchristlich gesündigt sambt dero Haupt zugleich abgeschlagen undt ihr Cörper gleich anderen durch feuer verzehrt werden.

Act. d. 22. Jan. 1628. Ex mandato R. mi.«

Die Hexenprozesse preßten das von Krieg und Pest geschwächte Land so aus, daß der Kaiser sich scharf gegen diese »höchst schmutzige Confiskation« wandte, die dort üblich geworden war. Schon unmittelbar nach der Verhaftung wurde in Bamberg das Vermögen jedes Beschuldigten dem Fiskus und dem Hexengericht anteilig zugeschrieben, und selbst Hinterbliebene wurden erpreßt.

Neben Bamberg kam Würzburg unter dem Bischof Julius Echter von Mespelbrunn zu finsterem Ruhm. Als Erbauer des bekannten Schlosses im Spessart, Gründer des Juliusspitals und der Universität nennen ihn die Lexika – nicht als Hexenverfolger. Um ein Beispiel zu nennen: In dem kleinen Ort Gerolzhofen des Sprengels Würzburg wurden 99 Hexen allein im Jahre 1616 verbrannt und 88 Personen im Jahr darauf. Echter von Mespelbrunn starb 1617.

Dessen Nachfolger, Johann Gottfried von Aschhausen, setzte sein Werk fort – er hatte zuvor als Bischof von Bamberg gewirkt, und schließlich wurde Philipp Adolf von Ehrenberg 1623 bis 1631 Bischof von Würzburg. Unter seiner Herrschaft nahmen die Hexenverfolgungen einen nie gekannten Umfang an, wobei der Kirchenfürst offensichtlich guten Glaubens und voll Eifer handelte, angestachelt von seinen Beratern. Erst als zum Ende seiner Herrschaft die verzweifelten Opfer auch ihn selbst und seinen Kanzler als Mitschuldigen und Teufelsgenossen angaben, gingen ihm die Augen auf. Er setzte die Hexenprozesse aus und stiftete ein wöchentliches, vierteljährliches und jährliches feierliches Gedächtnis für die Hingerichteten bei den Augustinern zu Würzburg.

Damit man sich eine Vorstellung machen kann, wie der Säuberungswahn wirklich wütete, soll hier eine Liste abgedruckt werden, die von 1627 bis Anfang 1629 reichte (Soldan-Heppe). Die Gesamtzahl der Opfer erreichte unter Philipp Adolf im Stift Würzburg die Zahl neunhundert. Unter den Opfern war auch ein Verwandter des Fürstbischofs, ein junger Mensch, den eine Cousine verführt hatte, so daß er an den mönchischen Studien kein Interesse mehr fand. Er wurde von Jesuiten, mit Billigung des aufgebrachten Bischofs, bei dem er Page war, angeklagt und aufs Schafott gebracht.

Übrigens zeigt die Liste, daß unter solchen Umständen niemand mehr vor dem Zugriff der Behörden sicher war. Ob einer auf den Scheiterhaufen kam, hing von den Beziehungen zu den Gefolterten ab und davon, wieviel Schmerzen das Opfer ertragen konnte.

Verzeichniß der Hexen-Leut, so zu Würzburg mit dem Schwert gerichtet und hernacher verbrannt worden

Im ersten Brandt vier Personen.
Die Lieblerin.
Die alte Anckers Witwe.
Die Gutbrodtin.
Die dicke Höckerin.

Im andern Brandt vier Personen.
Die alte Beutlerin.
Zwey fremde Weiber.
Die alte Schenckin.

Im dritten Brandt fünf Personen.
Der Tungersleber, ein Spielmann.
Die Kulerin.
Die Stierin, eine Procuratorin.
Die Bürsten-Binderin.
Die Goldschmidin.

Im vierdten Brandt fünf Personen.
Die Siegmund Glaserin, eine Burgemeisterin.

Die Birckmannin.
Die Schickelte Amfrau (Hebamme).
NB, von der kommt das ganze
Unwesen her.
Die alte Rumin.
Ein fremder Mann.

Im fünften Brandt acht Personen.
Der Lutz, ein vornehmer Kramer.
Der Rutscher, ein Kramer.
Des Herrn Dom-Propst Vögtin.
Die alte Hof-Seilerin.
Des Jo. Steinbacks Vögtin.
Die Baunachin, eine Ratsherrnfrau.
Die Znickel Babel.
Ein alt Weib.

Im sechsten Brandt sechs Personen.
Der Rath-Vogt, Gering genannt.
Die alte Canzlerin.
Die dicke Schneiderin.
Des Herrn Mengerdörfers Köchin.
Ein fremder Mann.
Ein fremd Weib.

Im siebenten Brandt sieben Personen.
Ein fremd Mägdlein von 12 Jahren.
Ein fremder Mann.
Ein fremd Weib.
Ein fremder Schultheiß.
Drey fremde Weiber.
NB. Damahls ist ein Wächter, so
theils Herren ausgelassen, auf dem
Markt gerichtet worden.

Im achten Brandt sieben Personen.
Der Baunach, ein Raths-Herr, und
der dickste Bürger zu Würtzburg.
Des Herrn Dom-Probst Vogt.
Ein fremder Mann.
Der Schleipner.
Die Visirerin.
Zwei fremde Weiber.

Im neundten Brandt fünf Personen.
Der Wagner Wunth.

Ein fremder Mann.
Der Bentzen Tochter.
Die Bentzin selbst.
Die Eyeringin.

Im zehnten Brandt drei Personen.
Der Steinacher, ein gar reicher Mann.
Ein fremd Weib.
Ein fremder Mann.

Im eilften Brandt vier Personen.
Der Schwerdt, Vicarius am Dom.
Die Vögtin von Rensacker.
Die Stiecherin.
Der Silberhans, ein Spielmann.

Im zwölften Brandt zwey Personen.
Zwey fremde Weiber.

*Im dreyzehenden Brandt vier
Personen.*
Der alte Hof-Schmidt.
Ein alt Weib.
Ein klein Mägdlein von neun oder
zehn Jahren.
Ein geringeres, ihr Schwesterlein.

*Im vierzehenden Brandt zwey
Personen.*
Der erstgemeldten zwey Mägdlein
Mutter.
Der Lieblerin Tochter von 24 Jahren.

*Im fünfzehenden Brandt zwey
Personen.*
Ein Knab von 12 Jahren in der ersten
Schule.
Eine Metzgerin.

*Im sechzehenden Brandt sechs
Personen.*
Ein Edelknab von Ratzenstein, ist
Morgens um 6 Uhr auf dem Cantzley-Hof gerichtet worden, und den
ganzten Tag auf der Pahr (Bahre)
stehen blieben, dann hernacher den

anderen Tag mit den hierbeyge-
schriebenen verbrant worden.
Ein Knab von zehn Jahren.
Des obgedachten Raths-Vogts zwo
Töchter und seine Magd.
Die dicke Seilerin.

Im siebzehenden Brandt vier
Personen.
Der Wirth zum Baumgarten.
Ein Knab von eilf Jahren.
Eine Apotheckerin zum Hirsch, und
ihre Tochter.
NB. Eine Harfnerin hat sich selbst
erhenket.

Im achtzehenden Brandt sechs
Personen.
Der Batsch, ein Rothgerber.
Ein Knab von zwölf Jahren, noch
Ein Knab von zwölf Jahren.
Des D. Jungen Tochter.
Ein Mägdlein von funfzehen Jahren.
Ein fremd Weib.

Im neunzehenden Brandt sechs
Personen.
Ein Edelknab von Rotenhan, ist um
6 Uhr auf dem Cantzley-Hof ge-
richtet, und den andern Tag ver-
brannt worden.
Die Secretärin Schellharin, noch
Ein Weib.
Ein Knab von zehn Jahren.
Noch ein Knab von zwölf Jahren.
Die Brüglerin eine Beckin, ist leben-
dig verbrennt worden.

Im zwanzigsten Brandt sechs
Personen.
Die Göbel Babelin, die schönst Jungfrau in Würtzburg.
Ein Student in der fünften Schule, so
viel Sprachen gekont, und ein vor-
treflicher Musikus vocaliter und
instrumentaliter.

Zwey Knaben aus dem neuen Mün-
ster von zwölf Jahren.
Der Steppers Babel Tochter.
Die Huterin auf der Brücken.

Im einundzwanzigsten Brandt sechs
Personen.
Der Spitalmeister im Dietericher Spi-
tal, ein sehr gelehrter Mann.
Der Stoffel Holtzmann.
Ein Knab von vierzehn Jahren.
Des Stoltzenbergers Rathsherrn
Söhnlein, zween Alumni.

Im zweiundzwanzigsten Brandt sechs
Personen.
Der Stürmer, ein reicher Bütner.
Ein fremder Knab.
Des Stoltzenbergers Raths-Herrn
große Tochter.
Die Stoltzenbergerin selbst.
Die Wäscherin im neuen Bau.
Ein fremd Weib.

Im dreiundzwanzigsten Brandt neun
Personen.
Des David Croten Knab von zwölf
Jahren in der andern Schule.
Des Fürsten Kochs zwey Söhnlein,
einer von 14 Jahren, der ander von
zehn Jahr aus der ersten Schule.
Der Melchior Hammelmann, Vica-
rius zu Hach.
Der Nicodemus Hirsch, Chor-Herr
im neuen Münster.
Der Christophorus Barger, Vicarius
im neuen Münster.
Ein Alumnus.
NB. Der Vogt im Brembacher
Hof, und ein Alumnus sind leben-
dig verbrannt worden.

Im vierundzwanzigsten Brandt
sieben Personen.
Zween Knaben im Spital.
Ein reicher Bütner.

224

Der Lorenz Stüber, Vicarius im
neuen Münster.
Der Betz, Vicarius im neuen Münster.
Der Lorenz Roth, Vicarius im neuen
Münster.
Die Roßleins Martien.

*Im fünfundzwanzigsten Brandt
sechs Personen.*
Der Fridrich Basser, Vicarius im
Dom-Stift.
Der Stab, Vicarius zu Hach.
Der Lambrecht, Chor-Herr im neuen
Münster.
Des Gallus Hausen Weib.
Ein fremder Knab, die Schelmerey
Krämerin.

*Im sechsundzwanzigsten Brandt
sieben Personen.*
Der David Hans, Chor-Herr im
neuen Münster.
Der Weydenbusch, ein Raths-Herr.
Die Wirthin zum Baumgarten.
Ein alt Weib.
Des Valckenbergers Töchterlein ist
heimlich gerichtet und mit der Laden
vebrannt worden.
Des Raths-Vogts klein Söhnlein.
Der Herr Wagner, Vicarius im
Dom-Stift, ist lebendig verbrannt
worden.

*Im siebenundzwanzigsten Brandt
sieben Personen.*
Ein Metzger, Kilian Hans genannt.
Der Hüter auf der Brücken.
Ein fremder Knab.

Ein fremd Weib.
Der Hafnerin Sohn, Vicarius zu
Hach.
Der Michel Wagner, Vicarius zu
Hach.
Der Knor, Vicarius zu Hach.

*Im achtundzwanzigsten Brandt,
nach Lichtmeß anno 1629 sechs
Personen.*
Die Knertzin, eine Metzgerin.
Der D. Schützen Babel.
Ein blind Mägdlein. NB.
Der Schwart, Chor-Herr zu Hach.
Der Ehling, Vicarius.
NB. Der Bernhard Mark, Vicarius
am Dom-Stift, ist lebendig verbrannt
worden.

*Im neunundzwanzigsten Brandt
sieben Personen.*
Der Viertel Beck.
Der Klingen Wirth.
Der Vogt zu Mergelsheim.
Die Beckin bei dem Ochsen-Thor.
Die dicke Edelfrau.
NB. Ein geistlicher Doctor, Meyer
genant, zu hach, und
Ein Chor-Herr ist früh um 5 Uhr gerichtet
und mit der Bar verbrannt
worden.
Ein guter vom Adel, Junker Fischbaum
genannt.
Ein Chor-Herr zum Hach ist auch
mit dem Doctor eben um die
Stunde heimlich gerichtet, und mit
der Bar verbrannt worden.
Paulus Vaecker zum Breiten Huet.

Seithero sind noch zwey Brändte gethan worden.

Datum, den 16. Febr. 1629.

Bisher aber noch viel unterschiedliche Brandte gethan worden.

Diese Liste, ein Dokument des Schreckens, verrät auch Arglosigkeit und ein gutes Gewissen: wie hätte man denn sonst derlei in aller Ruhe in den Akten festgehalten? Von den Opfern des politischen Terrors in der zweiten Hälfte des 20. Jahrhunderts hat man weniger genaue Aufzeichnungen: niemand weiß, wie viele Menschen den großen Säuberungen unserer Epoche zum Opfer gefallen sind, keine Namenslisten dokumentieren die Hexenjagden gegen angebliche Saboteure, Subversanten, Kapitalisten, Kolonialisten, und von den Mordopfern der Befreiungsbewegungen oder Diktaturen hat man oft nicht einmal Zahlen.

Auch damals spielte sich das alles nicht gegen den Widerstand der Bevölkerung ab, sondern oft mit ihrer Billigung, gelegentlich auch auf ihren ausdrücklichen Wunsch. So wurden im Jahre 1627 bei der Obrigkeit hundertfünfzig Bürger aus Ochsenfurt vorstellig und forderten Hilfe wegen Ungeziefer und Hexenwerk – es war im selben Jahr, in dem das Gerücht entstanden war, ein Kind sei gefressen worden, das verwies auf Hexerei. Vom Fürstbischof bis zum einfachen Mann war man sich einig in der Diagnose des Übels und auch in der Therapie: der Teufel war gegenwärtig. Als der Stadtphysikus 1628 eine Frau zu untersuchen hatte, die durch die Folter tödlich verwundet war, erklärte er in seinem Gutachten, dies sei kein natürlicher, sondern ein vom Teufel verursachter Schlaf (Merzbacher).

Der Wahn, der viele hundert Menschenleben kostete – im Bistum Bamberg rund neunhundert, im Bistum Würzburg tausendzweihundert –, fand ein jähes Ende, als die schwedischen Truppen im Jahre 1632 das Hochstift besetzten. In Würzburg wurde eine »königlich-schwedische Landesregierung, Herzogtum Franken« eingesetzt. Als die Schweden nach dem Tode König Gustav Adolfs 1634 bei Nördlingen geschlagen wurden und sich den Kaiserlichen ergaben, übernahm Fürst Franz von Hatzfeld die Herrschaft in Würzburg, nach ihm folgte Johann Philipp I. von Schönborn, der als erste Amtshandlung die stark zurückgegangenen Hexenprozesse ganz aufhob. Wie er dazu kam, wird später zu schildern sein.

Im Volk aber hatte sich der vom »Hexenhammer« erzeugte und verbreitete Wahn festgefressen, und noch 1667 forderten in Amorbach eine Reihe von Leuten die Verbrennung einiger Leute wegen Hexerei, woraufhin der Oberamtmann die Verdächtigten inhaftierte. Sie wurden auf Anweisung des Kurfürsten wieder freigelassen. Nach dem Tod des Kurfürsten gab es später doch noch einen Hexenprozeß, wobei einer Nonne aus Unterzell unter unsinnigen Anschuldigungen nach fünfzigjährigem Klosterleben die Kutte vom Leib gerissen wurde. Sie wurde in die Festung überführt und am 21. Juni 1749 vom Scharfrichter enthauptet: den Körper der Einundsiebzigjährigen warf man auf den Scheiterhaufen, ihr Kopf wurde auf einer Stange gepfählt, mit dem Blick nach Kloster Unterzell. Daß in dieser Gegend, in Klingenberg am Main, noch 1975 der Teufel mit Todesfolge ausgetrieben wurde, ist vielleicht nicht nur ein geografischer Zufall.

Entschädigung für Spaniens Hexen

Auch um 1600 waren sich die Fachleute in prinzipiellen Frage nicht einig: je mehr ein Mensch über eine Sache weiß, um so mehr ist ihm daran fraglich. Die deutschen Spezialisten der Universität Köln, die Herren Sprenger und Institoris, hatten mit ihrem »Hexenhammer« erreicht, daß die Hexenprozesse von weltlichen Gerichten verfolgt und abgeurteilt werden konnten. Diese Kompetenz öffnete einer unsauberen theologischen Interpretation durch Laien Tür und Tor: die feinsinnige Frage, ob Hexerei ein »gemischtes« Verbrechen sei, also eines, das als Ketzerei dem geistlichen, als kriminelle Tat dem weltlichen Gesetz unterliege, blieb dabei auf der Strecke. Die eifrigen und radikalen Deutschen, deren unschätzbarer Eifer den »Hexenhammer« hervorgebracht hatte, sahen die Sache eindeutig: nicht der Inquisition stände es zu, den Hexenprozeß zu eröffnen, sondern dem weltlichen Gericht.

In Spanien, der Hochburg der Inquisition, war man anderer Meinung. Die Entwicklung in Spanien zeigt denn auch, daß ein solcher kollektiver Säuberungswahn in sich zusammenfällt, wenn auch nur einer der auslösenden Faktoren in Frage gestellt wird: sobald die eigenen Interessen an irgendeiner Stelle durch das Wahnsystem ernsthaft berührt werden, ist dies der Punkt, wo man zur Besinnung kommt und sich erste Zweifel bilden. Die Vernunft allein, ohne solche Hilfe von Interessen, bleibt machtlos. Allerdings werden die eigenen Interessen oft schon, philosophisch gesehen, durch das

Umschlagen von Quantität in Qualität verändert, denn wenn einzelne Opfer auf den Scheiterhaufen kommen, wird niemand in seinem Schlaf gestört, aber wenn dies massenhaft geschieht, entstehen Wirkungen, die sich der Kontrolle entziehen und sich gegen die Urheber richten.

Genau dies geschah in Spanien, so daß in diesem Land, das in Glaubensdingen noch heute so unerbittlich ist, die Hexenprozesse zu einem Zeitpunkt aufhörten, als im übrigen Europa der Schrecken massenhafter Verfolgungen noch bevorstand.

Das aristokratisch beherrschte Spanien hatte mit dem Islam den kleinen Mittelstand ausgerottet oder deformiert, den es in den eroberten Provinzen vorfand: sein Haß galt den Ketzern, den Arabern und den Juden, nicht der vulgären Hexe. Die spanischen Theologen betonten, anders als die deutschen, auch fernerhin den Charakter der Hexerei als Ketzerei, als »causa fidei«, eine Ansicht, die übrigens auch den Beifall der Italiener fand. So entstand ein Paradox: gerade dort, wo die Auffassungen über Teufel und Hexen im Mutterboden der Kirche am tiefsten verwurzelt waren, konnte der Hexenwahn sich nicht halten: die Suprema, das höchste Gremium der spanischen Inquisition, fertigte im Jahre 1614 eine ausführliche Instruktion aus, mit der in Spanien Hexenprozesse ein für allemal ihr Ende fanden. Es wurde sogar den Opfern eines großen Autodafés eine Entschädigung zugestanden, ihr Eigentum wurde den Erben zurückerstattet, ein einmaliger Vorgang. Wie kam es dazu?

Um das Jahr 1609 entstand im spanischen Teil von Navarra eine wilde Hexenangst. Immer wieder kamen Menschen, die aus Frankreich vor dem gefürchteten Hexenjäger de Lancre geflohen waren, über die Berge, und was sie erzählten, blieb nicht ohne Wirkung. Nicht nur in Logono, am Oberlauf des Ebro, sondern auch in Madrid selbst, in den bisher eher zurückhaltenden Kreisen des hohen Klerus, wurde man unruhig.

Bisher hatte man die ganze Schärfe der Inquisition gegen Ketzer gerichtet und die Fragen der Zauberei wie andere Kriminalverbrechen auch den weltlichen Gerichten überlassen. Nur wenn ein Fall von Hexerei wirklich allen Zweifeln standhielt, akzeptierte man ein solches Verbrechen als ketzerisch: damit war gleichsam sein Rang ausgedrückt, und damit auch die Zuständigkeit der Inquisition. Man wußte, daß Wetterschäden auch da vorkamen, wo keine »Hexerei«

im Spiel war, und man warnte vor den Auffassungen des »Hexenhammer«, die wie alles Menschenwerk auch irrig sein könnten. Es ging in diesen Fällen ums politische Prinzip. Denn wenn man erst zuließ, daß die Hexenverfolgung in weltliche Hände überging, mußte die Macht der Suprema geschmälert werden, was dem Glauben hätte schaden können. Deshalb wurde die im Volke immer wieder aufbrechende Hexenangst von dieser höchsten Autorität in Glaubensdingen eher beschwichtigt als geschürt. Die Ereignisse in Logono aber ließen sich nicht mehr bagatellisieren.

In Logono glaubte man, sich dem Druck der Bevölkerung nicht mehr entziehen zu können, glaubte auch wohl selbst, was da geredet wurde, andererseits mußte man mit dem Eingreifen der Suprema rechnen. Also tat man, was jeder in dieser Lage getan hätte: man schuf vollendete Tatsachen, und zwar durch Erpressungen, Verhaftungen, Folter und Todesurteile, man wollte das Übel ausgerottet haben, bevor überhaupt jemand eingreifen konnte.

Der aus Madrid entsandte Untersuchungsausschuß reagierte wie jener in Dalarne, von dem früher die Rede war: er konstatierte mit Mehrheit, daß die Maßnahmen berechtigt seien und die Ängste real, mehr als 82 Erwachsene und viele Kinder hätten nachweislich den Teufel verehrt, zwanzig große Hexensabbate in der Umgebung des Ortes seien abgehalten worden. Tausende standen unter Verdacht, an diesem finsteren Treiben beteiligt zu sein. Die Kommission war beeindruckt und beschloß im Einvernehmen mit dem Hof und dem Erzbischof von Burgos, ein Autodafé zu veranstalten, auf dem eine große Anzahl überführter Hexen verbrannt werden sollte.

Aber schon dieses Unternehmen mißlang: achtzehn Hexen widerriefen und wurden mit der Kirche nach den vorgeschriebenen Formeln versöhnt, also vom Tode verschont. Fünf andere Frauen, die im Gefängnis bereits gestorben waren, wurden für schuldig erklärt. Sechs Frauen, die als verstockt galten, wurden verbrannt.

Der König setzte ein Zeichen und erschien zu dieser dubiosen Veranstaltung nicht. Nun verhafteten königliche Beamte die weltlichen Richter, die ihre Befugnisse überschritten hatten (Baschwitz), es gab Kompetenzstreitigkeiten mit den örtlichen Vertretern der Inquisition, doch wurden diese von der Suprema nicht gedeckt. Man leistete sogar Wiedergutmachung an die Opfer. Im März 1611 ging die Suprema noch weiter: jede Hexe, die innerhalb einer bestimmten Frist ihre Schuld bekenne, erhalte Straffreiheit – das geschah wenige Jahre, bevor in Deutschland der große Astronom Johannes Kepler um das Leben seiner Mutter zu kämpfen begann und bevor in Mainfranken die Hexenverfolgungen einen neuen Höhepunkt erreichten.

Man ging noch einen Schritt weiter: Alonzo Salazar de Frias, ein Mitglied der Suprema, wurde in jenes gefährdete Gebiet entsandt, kein Mann des Schreckens und Verfechter der Dogmatik, sondern ein Mann der Vernunft. Er verhörte persönlich 1802 Personen, die bereits gestanden hatten und jetzt bereuten, darunter viele Kinder zwischen zwölf und vierzehn Jahren, also Kinder in der Pubertät. Salazar kam zu einem Ergebnis, das ihn anderswo, etwa im Bereich der Fürstbischöfe am Rhein und Main, auf den Scheiterhaufen gebracht hätte, denn er stellte fest: weder gäbe es einen Hexensabbat noch Orte, an denen sich Hexen träfen, auch kämen die angeblichen Hexen nirgends zusammen, weder durch die Luft noch auf normalen Wegen.

Salazar hatte das beweisen können: seine Sekretäre hatten an den Orten Nacht um Nacht gewacht, die mit Bestimmtheit als Hexentanzplätze angegeben waren. Auch zu den Zeiten, die von den Kindern in ihren wilden Phantasien angegeben worden waren und an denen diese selbst dort gewesen sein wollten, hatte sich nichts wahrnehmen lassen. Man untersuchte Mädchen, die erzählten, sie ließen sich regelmäßig vom Teufel begatten, und es stellte sich heraus, daß sie noch Jungfrauen waren. Man ließ die sogenannten Hexensalben analysieren und fand sie wirkungslos. Viele Aussagen wurden an Hand der Akten überprüft, zahllose Fälle offensichtlicher Denunziation aufgeklärt. In einem einzigen Ort zum Beispiel waren auf die Anzeige eines einzigen jugendlichen Bettlers hin 147 Menschen unter Anklage gestellt worden, insgesamt ermittelte man 1672 nachweislich falsche eidliche Aussagen.

Der Bericht Salazars, nach acht Monaten angestrengtester Arbeit im Jahre 1614 beendet, schließt mit dem Satz: »Ich habe keine Anhaltspunkte gefunden, aus denen zu folgern wäre, daß auch nur ein einziger Fall von Hexerei sich tatsächlich ereignet hat.« Seitdem hat es keine Hexenprozesse in Spanien mehr gegeben, was nicht bedeutet, daß Spaniens Inquisition sich milder oder menschlicher verhalten hätte als anderswo, doch richtete sich ihre Schärfe nicht gegen Hexen, sondern gegen die wahren Feinde der Kirche, gegen die Ketzer.

Es würde ermüden, immer neue Einzelheiten der Hexenjagd zu schildern, obwohl gerade solche Details stärker beeindrucken als Zahlen: die wahre Dimension dieser Schrecken entzieht sich ohnehin dem Zugriff. Auch von den Unmenschen und Schreibtischtätern hat man mehr als genug erfahren. Bevor aber nun dargestellt wird, wie der Spuk endlich zu Ende ging und wie es einzelnen Männern gelang, diese Hexenjagden endgültig als sinnlose Morde zu entlarven, ein paar Worte über berühmte Hexenprozesse, die auch literarisch eine Rolle gespielt haben: Aldous Huxley hat 1952 über die »Teufel von Loudon« geschrieben, Arthur Miller ein Jahr später seine »Hexenjagd«.

Allerdings sind dies nicht die einzigen berühmten Hexenprozesse: da gibt es den literarisch so ergiebigen Prozeß gegen die Jeanne d'Arc, da gibt es das böse Schicksal der Agnes Bernauerin und den wenig spektakulären Kampf eines berühmten Sohnes um eine nicht eben sympathische zänkische Alte, seine Mutter, die Keplerin, oder den Prozeß gegen die Postmeisterin Katharina Henoth aus Köln.

Berühmte Prozesse

Die heilige Johanna von Orléans wurde wie eine Hexe verbrannt, aber nicht als Hexe. Als sie von burgundischen Rittern, die auf Englands Seite kämpften, nach monatelangem Feilschen gegen zehntausend Francs an den Vertrauensmann der Engländer, Bischof von Beauvais, ausgeliefert wurde, hatte die Inquisition einen großen Teil ihrer Macht eingebüßt, denn die Parlamente machten ihre Rechte geltend, denen seit 1390 die Prozesse wegen Magie und Hexerei zugewiesen worden waren. Dreizehn Personen, die 1406 in Toulouse wegen Wahrsagerei und Zauberei angeklagt worden waren, wurden nur zu Geldstrafen, Pilgerstrafen und Fasten sowie anderen guten Werken verurteilt. Der Inquisitor aber wurde bald darauf wegen Unterschlagung konfiszierter Güter angeklagt, und Karl VI. ließ ihm seine Einkünfte zurückbehalten. Der Bischof von Beauvais zog nun zwar den Vikar des abwesenden Generalinquisitors hinzu und erklärte die Jungfrau mehrerer Anrufungen der Teufel und anderer

Übeltaten für angeklagt (Soldan-Heppe). Aber die Gefangene wurde nicht ins bischöfliche Gefängnis gebracht, sondern auf der Burg von Rouen gefangen gehalten.

Während der Verhandlung, an welcher Jean Lemaître als Inquisitor in Vertretung des Generalinquisitors teilnahm, wehrte sich die zwanzigjährige Bauerntochter mit Geschick und Schlagfertigkeit. Ihr Tod war beschlossene Sache, man brauchte Gründe, konnte ihr aber wenig anhaben. Am Schluß der Untersuchung wurde ihr jeder einzelne Belastungspunkt vorgelesen. Über die von der Jungfrau behaupteten Erscheinungen von Engeln und Heiligen sagt das Gutachten der Pariser Universität, daß diese Offenbarungen von bösen Geistern ausgegangen seien und daß deshalb die von der Jungfrau zugegebene Ehrerbietung als Götzendienst, Teufelsanbetung und Irrglaube zu strafen sei. Daß sie Männerkleidung getragen habe, wird als Übertretung der göttlichen Gesetze und als heidnisch erklärt.

Anschließend las man der Jungfrau eine Erklärung vor, die sie unterschreiben sollte. Damit hätte sie sich nur verpflichtet, künftig weibliche Kleidung zu tragen. Man schob der Analphabetin aber mit einem Trick eine sogenannte Abschwörung unter, mit der sie sich aller vorgeworfenen Verbrechen für schuldig erklärte, und verlas ihr anschließend das endgültige Urteil, das auf ewige Gefängnishaft lautete.

Im Gefängnis selbst wurde sie dann durch brutale Schikanen genötigt, statt der weiblichen Kleider, die man ihr weggenommen hatte, Männerkleidung anzulegen. Am 30. Mai 1431 wurde die Jungfrau als Rückfalltäterin aus der Kirche ausgestoßen und der englischen Armee übergeben, also ihren Feinden. Diese bereiteten ihr einen ausgesucht grausamen Feuertod. Auf ihrer Schandmütze, die ihr beim letzten Gang über den Kopf gestülpt war, stand »Rückfällige Ketzerin, Abfällige, Götzendienerin«. Wie man weiß, wurde dieser Justizmord 1456 durch ein neues Verfahren, in dem sie rehabilitiert wurde, für null und nichtig erklärt. Im Jahre 1920 wurde Johanna von Orléans heiliggesprochen, ihr Todestag ist Nationalfeiertag in Frankreich.

Immerhin zeichnet sich in diesem hochberühmten Fall bereits die Konstellation der späteren, auf einer niederen Ebene durchgeführten Hexenprozesse ab: ob der Erzengel Michael nackt gewesen sei, als er die Jungfrau umarmte, ob er sich kalt oder warm angefühlt habe, ob er die Jungfrau am Oberleib oder am Unterleib berührt habe, kam ernsthaft zur Sprache. Offensichtlich spukte die Dämonenlehre, die später in den »Hexenhammer« Eingang finden sollte, in den Köpfen der Richter.

Der zweite berühmte Justizmord, vielmehr der Mord aus politischen Rücksichten, veranlaßt von einem Fürsten, war ebenfalls kein Hexenprozeß, wenn die schöne Bernauerin auch wie eine Hexe ertränkt wurde. Man erinnert sich an die Geschichte, die auch Hebbel 1852 zu seinem Drama inspiriert hat: das Mädchen, Tochter eines Baders Bernauer, also zweifelhafter Herkunft, oder auch eines gewissen Leichtlin, war Bademagd. Solche Mädchen animierten die Gäste, die nackt und vergnügt bis zu vierzig gemeinsam in einem Bad hockten, zu allerlei Spielen. Ein »Engel von Augsburg« war sie nicht. Im Jahre 1428 fand in Augsburg, der reichen Handelsmetropole, ein sogenanntes »Stechen« statt, und der junge Herzog Albrecht III. von Bayern lernte bei dieser Gelegenheit die Agnes kennen. Fürstensöhne konnten damals haben, wen sie wollten, und Kinder wurden ohne Bedenken gezeugt: der alte Herzog Ernst von Bayern hatte selbst drei uneheliche Kinder – aber er hatte nicht den »Fehler« begangen, die Mütter zu heiraten.

Offenbar ließ sich 1430 Herzog Albrecht der Frau, die er liebte, linker Hand antrauen, eine damals zugelassene und rechtmäßige Verbindung, die nur gewisse Erbansprüche von seiten der Frau ausschloß. In der Öffentlichkeit trat er nie mit ihr auf. Allerdings konnte er nun nicht mehr heiraten, ohne Bigamist zu werden, und die Dynastie brauchte Erben.

Als der alte Herzog Ernst feststellen mußte, daß sein Sohn halsstarrig an der politisch so törichten Verbindung mit der Frau seiner Wahl festhielt, beschloß der Vater zu handeln: der Sohn wurde unter einem Vorwand nach Landsberg gelockt, die Agnes stellte man angeblich vor das Straubinger Hofgericht und klagte sie der Giftmischerei gegen Prinz Adolf an, ein höchst unklarer Vorgang. Am 12. Oktober 1435 fesselte der Henker sie, wie es bei der Wasserprobe üblich war, und fragte sie, ob sie bekenne, daß Herzog Albrecht nicht ihr ehelicher Mann sei – dann wolle man sie laufen lassen. Der Chronist berichtet: »Das hat sie nicht wollen tun, sondern gesagt, sie sei des Herzogs Albrecht eheliches Weib. Darauf hat er (der Henker) sie in die Donau geworfen und hat sie das dritte Mal aus dem Wasser gezogen und hat sie darunter gehabt und gemeint, er habe sie ertränkt und sie sei gestorben, und hat immer noch gelebt. Zuletzt hat der Henker eine lange Stange genommen und um der Agnes Haar gewickelt, denn sie hat gar schönes, langes Haar gehabt, und sie wieder ins Wasser auf den Grund gezogen und an der Stange mit dem Haar so lange im Wasser auf dem Grund gehalten, bis er sie schließlich doch ertränkt hat.«

Die Münchner jubelten, daß man »die Bernauerin gen Himmel hat gefertigt«, der regierende Herzog war erleichtert, und der Sohn, der sich in der ersten Verzweiflung mit den Feinden Wittelsbachs verbündete, verhandelte später doch mit dem Mörder seiner Frau. Als die Trauerfrist verstrichen war, heiratete er die ebenbürtige Anne von Braunschweig. Nach Emil Ludwig, dessen Stück 1860 erschien, hat Carl Orff 1947 den Stoff behandelt.

Weniger berühmt und weniger attraktiv ist das jahrelange Tauziehen um das Leben einer alten Frau zwischen den Behörden und ihrem Sohn, der freilich einen unschätzbaren Vorteil hatte: er war ein berühmter, hochgeschätzter und wohl auch gefürchteter Mann, denn er hatte Einfluß beim Kaiser, und das bedeutete viel, vor allem bei den damaligen Machtverhältnissen, die von Fürstenlaunen und anderen Zufälligkeiten abhingen. Aber ohne den berühmten Sohn würde man wohl heute nicht mehr davon sprechen, obwohl das Verfahren zeigt, daß in einem absurden Verfahren nur absurde Argumente zum Ziel führen.

Der Kampf um eine alte Frau

Ob die alte, etwas zänkische Frau als Hexe gefoltert und verbrannt wurde oder nicht, war im Grunde jedermann in Leonberg gleichgültig. Der Ehemann der Beschuldigten, der laut Horoskop »auf Untaten bedacht war, sich schroff und händelsüchtig zeigte und zu einem elenden Tod bestimmt war«, hatte schon vor längerer Zeit das Weite gesucht, nachdem er im Jahre 1577 beinahe gehängt worden wäre. Die Kinder waren schon groß: der Älteste lebte als geachteter Astrologe in Linz an der Donau, sein Bruder trieb sich herum wie der Vater, dann gab's noch einen dritten Sohn, der als Zinngießer im Städtchen lebte, und die Tochter, die mit einem Pfarrer verheiratet war.

Beide, der Zinngießer und der Pfarrer, wollten mit der Alten nicht viel zu tun haben und distanzierten sich behutsam, als diese mit den Behörden in Konflikt geriet.

In den protestantischen Städten und Dörfern Württembergs grassierte zu jener Zeit der Hexenwahn. In der Stadt Weil, wo die Katharina Güldemann, verheiratete Kepler, ihre Kinder zur Welt gebracht hatte, waren von 1615 bis 1629 insgesamt 38 Hexen verbrannt worden, bei nur zweihundert Einwohnern. In Leonberg, dem derzeitigen Wohnsitz der alten Frau, waren allein im Winter 1615 sechs Hexen umgebracht worden. Das Hexengericht tagte damals im Schloß zu Leonberg, in dem heute das Amtsgericht untergebracht ist. Zur Denunziation führte, wie so häufig, ein Streit zwischen Nachbarinnen – lebensgefährlich in einer Zeit, als die Hexenjäger überall am Werk waren.

Das Weib des Glasers Reinhold litt an Unterleibsbeschwerden und dokterte seit langem an sich herum. Weil nichts half, mußte man Hexerei vermuten. Die Frau überlegte, wer ihr das Übel angehext haben könnte, und kam auf die zänkische alte Kepler; bei der hatte sie bei ihrem letzten Besuch einen Becher Wein bekommen, das mußte ein Hexentrank gewesen sein. Also ging sie zur Kepler, um diese zu bitten, einen Gegenzauber anzuwenden: schon diese Bitte war eine offene Verdächtigung. Die Kepler wehrte sich nach Kräften und schrie die Glaserfrau an, ihr stadtbekannter liederlicher Lebenswandel, den sie früher geführt habe, sei Ursache der Krankheit, und mit ihren scharfen Arzneimitteln habe sie alles verschlimmert.

Daraufhin wandte sich die Reinholdin an ihren Bruder, den Hofbarbier des Herzogs von Württemberg. Hofbarbier heißt, das war nicht nur der Mann, der den Herzog rasierte, sondern der auch Volksmedizin betrieb, weitab von der damals katastrophalen medizinischen Wissenschaft: seine Kunst war eine Mischung aus Kräuterwissen und handfestem Aberglauben, man lernte das mit dem Handwerk vom Meister. Der Herzog war nun zur Jagd nach Leonberg gekommen und in seinem Gefolge der Hofbarbier, dieser hochgeachtete Mann. Als ihm die Schwester etwas vorjammerte, ließ er, nach einer ausgiebigen Zecherei mit dem Schloßvogt von Leonberg, die alte Keplerin holen und herrschte sie an, sie solle auf der Stelle seine Schwester »enthexen«. Dabei bedrohte er sie mit dem blanken Degen. Die alte Frau hatte Schlimmeres erlebt. Sie keifte den aufgeblasenen Kerl an und ließ sich nicht einschüchtern – das war ihr Glück: man hätte sie sonst auf der Stelle verhaftet, denn eine »Enthexung« hätte bewiesen, daß sie zu hexen vermochte.

Damit hatte die Sache aber eine katastrophale Wendung genommen: die alte Kepler war auch mit dem Vogt von Leonberg verfeindet, wie mit jedermann, und hatte nun den Bruder der Reinhold durch ihre Weigerung herausgefordert. Der Versuch der Familie Kepler, eine Beleidigungsklage gegen die Reinholdin anzustrengen, scheiterte, denn die Keplers hatten den Vogt gegen sich.

Nun saß in Linz der berühmte Sohn Johann Kepler, der damals an seiner »Harmonie der Welt« schrieb und über die Frage nachgrübelte, ob die Umlaufzeiten der Planeten in einem bestimmten Verhältnis zu ihrer Entfernung zur Sonne stehen. Er hatte bereits gefunden und beschrieben, daß die Planeten sich in Ellipsen bewegen, in deren einem Brennpunkt die Sonne steht. All das erfuhr kaum jemand, und es interessierte auch niemanden: erst als der große Newton, auf die Keplerschen Gesetze zurückgreifend, die Gravitationstheorie fand und die Bedeutung der Schwerkraft entdeckte, bekam diese Erkenntnis des Johann Kepler eine entscheidende Bedeutung.

Dennoch war Kepler ein prominenter Mann. Er beherrschte die Kunst der Sterndeuterei auf unvergleichliche Weise, er stellte Horoskope, die zutrafen, er gab astrologisch angereicherte Bauernkalender heraus und hatte Zulauf aus allen Schichten der Bevölkerung, vor allem von hohen Herren. An die Astrologie glaubte er selbst fest, aber er war weise genug, sich gegen ihren Mißbrauch zu wehren und zu verstehen, daß ein Horoskop den Willen nur des Menschen beeinflußt, der sich zu stark davon beeindrucken läßt. Für Kepler bot die Kunst der Sterndeutung nicht mehr als Konstellationen, das heißt Voraussetzungen eines Lebens. Von den Vererbungsgesetzen konnte er nichts wissen, ebensowenig wie über die Einflüsse des sozialen Milieus. So sagte er, ungeachtet der Macht der Gestirne sei jeder seines Glückes Schmied.

Der »Hofmathematicus seiner Kaiserlichen Majestät« wurde eingeschaltet und reagierte sofort: er schrieb sogleich an den Rat der Stadt Leonberg, man sei dort offenbar »vom Teufel aufgehetzt«, und er verlange die Abschriften aller Akten, die über seine Mutter angefertigt worden seien.

Die Gegenpartei wiederum trug Material für einen Hexenprozeß zusammen: ein zwölfjähriges Mädchen, das Ziegel zum Brennen trug, hatte einen Stich im Arm gefühlt, als es der alten Kepler begegnet war. Nun war die Sicherheit der Alten gefährdet, und Kepler holte sie im Dezember 1616 zu sich nach Linz. Weil aber diese Übersiedlung so etwas wie ein Schuldbeweis ihrer Hexenschaft war, kehrte sie ein Jahr später nach Leonberg zurück, begleitet von ihrem Sohn, der sich mit den Behörden herumschlug, um für sie eine offizielle »Ausreisegenehmigung« zu bekommen. Als er sie endlich bekommen hatte, wollte die Mutter nicht mehr aus Leonberg fort. Sie war im Hause ihrer Tochter, die mit einem Pastor verheiratet war, aufgenommen worden, und gedachte hier auch zu bleiben, Kepler fuhr nach Linz zurück.

Vier Jahre später reichte das Material für die Anklage aus: aus dem Pfarrhaus heraus verhaftete man die alte, 73 jährige Frau, schloß sie in einer Stube des Stadttores an eine eiserne Kette und ließ sie von zwei Stadtknechten bewachen. Der Vogt von Leonberg führte selbst das erste Verhör, und der Scheiterhaufen wäre ihr so gut wie sicher gewesen, wenn sich Johann Kepler nicht von neuem eingeschaltet hätte: er kam nach Leonberg und erreichte zunächst einen Aufschub der Tortur.

Dann nahm er sich einen erfahrenen Rechtsbeistand und schrieb mit ihm zusammen die Verteidigungsschrift – und hier liegt der eigentlich interessante Punkt der Angelegenheit. Er fand nämlich eine Verteidigungslinie, die auf die Mentalität seiner Gegner eingestellt war.

Wie jedermann wußte er, daß im Winter 1615 einige Hexenprozesse in Leonberg stattgefunden hatten. Eine der Unglücklichen hatte man so »barbarisch torquiert«, daß an einer Hand der Daumen herausgerissen worden war. Und diese Frau sagte damals aus, zwei Gerichtspersonen hätten sie in verbotener Weise »auf die Keplerin« befragt. Kepler schrieb nun, weder diese noch die anderen »Unholdinnen« hätten trotz ärgster Folter etwas gegen seine Mutter vorbringen können – dies sei wohl ein entscheidender Beweis ihrer Unschuld, denn wie hätte ihre Hexerei den Mithexen, die doch den Hexensabbat feierten, verborgen bleiben können?

Die Gegenpartei schob diesen Einspruch beiseite: man brauche bei Hexen keinen Beweis, denn sie »schädigten verborgenerweise«, und allein im Ellwangischen seien »mehr als hundert Hexen verbrannt worden, ohne daß die Beschuldigungen bewiesen worden« seien. Herzog Friedrich von Württemberg, der vermutlich den Einfluß des Astrologen Kepler am kaiserlichen Hof fürchtete, ordnete an, die Universität Tübingen solle ein Gutachten erstellen. Vierzehn Monate lebte die alte Frau nun schon angekettet im Turm, jedermann war die Sache leid, der Aktenberg wuchs.

Das Gutachten lautete: Bei einer Frau, die so stark in Verruf geraten war, empfahl sich zwar die »peinliche Befragung«, sprich Anwendung der Folter. In diesem besonderen Falle solle man sich aber mit der sogenannten »territio« begnügen. Dieser psychologische Terror bestand darin, dem Beklagten alle Folterwerkzeuge zu zeigen und ihn über Gebrauch und Wirkung zu belehren. Mit diesem Mittel hat man zum Beispiel 1633 den großen Galilei zum Widerruf gezwungen. Nur wenige hielten diesem Druck stand, wenn die gräßlichen Einzelheiten der peinlichen Befragung geschildert wurden. Die Keplerin, eine harte Frau, ließ sich nicht beeindrucken.

»Sie hat gesagt, man mache mit ihr, was man wolle, und wenn man ihr auch jede Ader aus dem Leibe herausziehen würde, so wüßte sie doch nichts zu bekennen ... sie wolle auch darauf sterben; Gott werde nach ihrem Tode offenbaren, daß ihr Unrecht und Gewalt geschehen ...« Im Jahre 1621 wurde die alte Frau endlich in Freiheit gesetzt. Keplers »Harmonia mundi« über die mathematische Harmonie des Weltalls war inzwischen erschienen, einige Jahre später siedelte er nach Ulm über, dann nach Sagan, in Wallensteins Hauptquartier. Seine Mutter starb ein halbes Jahr nach ihrer Entlassung in Frieden. Als Kepler 1630 nach Regensburg kam, wo er plötzlich starb, gab es dort schon Flüchtlinge aus Bamberg, die von den schon erwähnten großen Hexenbränden am Main berichteten und beim Kaiser vergeblich Gehör suchten.

Der Fall Katharina Kepler ist einer der wenigen, die glücklich endeten. Allerdings mag es hier und da jemandem gelungen sein, aus dem Hexenturm zu fliehen. Manchmal wurde so ein Flüchtiger gefangen und dann zugleich mit seinem Bewacher vom Leben zum Tode gebracht: den nannte man »pflichtvergessen«, wie man ihn heute menschlich nennen würde. Diese Einstellung war die Ausnahme, so selten wie Menschlichkeit bei Bewachern nun einmal ist.

Aus der Vielzahl dieser Tragödien, die ja nur zum Bruchteil in den Akten überliefert sind, sei noch aus Lemgo berichtet, der Hexenstadt, in der die Unmenschlichkeit des Hexenwahns noch einmal einen ihrer schrecklichen Triumphe feierte. Dieses Beispiel zeigt auch, wie sich solche ursprünglich streng geordneten Verfahren von ihrem Zweck lösen und zum Mittel bloßer Gewalt werden – es geht dann nicht mehr um den Gegenstand der Verhandlung, sondern darum, daß die Herrschenden den Widerstand gegen die eigene Willkürherrschaft brechen wollen, und zwar um so rücksichtsloser, je weniger sie ihrer Sache sicher sind. Solche überschaubaren Verhältnisse wie in Lemgo, wo die Guten und die Bösen auf den ersten Blick zu identifizieren sind, kennt man sonst nur aus dem klassischen Western: eine ganze Stadt wird von einer Bande korrupter Männer terrorisiert, ehe der Fremde sich auf die Seite der Unschuld stellt und die Stadt säubert. So eindeutig freilich liefen die Dinge in Lemgo nicht.

Wie die Hexen nach Lemgo kamen

Wer das Hexenbürgermeisterhaus betritt, sieht sich in einem hübschen Heimatmuseum. Die Renaissancefassade des Gebäudes, sauber renoviert, reiht sich in die Reihe blitzsauberer Häuser ein, und im Inneren sind die Gegenstände der Vergangenheit mit Liebe geordnet und ausgestellt: in den weiß verputzten Gewölben sieht man allerlei Heimatkunst, alte Möbel, Kunstgegenstände, aber eben auch die Folterwerkzeuge. Man sieht die Streckleiter, auf der die Beschuldigten mit einem schweren Stein gespannt wurden, hinter Glas und Rahmen die Spanischen Stiefel, man sieht den Folterstuhl und das schwere Holzgerät, eine Art Wanne, in der Menschen die Knochen gebrochen wurden – so, als würde man heute die Kabel für die Elektrofolter, die Plastiktüte, unter der man einen Menschen ersticken läßt, oder die Stangen ausstellen, an denen zusammengeschnürte Menschen aufgehängt werden. Man betrachtet diese Folterwerkzeuge aus der Barockzeit wie alte Kuchenformen oder Stühle und hat Mühe, sich das Grauen vorzustellen, das sie zu ihrer Zeit ausgelöst haben müssen: vor der Grenze äußersten Entsetzens scheut die Vorstellungskraft zurück.

Lemgo hat noch Jahrzehnte, nachdem die letzte »Hexe« umgebracht worden war, einen besonderen Ruf als Hexennest gehabt. So berichtet Liselotte von der Pfalz 1719 ihrer Freundin Karoline von Wales über einen heftigen Sturm, der in der Gegend von Paris zwei schwere Kirchentüren aus den Angeln gehoben und hundert Schritt weiter getragen, auch einen Kirchturmhahn »ganz zum untersten gedrehet« habe, und fährt dann fort: »Wenn es in der Grafschaft Lippe geschehen wäre, hätte man es vor Hexenwerk gehalten.« Die größte Stadt in dieser Grafschaft ist Lemgo gewesen, und sie ist Schauplatz eines Gruselstückes, das sich über viele Jahre hinzog und vom Kampf zwischen Willkür und Recht handelt: die sogenannten Hexen sind dabei nur die unglücklichen Opfer, Beweisstücke der Anklage.

Wer sind die Hauptakteure in diesem Spiel? Da ist zunächst der Dr. Kerkmann, ein Greis von 78 Jahren, der 1665 zum Regierenden Bürgermeister gewählt worden war – ein eigensinniger und korrupter alter Mann. Neben ihm auf der imaginären Anklagebank säße der alte Berner, der Stadtsekretär, der mit ihm vor 56 Jahren in Rostock die Rechte studiert hat, seine Kreatur und ihm vollkommen ergeben. Und schließlich gehört auf diese Bank der feiste Gastwirt und Kornhändler Kuckuck. Aber die wichtigste Figur würde noch fehlen, nämlich der berühmte Hexenbürgermeister selbst, Hermann Cothmann – ein Mann, von dem man sagen kann, er sei erst Opfer gewesen, ehe er Täter wurde.

Diderich Cothmann, der Vater, ein ebenso geiziger wie harter Mann, hatte in der Neustadt ein prächtiges Renaissancehaus erworben, wie es dieser alten Patrizierfamilie wohl anstand: eben jenes Haus, das heute Heimatmuseum ist. Aber der »Kaufhandel« warf nicht genug ab, jedenfalls nach Ansicht des Alten, so mußte der Sohn als »elender Stipendiat« sein Studium der Rechtswissenschaften absolvieren. Als Hermann Cothmann fünfundzwanzig Jahre alt war, ein Mann ohne Jugend und offenbar in der Kälte eines puritanischen Bürgerhauses aufgewachsen, wurde seine Mutter im Zuge der Hexenprozesse, die Kerkmann in Gang gesetzt hatte, »wegen verübter Zauberei zum Feuertode verurteilt, zum Schwert begnadigt und demnächst darauf dero Körper in die Erde verscharret«. Hermann Cothmann hat nicht etwa geschworen, seine Mutter zu rächen, er wird an der Richtigkeit des Urteils nicht gezweifelt haben. Vielmehr bewarb er sich um die Gunst des alten Kerkmann, er war mit dem dicken Ratssiegler Kuckuck und mit dem greisen Berner eng befreundet, ein Ehrgeizling, wie er zuweilen vorkommt, wenn eine übermächtige Vaterautorität die Anpassung erzwungen hat. Nach dem Tode des alten Kerkmann wurde im Jahre 1666 Cothmann wie selbstverständlich dessen Nachfolger.

Auf der anderen Seite stehen die zahllosen Opfer, und vor allem jene Menschen, die der alte Kerkmann mit seinem Haß verfolgt hatte, einem Haß, den er seinem Nachfolger vererbte. Das Grundmotiv dieses Hasses war wohl Neid: man sah voll Neid auf die reichste Frau der Stadt, eine Frau Böndel, die offenbar vor diesem Stadtregiment nicht den Nacken gebeugt hatte. In erster Ehe hatte sie einen Sohn, den Dr. Sprute, einen glänzenden jungen Juristen, der sie schon im ersten Hexenprozeß erfolgreich verteidigt hatte.

Mangel an Unterwürfigkeit dürfte auch das Verbrechen des Obristleutnants Abschlag gewesen sein: er war »eine allgemein bekannte, wahrhaft martialische Gestalt, und die Jugend der Stadt blickte bewundernd zu ihm auf, wenn er in Federhut, grauem Überrock und Reitstiefeln langbeinig über den Marktplatz geschritten kam, um in der ›Waage‹ oder im ›Ratskeller‹ einen kräftigen Schluck Bitterbier zu trinken und mit den Bürgern auf dem Damebrett zu spielen« (Meier-Lemgo). Dieser Sohn eines Dorfmusikanten aus Lage hatte sich unter Tilly und Wallenstein im Dreißigjährigen Krieg vom gemeinen Reiter zum Obristleutnant emporgedient und war schon mehrfach mit dem Rat der Stadt aneinandergeraten.

In jenem Hexenprozeß, der von Kerkmann 1653 bis 1656 durchgeführt worden war und der 38 Menschen, darunter die Mutter des Patriziersohnes Cothmann, das Leben gekostet hatte, war Abschlag als Genosse der Hexen, ja als Führer der Lemgoer »Hexenrotte« angegeben worden. Auch er war, zusammen mit der Frau Böndel, von dem jungen Dr. Sprute verteidigt worden, und zwar so geschickt, daß die Rechtsfakultät in Rinteln ein freisprechendes Gutachten erstellte. Falls sich, so hatte es damals geheißen, ein neuer Verdacht gegen die beiden Beschuldigten ergeben sollte, so war ihnen freies Geleit und ungehinderte Verteidigung zugesichert, vorausgesetzt, daß sie sich, spätestens auf dreimalige Ladung, dem Rat der Stadt stellen würden.

Ferner gab es die aufrechte Familie Kleinsorge, den 68jährigen Ratsherrn, seine Söhne Dietrich Adolf Kleinsorge, einen geschickten Juristen, und den ebenfalls hochbegabten und weitgereisten

241

Heinrich Balthasar; auch der Pastor Dr. Andreas Koch und sein Kantor standen auf der Seite des Rechts.

Um die Szene vollständig zu schildern, müssen noch die Verhältnisse am gräflichen Hof und die Fakultät der Rechtswissenschaften in Rinteln erwähnt werden. Der alte Kerkmann war mit dem Kanzler des Fürsten, einem gewissen Nevelin Tilhen, verschwägert, der gegenüber Beschwerden möglichst taub blieb, und die Rechtsfakultät zu Rinteln lieferte jedes gewünschte Gutachten – zum Beispiel auch das spätere Gutachten gegen Abschlag. Es kostete drei Gulden Gebühr, gab den Angeklagten für die »scharfe Frage« frei und kostete ihn somit das Leben.

Den genauen Verlauf der Ereignisse hat Karl Meier-Lemgo in seinem Heftchen »Hexen, Henker und Tyrannen« liebevoll und urkundengetreu nachgezeichnet, dem wir hier ausführlich folgen.

Schon damals war der Hexenprozeß für aufgeklärte Geister eine Art Anachronismus: zwar glaubte man noch an Hexen, zwar gab es die einschlägigen Paragraphen und Vorschriften noch, aber jeder leidlich vernünftige Mensch verabscheute Inquisition und Scheiterhaufen, vor allem im protestantischen Raum. So war Lippe mit seinen Hexenjagden eine Ausnahme: im Bistum Münster hatten die Hexenprozesse 1648 aufgehört, im Jahr des großen Friedensschlusses, in Osnabrück schon zehn Jahre früher, und im nahen Hannover entrüstete sich die Kurfürstin Sophie, die Gemahlin des Herzogs Ernst August und Gönnerin des großen Philosophen Leibniz, über diese mittelalterlichen Frevel, die in Lippe und Minden geschahen. Der Vorwurf der Hexerei spielte denn auch in diesem Intrigenspiel nur die Rolle eines Vorwandes, um den Gegner unter allen Umständen vernichten zu können – etwa so, wie man auch heute im politischen Kampf den Gegner mit falschen Anschuldigungen diffamiert, um ihn zu Fall zu bringen.

Nach dem ersten Hexenprozeß, der mit einem so glänzenden Sieg des jungen Dr. Sprute über den alten Kerkmann geendet hatte, herrschte eine Weile Ruhe, bis sich am 19. Mai 1665 das siebzehnjährige Mädchen Elisabeth beim Rat der Stadt Lemgo meldete und sich »mit herzlichem Seufzen und Weinen« beschuldigte, sie sei eine Hexe. Es wird niemanden verwundern, daß sie von einem Hexentanz berichtete, an dem der Obristleutnant Abschlag mit vornehmen Damen teilgenommen habe. Aus einer gläsernen Kutsche sei er gestie-

242

gen, eine höchst fortschrittliche Fortbewegungsart des Satans, und auch die reiche Frau Böndel sei mit von der Partie gewesen. Zur Zauberei, so sagte die Elisabeth aus, die beim Buchhändler Meyer in Stellung war, sei sie verführt worden von der »Plögerschen« auf der Wüstenstätte.

Damit war das Muster gegeben, nach dem auch in allen folgenden Versuchen verfahren wurde, erst den Abschlag, dann die Frau Böndel, schließlich die Familie Kleinsorge vor Gericht und auf den Scheiterhaufen zu bringen. Wer da die Hexe spielte, war den Herren gänzlich gleichgültig, nur formal mußten die Vorwürfe stimmen. Als man nämlich 1666 wieder einmal ein altes Weiblein, Trappe mit Namen, aus dem Brüderkloster geholt hatte, sah der dicke Ratssiegler, der Gastwirt Kuckuck, daß die Ratsdiener die Falsche erwischt hatten. Die Leute wollten sie wieder abführen, da rief Kuckuck:»Halt, es kommt auf eines heraus! Laßt sie nur hier!« Sie wurde gefoltert und geköpft.

Man wird annehmen dürfen, daß Kerkmann nicht nur die Magd Elisabeth präpariert, sondern auch Absprachen mit der Fakultät in Rinteln getroffen hatte, denn alles verlief nach Wunsch: das Mädchen gab sich voll Reue und wurde vermahnt, nach Hause zu gehen, ihre Arbeit fleißig zu verrichten, sich Gott vor Augen zu halten und fleißig zu beten. So würde Gott sich ihrer erbarmen und sie in Gnade aufnehmen. Die Juristen in Rinteln gutachteten, gegen die von dem Mädchen »beklaffte« Frau sei alsbald ein peinliches Verfahren zu eröffnen. Das Mädchen möge man von den Geistlichen bekehren und weiterhin belehren lassen, damit ihre Seele gerettet werde – dann sei sie, als eine geständige Zauberin, hinzurichten mit dem Schwert.

Das fanden die Herren vom Rat übertrieben. Offenbar befürchteten sie, das Mädchen könnte mehr aussagen, als zu wissen gut täte. Also gab man ihr einen Wink und ermöglichte ihr, aus der Stadt zu fliehen: sie wird an diese hochgestellten Männer, die mit ihrer Hilfe das Komplott schmieden konnten, stets dankbar gedacht haben, denn sie verdankte ihnen ja ihr Leben.

Die Witwe Plöger wurde unverzüglich festgenommen. Aus dem Turm richtete sie ein Gnadengesuch an den Rat: in ihrer Jugend habe sie einmal ein Stück Leinen gestohlen, sich sonst aber ihr ganzes Leben lang frömmlich gehalten, sie bereue ihr einstiges Verbrechen von

Herzen, die Herren möchten doch gnädig mit ihr verfahren, um Gottes willen.

Das nützte ihr alles nichts, eine Hexe ist eine Hexe. Meister David Claus, der Henker, unterwarf sie der »territio«, breitete also die »zierlichen Instrumente« vor ihr aus, und Bürgermeister Kerkmann setzte sie unter Druck. Da sie nicht begreifen will, reißt der Henkersknecht ihr die Strümpfe herunter und foltert die Alte mit Beinschrauben, da »schreit das Weiblein auf und bekennt alles, was man von ihr wissen will«. Jedermann hat Hexengeschichten gehört, also weiß jedermann, was man von ihm erwartet. Sekretär Berner protokolliert hastig, während die Plöger wie toll Beschuldigungen hervorstößt: es fallen die Namen Böndel und Abschlag, Müßmann und Schönstake, Adam van Dael, von Ritten auf Katzen, Hunden und Ziegen ist die Rede, von phantastischen Gelagen. Sechs weitere Hexenprozesse kann man nun anstrengen und hier weiteres »Beweismaterial« gegen die Gegner des Rates herausfoltern. Die alte Frau Plöger wird zum Schwert begnadigt, und weil man mit ihr zufrieden ist, erläßt man ihr die dafür übliche Gebühr.

Die Dinge nehmen den gewünschten Lauf: die Patrizierin, die »Böndelsche«, wird verhaftet, weil sie von »der Süllstedtschen« als Hexe angegeben worden ist –, und unter der Folter sagt sie ihrerseits gegen den Obristleutnant Abschlag aus, der schon von einer anderen Frau belastet worden ist. Der 61jährige Mann denkt nicht daran, zu fliehen, weil er sich nichts vorzuwerfen hat, auch habe ihn die Leipziger Juristenfakultät ja freigesprochen. Er wird dennoch verhaftet und mit der Böndel konfrontiert, die ihn ins Gesicht hinein beschuldigt: diese Frau hat bereits aufgegeben, sie weiß, daß ihnen beiden nichts mehr helfen wird. Der Offizier erstarrt unter diesen Beschuldigungen, »die Zunge klebt ihm am Gaumen«, wie es im Protokoll heißt.

Wieder war ein Gutachten der Fakultät in Rinteln fällig, das Stück für drei Taler. Kerkmann schrieb in seinem Gesuch, es ließe sich »nicht denken, daß der gerechte Gott, zu dessen Ehren diese Hexenprozesse geführt werden, zugeben solle, daß ein Unschuldiger dreißigmal denunziert werde und die Denunzianten bis an ihren Tod dabei beharren«. Die Herren in Rinteln erkannten, nachdem sie »mit gebührendem Fleiß kollegialiter wohlerwogen hatten«, auf die scharfe Frage. Abschlag hielt der Folter nicht stand. Bei der ersten Frage gestand er, er habe Vater und Mutter ermordet, bei der zweiten, er habe seine Schwester und seine Kinder vergiftet. Man peinigte ihn ohne jede Gnade, allein auf dem »Rottmann« eine Stunde – und seine Feinde, der Kerkmann und Kuckuck, holten immer neue Namen aus ihm heraus. Am nächsten Tag veranstaltete man mit ihm, der darum gebeten hatte, die Wasserprobe, aber er schwamm oben – der Henker verstand sein Handwerk. Die beiden Hauptfeinde Kerkmanns, die Böndel und der Obristleutnant, wünschten sich nur noch den Tod, aber der Rat ließ sich Zeit.

Im Oktober wurde die Böndel erneut gefoltert, bekannte auf der Streckleiter Ehebruch, Vergiftungen und Kindesmord, schließlich folterte man aus ihr heraus, sie habe den Stadtpastor Dr. Andreas Koch das Zaubern gelehrt. Am nächsten Tag widerrief sie, das Gewissen mußte sie bitterer gepeinigt haben als der wahnsinnige Schmerz. Wiederum fragte man in Rinteln an, aber schon die zweite Folter war ungesetzlich gewesen, die Herren bekamen Bedenken, eine dritte Tortur schien nicht ratsam. Der dicke Kuckuck schrie die Frau an: »Du Teufel, du ehebrecherische Hure. Willst du uns Händel machen? Der Lehrer Beschorn ist mit glühenden Zangen zerrissen worden, und mit dir soll es noch ärger gemacht werden!«

Aber diesmal blieb die Frau fest. Am Heiligen Abend des Jahres 1665 »fuhr man die Frau, die eine der vornehmsten, aber auch gütigsten der Stadt gewesen, hinaus zur Sandkuhle an der Klus, und David Claus gab ihr mit dem schweren, sicher treffenden Schwert den Todesstreich, nach dem sie so lange sich gesehnt« (Meier-Lemgo).

Kurz zuvor hatte man den Prediger Andreas Koch amtlich im Auftrage des Rates aufgefordert, er solle aufhören zu predigen: diese Aufforderung war willkürlich und widerrechtlich. Acht Tage später war er seines Amtes enthoben – natürlich wegen Verdachtes der Zauberei, eine absurde Anschuldigung.

Der Stadtpastor wehrte sich sofort mit einer Eingabe an seinen Landesherrn, die ihn teuer zu stehen kommen sollte. Auch ließen Dr. Kerkmann und Kuckuck ohne jede Rechtsgrundlage den reichen Kaufmann und Gastwirt Rottmann festnehmen, der seit langem auf ihrer Liste stand. Aber der Mann war wohlhabend, er forderte eine regelrechte Verteidigung und zahlte alles: man mußte ihm als Rechtsanwalt den Dietrich Kleinsorge zugestehen, einen der Standhaften. Doch als das Jahr 1666 begann, wendeten sich die Dinge zum Schlimmsten.

Das Schreckensregiment der Greise

Anfang des Jahres 1666 holte sich der greise Kerkmann, der gegen allen Brauch wieder in den Rat gewählt worden war, als Helfer in Hexensachen den ehrgeizigen Hermann Cothmann, der mit 37 Jahren von beiden Räten zum »Direktor des peinlichen Prozesses« gewählt und am 16. Januar 1666 vereidigt wurde. Seine erste Amtshandlung war die Bestätigung des Urteils gegen Abschlag, der am 19. Januar mit dem Schwert hingerichtet wurde. Noch im gleichen Jahr starben Kerkmann und die beiden anderen Bürgermeister. Eng verbündet mit dem korrupten Ratssiegler Kuckuck und dem alten Sekretär Berner, führte Hexenbürgermeister Cothmann sein Amt als der selbstverständliche Nachfolger Kerkmanns, und es gelang ihm über zehn Jahre, die Macht in Lemgo zu behalten: ihm verdankt die Stadt ihren Ruf als Hexennest und somit ihre touristische Attraktion.

Insgesamt neunzig Menschen fielen ihm zum Opfer, und noch 1681 strengte er seinen letzten Hexenprozeß an – aber er scheiterte an der Kraft einer Frau, Maria Rampendahl, welche der Folter standhielt und sie überlebte, um dann gerichtlich gegen Cothmann vorzugehen: man sieht, die Zeiten hatten sich denn doch geändert.

Zunächst aber kämpfte der Prediger Koch seinen aussichtslosen Kampf gegen die Gewalt. Er schrieb eine »Appellation« an seinen allergnädigsten Landesherrn – in jenen Zeiten konnte man ja keinen Staat verklagen wie im heutigen Rechtsstaat, sondern nur an den Landesherrn appellieren – und er schrieb mit beredter Feder: »Ein rechtschaffener Richter soll alles aufsuchen und befördern, was einem Menschen zum Besten und zur Rettung seiner Unschuld dienen kann. Die Lemgoer Richter tun nichts dergleichen, arbeiten vielmehr mit Händen und Füßen, daß das böse Gerücht vermehrt und meine Unschuld unterdrückt werden möge.« Die heilige Empörung eines braven Geistlichen, der von ein paar gefolterten Weibern verdächtigt worden war, nützte nichts – der Landesherr verwies die Schrift an den Lemgoer Rat zurück, übrigens ohne Kommentar.

Wenig später wurde auf dem Schlagbaum des Braker Schlosses ein sogenanntes Pasquill gefunden, eine »Schmähschrift«, welche die Machenschaften des Lemgoer Rates aus intimer Kenntnis anprangerte und ebenso boshaft wie witzig der Lächerlichkeit preisgab.

Nun, der Landesherr war damals mit seiner zweiten Hochzeit befaßt, er reagierte nicht. Um so schärfer griff der Rat von Lemgo durch: eine notorische Schwätzerin wurde gefoltert, bis sie den Prediger Koch als Verfasser des Pasquills beschuldigte, die Universität Gießen erstattete ein Gutachten über den Fall und ließ die »peinliche Frage« zu. Der Rat der Stadt Lemgo erklärte daraufhin, die »Herren des Geschworenen-Rates können anders nicht, denn vermöge solcher Informationen dasjenige verrichten, was zuförderst zu geschehen, und also mit der Tortur wider den ehemaligen Prediger Andreas Koch zu verfahren, wünschend, daß der allmächtige Gott dazu seine Gnade verleihen wolle, damit er zur Buße kommen möge«.

Unter der Folter nannte der schmächtige Intellektuelle die Brüder Kleinsorge als Verfasser der Schrift, ihr Diener Gerd habe es auf den Schlagbaum gelegt. Er widerrief, wurde erneut gefoltert und am Tage vor dem Pfingstfest, am 2. Juni 1666, bei Morgengrauen »als langjähriger Zauberer« geköpft. Man mußte ihn zur Richtstätte tragen, denn er war so übel zugerichtet, daß er weder stehen noch gehen konnte.

Für die Leute um Cothmann war das nur ein Teilerfolg. Der dicke Kuckuck, wie alle Beschränkten der Ansicht, seine Macht sei unangreifbar und müsse ewig dauern, äußerte zu jedem, der es hören wollte: »Die Kleinsorgen müssen kaputt gemacht werden!« Der nächste Angriff galt dem jungen Gerd, dem Diener der Kleinsorges. Der bestritt, mit der Sache etwas zu tun zu haben und ließ sich auch von großem Aufgebot nicht einschüchtern. Als Cothmann höchstpersönlich dem Siebzehnjährigen eine Karriere als Kanzlist anbot, sagte der: »Wenn er denn sollte ja sagen und die Kleinsorgen in der Tat dennoch unschuldig wären, so täte er ja bei den Kleinsorgen, wie Judas bei seinem Meister Christo getan hätte.« Nach siebzehn Wochen Haft und Hausarrest mußte der Rat die Haft der Kleinsorges aufheben, denn deren Ansehen beim Landesherrn war so groß, daß der Rat sich eine offene Provokation nicht leisten konnte.

Woche um Woche wurden in Lemgo Hexen verbrannt, in dem 24 Männer umfassenden Rat regte sich Widerspruch: bei Folterungen seien nur Cothmann und Kuckuck anwesend, das wurde angegriffen, auch habe darüber, wer in den Prozeß gezogen werde, der gesamte Rat zu bestimmen, das sei nicht nur Sache Cothmanns und Kuckucks allein. »Ohnehin sei die Stadt wegen ihrer Hexenverfolgung bereits laut beschrien.« Dieses Trauma wirkte übrigens durch die Jahrhunderte fort: es ist den Lemgoern nicht angenehm, auf diese Vergangenheit angesprochen zu werden. Damals konnte die Opposition nichts ausrichten, und als im Rat Widerstand gegen einen »neuen Angriff« laut wurde, erklärte der unverfrorene Ratssiegler Kuckuck: »Wir müssen noch 14 Personen weghaben, ehe wir aufhören, sonst kriegen wir selbst einen Prozeß an den Hals.« Das ist nun allerdings schon eine sehr moderne Ausdrucksweise, wie sie in Gangster- und Syndikatskreisen üblich ist.

Es gelang einem der Beschuldigten, zu fliehen und seine Familie nachkommen zu lassen. Er beschwerte sich beim Landesherrn und schrieb: »Ich soll im vergangenen Mittsommer ein Pferd vergiftet haben, das meinem Schwiegervater gehört habe. Davon weiß kein Mensch zu sagen. Mein Schwiegervater, Krop in Bega, ist schon zwei Jahre tot. Vor vier Jahren hätte ich ein Kind vergiftet. Das Kind ist aber jetzt erst drei Jahre alt.« Als der Landesherr ihm freies Geleit zu einem anderen Gericht abschlug, beschwerte er sich beim Reichskammergericht in Speyer, und hier wird deutlich, welche segensreiche Rolle nun doch die Entwicklung des Rechtswesens spielte. Die Juristen in Speyer forderten Rechenschaft vom Rat in Lemgo wie von der Detmolder Kanzlei. Es heißt da: »Da aber die gräflichen Räte nicht zu dieser Generalinquisition des Lemgoer Prozesses zu bewegen sind, so will der Anwalt solches dieser höchsten Justiz im Heil. Röm. Reich übergeben haben, damit die Inquisition vorgenommen werde, wobei dann die üblen Direktoren Prozesses an Leib, Hab und Gut zu strafen oder auch gar dem Rat, der seine Privilegien mißbraucht, dies Recht genommen werde ...«

Das gab Ärger in Lemgo und bestätigte den Gastwirt Kuckuck in seiner Entschlossenheit, seine Gegner schleunigst zu liquidieren, denn langsam mahlen die Mühlen der Justiz bis auf den heutigen Tag. Übrigens wurde Cothmann 1667 wieder zum Regierenden Bürgermeister gewählt, auch der ehemalige Schreiber Berner wurde nun Bürgermeister: kein Mensch konnte Widerstand wagen, diese Wahl wurde Jahr für Jahr bestätigt.

Das nächste Opfer war der Kantor Grabbe, der nach dem Tod des alten Landesfürsten im Februar 1667 zum nahen Haus Wöbbel, einem Landsitz, aufbrach, um dem jungen Herrn zu berichten, einem Grafen Simon Heinrich, der mit der älteren und gescheiteren Gräfin Dohna vermählt war. Grabbe beklagte sich beim sogenannten Landdrosten, wurde von ihm angehört, in Eisen gelegt und zur Aburteilung nach Detmold gebracht.

Unter der Folter gestand er dann, was man von ihm hören wollte, die Vergiftung von Kühen, Schweinen, Hühnern und Menschen, er nannte als Mitschuldige seine Schüler und fast hundert weitere Namen, und schließlich gab er den jüngeren Kleinsorge als Verfasser des Pasquills an, das er ohne Zweifel kannte. Schließlich erklärte der Kantor in seiner Qual, der verstorbene Pastor Andreas Koch habe ihm, unter dem Siegel tiefster Verschwiegenheit, das Geheimnis anvertraut. Zugleich bat er, man möge ihn um Gottes willen nicht mit den Kleinsorges konfrontieren, zumal er mit ihnen immer in vertraulicher Freundschaft gestanden habe.

Endlich hat der Hexenbürgermeister sein Ziel erreicht – aber in Lemgo hatten die Wände Ohren, die Kleinsorges hörten vom Ausgang des Verhörs, vom Zusammenbruch des Kantors, es gab nur eine Rettung: Dietrich Adolf Kleinsorge, der ältere, mußte fliehen. Noch in der gleichen Nacht warf sich der Mann aufs Pferd und ritt los – sein Ziel war nicht die Freiheit, nicht ein anderes Land wie Hannover oder Preußen, er ritt – zum Landdrosten. Zu demselben Mann, der den alten Kantor hatte festnehmen lassen.

Der ehemalige Obrist in kaiserlichen Diensten, ein verbrauchter und kranker Mann, hörte sich den jungen Juristen an, der mit dem Mut der Verzweiflung sprach, schließlich beschied er: der Kleinsorge solle seine Beschwerden schriftlich bei Seiner Gnaden Kanzlei eingeben, dann werde man weiter sehen.

Intrigen und der Sieg des Rechtes

Der letzte Akt dieses blutigen, grotesken Schauspiels begann: der ältere Bruder ritt zurück, man hörte von weiteren Verhören, und nun wollte der jüngere Bruder zum Landdrosten, wollte ihm seine Unschuld beweisen und die empörende Lüge entlarven. Zum zweiten Mal also war ein Kleinsorge unterwegs nach Wöbbel, zum zweiten Male ritt einer durchs Tor, ohne zu wissen, ob er nicht in Eisen geschlagen würde. Es muß eine besondere Kraft von diesem jungen

Mann ausgegangen sein: der Landdrost sicherte ihm zu, die Sache werde vor unparteiischen Zeugen in Detmold verhandelt, unter Umständen in Gegenwart des Landdrosten selbst. Und dennoch hatte Heinrich Balthasar Kleinsorge den Eindruck, dieser alte Mann mißtraue ihm, hielte ihn für schuldig.

Um die Sache kurz zu machen: während mit dem Landdrosten verhandelt wurde, hatte Tilhen, der Kanzler des Grafen, Intrigen gesponnen, von denen die Kleinsorges erfuhren, nun war es wirklich Zeit zur Flucht: als die Ratsherren schon zur Tür hereinkamen, um Heinrich Balthasar zu verhaften, und vom älteren Bruder aufgehalten wurden, floh jener mit dem jungen Diener Gerd Göhring zur Stadt hinaus. In Bielefeld nahm er Dienst als Leutnant bei den kurbrandenburgischen Truppen, während Cothmann in Lemgo weiter wütete: 27 Justizmorde waren das Ergebnis des Jahres 1667.

Noch einmal tauchte der jüngere Kleinsorge, hoch zu Roß als kurbrandenburgischer Leutnant, in Lemgo auf: er riskierte Kopf und Kragen, als seine Mutter im Sterben lag. Vier Ratsherren und eine ganze Schützenrotte mit Spießen waren aufgeboten, ihn zu verhaften, aber er floh mit einem Sprung durchs Fenster, konnte sich in der Stadt verstecken und muß nachts über die Stadtmauer gegangen sein: an seiner Stelle wurde dann der ältere Bruder verhaftet. Man warf ihm vor, er habe 42mal am Hexentanz teilgenommen, sei also der Hexerei und Giftmischerei schuldig. Kleinsorge antwortete mit einem Argument, das einen auch heute noch geltenden Rechtsgrundsatz heranzieht: die Richter erklärte er für befangen, denn es sei oberstes Gesetz aller Rechtsprechung, daß Richter unparteiisch sein müßten. Deshalb hätten die Herren von Lemgo, die in persönlicher Feindschaft zu ihm ständen, wie jedermann in der Stadt wisse, auf ihr Richtertum zu verzichten. Kleinsorge siegte, er wurde unter Bewachung von 22 Schützen nach Detmold überführt, später auf die Burg Sternberg, wo er zweieinviertel Jahre gefangen saß. Die Anklageschrift umfaßte 215 Artikel.

Dietrich Adolf Kleinsorge ließ sich aber nicht entmutigen, es gab Zeugen aus der Bevölkerung von Lemgo, die die Hexenrichter von Lemgo schwer belasteten: die Zeiten hatten sich geändert, man konnte nicht mehr ohne weiteres den Boden des Rechtes verlassen. So versuchten die Herren von Lemgo, den Prozeß hinauszuziehen, in der Hoffnung, der Kleinsorge möge auf der Burg in der Haft sterben.

Am 10. Juni 1669 aber starb der Kanzler Tilhen, vierzehn Tage später kam das Urteil der Rechtsfakultät von Erfurt: Dietrich Adolf Kleinsorge sei aus der Haft zu entlassen. Die Hexenprotokolle seien vom Rat der Stadt Lemgo herauszugeben. Die vom Angeklagten geforderte Untersuchung der Hexenprozesse sei bis zur erfolgten Auslieferung aufzuschieben.

Kleinsorge wollte sein Gefängnis nicht verlassen, ehe nicht die Untersuchungen gegen die korrupten Herren von Lemgo begonnen hatten, konnte sich aber in diesem Punkt nicht durchsetzen. Nach acht Monaten eines »Entlassungsstreiks« ritt er in Lemgo als freier Mann ein. Drei Tage später begann Cothmann mit neuen Hexenprozessen, die so lange ausgesetzt waren.

Eine alte Frau nennt keinerlei Namen und stirbt, ein Ehepaar Sievert bekennt 124 Hexengenossen, ein alter Apotheker stirbt, ein gewisser Prott nennt die Frau des Henkers als Hexe, die sei mit der Böndelschen in einer Kutsche gefahren – woraufhin der Henker Claus dem Manne die Beinschrauben ansetzt: vergeblich, kaum aus der Folter befreit, bestätigt er seine Aussage, auch er wird geköpft.

Jedermann im Lippeschen wußte übrigens, was in Lemgo vorging, in Detmold wurden regelrechte Bestechungsfälle zu Protokoll gegeben, von Bürgern, die man aus Lemgo nach Detmold zitiert hatte – aber es änderte sich nichts. Der Nachfolger des verstorbenen Tilhen erwies sich als ebenso halsstarrig und unzugänglich wie sein Vorgänger, auch die Intervention des Großen Kurfürsten, der sich auf Betreiben des jüngeren Kleinsorge einmischte, nützte nichts, es ging um die Souveränität, und der junge Graf, unbelehrt oder dumm, ersuchte den Kurfürsten sogar, er möge doch den Lügen des Kleinsorge keinen Glauben schenken.

Der ältere Kleinsorge blieb zwar ungeschoren, aber Cothmann, der Hexenbürgermeister, wurde 1675 mit zwölf gegen neun Stimmen erneut in seinem Amt bestätigt.

1676 starb der Landdrost von Lippe; der jüngere Kleinsorge, inzwischen im preußischen Verwaltungsdienst, konnte über den Vater der Gräfin zur Lippe, den er bei Hofe in Berlin kennengelernt hatte, erneut intervenieren, und endlich wurde die Sache zum Abschluß gebracht: der Graf von Lippe erließ eine Verordnung, wonach alle gegen die Kleinsorges erhobenen Beschuldigungen als grundlos »gänzlich zu abolieren, zu annullieren, zu tilgen und aufzuheben seien«. So einfach war das. Und weshalb die Sinnesänderung? Noch einfacher: der Mann war bei Hofe, der konnte dem Grafen noch nützen. In der Tat ist Heinrich Balthasar Kleinsorge Geheimer Rat der Domänenkammer geworden und wurde 1693 der erste Polizeidirektor von Berlin, 1698 erhielt er vom Kaiser den erblichen Adel.

Und der dicke Kuckuck? Und der Hexenbürgermeister Cothmann? Kuckuck und Berner, die Folterer von Lemgo, starben eines natürlichen Todes, Cothmann herrschte weiter über die Stadt. Als sich 1678 eine Gruppe von elf Bürgern beim Grafen beschwerte, geschah ebensowenig wie bei späteren Klagen. Schließlich, als sich wiederum dreißig Bürger mit einer Eingabe an den Grafen gewandt hatten, reagierte der Landesherr – und verurteilte sie zu je hundert Talern Geldbuße wegen Unbotmäßigkeit: man vergißt, was bürgerliche Freiheiten bedeuten, wenn sie heute selbstverständlich geworden sind – damals erschienen sie unerreichbar.

Noch einmal griff der Hexenbürgermeister zu seiner Lieblingswaffe und eröffnete 1681 einen Hexenprozeß: das erste Opfer, ein altes Weiblein, starb durch das Schwert, aber die zweite Angeklagte, Maria Rampendahl, verhaftet mit einem Kind an der Brust, blieb fest; sie hätte ein Denkmal in Lemgo verdient. Die Frau wurde barbarisch gefoltert, gab aber nicht nach, so daß man ein Gutachten einholen mußte. Das lautete auf Landesverweisung, so verklagte sie von Rinteln aus erst ihre Folterer beim Landesherrn, dann den Grafen von Lippe beim Reichskammergericht.

Schließlich starb der Hexenbürgermeister, unbestraft und ungerührt wie so viele Hexenverfolger vor ihm. Ein Menschenalter nach seinem Tod wollte man das Geschehene ungeschehen machen: der Rat der Stadt erklärte am 31. Dezember 1715 laut Protokoll, das sogenannte Hexen- oder Schwarze Buch solle vernichtet werden. Es heißt da: ». . . weilen die darin angeführten Passagen guten Teils nunmehr für Torheiten gehalten werden, zu verbrennen: ist dasselbe aus dem Archiv gekriegt, in des Rates Gegenwart zerschnitten und öffentlich verbrannt worden. Und möchte man wünschen, daß dergleichen Buch niemalen gemacht worden wäre, alsdann die gute Stadt noch wohl in besserem Flore sein würde, weil sie guten Teils durch solchen fameusen Prozeß ruiniert worden.«

Von den Opfern sprach auch damals kein Mensch, und niemand konnte sagen, der Hexenglaube sei ein für allemal verschwunden, noch viel weniger der Ausrottungswahn gegenüber denen, die angeblich mit dem Teufel im Bunde stehen oder auch nur das Böse verkörpern, was immer man darunter verstehen mag.

Das Erwachen der Vernunft

Im Jahre 1489, als der »Hexenhammer« erschien, wurde das Rechenbuch von Johann Widmann gedruckt, das erstmals die heutigen arabischen Ziffern enthielt, die ja durch den Islam aus dem Indischen übermittelt worden waren, samt dem Zahlenbegriff der Null. Es war die Zeit Riemenschneiders und Memlings, Albrecht Altdorfers und Kaiser Maximilians I., des »letzten Ritters«. Kopernikus war damals ein Mann von 26 Jahren, der seine Studien an der Universität Krakau noch nicht aufgenommen hatte, und der kleine Martin Luther, ein Junge von sechs Jahren, war gerade ein Jahr auf der Schule in Mansfeld.

Als im Jahre 1631 in Rinteln die Streitschrift »Cautio criminalis« gegen den Unfug der Hexenprozesse publiziert wurde, eroberte Tilly die Festung Magdeburg und gab sie seinen Truppen frei: das Entsetzen entsprach etwa dem, das später der Untergang Hiroshimas ausgelöst hat. Was war das für eine Zeit, die erste Hälfte des 17. Jahrhunderts, als der Säuberungswahn gegen die sogenannten Hexen seinen Höhepunkt erreicht hatte? Und vor allem, welches geistige Klima entstand in der zweiten Hälfte dieses Jahrhunderts, als sich das Ende der Hexenjagden abzeichnete?

1630 war Kepler gestorben, 1642 Galileo Galilei. Das neue Weltbild, gegen das noch Luther gewettert hatte, setzte sich mühsam durch: man rang um Erkenntnis, aber welche Erkenntnis war richtig? Die, welche mathematisch bewiesen und naturwissenschaftlich exakt gewonnen, oder die, welche von Gott mit Hilfe der Bibel offenbart worden ist? Gibt es den Teufel mit seinen Dämonen, die Engel und Erzengel, ist die Schöpfung unverändert seit Anbeginn, oder wandelt sie sich unaufhörlich, und wenn die Erde nicht im Mittelpunkt des Weltalls steht, thront Christus nicht dennoch als Weltherrscher über ihr – woran sollte man sich halten?

Die Zeiten waren schlimm: im Mittelmeer tobte der Krieg zwischen Venedig und den Türken, der mit dem Verlust aller Kolonien an die Türken endete. Zwischen der Großmacht Schweden und Polen wurde 1660 der Frieden zu Oliva geschlossen, der den Krieg gegen Polen beendete: den hatten Karl X. von Schweden und der Große Kurfürst von Brandenburg im Bunde geführt, um den polnischen Anspruch auf die schwedische Krone zu brechen, was durch diesen Frieden geschah. Dünkirchen, das den Engländern gehörte, wurde 1662 an Frankreich gegeben. In England selbst kommt Karl II. auf den Thron, ein erbitterter Hexenjäger. Man fürchtete sich vor den Türken und der Pest, sah Zeichen am Himmel, Meteore kündeten Viehsterben an oder des Fürsten Tod, der Teufel ging um, und der Antichrist würde heraufkommen am Ende aller Zeiten. Daß es Hexen gäbe, glaubte fast jeder – die Frage war nur, wem man seine Hexerei beweisen kann. Aber um solche Beweise zu führen, hatte man geistliche und weltliche Experten, und wenn auch die Mutter Kirche, gespalten und zerrissen, viel hatte hinnehmen müssen, den Kampf gegen den Teufel und seine schändlichen Helfer würde sie nicht aufgeben. Der geistige Abstand zwischen dem Erscheinungsjahr des »Hexenhammer« und dem der »Cautio criminalis« des Friedrich Spee umfaßt mehr, als man auf den ersten Blick vermuten möchte.

Dieses 17. Jahrhundert ist ja nicht nur die Epoche des Dreißigjährigen Krieges und blutiger Glaubenskämpfe, es ist auch die hohe Zeit der Akademien: überall begann man sich für die Naturwissenschaften zu interessieren, seit der große Galilei das Fernrohr in den Himmel gerichtet hatte. Die Jesuiten, diese Kader der katholischen Gegenreformation, unterhielten allein in Frankreich hundert Kollegien in allen großen Städten, man betrieb dort Zoologie, Botanik, Anatomie und ähnliche Studien, es gab rund fünfzig private Observatorien, in denen man Astronomie studierte (Crombie).

Man erinnerte sich Athens und seiner Akademie, man betrieb an den Höfen die Wissenschaften wie eine Marotte, doch nicht ohne Interesse und Witz: so hatte der Herzog von Cesi in Florenz die »Accademia dei Lincei« ins Leben gerufen, die »Gesellschaft der Luchse«, eine Anspielung auf den sprichwörtlichen scharfen Blick dieser Tiere: sie war die erste Akademie in Europa, die gedruckte Protokolle veröffentlichte. Um die Mitte des Jahrhunderts diskutierten die Gebilde-

254

ten in Rom und London nicht Hexensabbat und Teufelsbündnis, sondern Harveys Blutkreislauf, die Entstehung der Kometen oder das Vakuum von Toricelli, also die Frage, ob die Natur einen »Abscheu vor der Leere« habe. Man betrieb nicht mehr Zahlenmystik wie im Mittelalter, sondern Zahlentheorie, und der Kommissar für Bittschriften am Parlament zu Toulouse, der Jurist Fermat, fand in den dreißiger Jahren dieses Jahrhunderts, unabhängig von Descartes, die analytische Geometrie. Henry Briggs veröffentlichte 1628 die erste Logarithmentafel, und Pierre Vorel, Mediziner am Hofe Ludwigs XIV., um 1630 das erste naturwissenschaftliche Werk mit mikroskopischen Beobachtungen. Man untersuchte die physikalischen Eigenschaften des Lichtes und den Bau des Auges, erforschte mit dem Mikroskop den Bau der Lunge und des Hirns. Man fand den Unterschied zwischen Arterien und Venen, und Robert Hooke entdeckte im Mikroskop zum Ende des Jahrhunderts kleine kastenförmige Räume im Aufbau von Kork, die er »cellula« nannte, Zellen. Damals wurden die ersten unbeholfenen Rechenmaschinen konstruiert, so aufgrund der Logarithmen die 1617 bekanntgewordenen sogenannten »Nepperschen Stäbchen« oder die achtstellige Addiermaschine des Johann Ciermann, und es war der Jesuit Bonaventura Cavalieri (1598 bis 1647), der wie später Leibniz eine aus Kurven begrenzte Fläche in winzige Quadrate auflöste, um an den Grenzwert zu kommen, was immer man damals darunter verstand.

In der gleichen Epoche rauchten die Scheiterhaufen von Bamberg und Würzburg, im Rheinischen und in Bayern, zerrte man in Schwaben wie in Westfalen Menschen vor Gericht und folterte die unsinnigsten Bekenntnisse aus ihnen heraus und wurden noch immer Werke wie der »Hexenhammer« und die Schriften eines DelRio, eines Remy, eines Binsfeld zu Rate gezogen: in dieser Epoche aber vollzog sich auch die entscheidende Wende zu den Naturwissenschaften, zur Vernunft, zum Experiment, und es wurden jene Erkenntnisse gewonnen, aus denen die Aufklärung ihre gesellschaftlichen Konsequenzen zog. Diese naturwissenschaftlichen Erkenntnisse aber hatten damals nicht den Rang von Ereignissen: sie bezeichnen, wenn man zurückschaut, die Tendenz der kulturellen Entwicklung, hatten aber im einzelnen kaum irgendeine Bedeutung.

Was ist noch typisch für diese Zeit? Man gewöhnte sich an Schokolade, lernte die Gabel zu gebrauchen, die man noch um 1600 als affektiert ablehnte; man fuhr in Postkutschen, von Oxford nach London brauchte man zwei Tage; die ersten Wochenblätter erschienen; man stieg in den ersten »Gasthäusern zur Post« ab und ging in den Metropolen ins Café; das war absolut Mode, zunächst Mitte des Jahrhunderts in London, später in Paris und Wien.

Um 1660 gab es bereits Zeitungen in Leipzig; ein Mann namens Conring begründete die Sozialstatistik, und mit einer Sterblichkeitstafel von London entstand die erste Bevölkerungsstatistik der Welt. Die Mathematiker Pascal und Fermat lösten die Aufgabe, den Fall eines Würfels zu berechnen, mit der ersten Wahrscheinlichkeitsrechnung, und der Physiker Huygens entdeckte den ersten Saturnmond und beschrieb die wahre Gestalt des Saturnringes. All diese wissenschaftlichen Leistungen, diese Schritte einer forschenden Vernunft waren eingebettet in allgemeine Irrtümer, wie dies zu allen Zeiten der Fall ist.

Ein Mann wie Johann Baptist von Helmont (1577 bis 1644), der den Begriff »Gas« aus dem griechischen Chaos prägte und das Kohlendioxyd von Luft, Wasserstoff und Grubengas unterschied, glaubte an den Stein der Weisen, auch meinte er wie viele seiner Zeitgenossen, Erdbeben und Donner, Blitz und Regenbogen seien von Geistern verursacht. Damals war man der Überzeugung, daß Dämonen auch auf den Planeten hausen, etwa auf dem Mars, der Venus, dem Saturn, und der Londoner Arzt Robert Fludd (gest. 1637), die berühmteste Persönlichkeit der Rosenkreuzer, einer mystischen Geheimgesellschaft, sah in diesen Dämonen Verursacher von Krankheiten.

Diese Reihe monströser Irrtümer ließe sich beliebig erweitern, sie zeigt doch immer nur das gleiche Bild: den unglaublichen Hintergrund, vor dem sich eine Erkenntnis, beweisbar wie ein mathematischer Lehrsatz, aus einem Wust von Meinungen und Gegenmeinungen, ins allgemeine Bewußtsein durchkämpfte.

Wichtig war auch der Fortschritt im Strafvollzug: die englischen Puritaner richteten Schloß Bridewall 1575 als »house of correction« ein; im freien Holland beschloß man, die Galeeren- und Festungssträflinge als Menschen zu behandeln und in Zuchthäuser zu sperren, um ihnen eine christliche Chance zu geben. Die Männer- und Weiberzuchthäuser von Amsterdam wurden nach 1600 zur Sehenswürdigkeit für Reisende aus aller Welt, ein ehrenamtlicher Ausschuß leitete diese Anstalten. Es waren große, saubere, eigens für diesen

Zweck errichtete Gebäude, die dem Wohl des Sträflings dienen sollten: mit dem Katechismus und, wenn nötig, mit Prügel wurde der
einzelne gebessert. Das Ziel des Aufenthaltes war Zerknirschung und
bußfertige Reue. Das Beispiel machte Schule: Hamburg, Bremen und
Lübeck bauten sich Zuchthäuser, ebenso Kassel 1617 und Danzig
1629, Leipzig 1671 und München 1682. Diese Zuchthäuser waren
damals noch kein Mittel des Strafvollzuges, sondern Einrichtungen,
deren sich die Rechtsprechung in steigendem Maße bediente. Sie
werden sehr bald in das Manufaktursystem des Frühkapitalismus
einbezogen werden und ihren ursprünglich humanen Aspekt verlieren.

Auch wirtschaftlich waren neue Zeiten heraufgezogen: die großen
Handelshäuser, die Fugger und Welser, regierten Imperien, hatten im
16. Jahrhundert mit doppelter Buchführung und Kontor, Bilanz und
Saldo, Korrespondenz und Tarifkunde neue Instrumente der Wirt-
schaftslenkung entwickelt, hatten Fürsten als Königsmacher finan-
ziert und auch Fürsten scheitern lassen.

Vor dem Hintergrund dieser Epoche wirkten Hexenprozesse nach
den Vorschriften der DelRio, Remy und Carpzov absurd, und es gab
kein Argument gegen diese blutigen Veranstaltungen, das nicht schon
längst genannt worden wäre, von gekrönten Häuptern, von Kirchenfürsten oder Männern wie Cornelius Loos. Um dieses Wahnsystem
aufzulösen, das, gesalbt mit kirchlicher und weltlicher Autorität, als
Mittel der Unterdrückung gehandhabt wurde, brauchte man mehr als
nur einleuchtende Argumente: es mußten sich die Zeiten ändern, die
Verhältnisse und Interessen. Im 17. Jahrhundert wurden die Landes-
herren zu Großunternehmern: in Arbeitshäusern wurde schnell und
unter Zwang produziert, Landeszentralbank und Commerzcolle-
gium sorgten für das Funktionieren des sogenannten »merkantilisti-
schen Wirtschaftssystems«; man brauchte nicht Verfolgungen und
Not, Scheiterhaufen und Glaubenskämpfe, sondern Ruhe im Land.
Dies war der Hintergrund des aufgeklärten Absolutismus, der den
zentral verwalteten Flächenstaat regierte.

Es ist nicht so sehr die Einsicht gewesen, welche die Menschen zur
Vernunft hat kommen lassen, sondern mit dem Heraufkommen des
Rationalismus gab es keine zwingenden Gründe mehr, den wirren
Geständnissen von Hexen zu glauben. Man versuchte, Staat und Ge-
sellschaft, das Zusammenleben der Stände wie das der Völker nach

vernünftigen Prinzipien zu ordnen: für Magie blieb da kaum noch Platz, und auch das Schreckbild des Satans verblaßte. Dennoch gehörte noch um die Mitte dieses Jahrhunderts viel Mut dazu, vernünftige Gründe gegen die Verfolgung von Hexen öffentlich auszusprechen und sich auf die Seite derer zu stellen, die sich doch durch die Teufelsbuhlschaft selbst aus dem Kreis ehrlicher Christenmenschen ausgeschlossen hatten. Auch damals war es leicht, Mißstände zu übersehen und sich mit den Tatsachen abzufinden, auch damals fielen Späne, wenn gehobelt wurde, und es sprach vieles dagegen, den Hexen und ihren Verteidigern zu glauben.

Von der Ehre Gottes, den Jesuiten und dem Glasteufel

Der unbedingte Gehorsam ist jesuitischen Ursprungs, keine Erfindung der preußischen Soldatenkönige. Allerdings stammt die Formel für Gehorsam »gleich einem Stück Holz oder Fleisch« (lat. cadaver) von einem ehemaligen Offizier, nämlich von dem Basken Inigo Lopez, der als Ignatius von Loyola bekannt wurde. Am 3. Mai 1539 hatte er die »Societas Jesu« gegründet, deren erster General er wurde – in einer Zeit, in der ganz Europa ein Schlachtfeld sich bekämpfender Kirchenparteien war. Dieser Mann forderte von seinen Geistlichen: »Wenn die Kirche predigt, daß ein Ding, das uns weiß erscheint, schwarz ist, müssen wir es sofort als schwarz verkünden« – damit war nur präzise ausgedrückt, was jeder Jesuit für selbstverständlich hielt: Gehorsam gegen »jede eigene Ansicht und eigenes Urteil«. Die »exercitia spiritualia militaria«, diese Vorschrift für ein asketisches Geistestraining, nimmt die sogenannte Gehirnwäsche um Jahrhunderte vorweg, und der Rigorismus des Ordens ist von keiner politischen Partei je erreicht worden; sein Grundsatz, der Zweck heilige die Mittel, hat ihn für eine gewisse Zeit allmächtig werden lassen: auf dem Scheiterhaufen des jesuitischen Fanatismus wurde Giordano Bruno verbrannt, Jesuiten zwangen Galilei zum Widerruf und folterten Campanella, den Mann der Utopie, sie waren die besten Theaterregisseure und Baumeister ihrer Zeit, die tüchtigsten Ärzte und die geschicktesten Mörder: als aufgedeckt wurde, daß der protestantische König Jakob I. samt dem Parlament am 6. November 1605 hätte in die Luft gesprengt werden sollen, glaubte jedermann, dieses Attentat sei ein Werk der Jesuiten. Sie hatten diese Sache zwar nicht organisiert, aber ein Gutachten geliefert: was sei zu sagen, so wurde von den Verschwörern gefragt, wenn bei der Sprengung Unschuldige ums Leben kämen? Das muß damals einen Terroristen noch gequält haben. Die Jesuiten antworteten: bei einem so unzweifelhaft guten Zweck sei es verzeihlich, wenn bei dem Attentat auch einige Unschuldige ums Leben kämen – auch das ist also nicht neu.

Als der junge, aus Innsbruck stammende Adam Tanner mit neunzehn Jahren 1591 als Novize in den Orden aufgenommen wurde, hatte er das Ziel erreicht, das er sich glühend gewünscht hatte, denn aus allen Ständen zog es die Besten zu diesem Orden, der so unerhörte Forderungen an seine Mitglieder stellte und sie zu so strenger Bewährung zwang.

Tanner hatte in Innsbruck und Dillingen humanistische und philosophische Studien absolviert, ehe er in Landsberg Novize wurde und in Ingolstadt Theologie studierte. Mit vierundzwanzig Jahren wurde er Professor des Hebräischen an der dortigen Universität, dann in München »Professor der Kontroversen und der Moraltheologie«.

Nach weiterer Bewährung bei einer Forumsdiskussion in Neuburg bei Regensburg zwischen Protestanten und Katholiken, die von Herzog Maximilian von Baiern und dem Pfalzgrafen zu Regensburg als sogenanntes Religionsgespräch veranstaltet wurde, bekam Tanner den theologischen Doktorgrad und wurde Professor der scholastischen Theologie zu Ingolstadt. Die weiteren Stationen seines Lebenslaufes: 1618 in Wien, 1619 wegen seiner Wassersucht zurück nach Ingolstadt, Kanzler der Universität Prag, eine Stelle, die er wegen Kränklichkeit bald aufgab, weiteres Wirken in Ingolstadt und 1632 Aufbruch nach Innsbruck: Lebensstationen eines Jesuiten von Bedeutung. Der 60jährige, schwer leidende Mann wollte heimkehren, mußte aber des Krieges wegen einen großen Umweg machen und starb in dem Dorf Unken in Salzburg. Die Bewohner des Hauses, in dem er verstorben war, fanden unter seinen Habseligkeiten ein Mikroskop, unter dessen Objektträger eine Mücke befestigt war. Die braven Leute hielten das Insekt für einen »Glasteufel« und verweigerten dem Leichnam das Recht auf geweihte Erde, bis der Pfarrer des Ortes die Mücke herausnahm und ein anderes Insekt hineintat.

Dieser Adam Tanner ist kein Kämpfer für die Menschlichkeit gewesen, wie man das heute verstehen würde, kein Vorbild fürs Lesebuch, aber er ist typisch für die Epoche. Er erklärte: »Die gerichtliche Strenge gegen Hexerei ist nötig, einerseits um ein Ärgernis zu vermeiden, daß nicht die Einfältigen meinen, ein solches Verbrechen gäbe es nicht, andererseits um die Ehre Gottes zu rächen und die schwere, Gott angetane Unbill durch die schuldige Strafe zu züchtigen« (Riezler). Dennoch bekam Tanner Bedenken, ob die bisherige Gerichtspraxis gegen Hexen noch vertretbar sei, denn die Säuberungsfanatiker schreckten selbst vor Angehörigen der sogenannten höheren Stände nicht zurück, und die Prozesse nahmen einen beängstigenden Umfang an, und außerdem hörte man immer häufiger von Hexenbeichtvätern, daß die angeblichen Hexen unschuldig sein mußten. Tanner war zwar nicht selbst Hexenbeichtvater gewesen wie Friedrich Spee, aber er hat genug gehört, um Zweifel zu bekommen.

Tanner äußerte sich in seinem Hauptwerk, der »Theologia scholastika«, die in Ingolstadt in vier Bänden (1626/27) erschien, ausführlich über Hexenprobleme. So schrieb er über Hexensabbat und die Frage, ob die Hexen wirklich und leibhaftig vom Teufel zu den Versammlungen getragen würden oder ob es sich um Phantasien handele. Er sagte, er fände keine Argumente in dem bekannten »Canon episkopi«, daß die Hexen unserer Zeit nicht zu Versammlungen entführt würden.

Andererseits seien gelehrte und erfahrene Männer, welche solche Bekenntnisse der Hexen angehört hätten, der Meinung, die Hexen hielten Träume für Tatsachen, und schließlich werde Gott wohl nicht die Täuschung unschuldiger Ehemänner zulassen, an deren Seite doch diese Frauen lägen, ohne daß diese Männer etwas von ihrem Hexenflug bemerkten. Mit anderen Worten, Tanner vertiefte die scholastische Argumentation um eine liberale Nuance.

Zum Prozeß sagt er, die Hexen und Zauberer seien zwar »die schlimmsten und gefährlichsten Feinde des menschlichen Wohls«, aber auch gegen sie müsse man die Prozeßregeln einhalten. Die erste Gefahr bei Hexenprozessen liege darin, daß Unschuldige mit ungesetzlichen Folterqualen erpreßt würden, »wie dies bei einem langwierigen, mehrere Jahre sich hinziehenden Prozeß notwendigerweise eintritt«. Die Ursache läge in der strengen und häufigen Verwendung der Folter bei diesen Verbrechen.

Die zweite Gefahr sieht Tanner in dem Makel, der »ehrenwerte, ja vornehme Familien« träfe, und sein dritter Einwand betrifft die Schande, welche die katholische Kirche träfe, »da oft auch solche Personen, welche durch ihren ganzen Lebenswandel und häufigen Empfang der Sakramente allen Guten ein Vorbild waren, in diese Prozesse verflochten werden«. Man solle deshalb, so sein Vorschlag, falls auf zehn oder zwanzig Prozesse auch nur ein einziger Unschuldiger käme, doch lieber von der Untersuchung und Bestrafung der möglicherweise Schuldigen absehen. Die bloße Anschuldigung ohne irgendwelche Indizien genüge nicht, Personen, die vorher einen guten Ruf hatten, zu verhaften und zu foltern (Riezler). Als Vorbeugung empfiehlt Tanner, man solle gegen das Hexenunwesen Weihwasser, Kreuzeszeichen, Gebet und Exorzismus fleißig gebrauchen; auch rät er, alle ländlichen Vergnügen, die der Sünde Vorschub leisten, am besten abzuschaffen. Tanner berichtet, wie in der Nähe von Ingolstadt ein Jesuit Prügel bekommen hätte, weil er auf dem Lande gegen den anstößigen Brauch eingeschritten sei, die Frauen am sogenannten »Kindleinstage« mit Ruten zu schlagen. Vor allem die Tänze, die er als unsittlich empfand, müssen ihn aufgebracht haben.

Die Fürsten, so schrieb er ferner, sollten eine gemeinsame Organisation gegen das Hexenunwesen schaffen, »wiewohl nicht zu hoffen, daß dieses Verbrechen durch Strenge je ausgerottet werden könne, so ist es doch nötig, um Gottes Ehre zu rächen und das Ärgernis zu vermeiden, daß Einfältige glauben, es gebe kein solches Verbrechen«.

In der Stadt und auf dem Dorf sollten Aufpasser eingesetzt werden, die sofort heimlich Anzeige erstatten sollten, falls jemand der Hexerei verdächtig sei – in Wirklichkeit hatte Kaiser Maximilian I. das Land längst mit einem Netz solcher Aufpasser, um nicht zu sagen Verfassungsschützer, überspannt, freilich nicht der Hexen wegen. Im übrigen solle man in der Gemeinde und im Beichtstuhl dem Teufel häufig »widersagen«, denn jemand, der der Hexerei verdächtig sei, habe bei diesem Widersagen Schwierigkeiten. Man solle, forderte Tanner weiter, den Beschuldigten nicht von vornherein als Schuldigen ansehen, auch seien Geständnisse, die mit der Tortur erpreßt seien, ohne jeden Wert. Personen, die einen guten Ruf hätten – hier taucht das Gespenst der nachbarschaftlichen Meinung über Menschen wieder auf! –, dürfe man auf bloße Denunziation hin weder martern noch verurteilen. Den Geistlichen macht Tanner zur Pflicht, den Richtern in geschickter Weise mitzuteilen, wenn der Angeklagte sich nach geistlicher Überzeugung als unschuldig erweise. Der Seelsorger müsse sich aber hüten, nicht zu sehr in den Verurteilten zu dringen, sein Geständnis zu widerrufen und in »ärgernisgebender Weise« an die Öffentlichkeit zu bringen. Namentlich habe er sein Beichtkind zu veranlassen, falsche Aussagen angesichts des Todes zu widerrufen, falls eine unschuldige Person denunziert worden sei.

Tanner mußte einiges Ungemach erleiden, und zwei Inquisitoren, die seine Schriften gelesen hatten, erklärten öffentlich, sie würden diesen Menschen, sobald sie ihn in ihrer Gewalt hätten, sofort auf die Folter spannen – eine für damalige Zeiten noch ernstzunehmende Drohung. Die praktische Wirkung von Adam Tanners Äußerungen entsprach der, die fast alle Bücher zu allen Zeiten haben, sie blieb gering und kaum meßbar. Offensichtlich aber entsprach, was Tanner zum Hexenprozeß zu sagen hatte, einer bestimmten Entwicklung: auch der Jesuit Paul Laymann (1575 bis 1635), ein Mann der gleichen Generation und wie Tanner in München, Dillingen und Ingolstadt tätig, äußerte sich in ähnlichem Sinn. Er war Professor des kanonischen Rechtes und veröffentlichte 1625 eine »Theologia moralis«. Im Jahre 1629 erschien aus seiner Feder eine Schrift über Hexenprozesse in Köln, in der er sich ausführlich und behutsam zu den Hexenprozessen äußerte.

Er ist Jesuit, die Grundlage der Prozesse selbst stellt er nicht in Frage, auch zur Folter schreibt er, »der getreue Gott habe dieses schier einzige Mittel durch die liebe Obrigkeit wohl verordnet, daß die Hexen also durch die Qual der Gefängnisse und Tortur einen Anfang ihrer Bekehrung machen« – damit meint er, daß sie ein Geständnis ablegten. Aber auch er wendet sich gegen die zweifelhaften Denunziationen, auch er ist der Ansicht, man müsse in dem Konflikt, ob man einen möglichen Zauberer unschuldig laufen lasse oder die Schädigung auch eines Unschuldigen in Kauf nehmen müsse, das kleinere Übel ertragen, damit »nicht ein größeres entstehe, das durch ein höheres Gesetz verboten sei«. Diese Problematik kennt jeder, der von Amts wegen die Gesellschaft zu schützen und Täter aufzuspüren hat – immerhin, auch dieser Jesuit hatte das Augenmaß, die Dinge nüchterner zu sehen als mancher Eiferer seiner Zeit.

An anderer Stelle schreibt Laymann: »Es ist jetzt soweit gekommen, daß, wenn solche Prozesse noch länger fortgesetzt werden, ganze Dörfer, Märkte und Städte veröden, und daß niemand mehr sicher sein wird, auch nicht einmal Geistliche und Priester.« Das allerdings ist typisch für jede Art von Hexenjagd: die Verunsicherung eben der Menschen, zu deren angeblichem Schutz die Säuberungen durchgeführt werden.

Tanner und Laymanns Äußerungen erreichten keinen sehr großen Kreis von Menschen, sie argumentierten innerhalb des theologischen Systems, und niemand hätte sie als radikal bezeichnen können: diese Bezeichnung paßt erst auf die Schrift eines unbekannten Verfassers, der, durch seine Anonymität einigermaßen geschützt, Dinge aussprechen konnte, die viele dachten, aber niemand offen zu sagen wagte.

Der Dichter und die Wahrheit

Für einen Jesuiten muß der Gedanke an Flucht, Befehlsverweigerung oder Selbstmord ganz undenkbar gewesen sein – so fremd, wie der Gedanke an die Unschuld der Opfer einem modernen Vollstrecker von Terror oder Gegenterror. Wie wäre es sonst denkbar, daß ein rheinischer Pater, ein von seinem Gewissen gequälter Mann, immer neue unschuldige Frauen zum Scheiterhaufen begleitete, um ihnen für ihr entsetzliches Ende die Tröstungen seiner Religion zu spenden – insgesamt angeblich etwa zweihundert Frauen? Keine Rücksicht auf eine hilflose eigene Frau, auf eigene Kinder hätten ihn hindern können, aktiven Widerstand zu leisten, nur die Furcht vor der Folter und dem Scheiterhaufen – was also hielt ihn zurück? Die Überzeugung, ein solches Opfer hätte keinen Sinn? Die Klugheit, die ihn auf bessere Mittel vertrauen ließ?

Er schrieb, als ihm klargeworden war, was da in Wirklichkeit und auch im Namen der Kirche geschah, eine radikale, eine unerhört offene und präzise Anklageschrift gegen die Hexenprozesse – unter falschem Namen. Diese Schrift ließ die Öffentlichkeit mit einem Schlag aufhorchen, rief Zuspruch und erbitterten Widerspruch hervor, bewirkte einiges und machte jedermann, der die offene, mutige Sprache dieses Mannes bewunderte, neugierig.

Seine Kirchenlieder werden noch heute gesungen, seine Barocklyrik ziert eine Nische des literarischen Musentempels, manches davon ist allzu gefällig: »Habt ihr kein sonders Liedelein, / So lernet nur das meine, / Ist genug mit einem Seufzerlein, / Man darf der andern keine. / Singt nur allein: Gelobt sei Gott, / Gott Sabaoth alleine!«

Das ist offenbar nach dem mißglückten Attentat auf diesen Sonderbeauftragten des Kurfürsten Ferdinand von Köln und Bischofs von Hildesheim geschrieben worden: man hatte Spee damals aufgetragen, die Menschen der Grafschaft Peine zur Heiligen Mutter Kirche, dem Katholizismus, zurückzuführen.

Neuere Nachforschungen in Peine haben ergeben, daß der Kampf zwischen Protestanten und Jesuiten bis zur Blutrache ging: ein protestantischer Pfarrer, der gegen die Jesuiten schrieb, war hingerichtet worden, woraufhin man offenbar auf den mit der katholischen Agitation beauftragten Geistlichen ein Attentat unternahm. Am 29. April 1629 verübte man auf Spee einen Mordanschlag, er wäre den Kugeln seiner Mörder fast erlegen. Elf Wochen lag er zwischen Leben und Tod, dann siegte seine Konstitution. Er hielt sich als Rekonvaleszent längere Zeit in dem Dorf Falkenhagen bei Kloster Corvey auf und schrieb dort die meisten Lieder, die dann in den Büchlein »Seraphisch Lustgart« (1635) und »Geistliche Psalter« (Köln 1683) gedruckt wurden. Erst nach dem Tode des Dichters erschien die bekannte Liedersammlung »Trutznachtigall« (1649). Was also hatte dieser Friedrich Spee von Langenfeld erlebt, was geschrieben, und woher weiß man, daß er der Verfasser der vielzitierten »Cautio criminalis« ist?

Friedrich Spee wurde 1627 auf Wunsch des berüchtigten Philipp Adolf von Ehrenberg, des damaligen Bischofs von Würzburg, nach Würzburg berufen, weil der Erzbischof den Orden um einen Beichtvater für die verurteilten Hexen gebeten hatte. Der 35jährige Spee, Sohn des Burgvogtes von Kaiserswerth, Jesuit seit 1610, dann Magister der Grammatik und der Schönen Wissenschaften in Köln, seit 1621 Professor für Philosophie und seit 1625 Domprediger in Paderborn, muß ein allseits geschätzter und vielfältig geeigneter Mann gewesen sein. Er kam nach Würzburg als gehorsamer Sohn der Mutter Kirche, als unbeirrbarer Zögling des Societas Jesu, und er kam in einem Jahr, in dem die Scheiterhaufen nicht erloschen: 1627/28 wurden in Würzburg allein 158 der Hexerei beschuldigte Personen auf 59 Scheiterhaufen umgebracht, darunter 3 Domprediger, mehrere Ratsherren, die Witwe eines Kanzlers, ein Doktor der Theologie, mehrere Edelleute, ein blindes Mädchen und 2 Kinder von 9 Jahren. Die näheren Umstände des Wirkens von Friedrich Spee von Langenfeld enthüllte erst Leibniz, der in einem 1708 gedruckten Brief und später in seiner 1710 erschienenen »Theodizee« (§ 97) schrieb: »Dieser ausgezeichnete Mann verwaltete in Franken das Amt eines Beichtvaters, als man im Bambergischen und Würzburgischen viele Personen wegen Zauberei fing und verbrannte. Johann Philipp von Schönborn, später Bischof zu Würzburg und zuletzt Kurfürst von Mainz, lebte damals als junger Kanonikus in Würzburg und hatte mit Spee eine vertraute Freundschaft geschlossen. Als nun einst der junge Mann fragte, warum wohl der ehrwürdige Vater ein graues Haupt habe, als seinen Jahren gemäß sei, antwortete dieser: das rühre von den Hexen her, die er zum Scheiterhaufen begleitet habe. Hierüber wunderte sich Schönborn, und Spee löste ihm das Rätsel folgendermaßen: Er habe durch alle Nachforschungen in seiner Stellung als Beichtvater bei keinem von denjenigen, die er zum Tode begleitet, etwas gefunden, woraus er sich hätte überzeugen können, daß ihnen das Verbrechen der Zauberei mit Recht wäre zur Last gelegt worden. Einfältige Leute hätten sich auf seine beichtväterlichen Fragen, aus Furcht vor wiederholter Tortur, anfänglich allerdings als Hexen ausgegeben, bald aber, als sie sich überzeugten, daß vom Beichtvater nichts zu besorgen sei, hätten sie Zutrauen gefaßt und in ganz anderem Ton gesprochen. Unter Heulen und Schluchzen hätten alle die Unwissenheit oder Bosheit der Richter und ihr eigenes Elend bejammert und noch in ihren letzten Augenblicken Gott zum Zeugen ihrer Unschuld angerufen. Die häufige Wiederholung dieser Jammerszenen habe einen so tiefen Eindruck auf ihn gemacht, daß er vor der Zeit grau geworden. Als Schönborn mit Spee immer vertrauter geworden war, gestand ihm dieser, daß er der Verfasser der ›Cautio criminalis‹ sei. In der Folge wurde Schönborn Bischof und Reichsfürst, und sooft eine Person der Zauberei bezichtigt wurde, unterzog er, eingedenk der Worte des ehrwürdigen Mannes, die Sache seiner eigenen Prüfung und fand die von jenem ausgesprochene Aussage nur allzu begründet. So hörten in jener Gegend die Menschenbrände auf.«

Schönborn soll Spee in Würzburg und zu einer Zeit getroffen haben, als die »Cautio criminalis« schon erschienen war. Diese Schrift schrieb Spee offenbar im Kloster Corvey, als er dem Tod entronnen war und die Schrift des Rintelner Juristen Hermann Goehausen gelesen hatte: »Rechtlicher Prozeß, wie man gegen Unholden und zauberische Personen verfahren soll. Mit beweglichen Exempeln und wunderbaren Geschichten, welche sich durch Hexerei zugetragen, ausführlich erkläret.«

Dieses törichte Werk im Stil der herrschenden Vorurteile muß ihn veranlaßt haben, die Wahrheit niederzuschreiben, nichts als jene schreckliche Wahrheit, die er in Würzburg erlebt hatte: ein Mann, der dichtete, der sich durch Schreiben Luft machte, kein Märtyrer, nicht einmal ein Bekenner, aber einer, der in Konflikt mit seinem Gewissen geraten war. Er hatte diese Niederschrift nicht drucken lassen wollen und bei seinen Ordensoberen nicht um die Druckerlaubnis nachgesucht. Selbst wenn er die Niederschrift bei seinen Freunden zirkulieren ließ, wagte er dies nur anonym (Maack) – und so wurde Miturheber des Werkes im Grunde ein unbekannter Benediktiner, der sie an den Drucker Petrus Lucius weitergab.

Die Geschichte der Benediktiner in Rinteln und Corvey ist ein kompliziertes Kapitel der dortigen Heimatgeschichte. In diesem Zusammenhang ist nur die Universitätsdruckerei wichtig: die hatte, als Kloster Corvey noch in evangelischer Hand war, das Buch des Goehausen gedruckt und druckte nun, nachdem die aus England vertriebenen Schwarzen Benediktiner sich in Rinteln festgesetzt hatten, diese Schrift: offenbar war sie den Benediktinern in Rinteln von einem Ordensbruder aus Corvey zugespielt worden, der ihre Bedeutung erkannt hatte. Auch das hat politische Hintergründe: die Benediktiner betrachteten sich als legitime Erben der Universität, an ihren verdrängten Vorgängern fanden sie wenig Rühmenswertes, und einer von ihnen, der Jurist Goehausen, wurde von diesem anonymen Autor scharf kritisiert.

Nach der ersten lateinischen Ausgabe erschien schon 1632 eine weitere bei Gronäus in Frankfurt/M., 1695 erschien die dritte Auflage in Sulzbach und die letzte in Augsburg 1731. Auch die deutschen Ausgaben haben ihre Geschichte: der schwedische Feldprediger J. Seiffert stellte, wie schon in dem Kapitel »Der Schrecken von Dalarne« erwähnt, eine erste deutsche Ausgabe her, allerdings im Auszug, und widmete sie der Königin Christina von Schweden. Hermann Schmidt, Sekretär und Rat des Grafen Moritz zu Nassau-Katzenelnbogen, übersetzte das Buch vollständig, aber wagte das 1642 abgeschlossene Manuskript erst 1648 der Öffentlichkeit zu übergeben. Es trägt den eindrucksvollen Titel »Hochnotpeinliche Vorsichtsmaßregel oder Warnungsschrift über die Hexenprozesse, gerichtet an alle Behörden Deutschlands, an die Fürsten und ihre Räte, an die Richter und Advokaten, Beichtiger, Redner und das ganze Volk«. Die Neuauflagen erschienen übrigens auch auf Drängen einiger Glieder des Reichskammergerichtes und des Reichshofrates, ein Beweis für die allmähliche Tendenzwende. Andererseits nahmen bedeutende Juristen und Kriminalisten wie der schon erwähnte Carpzov keine Notiz von der »Cautio criminalis«, und selbst ein Mann wie Thomasius hielt die »Cautio« zu seiner Zeit für ein ganz neues Buch, weil er nur die letzte Ausgabe in die Hand bekommen hatte. Es wird vermutet, daß die Hexenrichter versucht hatten, die ersten Auflagen möglichst zu unterdrücken; Exemplare aus dieser Zeit sind Raritäten.

Was gibt nun der »Hochnotpeinlichen Vorsichtsmaßregel« des Paters Spee die publizistische Durchschlagskraft? Wie stets in solchen Fällen stimmen Buch, Ort und Augenblick zusammen: eine sich anbahnende »öffentliche Meinung« wird präzisiert und formuliert, der Mann spricht aus, was viele Gebildete denken, aber nicht zu sagen wagen. Friedrich Spee ist Jesuit, er kann und will nicht behaupten, es gäbe keine Hexen. Er kennt zwar die Zweifel an der Existenz von Hexen sogar bei katholischen Geistlichen, auf deren Namen es hier nicht ankommt, aber er zweifelt, daß alle Hexen seien, die man dafür hält: »Daß es aber so viele und alle die sind, die seither in Glut und Asche aufgegangen sind, daran glaube ich und mit mir auch viele fromme Männer nicht. Es wird mich so leicht auch keiner zu solchem Glauben bekehren, der nicht mit mir in lärmendem Ungestüm und mit dem Gewicht von Autoritäten streiten, sondern mit vernünftiger Überlegung die Frage prüfen will.«

Spee stellt eine beklemmende Frage. Schon allein diese Antwort entlarvt die Absurdität der Hexenbrände: »Die andere Frage: Ob es in Deutschland mehr Hexen und Unholde als andernorts gibt?«

Er schreibt, man meine dies wohl, und zwar mit der Begründung, die dem damaligen Zeitgenossen wohl eingeleuchtet haben muß:

»Man weiß ja, daß es besonders in Deutschland allerorts von Scheiterhaufen raucht, die diese Pest vertilgen sollen, und das ist doch gewiß ein überzeugender Beweis dafür, wie sehr man alles für verseucht hält. Das geht so weit, daß der Ruf Deutschlands nicht wenig an Glanz bei unsern Feinden eingebüßt hat und, wie die Heilige Schrift (2. Mos. 5. v. 21) sagt, wir unsern Geruch haben stinkend gemacht vor Pharao und seinen Knechten.«

Für diesen deutschen Mißstand nennt Spee als Ursachen: den Aberglauben der einfachen Leute, die sich Hagel, Seuchen usw. nicht aus natürlichen Ursachen erklären könnten, und den sozialen Neid, die Mißgunst einfacher Leute auf den reichen Mann, der seinen Erfolg »verbotenen Künsten« verdanken müsse. Auch vor der eigenen Kirche macht Spees Zeitkritik nicht halt: »Da ist es denn kein Wunder, wenn das immer mehr um sich greifende Gerede uns in wenig Jahren Hexen in so reichlicher Zahl schafft, zumal Prediger und Geistliche nichts hiergegen unternehmen, sondern eher noch selbst mit schuld daran sind und sich, soviel ich weiß, noch keine Obrigkeit in Deutschland gefunden hat, die ihr Augenmerk auf diese unseligen Klatschereien gerichtet hätte.« Diese Übel, sagt Spee, würden weder von der Obrigkeit gebührend bestraft noch von der Kanzel herunter ausreichend widerlegt. Daraus entstände der Glaube, weder Gott noch Natur seien Ursache dessen, was man beklage, sondern »die Hexen müssen alles getan haben«.

Der weitere Mechanismus des Hexenwahnes wird von Spee mit aller gebotenen Schärfe dargestellt: das Volk schreit, die Obrigkeit solle die Zauberer und Hexen aufspüren – eben jene Zauberer und Hexen, welche die Leute »mit ihren Zungen soviel gemacht haben«. Die Obrigkeit befiehlt nun den Richtern und Räten, gegen die verdächtigen Personen vorzugehen. Und obwohl ihnen »ihr Gewissen sagt, daß man hierin nicht unbedacht verfahren soll«, weil ja keine Beweise vorliegen, müssen sie schließlich doch handeln, weil ihnen die Obrigkeit im Nacken sitzt, und »darf sich Herr Omnes vernehmen lassen, es müsse nicht klar bei den Beamten sein, daß sie nicht wollten«.

Und weiter: »Sollte man nun der Obrigkeit hierinnen in etwas widerstreben und nicht stracks zu Werke greifen, das würde vorab bei uns Teutschen sehr übel gedeutet werden, angesehen, daß fast männiglich, auch die Geistlichkeiten, alles vor recht und gut halten, was

den Fürsten und der Herrschaft gefället. «Sie wüßten nicht, sagt Spee, von welchen Leuten diese Fürsten und Herren, »ob sie sonst wohl von Natur sehr gut seien«, beeinflußt würden – und so nähme denn das Unheil seinen Lauf, oder, wie Spee es ausdrückt: »Also gehet dann der Herrschaft Wille vor, und man macht den Anfang des Werkes aufs Geratewohl.«
Der weitere Verlauf solcher verzweifelter Geschichten wird exakt berichtet. Wenn nämlich der Magistrat zögere, so schicke ihm die Herrschaft einen Kommissar auf den Hals, und wenn der aus Übereifer handele oder weil er mit Belohnung rechnen könne oder von den Bauern »das eine oder andere« an Steuern fordern könne und also Macht habe, dann würde er die Gerüchte aufgreifen. Wenn nun eine arme Frau »ein verdächtiges Wort geredet oder das heutige allzu gemeine lügenhafte Gewäsch auf sie fället, so ist der Anfang gemacht und muß dieselbe herhalten«.
Nun gäbe es zwei Möglichkeiten, sagt der Autor. Entweder die Frau habe ein gottseliges Leben geführt, dann hieße es, »so pflegen sich die Hexen zu schmücken und wollen allezeit gerne vor die Frömmsten gehalten sein«. Wenn sie aber ein böses, leichtfertiges Leben geführt hätte, dann meine man, wer böse sei, könne leicht »böser und je länger, je weiter verführet werden«.
Dann bringt man sie ins Gefängnis. Wenn sie Angst vor Gefängnis und Folter hat, sagt man ihr ein schlechtes Gewissen nach, und wenn sie Unerschrockenheit zeigt, »so ist's wieder ein Indicium; denn (geben sie vor) das pflegen die Hexen zu tun, daß sie die Unschuldigen sein wollen, und der Teufel macht sie mutig«. Nun müssen Beweise her, damit die bisherigen Verdachtsmomente erhärtet werden. Dazu »hat der Commissarius seine Jagdhunde zur Hand, oftmals gottlose, leichtfertige, beschreite Leute« – also, mit heutigen Begriffen ausgedrückt, Kriminelle. Diese Leute, Schnüffler von Beruf, bringen, was man braucht, »da es denn wohl nicht sein kann, daß man nicht etwas finden sollte, welches argwöhnische Leute nicht aufs Ärgste auslegen und auf Zauberei deuten möchten«. Einige, die der Frau ohnehin nichts Gutes gegönnt haben, tun sich als Denunzianten hervor, und jeder ist nun der Überzeugung, die »Gaja«, wie Spee sagt, habe schwere Indizien gegen sich. Darum muß die Gaja auf die Folterbank, »sofern sie anders nicht selbigen Tages, da sie gefänglich angenommen, sobald ist gefoltert worden«. Friedrich Spee weist Schritt

für Schritt nach, in welcher schrecklichen Zwangslage sich befindet, wer erst einmal in diese Mühle geraten ist.

Er hat erlebt, wie alles zum Nachteil der »armen Gaja« ausgelegt wird, sie kann sich drehen und wenden, wie sie will. Eine Verteidigung werde nicht zugelassen, denn da hieße es, dies sei ein so außerordentliches Verbrechen, daß es dem gerichtlichen Prozeß nicht unterworfen sei, und »da einer sich darin als Advocatus wollte gebrauchen lassen, oder der Herrschaft einreden und erinnern, daß sie vorsichtig verfahren wollte, der ist schon im Verdacht des Lasters und muß ein Patron und Schutzherr der Hexen heißen, also daß Aller Mund verstummen und alle Schreibfedern stumpf sein, daß man weder reden, noch schreiben darf«.

Dann wird, nach dem Verlauf eines solchen Prozesses, der Verlauf der Folter geschildert, und diese Schilderung, die das Alltägliche bei Namen nennt, verrät mehr über den Mechanismus der Macht als manche Theorie: »Verwendet nun etwa die Gaja in der Folter von Schmerz die Augen, oder starret sie mit offenen Augen, so sein's die neuen Indicia; denn verwendet sie dieselbigen [Anm. des Autors: verdreht], so sprechen sie: Sehet, wie schaut sie sich nach ihrem Buhlen um. Starret sie dann, so hat sie ihn ersehen; wird sie dann härter gefoltert und will doch nicht bekennen, verstellet ihre Gebärden wegen der großen Marter, oder kommt gar in Ohnmacht, so rufen sie: die lacht und schläft auf der Folter, die hat etwas gebraucht, daß sie nicht schwatzen kann, die soll man lebendig verbrennen . . .«

Wenn eine in der Folter stirbt, sagt Spee, so sage man, der Teufel habe ihr den Hals gebrochen, »derohalben so ist dann Meister Hans Knüpfauf her, schleppt das Aas hinaus und begräbt's unter den Galgen«. Wenn der Richter Hemmungen bekam, eine solche Frau ohne weitere Indizien foltern zu lassen, stand es in seiner Macht, sie festzuhalten: »So läßt man sie dennoch nicht los, sondern legt sie in ein härteres Gefängniß, da sie denn wohl ein ganz Jahr liegen und gleichsam einbeizen muß, bis sie mürbe werde.« Es werden ihr Priester auf den Hals geschickt, die »seien oft verdrießlicher als der Henker selbst« – ein starkes Wort für einen Jesuiten, selbst wenn dieser sich hinter Anonymität verbirgt.

An die Adresse der Obrigkeiten, der Fürsten und Herren ist sein von äußerster Wahrheitsliebe getragenes Pamphlet gerichtet, und er wendet sich schließlich direkt an sie: »Sie wollen sich auch nicht verwundern, wenn ich hierin bisweilen etwas hitzig gewesen und mich bisweilen der Kühnheit gebraucht, sie zu warnen: denn es gebühret mir nicht, unter derjenigen Zahl gefunden zu werden, welche der Prophet verwirft, daß sie stumme Hunde seien, so nicht bellen können.«

Im Orden war Friedrich Spee für die Ansichten bekannt, die in der »Cautio criminalis« geäußert worden waren. Man verdächtigte ihn, der Autor zu sein, und er konnte sich von diesem Verdacht nicht völlig reinigen. Er wurde deshalb verwarnt, er solle künftig beim Ausleihen von Manuskripten vorsichtiger sein. Man versetzte ihn von Paderborn nach Köln, als Lehrer für Moraltheologie.

Schließlich griff sogar der Ordensgeneral in Rom ein und schlug vor, die Ordenszensur solle alle inkriminierten Stellen tilgen, und dann solle Spee einen neuen, gereinigten Druck besorgen. In Paderborn und Köln war man mit dieser Lösung nicht einverstanden, denn es bestand eine erhebliche, nicht ausgesprochene Interessenkollision zwischen dem Orden als Bauherrn und der Forderung Spees, die Fürsten aufzurütteln und ihnen durch die Beichtväter der Jesuiten die Hexenprozesse als Justizskandale vor Augen zu führen: die Fürsten waren die Geldgeber für den Kirchenbau der Jesuiten. So war zum Beispiel in Köln Kurfürst Ferdinand ein wohlwollender Förderer der neuen Jesuitenkirche neben dem Kolleg, zugleich aber auch die »Seele der Hexenprozesse« (Zweetsloot).

Spee hatte noch vier Jahre zu leben. Als die zweite Auflage erschien, mit Ergänzungen und Verschärfungen, die nur vom Verfasser selbst stammen konnten, zog die Entschuldigung nicht mehr, ein unbekannter Freund habe den Druck ohne Spees Wissen veranstaltet. Das Buch sollte auf den Index, was wiederum der Provinzial Govinus Nickel nicht für günstig hielt; er empfahl, Spee solle aus dem Orden ausscheiden und selbst seine Entlassung beantragen. Dagegen wehrte sich Friedrich Spee, ein nun unbequem gewordener Mann, der dennoch seinem Orden mehr genutzt als seine pragmatischen Oberen. Man versetzte ihn im Herbst 1632 nach Trier, das im Brennpunkt der Kämpfe zwischen kaiserlichen und französischen Truppen stand. Den tagelangen Straßenschlachten folgten Seuchen und Hungersnot. Der Geistliche infizierte sich bei der unermüdlichen Pflege pestkranker Soldaten und starb mit 44 Jahren am 7. August 1635.

Und die Wirkung seiner Schriften? Als der junge Johann Philipp von Schönborn 1647 Kurfürst von Mainz wurde, einst Freund des Friedrich Spee, schlug er gegen den Willen der Bevölkerung alle Hexenprozesse nieder – das war die Wirkung des Menschen Spee, nicht so sehr seiner Schriften. Einstweilen geschah nichts, und weder die Kirche noch die Obrigkeit, die Spee so inständig beschworen hatte, ließen sich darin hindern, mit den »Hexen« das zu tun, was sie für rechtens und für zweckmäßig hielten, ja ein Hexenkommissar wie Heinrich Schultheiß in Paderborn hielt es für unter seiner Würde, auch nur einen Blick in das Machwerk »Cautio criminalis« zu werfen. Dieser Doktor beider Rechte war Fachmann, seine 1634 erschienene »Instruktion in Inquisitionssachen des greulichen Lasters der Zauberei«, ein Werk voll Frömmigkeit und Verfolgungswahn, nahm von den Einwänden eines Spee nicht einmal Notiz und verwies ungerührt darauf, daß man Schöffen, die Schwierigkeiten machten, als Hexer vor Gericht bringen müsse.

Immerhin, die »Cautio criminalis« erschien in Polen, wo offenbar eine auffallend starke Nachfrage existierte, 1647, auch in Frankreich gab es 1660 eine unter Pseudonym veranstaltete Ausgabe, und in Amsterdam gab es 1657 eine Übersetzung: hier, in den befreiten protestantischen Niederlanden, gab es keine Hexenprozesse mehr, aber gewisse Gefahren der Rückfälligkeit. Dieser Gefahr trat ein Mann entgegen, der sich, wie einst Luther, auf eine einzige Autorität stützte, auf die Bibel. Um so unbegreiflicher, daß dieser Widerstand bei Leuten, die sich doch derselben Autorität unterworfen hatten, wenig bewirkte, so daß man gelegentlich den Eindruck hat, verhext sei eigentlich nur der fromme Fanatiker.

Absage an den Teufel

Als Balthasar Bekker 1697 mit 45 Jahren sein Predigeramt in Amsterdam antrat, hatte er eine reiche Amtspraxis auf dem flachen Lande hinter sich, auch hatte er eine gereimte Kinderlehre und einen Katechismus für Erwachsene geschrieben. Sein Vater Heinrich Bekker aus Bielefeld in Westfalen war als reformierter Prediger nach Holland gegangen und hatte seinen Sohn zum Studium der Theologie selbst erzogen: die Bibel galt beiden als unerschütterliche, als letzte Autorität. Balthasar Bekker war ein Mann, der mitten in der Zeit stand: aus Deutschland hörte er von den Schrecknissen der Hexenjagden, er wußte von dem Kinderprozeß in Dalarne, der in ganz Europa Aufsehen erregt hatte, und von allen Kanzeln des Landes wurde gegen das Teufels- und Hexenunwesen gepredigt – es bestand die Gefahr, daß sich die wirren Gedanken des »hexengläubigen Geistersehers« Glanvill und seiner Anhänger, die in England Einfluß hatten, auch in den Niederlanden durchsetzten.

Bekker, damals zum zweiten Male glücklich verheiratet und Vater dreier gesunder, lebensfähiger Kinder, nachdem ihm zuvor fünf Kinder in erster Ehe und seine erste Frau gestorben waren, hat sich gegen diesen Einfluß gewehrt – nicht ohne von seiner Frau Froukje bestärkt zu werden. Er schrieb erst ein Flugblatt, dann ein ganzes Buch, »Die verhexte Welt«, in dem er sich mit barockem Sprachfluß gegen den Teufels- und Hexenwahn seiner Zeit wandte. Mit einem Gedicht voll männlicher Zärtlichkeit und Liebe dankt er der Gefährtin Froukje, die ihm drei Kinder geschenkt habe und mit der er nun ein viertes, papiernes Kind habe. Sie habe alle Lasten mit ihm ertragen, die nächtliche Arbeit am Schreibtisch und seine Zerstreutheiten, und sie habe sich auch von Freunden nicht irremachen lassen, die über sie auf Bekker einwirken hätten wollen, er möge auf diese Publikation verzichten, die ihm und seiner Familie nur Ärger und Aufregungen bringen könne. Froukje hat sich offensichtlich nicht von den Warnern und Besorgten mißbrauchen lassen, sondern erklärt, sie sei bereit, alle Folgen tapfer mit ihrem Manne zu tragen.

Als das Buch erschienen war, das sich unerschrocken mit dem Teufelsglauben auseinandersetzte, den er weitgehend für einen Irrglauben hielt, bekam er zu spüren, was er das »odium theologicum« nannte. Er schrieb einmal: »Der theologische Haß ist ein teuflischer Haß«, und drückte damit eine Erfahrung aus, die nach ihm wohl viele gemacht haben – so auch Herbert Haag, der 1970 sein grundlegendes Werk »Teufelsglaube« veröffentlicht hat. Beide Autoren kommen zum gleichen Ergebnis. Bekker schreibt: »Ich will beweisen, daß der Teufel kein Reich, das gegen Gott, noch unter Gott angestellet noch wider das Christentum, noch davon unterschieden, noch weniger darinnen, weder in dem Meisten noch in dem Geringsten hat, noch haben kann.« Das heißt, im Klartext, der Glaube an ein Reich des

Satans und an seine Wirkungen ist ein Irrglaube, wenn man der Bibel folgt.

An anderer Stelle schreibt er: »Der Bund der Zauberer und der Zauberinnen mit dem Teufel ist nur ein Gedichte, das in Gottes Wort nicht im allergeringsten bekannt ist, ja streitig wider Gottes Wort und Wort, allerdings unmöglich, das allerungereimteste Geschwätz, das jemals von den heidnischen Poeten ist erdacht worden, und dennoch von vielen vornehmen Lehrern in der protestantischen Kirche verteidigt, wo nur nicht auch zum Teil erdacht. Denn ich finde schier keine Papisten, die von dem Teufel und den Zauberern mehr Wunder schreiben . . .«

Nicht der Teufel verblende die Menschen, schreibt Bekker, sondern sie betrügen einander und täuschen sich selbst. Er findet zu dem großartigen Satz: »Der eine Mensch ist der Teufel des anderen«, eine christliche Version des lateinischen »homo hominis lupus«, ein Mensch ist der Wolf des anderen. Sartre hat das seinerzeit existentialistisch ausgedrückt: »Die Hölle, das sind immer die andern.«

Herbert Haag kommt nach moderner wissenschaftlicher Deduktion zur gleichen Absage an den Teufel. Bei ihm heißt es abschließend: »Auch wer einsehen gelernt, daß nicht jede Aussage der Bibel in einem wörtlichen Sinne zu verstehen ist, wird die Absage an den Teufelsglauben vielleicht zunächst als einen Schock empfinden. Jedoch wird auch er begreifen müssen, daß die Rückführung des Bösen auf den Teufel nichts erklärt.

Denn Satan ist mit der ihm zugedachten Rolle, Gott von menschlicher Versuchung und Sünde zu entlasten, eindeutig überfordert. Er kann ja überhaupt nicht einen Gott entlasten, der ihm ausdrücklich erlaubt, die Menschen zu versuchen, obwohl er weiß, daß sie der Versuchung ständig erliegen.« Und weiter sagt Haag: »Noch wichtiger jedoch erscheint mir eine andere Erkenntnis zu sein: daß der christliche Glaube mit dem Abschied vom Teufel nichts verliert, sondern nur gewinnt.« Die ständige Angst vor einer Bedrohung durch unsichtbare Mächte, sagt Herbert Haag, widerspräche in jeder Hinsicht dem Geist des Evangeliums.

Zurück zu Balthasar Bekker: er versuchte zum ersten Male die historische Entwicklung der Dämonenlehre darzustellen, wie dies ja in diesem Buch im Abriß auch versucht worden ist. Denn ohne diesen geschichtlichen Hintergrund ist der Hexenglaube überhaupt nicht zu verstehen. Er stellte dabei heidnische, jüdische und christliche Quellen nebeneinander. Im zweiten Buch prüfte er, was die Bibel über Zauberei sagt, und stellte fest, daß diese Stellen sehr gering und unvollständig sind. Schließlich entkleidete er den Teufel seiner ihm angedichteten Qualitäten und analysierte das Verhältnis des Teufels oder der bösen Geister zur leiblichen Wirklichkeit, wo dessen Macht versagt, weil die Naturgesetze nicht aufgehoben sein können.

1693 erschien der letzte Band »De betoverde Wereld«, der letzte Abdruck ist in Deventer 1739 erfolgt. In diesem Buch, in dem diese Gedanken weiter ausgeführt werden, will Bekker dem Leser zu verstehen geben, die Welt müsse verhext sein, wenn sie glaube, der Satan dürfe sich ein Heer von Hexen heranziehen und sie schädigen – und zwar durch Zauberei, durch höllische Wunder, welche die von Gott gesetzten Naturgesetze durchbrechen. Das war Geist vom Geiste des Descartes, das heißt der kritischen Vernunft, und Bekker bekam Unannehmlichkeiten in weit größerem Umfang, als seine Freunde und er selbst hatten ahnen können. Er verlor sein Amt, Kirchenrat und Synode hielten ihn für untragbar, er fügte sich und verzichtete schweren Herzens auf jede Predigt. Gleichfalls wurde er an vielen Orten vom Abendmahl ausgeschlossen, eine Strafe, die den Charakter einer schweren Kränkung trug und ihn tief verletzte. Er wurde von allen Amtsbrüdern geschnitten. Fast überall wurde es als Abfall vom wahren Glauben angesehen, daß Balthasar Bekker die Lehre vom Teufel bestritt. Eine Flut von Streitschriften entstand, eine erbitterte Kontroverse über einen Punkt, über den hundert Jahre später kein namhafter protestantischer Theologe mehr anderer Meinung war als der Verfasser der »Verhexten Welt« (Soldan-Heppe).

Am 11. Juli 1698 starb Bekker in Amsterdam, einer der überzeugendsten Vertreter einer neuen christlichen Humanität und ein Mann, dessen Mut Bewunderung verdient. Der Teufelsglaube ist Thema der christlichen Kirche geblieben bis auf den heutigen Tag, was weniger für seine unbedingte Richtigkeit als für die Zählebigkeit überkommener Denkformen spricht.

So hat das Dokument der vatikanischen Glaubenskongregation vom 26. Juni 1975 festgestellt, daß die »Existenz einer Welt von Dämonen« eine »dogmatische Gegebenheit« sei, und nach dem »Ritualum Romanum« ist für den Teufelsaustreiber noch heute der Bannfluch bindend: »Ich beschwöre dich, alte Schlange, bei deinem

Schöpfer, der die Macht hat, dich in die Hölle zurückzuschicken, daß du von diesem Diener Gottes weichest . . .«

So ist der Teufelsglaube, etwa von dem angesehenen Jesuiten Dominico Grassi interpretiert, geradezu »ein Beweis für die Existenz Gottes« – es ist, als predige jeder, der einen Gedanken denkt, im schalldichten Raum, als sei nichts schwieriger als ein Dialog kontroverser Geister. Aber das Thema dieses Buches ist nicht die Satanologie, sondern der Säuberungswahn gegen Hexen – und hier ist, wiederum aus Holland, von einem ganz verblüffenden Beispiel gesunden Menschenverstandes zu berichten, von einer Art stillschweigender Bürgerinitiative zur Rettung Unschuldiger.

Die Hexenwaage von Oudewater

Am 23. Juli 1728 wurden in Szegedin in Ungarn dreizehn Menschen verbrannt, darunter der ehemalige Stadtrichter, ein Mann von 86 Jahren, eine Hebamme, insgesamt sechs Frauen sowie sieben Männer. Diese »Hexenrotte« war, folgt man der Anklage, entdeckt worden, weil ein Junge damit renommiert hatte, er habe ein schweres Unwetter auf die Weinberge niedergehen lassen. Er war von einem anderen Jungen angezeigt worden, und so nahmen die Dinge ihren Lauf. Man hatte die Angeklagten erst der Wasserprobe unterworfen, und sie schwammen alle auf dem Wasser »wie Pantoffelholz«. Das spricht nicht für wohlwollende Henker oder Richter. Zur Bestätigung – offenbar hatte der Hexeninquisitor sich mit diesem Ergebnis nicht zufriedengeben können – wandte man noch die Wiegeprobe an. Dabei mußte festgestellt werden, ob die beschuldigte Person erheblich unter ihrem gerichtlich geschätzten Gewicht blieb. Bei der Wiegeprobe in Szegedin war selbst die dickste Frau nur auf eineinhalb Lot gekommen. Angeblich wollte einer der Richter das Urteil der Hexenwaage von Oudewater einholen, kam aber damit nicht zum Zuge, denn in den Akten fehlt die Bestätigung. Zwei Jahre später wurde ein sehr beleibter Mann gewogen, den man der Zauberei verdächtigt hatte, und kam auf weniger als ein Lot. Auch er wurde verbrannt (Baschwitz).

Wie sind solche Machenschaften zu erklären? Gewiß nur aus der

Terrorsituation beim Hexengericht: ein solches Ergebnis konnte nur erzielt werden, wenn der Spielraum des Balkens verringert und die Waage praktisch festgeklemmt wurde.

Diese offenkundige Manipulation aber mußte vom Richter wie von den Schöffen gewollt übersehen werden, damit diese Hexenprobe ihren Sinn behielt – und hier liegt der Punkt, an dem der Hebel des Terrorismus ansetzte: gab es erst ein Einverständnis zwischen einigen, die Recht sprachen, und den Henkern, dann war es bequemer, eine angebliche Hexe mit der Waage zu überführen als etwa mit dem Hexenbad. Wer aber die Manipulation aufdeckte, verfiel dem Verdacht, mit dem Teufel und seiner Hexe im Bunde zu sein.

Daß in einem kleinen Städtchen in Holland vernünftige Menschen wohnten, die sich vom Hexenwahn so ziemlich befreit hatten, erklärt zwar manches in der folgenden Geschichte, aber unerklärlich bleibt, wie diesem Magistrat eine so große Autorität in ganz Europa zugewachsen ist, denn von weither kamen geängstigte Leute mit einem Schreiben ihrer Heimatstadt, um sich hier in Oudewater ihr natürliches Gewicht bestätigen zu lassen.

Diesen Vorgängen ist Kurt Baschwitz in seinen »Hexenprozessen« nachgegangen, vor allem den Legenden, die besagen, es habe sich um ein altes Privileg von Kaiser Karl V. gehandelt. Die überraschendste Feststellung: es handelt sich keineswegs um ein Privileg, man findet keinerlei Urkunden und Beweise für diese Version, die auch im Volke geglaubt wurde. Aber um solche Fragen zu erklären, muß zunächst wohl einmal gesagt werden, was denn nun wirklich in Oudewater geschah.

Oudewater ist ein kleines Städtchen zwischen Rotterdam und Utrecht mit einigen tausend Einwohnern und verdankte damals seinen Wohlstand der Herstellung von Schiffstauen, wie man sie in der Zeit der Segelschiffe brauchte. In der ländlichen Umgebung wurde Hanf angebaut, der in den Seilereien der Stadt verarbeitet wurde. Daß Oudewater eine Waage hatte, ist nichts Besonderes: wer das Marktrecht wahrnahm, brauchte die Stadtwaage, und die Wiegegebühren zählten zu den wichtigsten Einnahmen der Stadt, die 1265 das Stadtrecht erhalten hatte. Ende des 17. Jahrhunderts, als es in Holland selbst keine Hexenprozesse mehr gab, nahm die Hexenwaage in Oudewater ihre segensreiche Tätigkeit auf. Es war ein einfaches, aber sehr würdiges Zeremoniell, das einzig und allein die Frage beantworten sollte, ob die hilfesuchende Person ihr natürliches Gewicht habe. Die Antwort wurde auf die gleiche Weise gefunden, wie sie an jedem anderen Ort hätte gefunden werden können, nämlich durch ein ganz normales Wiegen. Man kann, was sich damals abspielte, aus den erhaltenen Wiegelisten und Unterlagen leicht rekonstruieren.

Ort der Handlung: das hübsche, 1595 errichtete Gebäude der Stadtwaage, das heute noch steht. Es wurde damals an der Stelle eines älteren Bauwerkes errichtet, das die spanischen Truppen während der Freiheitskämpfe niedergebrannt hatten. Vor dem Eingang drängten sich ein paar Schaulustige, vor allem Frauen und Kinder, aber auch ein paar alte Leute.

Wie jedesmal sind zwei angesehene Bürger als Schöffen zugegen, die schon einmal Bürgermeister waren, ebenso der Stadtschreiber und eine Hebamme. Diesmal erscheint eine alte, dürre Frau mit grauem Haar und scharfen blauen Augen, eine »Hexe, wie sie im Buche steht«. An ihrer Tracht ist zu erkennen, daß sie aus Utrecht stammt. Das ist ungewöhnlich. Meist kommen die Menschen, die sich ihr natürliches Gewicht bescheinigen lassen wollen, von weit her, aus Westfalen, aus dem Rheinland oder aus Süddeutschland.

Die alte Frau wird in eine kleine Stube des Waagehauses geleitet und von der Hebamme untersucht: es könnte ja sein, daß sie am Leibe ein paar Stücke Blei verborgen hat, um ihr Gewicht zu fälschen. Besondere Merkmale, wie die Polizei sie heute noch in den Paß einträgt, werden vermerkt, so in diesem Fall eine Warze am Kinn, die anderswo als Hexenmal registriert würde.

Dann wirft man der Frau, die nur noch ihr Hemd trägt, einen Schleier über und führt sie hinab zur Waage. Dort, wo sonst Käseräder, Hanfballen oder Mehlsäcke gewogen werden, besteigt sie mit Hilfe der Hebamme die Waagschale, während der Wiegemeister, ein nüchterner, unbestechlicher Mann, Gewicht nach Gewicht auf die andere Waagschale legt: schließlich zeigt die Waage hundertundzwei Pfund an, ein durchaus angemessenes Gewicht.

Die alte Frau, die ängstlich zugesehen hat, lächelt verwirrt und erleichtert, sie bedankt sich und steigt von der Waage herunter: nun kann sie zu Hause allen, die sie als Hexe beschimpfen, das Zertifikat unter die Nase halten: niemand wird sie verfolgen oder gar auf den Scheiterhaufen bringen.

Das Zertifikat selbst wird im Rathaus ausgestellt. Dort erscheinen die beiden Schöffen und der Wiegemeister und erklären wahrheitsgemäß, daß sie »wahr und wahrhaftig« Zeugnis abzulegen wünschen. Die Urkunde, vom Schreiber sorgfältig ausgestellt, beginnt jeweils mit der Formel: »Wir, die Bürgermeister, Schöffen und Ratsmitglieder der Stadt Oudewater in Holland, tun kund und bestätigen hiermit auf Gesuch von ...«

Es folgt die Begründung in stereotyper Form: die Person, für welche die Urkunde bestimmt sei, habe inständig darum gebeten, auf der Stadtwaage gewogen zu werden. Das klingt, als habe man selbst die gegen die Bittstellerin gerichteten Vorwürfe wie überhaupt das ganze Verfahren für unsinnig gehalten, könne sich aber diesen Bitten nicht entziehen. Hexenprozesse hat es ja damals in Holland schon seit Jahrzehnten nicht mehr gegeben, andererseits hatten die Kaufleute von Oudewater vielfältige Handelsbeziehungen und mochten es sich verständlicherweise mit niemandem verderben, auch mit denen nicht, die Hexen jagten. Sie schrieben deshalb in ihr Zertifikat, weil man die Pflicht habe, die Wahrheit zu bezeugen, insbesondere, wenn man eigens darum gebeten wurde, so »haben wir ihr solches nicht verweigern können und wollen«.

Dann wird die Person, die gewogen worden ist, gründlich beschrieben, damit das Zertifikat nicht mißbraucht werden kann; in diesem Fall also heißt es von der alten Frau, sie sei »alt, wie sie sagt, zweiundsiebzig Jahre, lang von Wuchs, mager von Gestalt, hochblau von Augen und grau von Haar«. Sie wog nur hundertzwei Pfund. Dieses Gewicht fanden die beiden Schöffen »mit den natürlichen Proportionen ihres Leibes wohl übereinstimmend«.

Zum Schluß heißt es, man habe ihr die öffentliche Urkunde ausgehändigt, damit sie davon Gebrauch mache, »wann und wo sie es für ratsam halten sollte« – punktum, Streusand drauf, die Gebühr wird an Stadtschreiber, Schöffen, Wiegemeister, Hebamme und Boten entrichtet. Es hat alles seinen Preis. Dann kann die alte Frau zurück nach Utrecht. Sie ist, wie gesagt, ein Einzelfall.

Man hat in dieser Stadtwaage schon Männer in Tränen ausbrechen sehen. Einige erinnern sich noch des Mannes, der beim ersten Mal vor Angst davonlief, nach Hause abreiste und sich erst beim zweiten Anlauf auf die Waage traute: er soll so weiß wie ein Laken gewesen sein. Man hatte zu Hause schon sein Vermögen eingezogen, er war der Verhaftung entflohen.

Die Frage bleibt offen, woher die Hexenwaage von Oudewater ihre Autorität hatte. Sie wog weder besonders genau – das Körpergewicht wurde in Pfund angegeben, nicht anders als das Gewicht von Käse oder halben Ochsen – noch wurde die Frage überhaupt geprüft, ob die beschuldigte Person eine Hexe sei. Es wurde lediglich nach Augenschein bestätigt, daß das Körpergewicht mit dem, was man natürlicherweise erwarten könne, übereinstimme.

Nun dürfte es keineswegs so gewesen sein, daß man der Hexenwaage von Oudewater vertraute, weil die Bürger dieser Stadt als unvoreingenommen und unbestechlich gegolten hätten. Vielmehr spielte die Behauptung, Kaiser Karl V. habe der Stadt das Privileg verliehen, mit Sicherheit eine entscheidende Rolle: im Schutz dieses Privilegs konnte die Wiegeprobe vonstatten gehen, denn niemand wagte das Ergebnis anzuzweifeln. Man darf vermuten, daß die maßgeblichen Bürger der Stadt, wenn sie auch die Fragwürdigkeit ihrer »Rechte« kannten, den Gerüchten mit guten Gründen nicht widersprachen. Daß die Geschichte vom Privileg, welches Kaiser Karl V. der Stadt verliehen haben soll, in der Tat nicht stimmte, läßt sich beweisen: der Kaiser hatte sich 1556 in eine Villa beim Kloster San Gerónimo de Juste zurückgezogen. Der Brand des Rathauses hatte sich aber erst 1577 ereignet; wenn schon bald danach solche Zertifikate ausgestellt worden sein sollten, müßten sich die Unterlagen in den Akten der neuen Stadtwaage befinden, die erhalten sind. Aber es gibt keine frühere Wiegeprozedur als die, die für das Jahr 1644 bezeugt wird: da wog man ein westfälisches Bauernmädchen. Um diese Zeit war die Waage von Oudewater noch keinesfalls allgemein bekannt.

Nun gibt es aber für die dortigen Ereignisse einen vorzüglichen Zeugen, den Geistlichen Nicolas Borremans, der 1645 bis 1648 in Oudewater lebte. Er übersetzte die berühmte Streitschrift des Jesuiten Friedrich Spee, die »Cautio criminalis«, von der schon die Rede war, ins Holländische und gab ihr ein Vorwort bei, das die einzige, allerdings sehr exakte Quelle über jene Vorgänge ist. Es trägt den Titel: »Vorwort über das Wiegen der Hexen in Oudewater.« Die Schrift von Spee mit diesem Vorwort erschien 1657, also zehn Jahre, nachdem Borremans in Oudewater gewohnt hatte.

Der Mann hatte damals sogar Meinungsforschung betrieben und die Einwohner gründlich befragt. Von dem Barbier, der zugleich Gemeindebote war, erhielt er besonders ausführliche Antworten, vor allem auch über den Ursprung der Wiegeproben. Kaiser Karl V., so hieß es, habe im Dorfe Poelsbroek jene Manipulationen beobachtet, die beim Hexenwiegen üblich waren, und verordnet, daß solche Hexenproben nur im benachbarten Oudewater durchgeführt werden dürften. Dies kann nur, wie Baschwitz bewies, eine Legende gewesen sein. Es gibt noch andere Versionen aus dem Mund des braven Barbiers, die man hier beiseite lassen kann. Wichtiger sind die »Fragebogenergebnisse«, denn Borremans verschickte regelrechte Fragebögen. Der Bürgermeister Willem Tromper antwortete schriftlich.

Er schreibt zum Beispiel offen, was im Zertifikat nicht ausgedrückt ist, daß man die Hilfesuchenden in ihrem Lande zu Unrecht der Hexerei beschuldige. Wenn sie in Oudewater keine Bescheinigung erhielten, liefen sie Gefahr, Besitz und Leben zu verlieren. Wie er über die Frage denke, ob Zauberer oder Zauberinnen kein volles Gewicht haben? »Was mich betrifft«, antwortete der Bürgermeister, »ist mir das ganz gleichgültig.« Und die Frage der Herkunft? »Woher das Recht stammt, das ist mir unbekannt.« Ob die Geschichte mit dem Dorf Poelsbroek wahr sei? »Sie kann wahr sein, das Wiegen kann aber auch einen anderen Ursprung haben.« Und schließlich die Sache mit Kaiser Karl V.? »Ob Kaiser Karl V. diese Stadt durch Privileg bevollmächtigt hat, kann ich nicht wissen, da das Rathaus mit allen Privilegien verbrannt ist.«

Über hundert Jahre verrichtete so die Vernunft holländischer Bürger an der Hexenwaage von Oudewater ihr Werk und rettete unzähligen Menschen das Leben. Mit Sicherheit wurden noch 1754 ein Mann und eine Frau aus dem Münsterland dort gewogen; die letzte Wiegeprobe wurde angeblich im Jahr 1773 durchgeführt.

Ein Professor aus Leipzig

Es kommt selten vor, daß ein Mann mit einer Dissertation berühmt wird. Freilich hieß um 1700 jede wissenschaftliche Streitschrift Dissertation. Als aber am 12. November 1701 ein sogenannter Respondent namens Johannes Reiche die Dissertation »De crimine magiae« vor den Professoren der Universität Halle verteidigte, stand ein Mann im Mittelpunkt des Interesses, der bereits unliebsam aufgefallen war: kein junger Student mehr, sondern ein Fünfunddreißigjähriger, der sich bereits als Gegner starrsinniger Lutheraner an der Universität Halle profiliert hatte.

Damals gab es fast kein Gebiet des Geisteslebens, in dem die Theologie nicht das letzte Wort zu sprechen hatte, und in dem Maße, in dem die einzelnen Wissenschaftsgebiete nach Objektivität strebten, mußten sie mit den Lehren der Theologie, die wiederum auf Auslegung der Bibel gegründet waren, in Konflikt geraten. Der Verfasser jener Dissertation war Christian Thomasius, einer der führenden Köpfe der deutschen Aufklärung. Er ist Sohn aus privilegiertem Hause, sein Vater war Philosoph in Leipzig. So mag unvoreingenommenes Denken schon seine Kindheit geprägt haben. Das heißt nicht, daß er von den Irrtümern seiner Zeit verschont geblieben wäre, wie sich sehr bald zeigen wird.

Der am Silvestertag 1655 geborene Sachse studierte zunächst an der berühmten Heimatuniversität, ehe er nach Frankfurt/Oder ging. Ab 1681 hielt er Vorlesungen an der Universität Leipzig. Damals war Latein noch die internationale Sprache der Wissenschaft, zwar eine Herrschaftssprache, aber auch ein Element der Klarheit und Abstraktion, der allgemeinen und sicheren Verständigung zwischen Männern – nicht Menschen! – gleichen Bildungsstandes: Frauen lernten selten Latein. Christian Thomasius hielt in Leipzig 1687 die erste Vorlesung in deutscher Sprache, ein radikaler Dozent, der es Luther nachtat und dem gesunden Menschenverstand eine Chance einräumte. Seit 1688 gab er die erste wissenschaftliche Zeitschrift in deutscher Sprache heraus, die sich kritisch mit Neuerscheinungen auseinandersetzte, die »Monatsgespräche«. Er hatte die Philosophie des Descartes studiert, eine Philosophie des exakten Denkens, er hatte sich in wissenschaftlichen Konflikten stets auf der Seite des Fortschritts befunden und hatte als junger Wissenschaftler einen guten Ruf. So wurde er 1694 von seiner Fakultät als Referent gebeten, sich als Gutachter in einem Hexenprozeß zu äußern.

Mit welchem geistigen Rüstzeug er an die Sache heranging, hat er selbst mit einiger Beschämung später so beschrieben: Er sei damals der »gemeinen Meinung von dem Hexenwesen« und der festen Überzeugung gewesen, daß die »armen gemarterten, oder mit der Marter doch bedroheten Hexen« den vollen Beweis für Teufelspakt und Hexenritt zum Blocksberg geliefert hätten,»und könnte kein vernünftiger Mensch an der Wahrheit dieses Vorgehens zweifeln«.

Er hatte sich also nach allen Regeln der Kunst ans Werk und allerlei wissenschaftliche Auszüge gemacht, er hatte studiert und nachgeschlagen zur Abfassung seines Votums, um »des Carpzovii criminalia, ingleichen den Malleum maleficarum, Torreblancam, Bodinum und DelRio und was ich für Autores de magie mehr in meiner wenigen Bibliothek antraf«, zu Rate zu ziehen.

»Und da fiel nun freilich nach dieser Männer ihrer Lehren der Ausschlag dahin, daß die Inquisitin, wo nicht mit Schärfe, so doch mit mäßlicher Pein wegen der beschuldigten Hexerei anzugreifen wäre. Und dachte ich dannenhero mit diesem meinem voto in der Fakultät Ehre einzulegen. Aber meine Herren Kollegen waren ganz anderer Meinung.«

Thomasius mußte sein Gutachten auf Wunsch seiner Fakultät ändern. Diese Barbara Labarentzin aus Cöslin (Pommern) war »nunmehro . . . der gefänglichen Haft zu entlassen, jedoch seynd diese Acta wohl zu verwahren, und ist auf ihr Leben und Wandel fleißig Acht zu geben«.

Es war das erste Gutachten, das der junge Jurist Thomasius hatte abgeben sollen, und es war ein Mißerfolg. Thomasius ärgerte sich über sich selbst – ein weiterer Beweis für die heilsame Kraft von Mißerfolgen: er gestand sich ein, daß gerade ihm, der auf seine Logik so stolz war, das nicht hätte passieren dürfen, und er begann, sich gründlich mit dem »Laster der Zauberey« auseinanderzusetzen. Das Thema muß ihn ständig beschäftigt haben, die Beschämung saß tief. Als er zu den Werken des Mystikers Poiret, eines heute vergessenen Autors, ein Vorwort zu schreiben hatte, wandte er sich scharf gegen dessen Feststellung, der größte Teil der Menschen seien Zauberer, die mit dem Teufel in Verbindung ständen. Zauberei sei kein Verbrechen, die Inquisitionsprozesse gegen Hexen hätten mehr Unschuldige als Schuldige auf den Scheiterhaufen gebracht, zudem habe das Papsttum als Urheber dieser Prozesse auch noch Vermögensvorteile aus allem gezogen, im übrigen mangele es ihm an Zeit, sich jetzt näher mit diesen Fragen zu befassen (Lieberwirth).

Die theologische Fakultät ließ sich diese Behauptung nicht bieten, schon aus Kompetenzgründen, es kam zu einem Streit in langen Schriftsätzen, der sich über ein Jahr hinzog: die Fakultät behauptete ihre Zuständigkeit, in Fragen der Theologie und in allen wichtigen Lebensbereichen zur alleinigen Gutachterin bestellt zu sein. Thomasius hielt sich aber als mündiger Christ in der Nachfolge Luthers für berechtigt, in allen Lebensfragen seine Meinung nach bestem Wissen und Gewissen zu vertreten. Wie bei solchen Konflikten üblich, wurden jeweils die höheren Instanzen bemüht: das Oberkonsistorium erließ im Dezember 1697 Befehl, die Schriften des Thomasius zu konfiszieren, im März des folgenden Jahres erfolgte der nicht minder scharfe Gegenbefehl des polnisch-sächsischen Königs – vermutlich auf diplomatische Vorhaltungen Brandenburgs.

Mit seiner Schrift »Ob Ketzerey ein strafbares Laster sey« griff Thomasius dann die protestantische Orthodoxie an und entschärfte zugleich ihre Argumente in aller Öffentlichkeit. In der schon erwähnten Dissertation aber faßte er schließlich seine Ansichten zusammen, die auf die Forderung zielten, alle Hexenprozesse einzustellen. Die Hexerei sei ein fiktives, ein eingebildetes Verbrechen. Die Existenz des Teufels bestritt Thomasius nicht, er gehöre zu den bösen Geistern. Da diese aber in materiellen Dingen keinen Einfluß hätten, könne der Teufel weder körperliche Gestalt annehmen noch »körperliche Bündnisse« mit Hexen eingehen. Geständnisse dieses Inhaltes seien entweder Ergebnisse von Wahnvorstellungen oder von unmenschlichen Folterqualen. Die Frage, wie der Geist auf »materielle Dinge« einwirken könne, war damals eine vieldiskutierte Frage gewesen – auch Kant hat sich später zu diesem fundamentalen Problem geäußert.

Thomasius hatte mit dieser Gegnerschaft gerechnet, sich auch im Vorwort 1702 noch mit ein paar Erläuterungen zum Thema abgesichert. In diesem Jahr erschien die erste deutsche Übersetzung, zwei Jahre später eine weitere Übertragung in Augsburg, es gab anonyme Gegenschriften, wenn auch nur außerhalb des brandenburgisch-preußischen Territoriums, in Leipzig wurde sogar von der Kanzel herab gegen Thomasius gepredigt – aber die Sache behielt den Charakter eines scharf geführten Theologenstreites, es ging nicht um Leib und Leben.

1712 erschien eine weitere »Dissertation« aus der Feder von Thomasius, die in ihrer Argumentation so logisch wirkte, daß niemand sich zu einer Entgegnung aufraffen konnte. Schließlich fiel ihm das Werk des Engländers Joseph Glanvill in die Hände. Dieser Glanvill

(1636 bis 1680) hatte, ganz im Stil der heraufkommenden Experimentalwissenschaften, auf einem englischen Schloß unter Anwesenheit von Robert Boyle, des Naturwissenschaftlers, mit spiritistischen Medien experimentiert. Er wandte sich gegen alle Skeptiker, die den Hexenglauben anzweifelten, und er schrieb eine Reihe von Werken gegen diese Sadduzäer, um im Geiste des Fortschrittes, aber auch im Geist der Kirche den Hexenglauben zu verteidigen. 1701 erschien in Hamburg die deutsche Übersetzung des letzten Werkes »Vollkommner und klarer Beweis von Hexen und Gespenstern«. In diesen Wissenschaftsstreit griff auch Thomasius ein, indem er sich mit dem Autor selbst auseinandersetzte und auch für Gegner des Glanvill Vorreden schrieb. Die Argumentation der Vernunft hatte sich in Preußen endlich durchgesetzt – nicht, weil dies eine Frage der Logik wäre und sozusagen zwangsläufig geschieht, sondern weil Friedrich Wilhelm I., der König von Preußen, die Argumente einsah. Er erließ am 13. Dezember 1714 ein Edikt, das die Beendigung der Hexenprozesse in Preußen einleitete, denn jede Entscheidung in Hexensachen mußte von nun an vom König selbst bestätigt werden. Thomasius selbst, als Lehrer einer neuen Juristengeneration, hatte das Seine dazu getan, den alten Wahn auf den Müllhaufen der Geschichte zu verbannen. Die letzte Hexe wurde in Preußen 1728, im Todesjahr des preußischen Philosophen, verbrannt. Der literarisch gebildete Friedrich der Große hat über Thomasius gesagt: »Wenn es nur allein dies wäre, daß die Weiber fortan in Sicherheit alt werden und sterben könnten, so würde schon darum sein Name unsterblich sein.«

Bayerischer Hexenkrieg

Preußen war zu seiner Zeit, ehe es gegen Ende des vorigen Jahrhunderts zum Zerrbild seiner selbst wurde, ein in Glaubensdingen verhältnismäßig freies, ein fortschrittliches Land. Unter einem König, der mit dem unerschrockenen Voltaire befreundet war, dem Vorbild aller engagierten Literaten, herrschten in mancher Hinsicht vernünftigere Verhältnisse als unter Herrschern, deren Ratgeber engstirnig waren. Hexenprozeß und Folter galten dem aufgeklärten Bürger als

Beweise finsterer Rückständigkeit. Friedrich II. von Preußen, voll Haß auf den cholerischen Vater, das Urbild puritanischer Autorität, hatte den Ehrgeiz, ein »Philosoph auf dem Thron« zu sein; mit seinem Erlaß vom 3. Juni 1740 schaffte er die Folter im Prinzip ab, Ausnahmen wurden 1754 und 1756 beseitigt. Die Bedenken an den europäischen Höfen und in Kreisen der Justiz waren beträchtlich.

Er verteidigte sich 1749 gegen vielfältige Vorwürfe: »Ich wage es, die Partei der Menschlichkeit gegen einen Brauch zu nehmen, der ebenso unnütz wie grausam ist ... Es ist besser, zwanzig Schuldige freizusprechen als einen Unschuldigen aufzuopfern ... In Preußen ist die Folter seit acht Jahren abgeschafft. Man ist nun sicher, Schuldige und Unschuldige nicht miteinander zu verwechseln; und die Rechtspflege geht nichtsdestoweniger ihren Gang.«

In Österreich hatte Maria Theresia, der gleichen Generation wie Friedrich II. von Preußen zugehörig, noch im Jahre ihrer Thronbesteigung den Befehl erlassen, alle Anklagen auf Hexerei seien der kaiserlichen Regierung zur Nachprüfung zu unterbreiten. 1766 ging diese vorläufige Regelung, die praktisch alle Hexenprozesse unterband, in eine allgemeine Regelung ein, wobei die bisherigen Erfahrungen herangezogen wurden.

In diesem Schriftstück stellte die Kaiserin fest, daß »während Unserer Regierung bisher kein wahrer Zauberer, Hexenmeister oder Hexe entdeckt worden, sondern derlei Prozesse allemal auf eine boshafte Betrügerei, oder eine Dummheit und Wahnwitzigkeit des Angeklagten, oder auf ein anderes Laster hinausgeloffen seien, und sich mit empfindlicher Bestrafung des Betrügers oder sonstigen Übeltäters oder mit Einsperrung des Wahnwitzigen geendet habe« (Baschwitz). Zwar will die Kaiserin sich stets bemühen, »die Unternehmung zauberischer Handlungen« auszurotten, aber sie will nicht zulassen, daß dabei »ohne rechtliche Beweise« verfahren werde.

Die Folter schaffte sie erst im Jahre 1776 ab, ein Menschenalter später als der verhaßte Preußenkönig. Erst ihr Sohn, der aufgeklärte Monarch Kaiser Joseph II., strich 1787 alle Gesetzesbestimmungen über Zauberei und Hexerei aus den Gesetzen. Das fiel den Herrschenden nicht leicht, denn in diesem Schritt lag das Eingeständnis, daß alle die vergangenen Hexenbrände, die noch in frischer Erinnerung waren, auf Irrtümern beruht hatten und Unschuldige die Opfer der Verfolgung gewesen waren – so, als ob heute jeder »im

Namen des Volkes« Verurteilte irrtümlich in Haft säße und die Justiz nichts anderes sei als eine ungeheure und sinnlose Unterdrückungsmaschinerie, deren Aufgabe es sei, Verbrecher zu erzeugen.

In den Geschichtsbüchern liest man häufig, die Aufklärung habe mit ihrem Vernunftglauben bewirkt, daß die Menschen nicht mehr an Zauberei und Hexenkunst glaubten. Das habe zum Aufhören der Hexenprozesse geführt. In Wirklichkeit ist der Hexenglaube niemals ganz erloschen und hat heute einen größeren Umfang angenommen als noch vor einigen Jahrzehnten. Wenn es allein nach der Vernunft ginge, dürfte es heute keinerlei Aberglauben mehr geben und schon gar nicht den Glauben an körperhafte Teufelsmacht und Hexerei.

Um aber zu verstehen, wie mühsam sich die Vernunft durchsetzte und wie es überhaupt zum Ende der Hexenprozesse kam, sollen die Verhältnisse in Bayern betrachtet werden, wo ja noch heute der Prozentsatz an Hexengläubigen etwas höher ist als im übrigen Bundesgebiet – nicht, weil die Bayern eine besonders engstirnige Sorte von Menschen wären, sondern weil der bayerische Konservativismus, der diesem Land eine so überzeugende Kontinuität erhält, auch seine Schattenseiten hat.

Wie sah es in Bayern um die Mitte des 18. Jahrhunderts aus? In allen Schulen, im Kirchdorf wie an der Klosterschule, waren fromme Patres die Lehrer der Kinder, das Kruzifix war in jedem Schulzimmer gegenwärtig, und kirchliche Kategorien beherrschten das Denken schon des kleinsten Schulkindes. Es wurde Auswendiggelerntes abgefragt, und es wurde geprügelt wie überall in jener Zeit, außer in den Schulen der sogenannten Philanthropen. In Bayern mag die Schulzucht übrigens, verglichen mit Preußen, milde gewesen sein, wo Schneider, Leinenweber, Radmacher und Zimmerleute zum Schulamt zugelassen waren, das nebenamtlich versehen wurde. Erst seit 1779 war das Schulamt in Preußen zur Altersversorgung für die Invaliden der Armee geworden. In Bayern also lehrten in den Domschulen und in den Bürgerschulen der Stadt Geistliche, auf dem Lande gab es kein Schulwesen, nur die geistliche Unterweisung. Vom Teufel hörten die Kinder täglich, und daß es Hexen gäbe, gehörte zum Bild der Welt wie Himmel und Hölle.

Daß alle vererbten Formeln des Lebens aus dem Ei entständen, war nicht Schulwissen, sondern eine neue, erstaunlich wissenschaftliche Theorie. Daß die Vererbung nach Gesetzen erfolgt und nicht wie eine

Art höheres Wunder, ahnte niemand. Von der Elektrizität kannte man Blitz und Magnetnadel, Afrika lag entfernter als heute der Mars, in den Naturwissenschaften bezog man sich auf den Römer Plinius, soweit Interesse vorhanden war, das Leben wurde vom Christentum regiert, das Alte und das Neue Testament lieferten die Formeln und Gleichnisse, in denen man es begriff, an denen man alles maß: so hatte auch die Hexe ihren festen Platz, denn sie kam in der Bibel vor wie Abraham oder die zwölf Jünger. Allenfalls lasen Kinder, wenn sie, wie etwa der kleine Goethe, in begütertem Hause aufwuchsen, den »Orbis pictus« des Comenius, dazu kamen die antike Mythologie und Gottfrieds »Chronik« mit Kupferstichen von Merian, welche die merkwürdigsten Ereignisse der Weltgeschichte behandelte.

Zurück nach Bayern: hier hielt sich die Macht des Vergangenen länger als irgendwo anders. Ein Anfang zum Wandel war gemacht, als Kurfürst Max Joseph in München am 28. März 1759 die Akademie der Wissenschaften gründete, ein gutes halbes Jahrhundert später als Preußen. Ihre Aufgabe sollte es immerhin sein, »alle Teile der Weltweisheit von unnützen Schulsachen und Vorurteilen zu reinigen«. Allerdings enthielt der Stiftungsbrief die Formel, daß Glaubenssachen von den Aufgaben der Akademie ausgeschlossen sein sollten – aber die Frage war eben, ob die Hexenfrage zu den Glaubenssachen gehörte oder nur irrtümlich dazu gezählt wurde.

Der langjährige Vorsteher des Theatinerklosters in München, Pater Don Sterzinger, ein welterfahrener Mann adliger Herkunft, hielt am 13. Oktober 1766 als Mitglied der historischen Klasse der Akademie eine Festrede »zum bevorstehenden Namensfest des Landesfürsten«. Sein Thema: »Von dem gemeinen Vorurteil der wirkenden und tätigen Hexerei« – und die Rede war ein Erfolg: er überreichte sie noch am selben Tag dem Kurfürsten »nicht ohne höchstdesselben Wohlgefallen«. Das zählte nicht wenig, denn jedermann, der sie gehört hatte, empfand sie als Kampfansage, und nach Aussage eines Zeitgenossen wurden die »in so vieljähriger Ruhe verbliebenen alten Klassiker von ihren Winkeln aus ihrem spannhohen Staube emporgerissen« (Riezler). Gemeint sind die Klassiker »Hexenhammer«, DelRio, Remy und wie sie alle hießen.

Don Sterzinger konnte sich nicht an die Argumente eines Thomasius halten, denn der war Protestant. Also suchte er seine Argumente in Rom bei kritischen Italienern, aber es half nichts: man ließ ihn nicht ungeschoren. Die erbitterte literarische Fehde, die aus dieser Rede hervorging, hat in der Geschichte den Namen »Bayerischer Hexenkrieg«; dieser Streit wühlte die Gemüter mächtig auf, und »da war kein Palast, keine Hütte, keine Zelle, so still sie sonst sein mochte, die nicht ihre Stimme mit Eifer abgab, als käme es auf sie an, die Sache zu entscheiden«.

»Was in anderen Territorien des Reiches in aller Stille vor sich ging, die Abwendung der öffentlichen Meinung vom Glauben an die Hexerei, vollzog sich in Bayern unter einem geräuschvollen Federkrieg, der um so merkwürdiger ist, als Bayern bis vor kurzem von allen deutschen Ländern dasjenige war, wo man am seltensten zur Feder gegriffen hatte.« Die Gegner Sterzingers argumentierten etwa so: »Wenn man den Wahrgläubigen die Furcht vor den Nachstellungen des Satans benimmt, ihnen vorträge, daß seine Macht gänzlich gehemmt, daß er in der Hölle wie ein Kettenhund angebunden und keinem mehr schaden kann, so vereiteln wir die heiligen Gebräuche der Kirche, wir erwecken in den Herzen der Christen eine Verachtung der geistlichen Mittel, welche uns die Kirche in die Hand gibt, weil sie auf diese Art unnütz werden« (Merzbacher, nach Riezler).

Die Furcht als Knüppel der Autorität, dieses Argument kommt den Verteidigern von Machtpositionen stets gelegen. Sterzingers Position wurde gestärkt von einem Mandat der Kaiserin Maria Theresia vom 5. November 1766, das sich gegen den Wahn von Hexen und Zauberwesen wandte: weil es aus dem gut katholischen Lager kam, wog es schwerer als das Beispiel des verhaßten Preußenkönigs.

Der Wind blies den Verfechtern althergebrachter Hexenverfolgung ins Gesicht: elf Jahre später verbot der Papst selbst z. B. den Jesuitenorden, der damals als die Inkarnation des Bösen galt wie heute bestimmte Geheimpolizeidienste. Die Details dieses bayerischen Hexenkrieges sollen hier nicht weiter interessieren. Immerhin ahnte man die ungute Verwurzelung des Zauberwesens im Mutterboden der Kirche und seine Verfilzung mit materiellen Interessen. Zum Schluß sei deshalb die Schrift eines gewissen P. Angelus März genannt, der 1761 eine dem Abt von Scheiern gewidmete Schrift herausbrachte und unabsichtlich eine der Ursachen des kirchlichen Wahnsystems bloßlegte. Dieses Kloster rühmte sich des Besitzes eines Partikels vom wahren Kreuz Christi, und dieser Besitz brachte Einnahmen. Pater Angelus März schrieb dazu: »Andacht und Vertrauen zu diesem stiegen so weit, daß man endlich, um den Verehrern ein kleines Genüge zu leisten, teils von Silber, teils von Messing gegossene Kreuzl herstellen, an den Partikel anrühren und den Verehrern überlassen mußte. Diese Kreuzl dienen besonders wider Donner- und Schauerwetter, Zauberei und Hexerei, machen bezaubertes Vieh wieder gesund usw. Hochwürdiger Herr Akademikus! Ist die Hexerei ein Fabelwerk, ein Vorurteil, so sind wir scheirische Väter schändliche Betrüger, Wort- und Gaukelmacher, gleich Marktschreiern . . .« Und was den Umsatz angeht, so schreibt der Pater: »Nicht nur in Bayern, Schwaben, Böhmen, Österreich, Mähren und Ungarn, sondern auch in Sachsen und Polen werden die scheirischen Kreuzeln gebraucht, also daß man nicht selten in einem Jahr bei 40 000 ausgeteilt hat.«

Wie so ein scheirisches Kreuzl gewirkt haben soll, darüber gibt es den Bericht eines Karmeliters aus dem Jahre 1738, der 1719 an Bauchschmerzen erkrankt und vom Beichtvater durch Auflegen eines scheirischen Kreuzes geheilt worden war, weil dieser Pater »Zauberei« als Ursache der Krankheit erkannt haben wollte. Als nämlich dem Kranken ein »an dem wahren Partikel berührtes Scheirer Kreuz« aufs Haupt gelegt und ihm geweihtes Öl eingegeben war, erfolgte drei Tage lang Erbrechen von genau verzeichneten »Zauberstücken«: Leder, Papier, Flintenstein, einem halben Hechtskopf, Zwirn, Schweinsborsten, Rosenkranzperlen. Alsdann war der Mann geheilt, ein Hexenbanner hätte es nicht besser machen können.

Zwischen Sterzinger, dem inzwischen viele Bundesgenossen zur Seite standen, und seinen Gegnern, den Patres von Scheiern, kam es in Freising vor einem geistlichen Gericht am 25. Februar 1767 zur Gerichtsverhandlung. Das Gericht entschied, jede Partei habe sich über die Streitfrage schriftlich zu äußern. Der Gegensatz zwischen Hexengläubigen und denen, die am Sinn der Hexenprozesse zweifelten, ging mitten durch die geistlichen Orden.

Einer von den Streitern, der Augustiner P. Jordan Simon (Dell'Osa), erkannte auf seine Weise die historische Entwicklung klar, wenn er schrieb: »Was war die Ursache, daß die Hexenprozesse so häufig, so grausam und unglücklich geführt wurden? Ich will sie zum Entsetzen derjenigen, die sich für die Verteidigung dieser törichten Hexenkunst noch aufzuwerfen getrauen, mit aufrichtigen Worten hersetzen. Man gab gewissen, hierzu bevollmächtigten Geistlichen die Gewalt, die vermeintlichen Hexenprozesse zu führen, weil die Hexerei als Ketzerei angesehen wurde. Und diese geistlichen Männer hatten die weltlichen Gerichte als untergeordnete an Handen. Das übrige wirkte die Grausamkeit der Folter. Die weltlichen Gerichte empfingen aus den Händen der Inquisitoren den geschlossenen Rechtshandel und fuhren nur die Exekution zu.« Auch in Bayern reichte es nicht, Einsichten zu verbreiten, wenn man die Verhältnisse ändern wollte. 1769 wurde jener »Kelheimer Hexenhammer« geschrieben, der aus dem Geist des alten »Hexenhammer« ein Schema für die peinliche Befragung gibt. Um 1770 lebte in München noch ein legendärer Scharfrichter Martin, von dem es hieß, er habe alle Hexen bei ihren Ausfahrten zu den nächtlichen Festen so gebannt, daß sie am Sendlinger Tor anstießen, aber schon 1784 bezeichnet man das Hexenwesen als »Märchen«. Sterzinger, seit 1769 Direktor der Historischen Klasse der Akademie, starb 1787, sein Ruhm reichte weit. Es gibt in Bayern kein spektakuläres Datum, das etwa das Ende der Hexenverfolgung bezeichnet: dieser Säuberungswahn kam gleichsam außer Mode, und nach den Ursachen für dieses Erlöschen wird zu fragen sein.

Am 7. Juli 1806 erfolgte endlich die Aufhebung der Tortur, und das neue Strafgesetzbuch, an dem der berühmte Strafrechtler Johann Anselm Ritter von Feuerbach seit fünf Jahren gearbeitet hat, enthielt die Begriffe Ketzerei, Hexerei und Zauberei überhaupt nicht mehr. Das Strafgesetz wurde am 1. Oktober 1813 in Kraft gesetzt, und man hätte meinen können, daß der Hexenspuk in wenigen Jahren endgültig ausgestorben sein würde. In Wirklichkeit ist der Hexenglaube nur von veränderten gesellschaftlichen Verhältnissen in den Untergrund verdrängt worden, und in einer neuen Epoche, der des Nationalismus, bereiteten sich neue schreckliche Formen von kollektivem Verfolgungswahn vor. Bevor noch einmal gefragt wird, was denn nun eigentlich nach heutigem Verständnis vor sich gegangen ist, als die Hexen und Zauberer Opfer des Hasses wurden, ein paar Worte über die Veränderung der Verhältnisse, die dem Wahn die Basis entzogen, und über die Zeitmarken: wann hörte man endlich auf, Menschen als Hexen anzuklagen, wann wurden die letzten Opfer umgebracht?

Aufklärung und letzte Opfer

Europa litt an Hunger und Übervölkerung, als die Jagd auf Hexen ihren Höhepunkt erreicht hatte. Es war Schlachtfeld des dynastischen Ringens unter religiösem Vorwand, des jahrzehntelangen Glaubenskrieges 1618 bis 1648, den nicht Vernunft, sondern Erschöpfung beendete. Es fürchtete sich vor der Übermacht der Türken, wie man sich heute vor dem »Osten« fürchtet, und es stöhnte unter dem Druck des absoluten Herrschertums: der Wille der Kaiser und Könige war Gesetz im Land wie der des Adligen in der Dorfmark. Europa war ein agrarisches Land – aber zur Zeit Ludwigs XIV. aßen die Bauern in der Gegend von Blois Nesseln und Aas, Frauen und Kinder starben am Weg, den Mund voll ungenießbarer Blätter, und auf den Friedhöfen hockten Wahnsinnige, die an den Knochen von Leichen nagten.

Einige Erklärungen für all dieses Elend, die von der Kirche angeboten wurden, begannen ihre Glaubwürdigkeit zu verlieren, und man begann um die Wende zum 18. Jahrhundert zu erkennen, daß zwischen dem Steuersystem, den steigenden Getreidepreisen und den Hungersnöten ein ökonomischer Zusammenhang bestand – genau wie man rationale Erklärungen für den Lauf der Gestirne, das Erscheinen des Regenbogens und den Blutkreislauf gefunden hatte. Frankreich war ein Bauernland, aber um 1715 starben nach Schätzungen des französischen Historikers Hippolyte Taine (1828 bis 1893) etwa sechs Millionen Menschen, ein Drittel der Bevölkerung, an Hunger.

Die Hinrichtung des Paters Grandier, des Exorzisten von Loudon, hatte im Jahre 1633 allgemeines Aufsehen erregt und in ganz Europa Widerhall gefunden; einen ähnlichen Ausbruch von kollektiver Hysterie gab es 1642 in Louviers in der Normandie; die Sache endete damit, daß der als Hexenmeister angeschuldigte Beichtvater der Nonnen, Kaplan Thomas Boullé, 1647 lebend verbrannt wurde. Die schlimmsten Verfolgungen wüteten in der Normandie, als 1670 bereits 525 Menschen wegen Hexerei angeklagt waren: die Schrecken der fast dreißig Jahre zurückliegenden Ereignisse geisterten, ins Riesenhafte vergrößert, durch die Lande; man hatte mit eigenen Augen Scharen nackter Menschen durch die Luft fliegen sehen; beim Hexensabbat hätten auf dem Kopf stehende Priester Messe gelesen.

Schließlich wandte man sich an den König, der zwar bereits ausgefertigte Todesurteile des Parlaments umstieß, aber die Verbannung der Hexenverdächtigen verfügte. Damit war der Vernunft die Tür geöffnet, aber die Verhältnisse änderten sich noch einmal, als am Hof des Sonnenkönigs selbst Verschwörungen ausgehoben wurden, in denen sich Schwarze Magie, Liebeszauber und Giftmordanschläge zu einem kriminalistischen Labyrinth verbündet hatten: Mittelpunkt war die Maitresse des Königs, Marquise de Montespan, die ihm acht Kinder geboren hatte. Es gab sogar eine Art Maffia, die Gift handelte und anbot. Hunderte wurden verhaftet, eine königliche Untersuchungskommission urteilte ohne Berufungsinstanz. Auch der Bühnendichter Racine stand unter Verdacht. Um es kurz zu machen: es gab 36 Todesurteile, 4 Galeerenstrafen, 34 Verbannungen, immer ging es um kleine Leute.

König Ludwig zog 1682 einen Schlußstrich unter die Sache, stellte alle Taten von Magie und Aberglauben unter Strafe und erließ die Todesstrafe für Gotteslästerungen, die im »Zusammenhang mit eingebildeten magischen Wirkungen« oder »Täuschungen ähnlicher Art« begangen wurden. Aus den Quellen geht hervor, daß er an Hexen nicht glaubte, Magie und Zauberei für Einbildung hielt, sie aber aus guten Gründen verbot.

Dennoch war das Gespenst der Hexerei nicht tot, und es kam im Jahre 1731 noch einmal zu wilden Anschuldigungen gegen einen Pater Girard, der von einer Zwanzigjährigen als Hexer und Verführer angeschuldigt wurde. Das Parlament der Provence in Aix-en-Provence übernahm zuständigkeitshalber den Fall. Zwölf Richter forderten die Verbrennung des Paters, zwölf andere wollten das Mädchen hängen sehen. Die Entscheidung lag beim Vorsitzenden: dieser Lebret, ein wahrer Salomo, befand, der Pater sei seinem Orden zu überstellen, das Mädchen seiner Mutter. Auch dieses Urteil erregte die Gemüter und brachte eine Flut von Streitschriften hervor.

Es wäre unsinnig, diese Wende als ein Zeichen dafür anzusehen, daß der Hexenglaube in Frankreich von nun an verschwunden wäre – aber es lag offenbar nicht mehr im unbezweifelbaren öffentlichen Interesse, einen vermeintlichen Hexer auf den Scheiterhaufen zu bringen: nicht das Teufelsbündnis, sondern die Majestätsbeleidigung war das typische Verbrechen der Epoche. Nicht in den Händen der großen Orden lag die Macht, sondern in denen der unumschränkten

Herrscher mit ihren Ratgebern und Beamten. Von ihren Einsichten und Launen, Interessen und Motiven hing ab, was geschah, aber auch von ihrer Eitelkeit: so griffen vielfältige Faktoren ineinander, um die Verfolgung von sogenannten Hexen zur Absurdität werden zu lassen.

England war in dieser Epoche das einzige Land, das sich vom französischen Absolutismus emanzipierte, ganz im Gegensatz zu Deutschland. »Die Devotion der Deutschen auch vor ihrem kleinsten Beamten war grenzenlos. Ein Publizist schrieb an den Großfürsten Ernst Ludwig von Hessen: ›Wenn nicht Gott wäre, wer wollte billiger Gott sein als Eure hochfürstliche Durchlaucht?‹; auch vor jedem Beamten, von denen der Philosoph Christian Freiherr von Wolf lehrte, daß sie als Gehilfen des Monarchen ›Fürsten im kleinen‹ seien, erstarb man in Demut.« Immerhin war dieser Freiherr von Wolf der Wortführer der Aufklärung in Deutschland, ein Mann, der sich schon nicht mehr mit Hexenprozessen herumzuschlagen hatte, sondern die Allmacht des Staates lehrte.

Der in England entstandene Empirismus eroberte Europa. Diese Philosophie besagte, alle gültige Erkenntnis in der Welt beruhe auf der Erfahrung, auf Beobachtung und Experiment, und der »erste große Vertreter der englischen Philosophie auf dem Kontinent« war Montesquieu (Friedell). In seinen »Briefen aus Persien«, die 1721 erschienen waren, übte er scharfe Kritik an den Zuständen in Frankreich, an Papst- und Klosterwesen, Beichte und Zölibat, am Verfall der Akademien ebenso wie an den Privilegien des Adels und an den Ketzergerichten der Kirche – aber er hätte nicht soviel Aufmerksamkeit errungen, wenn seine scharfe Kritik nicht eben doch seiner Zeit voraus gewesen wäre.

Eine Erscheinung wie der Verfolgungswahn gegen Hexen läßt sich nicht an einem einzigen Datum festmachen, etwa an der letzten Hinrichtung. Wichtiger ist, daß sich hier zeigt: die Herrschenden hatten das Interesse an der Sache verloren, oder, anders ausgedrückt, nun herrschten Leute, die kein Interesse mehr an der Sache hatten. Die öffentliche Meinung, ganz gewiß die der breiten Bevölkerung, fand sich mit einem solchen Umschwung nicht so leicht ab und forderte noch lange für Hexen den Tod. Noch lag ja die geistige Erziehung des Volkes fest im Griff der Geistlichkeit, und die Beharrlichkeit des kollektiven Denkens hielt an den alten Vorstellungen fest, waren die Herren und die Gebildeten auch ganz anderer Meinung. So erreichte die sogenannte Aufklärung zunächst nur eine geringe Zahl von Menschen. In dieser Epoche stieg England zur Großmacht auf und wurde Frankreich seiner Vorherrschaft in Europa beraubt. Preußen wurde Großmacht, und Georg I. von Hannover wurde 1714 König von England, in Frankreich lehrte Voltaire und stritt gegen die Leibeigenschaft und gegen Irrtümer einer allgewaltigen Justiz, Daniel Defoe schrieb die Geschichte des denkenden, auf sich selbst gestellten Menschen, den »Robinson Crusoe« (1719), und Diderot gab seit 1745 eine Enzyklopädie heraus, die gegen die Bastionen der Kirche und des Adels gerichtet war, gelegentlich verboten und doch heimlich bei Hofe gelesen wurde; sie trug den Titel: »Enzyklopädie oder nach Vernunftsgründen geordnetes Wörterbuch der Wissenschaften, Künste und Gewerbe.« Das Werk war auf 35 Bände berechnet, die in 30 Jahren erschienen, wobei nach Band 7 das Unternehmen der Aufgabe nahe war. Die Leser der Enzyklopädie aber waren die Wortführer des Dritten Standes am Vorabend der Revolution.

Und die Hexen? Ein paar Daten aus ganz Europa sollen das Erlöschen des Interesses dokumentieren: in Österreich gab es noch 1718 ein Todesurteil wegen Lykanthropie, wegen Tierverwandlung, im gleichen Jahr in Frankreich ein Todesurteil wegen Nestelknüpfens, und in Sizilien beging man die Hinrichtung einer Hexe mit allem öffentlichen Pomp im Jahre 1724. In England stürmte 1751 das Volk eine Sakristei, in die sich eine als Hexe verdächtigte alte Frau geflüchtet hatte, und brachte sie um, in Ungarn gab es 1728, 1739 und 1752 Todesurteile gegen angebliche Hexen.

Spanien ist in diesem Protokoll der Verblendung mit dem Jahre 1781 vertreten: in Sevilla wurde eine Unglückliche wegen Unzucht mit dem Teufel umgebracht. Noch 1804 ist dort einigen Personen wegen Liebeszaubers und Wahrsagerei der Prozeß gemacht worden. In der Schweiz wurde als Hexe Anna Göldi 1782 zu Glarus durch das Schwert hingerichtet; sie habe, so hieß es, das Kind ihres Herrn verhext, so daß es Stecknadeln, Nägel und Ziegelsteine erbrach. Ihr angeblicher Mitschuldiger erhängte sich im Gefängnis, sie wurde einer »außerordentlichen und unbegreiflichen Kunstkraft« überführt, ein Opfer des beschränkten Sinnes ihrer Richter. Dies war das letzte Hexenurteil in Europa, das mit einem Todesurteil endete.

Einer der letzten Hexenprozesse in Deutschland wurde gegen die Nonne Maria Renata von Mossau geführt, die mit 19 Jahren von ihrem Vater ins Kloster Unterzell gesteckt und am 21. Juni 1749 hingerichtet wurde. Die 240 Fragen, nach denen sie verurteilt wurde, waren auf Grund des »Hexenhammer« aufgestellt, das Protokoll umfaßte 72 Seiten in Folio. Man mußte die Neunzigjährige zum Richtplatz tragen, da sie selbst nicht mehr gehen konnte.

Die letzte Hinrichtung in Deutschland fand 1775 statt. Das Opfer war eine gewisse Anna Maria Schwägel in Kempten, einer vermutlich schwachsinnige Frau, die einmal im Unmut erklärt hatte, sie wolle lieber beim Teufel im Dienst als in solcher Pflege sein. Sie befand sich damals als Sozialfall im Zuchthaus Langenegg bei Kempten. Die Geistesverfassung des Gerichtes, in den Prozeßakten dokumentiert, ist nicht verwunderlich; noch bis zum Jahre 1786 gab es in jedem bayerischen Kloster einen Hexenpater, der für den Exorzismus zuständig war (Riezler).

Zum Schluß soll hier noch ein Zitat wiedergegeben werden, das aus der Zeit der dritten polnischen Teilung stammt: »Im Jahre 1801 fielen einer Gerichtsperson bei Gelegenheit einer Grenzkommission in der Nähe eines kleinen polnischen Städtchens die Reste einiger abgebrannter, in der Erde steckender Pfähle in die Augen. Auf Befragen wurde von einem dicht anwohnenden glaubhaften Manne darüber Auskunft gegeben: daß im Jahre 1793, als sich eine königliche Kommission zur Besitznahme des ehemaligen Südpreußens für den neuen Landesherrn in Posen befand, der polnische Magistrat des Städtchens auf erfolgte Anklage zwei Weiber als Hexen zum Feuertode verurteilt habe, weil sie rot entzündete Augen gehabt und das Vieh des Nachbarn beständig krank gewesen sei. Die Kommission in Posen habe auf erhaltene Kunde sofort ein Verbot gegen die Vollstreckung des Urteils erlassen. Selbiges sei aber zu spät angelangt, indem die Weiber inmittels bereits verbrannt worden« (Soldan-Heppe).

Die Frage bleibt, welche Bilanz zu ziehen ist aus all diesen Vorgängen und Ereignissen, welche Antwort sich ergibt auf die Frage, die im ersten Kapitel gestellt worden ist.

Eine infektiöse Neurose
oder der Verfolgungszwang

Wie also hat das Wahnsystem funktionieren können? Welche Teile mußten ineinander greifen, um jenen blutbefleckten Mechanismus der Menschenvernichtung in Gang zu setzen, von dem zu Anfang dieses Buches die Rede war? Auf der Ebene des Dorfes gab es zunächst jene Außenseiter, die sich durch Verhalten oder durch Wissen verdächtig machten und dem Konformitätsdruck Widerstand leisteten. Wenn die Dorfgemeinschaft sie als »Drudner« oder »Drudnerinnen« entlarvt zu haben glaubte, konnte es zu einem spontanen Hexenmord kommen – dieser Verdacht und die Aggressionen sind zwar Teil jenes Mechanismus, aber sie erklären nicht die weiteren systematischen Verfolgungen.

Im Dorf ist die einzelne Person der Feind, den es zu vernichten gilt – in der Welt ist es, unter bestimmten Umständen, das Böse an sich oder das, was die Menschen dafür halten. Gegen diesen »Feind der Welt«, mag er auch nur eine Projektion der Ängste, der eigenen Schuldgefühle, der verdrängten Wünsche sein, mobilisiert die Gesellschaft ihre Abwehrkräfte. Anders ausgedrückt: weil man unter dem Wahn leidet, die Welt werde vom Bösen als einer realen Macht angegriffen und umzingelt, sie werde von irgend etwas gehindert, gut zu sein, entwirft man Erklärungen, Theorien, Ideologien. Sie formulieren den allgemeinen Verdacht auf höherer Ebene. Ein Feindbild wird entworfen, auf das man alles projiziert, was der eigene Moralkodex als negativ bezeichnet – auch das, was als absolute Forderung für Menschen unerfüllbar bleibt. Weil Menschen ihre Sexualität nicht verdrängen können, ist ihr Teufel sexuell zügellos, weil Menschen nicht leben können, ohne zu zweifeln, ist ihr Teufel ein Zweifler an allen Werten, weil Menschen sich selbst übelnehmen, daß sie lügen, betrügen und ihr Wort brechen, ist ihr Teufel ein Lügner, Betrüger und Wortbrüchiger. Und weil er dies alles ist, müssen seine Verbündeten die Strafe erleiden, die eigentlich er verdient hat.

Im Mittelalter war es vor allem die Frau gewesen, die als Objekt der Projektion für die verdrängten Wünsche des Mannes herhalten mußte. Der theoretische Zusammenhang zwischen dem Bösen und den vielen einzelnen, die dem Bösen Vorschub leisten, bietet den eigentlich mörderischen Aspekt des Wahnes: denn nun weiß man ja, daß Mißtrauen und Verdacht berechtigt waren, nun liefert eine Autorität Gründe dafür, den Konformitätsdruck zu verstärken bis zur Ausschaltung der Außenseiter. Wenn erst das Klischee verfestigt ist, wenn die Theorie den Herrschenden gute Gründe zur Verfolgung geliefert hat, beginnt die Jagd: die Jagd auf Hexen, auf Langhaarige, auf Juden, auf Verdächtige aller Art.

Auf der Ebene des Dorfes war es in früheren Jahrhunderten oft der Geistliche, der den Konformitätsdruck formulierte und den Außenseiter anprangerte, heute ist es der Hexenbanner. Auf höherer Ebene lieferten die Gelehrten die Theorie gegen das Böse, die dem Gerichtsherrn Gesetze an die Hand gab: so richtete sich der Haß der Gesellschaft gegen ihre vermeintlichen Verderber, obwohl sie sich doch gerade mit dieser Handlungsweise selbst verdarb.

Dieses Räderwerk anzuhalten liegt in keines Menschen Macht, denn Milde wird zum Verbrechen, und der Ideologe besteht auf unerbittlicher Konsequenz, er würde sonst sich selbst in Frage stellen. Umgekehrt kann man sagen: wenn ein Zustand vorherrscht, der den Milden verdächtig macht, und wenn Prinzipien den Vorrang haben, ist höchstes Mißtrauen geboten: dann sind die besten Gründe schon fest installiert, um die übelsten Dinge zu tun, dann riecht es nach Hexenjagd.

Soziologisch gesehen ist es der Konformitätsdruck, der die potentiellen »Hexen« erzeugt, psychologisch gesehen die schon geschilderte Projektion, welche die »Hexe« zum Objekt der Bestrafung macht – hier liegt der Ausgangspunkt jener infektiösen Neurose, die das Absurde als vernünftig erscheinen läßt. Beim sogenannten Hexenwahn, der jedoch nur ein Spezialfall des Säuberungswahnes ist, sind alle Teile des Mechanismus theologisch formuliert, denn der christliche Glaube war bis ins 18. Jahrhundert die Basis der Existenz.

Übrigens gilt dies nur für den römisch-katholischen Bereich – in der Ostkirche existierte ein ähnlich übersteigertes Teufelsbild nicht und schon gar keine Hexenbrände, denn es gab dort weder einen »Hexenhammer« als Infektionsträger noch eine Kirche, die auf ähnliche Weise in Frage gestellt worden wäre wie die Römische Kirche des 16. Jahrhunderts, auch kein ausgebildetes Rechtswesen.

Wie auf lokaler Ebene ein Verfolgungswahn entsteht, zeigen die Beispiele von Agentenjagd und Spionenfurcht: 1914 mißhandelte man in Frankreich wie in Deutschland plötzlich ahnungslose, aber »verdächtig« aussehende Menschen, weil man sie für Spione hielt. Diese Vorgänge sind vergleichbar dem spontanen Mord an der Dorfhexe. In Zeiten der Aufregung wiederholen sie sich immer wieder unter anderen Prämissen.

Die Außenseiter der Gesellschaft leben ungeschoren, solange es keine Theorie gibt, die sie in Zusammenhang mit einem sogenannten Bösen bringt. Und die Theorie ist machtlos, wenn sie die Ängste der Gesellschaft nicht an bestimmten Gruppen festmachen kann: das gilt nicht nur für alte Frauen, die man plötzlich als Hexen verdächtigt.

Das Wahnsystem besteht eben nicht in einer Art gespenstischer Ansteckung mit absurden Ideen, sondern in der Logik einer Theorie, deren Anwendung zu Isolierung, Folter und Mord führt. Wenn jemand z. B. nachweisen könnte, daß das Böse sich mit Wissenschaftlern aller Art verbündet hat, ja daß die Wissenschaft selbst das Böse verkörpert, würde sehr schnell ein Verdacht gegen jeden entstehen, der eine höhere Bildung hat, der wie ein Wissenschaftler aussieht, der eine Brille und einen weißen Kittel trägt und der im Besitz zahlreicher Bücher ist – eine Hexenjagd auf Wissenschaftler ist ebensowenig undenkbar wie eine Hexenjagd auf angebliche Staatsfeinde, die an langen Haaren, Nickelbrillen und einem bestimmten Jargon zu erkennen sind, oder auf Klassenfeinde und Abweichler.

Die Isolierung, ja Vernichtung solcher verdächtiger Personen ist nur eine Frage der Konsequenz – denn hier, in der unmenschlichen Abstraktion, in der fraglosen Anwendung des mörderischen Klischees in Zeiten der Angst, liegt der eigentliche Wahn. Es hat sich herausgestellt, daß außer der Ideologie der Säuberung auch das materielle Interesse der Verfolger ins Spiel kommt. Auch das entspricht der Logik: weil man die Säuberung fördern will, muß man die Säuberer belohnen, und ist erst ein materielles Interesse fixiert, kann man den Zweck, auf den es zielt, nicht mehr aus der Welt schaffen: es ist die Schwungkraft der materiellen Masse, die dann das Ganze in Bewegung hält, mag auch jeder im einzelnen hinter vorgehaltener Hand erklären, er persönlich sei gegen all diese Auswüchse.

Der Wahn, das ist das Vernünftige, das gute Gründe für sich hat – durchschaubar ist er nur von außen, selten von innen. Das macht den Widerstand gegen die legale Ausrottung der sogenannten Hexen so schwierig: wer den Unschuldigen helfen wollte, durfte nicht an der

Möglichkeit der Hexerei Zweifel äußern, sondern er mußte die Legalität der Vernichtung als etwas entlarven, das den wohlverstandenen Interessen der Vernünftigen zuwiderlief. Aufklärung allein genügt freilich nicht, um das Rad der konkreten Interessen anzuhalten, das die ganze Maschinerie vorwärts treibt.

Der wahre Teufel des Menschen ist der eigene unerbittliche Zwang zur Abstraktion, die auf die Spitze getriebene Konsequenz, die sich vom Gefühl gelöst hat, wie unscharf diese Begriffe immer sein mögen. Vielleicht steckt in alledem auch nur die Angst des angeblich Bedrohten, die zum Terror greift, um sich vor etwas zu schützen, das nur in seiner Einbildung existiert. Hunderttausende von Menschen sind Opfer einer solchen Angst geworden, und es werden wieder hunderttausende Opfer dieser Angst sein – immer dann, wenn eine Ideologie der Gesellschaft einen Feind vorgaukelt, ein Produkt ihres schlechten Gewissens, ihrer Verdrängungen, ihrer ungelösten Konflikte: Helfer dieses Feindes sind schnell klassifiziert und bezeichnet, erfaßt und ausgeschaltet, und wieder werden die Opfer schuldlos sein, verurteilt nach dem Gesetz. In einer solchen Gespanntheit finden sich schließlich auch die Handlanger, die Schergen und Folterer, Pflichtmenschen allesamt.

Daß die Bereitschaft zu foltern nicht mit dem 17. Jahrhundert und den Dämonen des »Hexenhammer« ausgestorben ist, hat sich inzwischen beweisen lassen – schrecklich genug, aber doch weniger grauenhaft als ein Mysterium des Bösen. Wie sieht dieser Beweis aus?

Die Experimente von Stanley Milgram, Professor für Psychologie an der New York City University, zeigen: fast zwei Drittel aller erwachsenen Menschen sind bereit, andere Menschen bis an den Rand des Zusammenbruches zu quälen, sofern sie nur guten Glaubens sind, im Namen einer Autorität zu handeln. Sie empfinden dabei keinerlei Feindseligkeit gegen ihr Opfer, sie leisten nur einfach die ihnen aufgetragene Arbeit. Die Versuche wurden in Amerika, in Australien, in Südafrika und in der Bundesrepublik Deutschland wiederholt. Am 1. Oktober 1970 zeigte das Deutsche Fernsehen den Test, der im Max-Planck-Institut in München durchgeführt worden war: die Ergebnisse entsprachen überall dem Milgram-Ergebnis.

Die Kritik gegen das Experiment steht hier nicht zur Diskussion, auch kann der Verlauf nicht ausführlich dargelegt werden. Im Prinzip handelt es sich darum, daß 500 Personen, Männer und Frauen (40%

Arbeiter, 40% Angestellte, 20% Freiberufler), einzeln in den Glauben versetzt wurden, sie sollten andere Personen, sogenannte »Lerner«, auf deren Lern- und Erinnerungsfähigkeit überprüfen. Sie mußten annehmen, der »Lerner« sei die Testperson und sie selbst seien sozusagen nur Handlanger. Jeder trat an ein Pult mit 30 Knöpfen, von denen einige Aufschriften trugen wie »Leichter Schock«, »Mäßiger Schock«, »Intensiver Schock« und »Extrem intensiver Schock«. Die Aufschrift »XXX« zeigte an, daß die Wirkung nicht mehr kalkulierbar sei. Während des Abfragens von Wortreihen sollten die Lerner, die Schauspieler und für ihre Rolle programmiert waren, je nach Leistung mit Stromstößen »bestraft« werden.

Es gab verschiedene Versuchsanordnungen, unterschieden durch den Kontakt zwischen »Opfer« und »Handlanger«. Die Schauspieler hatten die Eskalation der Schmerzen zu simulieren, ab 285 Volt zu brüllen und schließlich »Folter- und Todesschreie« auszustoßen. Keine der Versuchspersonen (Handlanger) ahnte, daß diese Laute simuliert waren. Anordnung 1: Opfer und Handlanger in getrennten Räumen, Simulation durch Lichtsignale. Ergebnis: 65% gehen bis 450 Volt mit der »Bestrafung« der Lerner. Anordnung 2: der Handlanger »hört« die Schreie durch die Wand. Ergebnis: 62,5% der Handlanger gehen bis 450 Volt. Anordnung 3: Opfer und Handlanger im gleichen Raum. Ergebnis: 40% der Handlanger foltern ungerührt weiter. Anordnung 4: das Opfer befindet sich in Reichweite des »Handlangers«. Noch immer gehen 30% der Versuchspersonen bis zum extremen Stromstoß, dessen Wirkung nicht mehr kalkulierbar ist. Die Autorität siegt über den Zweifel.

Das Milgram-Experiment war nur eine Versuchsanordnung zu einem bestimmten wissenschaftlichen Zweck, die Todesschreie der Opfer kamen vom Tonband, die Teilnehmer des Experimentes konnten als freie Menschen nach Hause gehen – aber beruhigend ist diese Feststellung nicht: die Geschichte der Folter ist die Geschichte der Bestätigung dieses Experimentes, der blutige Spiegel der Geschichte liefert Beweis um Beweis.

Zurück zum Thema, zum Hexenwahn: wie hoch war die Zahl der Opfer? Diese Zahlen sind nicht sehr eindrucksvoll für Menschen, welche die Massaker dieses Jahrhunderts kennen und wissen, wie viele Opfer die Säuberungen unserer Epoche gefordert haben. Allerdings muß man bei den Zahlen über die Opfer des Hexenwahnes bedenken, daß die Bevölkerungszahlen Europas im 16. und 17. Jahrhundert weitaus geringer waren als heute. Abgesehen davon: die Zahlen über den Hexenwahn sind ungenau, sie schwanken von 9,5 Millionen bis zu 500 000 Opfern; die Wahrheit wird bei einem mittleren Wert liegen. Wenn man bedenkt, daß der Jurist Carpzov behauptet, mit eigener Hand allein 20 000 Todesurteile unterzeichnet zu haben, kann man sich ein Bild vom Umfang dieser Menschenjagd machen.

Heute sind Hexen keine Bedrohung mehr für die Gesellschaft, also auch keine potentiellen Opfer mehr, der Hexenglaube ist nur noch ein Überbleibsel vergangener Zeiten wie die Dämonenfratze am gotischen Dom: der Säuberungswahn grassiert heute eher im politischen, kaum mehr im religiösen Bereich. Dennoch haben sich Teile des alten Säuberungshasses gegen »Hexen« bis in die Gegenwart erhalten, und wer ihnen zum Opfer fällt, hat auch heute nichts zu lachen, obwohl die Folter nicht mehr angewendet wird und keine Hexenbrände mehr ihren Rauch zum Himmel schicken.

Vom Hexenglauben im Volk

In der Nachfolge der Gebrüder Grimm und der Romantiker, in der Nachfolge des Volkskundlers Heinrich Riehl war vor rund hundert Jahren so mancher Lehrer am Werke, um zu sammeln, was das Volk dachte und träumte, sang und sagte. Aus dieser Zeit stammen die folgenden Zeilen: »Das Volk unterscheidet drei Klassen von Zauberern: das erste sind die Jünger der weißen Kunst, welche ihre Zaubergaben nur zu Nutz und Frommen der Mitwelt verwenden; zur zweiten Klasse gehören die Schwarzkünstler und Hexen, welche zaubern, um anderen Menschen zu schaden; die dritte Klasse endlich machen die Personen aus, welche durch ihre Zauberkünste nur den eigenen Nutzen erstreben, es sind das im Geruch der Zauberei stehende Landstreicher und Verbrecher, die Freimaurer und die Juden.«

Volksglaube 1886 und mehr als das: ein Beitrag zur Soziologie von diskriminierten Minderheiten. Bleiben wir beim Kräuterwissen von Zauber und Gegenzauber: »Hole am Karfreitag Elsbäumen-Holz, schneide dasselbe ab in den drei höchsten Namen, mache Stücklein davon, ein oder zwei Zoll lang, schneide in den drei höchsten Namen drei Kreuze drauf. Wo du von denselben eines hinlegst, vertreibt es alle Zauberei.« Oder:»In die Schwelle des Stalles muß man drei Löcher bohren und Kreuzkümmel hineintun; dann kann keine Hexe in den Stall.« Hagedorn hilft bei schweren Geburten, Meerzwiebel gegen Zauberei und Knoblauch gegen Diebe:»Binde Knoblauch und Brot auf den linken Arm, wenn du dich schlafen legst; so wird dir der Dieb im Traum erscheinen.« Rübe hilft gegen Gelbsucht und Gallenfieber, Wegerich hindert die Tauben am Wegfliegen, und Windröschen helfen gegen Fieber: die ersten drei Windröschen, die man im Frühjahr sieht, soll man essen, dann ist man das ganze Jahr gegen Fieber geschützt. Das stammt aus Ulrich Jahns »Hexenwesen und Zauberei in Pommern« (1886, Neudruck 1970); diese Sammlung stellt so etwas wie eine Bestandsaufnahme des damaligen Aberglaubens dar.

Über den Hexenglauben in Preußen, soweit er schriftlich erfaßt ist, informiert H. Frischbiers »Hexenspruch und Zauberbann« (1870, Neudruck 1970). Da heißt es dann:»Es fällt nicht schwer, zu gewahren, ob wir selbst, unsere Kinder oder unser Vieh verhext, verrufen sind. Die frischesten Kinder fangen an zu quimen, d. h. dahinzuwelken, das gesündeste Vieh kränkelt, wenn es verrufen ist; durch Zauberspruch verrufene Menschen und Tiere bekommen ein Zittern in den Gliedern, so daß sie weder gehen noch stehen können, auch bricht ihnen heftiger Schweiß aus. Will man erfahren, ob ein ungetauftes Kind verrufen sei, so braucht die Mutter nur mit der Zunge über seine Stirn zu fahren: – zeigt sich ein salziger Geschmack, so ist die Verrufung außer Zweifel. Verrufene Kinder weinen heftig. Wenn die Milch, noch während sie süß ist, schon gerinnt und lang wird, so ist die Kuh verhext. Das gleiche gilt, wenn eine sonst gute Kuh mit einemmale nur wenige oder rötliche Milch gibt, oder wenn diese – was übrigens oft genug vorkommt – nach Kuhdünger riecht. Verhext ist das Vieh, wenn es plötzlich erkrankt« (Litauen).

Auch für das Enthexen steht reichhaltiges volkskundliches Material zur Verfügung:»Ist eine Kuh behext, so gießt man davon in eine Pfanne und bäckt die Milch über hellem Feuer. Bilden sich Wolken, so werden dieselben stillschweigend oder unter Anrufung der Hl. Dreieinigkeit kreuzweise mit einem Messer durchschnitten, so lange, bis die Masse ein festes Gebäcke geworden ist. Dieses stellt man in der Pfanne auf den Zaun und läßt diese dort so lange stehen, bis der Inhalt von den Vögeln unter dem Himmel (die Hausvögel hält man ferne) aufgezehrt ist. Die Kuh gesundet und gibt wieder reichliche und gute Milch.«

Es gibt auch ein kompliziertes Rezept, bei dem ein struppiger Besen eine wichtige Rolle spielt: mit dem soll man die Milch der kranken Kuh anrühren und schließlich den Besen in den Rauchfang hängen. Nach dreimal 24 Stunden soll er unter einem Düngerhaufen vergraben werden. »Man wird alsdann wieder in den Vollgenuß der Milch kommen. So wie der Besen im Rauche mehr noch austrocknet, als im Freien, so vertrocknet auch die Hexe« (Frischbier).

Es ließen sich aus Bayern wie aus Schwaben, aus dem Rheinland wie aus der Lüneburger Heide oder aus Dithmarschen und Friesland genug Beispiele ähnlicher Art finden, die volkskundliche Literatur füllt ganze Bibliotheken. Aber man braucht keine hundert Jahre zurückzugehen, um festzustellen, daß der gleiche Hexenglaube heute noch lebendig ist: in vielen Apotheken erhält man Ars foetida, auch Teufelsdreck, ein Gemisch asiatischer Gummiharze, das nur für »Hexerei« benutzt wird. Der jährliche Umsatz betrug um 1960 etwa 2000 Kilogramm. Man bekommt Hexenpulver (Bärlappsamen), Blutstein (Eisenglanzkristalle), Drachenblut (Palmharze) und »Menschenfett« (Walrat) zum gleichen Zweck. Auch kann man »stinkus« kaufen, hergestellt aus getrockneten ägyptischen Wüsteneidechsen. Wenn man »stinkus« vergräbt, vertreibt es Hexen und Feuer. Die Löwenapotheke in Heide/Holst. verkaufte noch vor fünfzehn Jahren »Aecht altdeutsches Hexenpulver« (Auhofer), und damit es im Laden keinen Ärger gab, hatte der Hexenbanner Eberling mit seinem Apotheker im Kreis Süderdithmarschen ein Abkommen getroffen, so daß er auf seinen Rezepten nur die Nummer des gewünschten Enthexungsmittels zu notieren brauchte.

In dem leider vergriffenen Buch von Auhofer »Aberglaube und Hexenwahn heute. Aus der Unterwelt unserer Zivilisation« findet sich eine Fülle von Beispielen, wie überhaupt hier das ganze Phänomen in seiner akuten Erscheinungsform sehr präzise und lebendig beschrieben wird: Mord und Selbstmord, sexuelle Nötigung und Rufmord gehören auch heute noch zum Hexenaberglauben, und die einige Jahrhunderte zurückreichende Überlieferung wirft noch immer dunkle Schatten. Die Volkskunde freilich hat noch bis vor kurzem hinter dem Aberglauben weniger die Kriminalität gesehen als für das Vätererbe geschwärmt. Ein Beispiel bieten die Vorgänge um das »Sechste und Siebente Buch Moses«, das 1949 vom Planet-Verlag in Braunschweig mit 9000 Exemplaren aufgelegt und verkauft worden ist. Der Verlag arbeitete erfolgreich: es erschien auch ein »Achtes und Neuntes, Elftes und Zwölftes Buch Moses. Das Buch der Geheimnisvollen Kräfte enthüllt ein seit 400 Jahren totgeschwiegenes und verborgenes Geheimnis alter Urkunden. Anno 1524 Doctoris Fausti Johannis zu Wittenberg« – Gesamtpreis damals 45,50 DM, im Versand mit Siegel und Totenkopfmaske. Teufelsbeschwörung, magische Askese, Schutz gegen Hexerei und gegen allerlei Krankheiten werden in einem ungenießbaren Gemisch angeboten. So soll man behextem Vieh Scheren und Kämme mit in die Tränke geben, ein Leichenzahn vom Friedhof schützt gegen Zahnschmerzen, andere raten zu Handlungen, die man nur als Mißhandlung bezeichnen kann, ja zu Mord. Wer neun Menschen umbringt, heißt es da, der habe ein großes Vermögen zu erwarten. »Im Herbst 1924 wurde Angerstein, der nach dieser Vorschrift handelte und kurz vor dem neunten Mord gefaßt wurde, als achtfacher Mörder zum Tode verurteilt« (Auhofer).

An dieser Stelle ist von dem heute pensionierten 87jährigen Rektor Johannes Kruse zu reden, der seit Jahrzehnten aktiv gegen den Hexenwahn kämpft und das »Archiv zur Bekämpfung des modernen Hexenwahns« gegründet hat. Sein Ziel ist u. a. die Definierung eines Straftatbestandes etwa in dem Sinn: »Wer in Ausnützung des Aberglaubens das Vermögen eines anderen beschädigt, wird mit Gefängnis usw. bestraft.« Von der Häufigkeit dieses Straftatbestandes her dürfte das gerechtfertigt sein: allein in Hamburg leben nach seiner Schätzung rund 6000 Menschen mit ihrem Gewerbe von »Hexen, Teufeln, Geistern und all dem Kram« (Welt, Nr. 24/77). Um 1950 schätzte die Kriminalpolizei, daß in der Bundesrepublik etwa 10 000 Hexenbanner existierten, so daß auf sieben Ärzte, zwei katholische Geistliche und einen Apotheker ein Hexenbanner käme.

Im Herbst 1953 stellte Rektor Kruse zum ersten Mal Strafantrag gegen die Geschäftsführer des Planet-Verlages, in dem das »Sechste und Siebente Buch Moses« erschienen war. Das war ein exemplarischer Prozeß, auch im Hinblick auf die Rolle der Gutachter. Am 28. November 1956 kam es zur erstinstanzlichen Verhandlung gegen die Gesellschafter des Planet-Verlages. Das Gericht hatte Sachverständige herangezogen:

Professor Prokop vom Gerichtsmedizinischen Institut in Berlin, der das inkriminierte Verlagswerk als absolut schädlich bezeichnete, und Professor W. Peuckert, Ordinarius für Volkskunde an der Universität Göttingen. Peuckert, Verfasser einer »Pansophie«, einer Geschichte der Magie im 15. und 16. Jahrhundert, konnte keine Gefährdung der Öffentlichkeit erkennen. Das Gericht sprach eine hohe Geldstrafe aus, u. a. wegen Betruges, fortgesetzten Betruges, groben Unfugs, Aufforderung zur Begehung strafbarer Handlungen usw.

Das Urteil wurde angefochten. In der Berufungsverhandlung bezeichnete Prof. Will Peuckert dieses Buch Moses als Volksbuch, der Aberglaube sei der »ursprünglichste Glaube des Menschen«, für einen Volkskundler gäbe es keine absolute Wahrheit und dieses Buch sei »gesunkenes Kulturgut«, das nicht »nötig sei zur Erzeugung des Hexenglaubens«. Der Gegengutachter wies nach, daß dieses Buch allein für 56 Hexenprozesse der Nachkriegszeit als Unheilstifter anzusehen sei. Das Gericht hob die Geldstrafe auf und sprach die Angeklagten frei.

Soweit der Hexenaberglaube betroffen ist, kann man die weitere Entwicklung dieses Prozesses unberücksichtigt lassen: sicher ist, daß diese Art Hexenliteratur auch heute noch den Hexenaberglauben am Leben hält, wenn nicht verstärkt. Zu fragen wäre: Wem nützt dieser Aberglaube außer Autor und Verleger, und wen trifft er? Die Antwort wird zeigen, daß weder der Film »Rosemaries Baby« von Polanski noch die Ereignisse um die Manson-Bande nötig waren, um Menschen an Hexen glauben zu machen, und daß es noch immer einen stummen und gelegentlich tödlichen Terror gegen schuldlose Frauen gibt, gegen Außenseiter im Dorf.

Hexenbanner und Quasare

Wenn vom Hexenglauben heute die Rede ist, weiß jedermann: das ist ein Aberglaube, der noch in rückständigen, vorwiegend bäuerlichen Gegenden zu finden ist, und zwar bei den sogenannten einfachen

Leuten. Man nennt die Lüneburger Heide, den hinteren Schwarzwald, das niederbayerische Grenzgebiet. Aber in der Großstadt, unter gebildeten Leuten? Wohl kaum.

Der folgende Bericht beweist das Gegenteil: Im Herbst 1976 veranstaltete der Autor vor einem geladenen Kreis in Hamburg eine Lesung aus diesem Buch, das damals noch nicht fertiggestellt war. Er las das erste Kapitel, die Kapitel über den Teufel und die Entstehung der Dämonen sowie auf Wunsch das Kapitel über die Hexenjagd in Dalarne. Anwesend waren ein Bibliotheksdirektor, zwei Rechtsanwälte, zwei Ärzte und ein pensionierter Jurist Dr. B., der übrigens vor gut einem Jahr mit eigenen Augen ein UFO gesehen hatte – alle mit ihren Frauen. Nachdem die Lesung beendet war, zog Herr Dr. B., der nach dem Krieg führend in der Industrie tätig gewesen war, einen Zeitungsausschnitt heraus, den er zu diesem Abend mitgebracht hatte. Der stelle, erklärte er, seinen Freund, den Hexenbanner W. E., dar, der vor vielen Jahren wegen übler Nachrede zu einer kurzen Gefängnisstrafe verurteilt worden sei. Dr. B. berichtete Erstaunliches über das Wirken dieses Mannes in einem emsländischen Dorf und über eigene Begegnungen mit dem »Hexenbanner«, die ihm selbst rätselhaft geblieben seien. Der habe mit absoluter Sicherheit erkannt, wer eine Hexe gewesen sei. Auch habe er die Ursache von Krankheiten erkennen können. Als man sich beim Hexenbanner über eine Erkrankung beklagt habe, habe dieser als Ursache Hexerei erkannt und aus dem Kopfkissen der Kranken, im Beisein des Erzählers Dr. B., Stränge aus Federn geholt. An deren Zusammensetzung habe er die Art der Krankheit erkennen können. Der Hexenbanner habe ihm diese Federstränge verehrt, und er habe sie lange aufgehoben und erst kürzlich in den Müll gegeben.

Dazu schreibt Herbert Schäfer im Verlag »Kriminalistik« 1955 in seiner Schrift »Hexenmacht und Hexenjagd. Ein Beitrag zum Problem der kriminellen Folgen des Hexenaberglaubens in der Gegenwart«: »Nach allgemeiner Ansicht zaubern Hexen Federkränze in die Kopfkissen der Betten und verursachen so Krankheit und Tod für den Schläfer.« Erstaunlich, wie hier im engsten Bekanntenkreis der infektiöse Charakter des Hexenwahnes sichtbar wird – denn Dr. B. war zwar klug genug, sich nicht deutlich zum Hexenglauben zu bekennen, aber nicht distanziert genug, um an dem zu zweifeln, was ihm der bauernschlaue Hexenbanner aufband: der Ton des Staunens und der zweifelnden Bewunderung für diesen sozial weit unter ihm stehenden Mann war unüberhörbar.

Es bleibt nachzutragen, daß der gesellige, hochangesehene Dr. B. noch eine weitere Geschichte erzählte, die nun vollends bis auf den Wachsbildzauber zurückzuführen ist: Er habe sich von einem Manne, so berichtete Dr. B., auf so haßerfüllte Weise verfolgt gefühlt, daß er sich keinen Rat mehr gewußt habe. Auch der Gang zum Psychotherapeuten sei ergebnislos geblieben und habe ihm nicht geholfen, mit seinem eigenen Haß fertig zu werden. Der Hexenbanner habe ihm geraten, ein Foto des Verfolgers zu besorgen und in dieses Foto 90 Nadeln zu stechen, täglich eine – das werde helfen.

Ob es geholfen habe, fragte man den Erzähler. Durchaus, antwortete er, und dieser Antwort war zu entnehmen, daß ihm diese Prozedur Entlastung von psychischem Druck verschafft hatte.

An diesem Bericht ist allerdings nicht so sehr die Figur des Dr. B. von Interesse, der hier nur für die Masse von suggestiblen Personen steht, wie man sie in der Kriminalistik kennt; sie sind das Berufsfeld des Hexenbanners. Wichtig ist die Figur des Hexenbanners. Das ist auf dem Lande ein einträglicher Beruf wie Tierarzt oder Mechaniker, ein Beruf, der gebraucht wird und mehr Bedeutung hat als der manches Intellektuellen, mag er nun Lehrer oder Bibliothekar sein.

Ein paar Beispiele mögen das beweisen; sie lassen sich bis in die Gegenwart fortsetzen. Johannes Kruse, der beste Kenner der Materie, hat darüber Berge von Material gesammelt. Wenn der Spruch gilt: »Es ist kein Dörflein so klein, es muß eine Hexe drin sein«, dann gibt es Hunderte von Tragödien auf dem Dorfe, die mit Verdächtigungen unschuldiger Menschen beginnen und oft nur deshalb nicht entdeckt werden, weil sie nicht mit Mord oder Selbstmord enden. Die Täter sind Hexenbanner, keine Schreibtischtäter, sondern »Wort-Täter«, die aus einer unbescholtenen und ahnungslosen alten Frau hinterrücks eine Hexe machen, die von vielen gefürchtet, von der Mehrheit gemieden und von fast allen mit Mißtrauen betrachtet wird. Wie dieser Mechanismus funktioniert und in welchem Zusammenhang alle diese Dinge miteinander stehen, die aktuelle Verdächtigung und die »Hexenjagden« aller Zeiten, darüber ist ja bereits ausführlich gesprochen worden. Erstaunlich ist nur, daß sich auf der Ebene der dörflich-ländlichen Gemeinschaft diese Verdächtigungen bis heute gehalten haben, vermutlich aus kommerziellen Gründen.

Selbst die Massenmedien haben da offenbar wenig Wandel schaffen können.

Hier also ein paar Fälle: In einem bayerischen Landkreis, dessen damalige Bevölkerung von ca. 40 000 Menschen durchaus nicht als übermäßig abergläubisch bekannt war, wurden neben zahlreichen Gesundbetern im Jahre 1954 mindestens 7 Hexenbanner festgestellt (Schäfer).

Vier Hexenbanner wohnten im Landkreis, übten aber ihre Tätigkeit außerhalb dieses Kreises aus. Die Honorare betrugen damals zwischen 2,– DM und 70,– DM. In den meisten Fällen werden Hexenbanner gerufen, wenn die Hühner keine Eier legen, das Vieh kränkelt, eine hartnäckige Krankheit nicht weichen will, obwohl der zuständige Arzt sich mit Rezepten alle Mühe gibt. Selbst wenn der Hexenbanner einen Gegenzauber anwendet, der schließlich doch nicht hilft, fühlt sich der Landwirt im allgemeinen nicht geschädigt und legt auf eine Strafverfolgung wegen Betruges keinen Wert (Schäfer).

Nach den Prozeßakten bietet sich in fast allen Fällen das gleiche Bild: rings um den Wohnort des Hexenbanners breitet sich in den Dörfern Unfrieden und Haß aus, das zuständige Landgericht wird mit immer mehr Prozeßklagen befaßt, deren Kern, eine heimliche Verdächtigung durch den Hexenbanner, dem Gericht oft verborgen bleibt. Denn wer im Dorf lebt, muß mit dem Dorf leben – und wenn eine unbescholtene Frau sich durch eine »Anzeige gegen Unbekannt« oder gar gegen den sogenannten Hexenbanner und seine infamen Gerüchte wehren sollte, wäre sie bald isoliert – stärker noch, als sie es ohnehin sein dürfte. Denn der Hexenbanner kann nur einen Menschen verdächtigen, der ohnehin Außenseiter ist und unter dem Konformitätsdruck des Dorfes steht; darin unterscheidet sich eine Gruppe moderner Menschen, die im Hause Kühltruhe und Fernseher haben, nicht von den Eipo in Neuguinea, von denen zu Anfang dieses Buches die Rede war. Kriminalistisch liegt bei diesen Betrugsvergehen die Dunkelziffer um 99 %.

Aus der Praxis: Der Hilfsarbeiter Str. in Württemberg »heilte und enthexte« seit 1920 und wurde erst in den Jahren 1946 und 1951 vor Gericht gestellt und bestraft. Der Hexenmeister Z. in Sachsen wurde im Frühjahr 1954 zu dreieinhalb Jahren Zuchthaus verurteilt, nachdem er über 30 Jahre als Hexenbanner, d. h. als Betrüger, tätig gewesen war (Schäfer). Im Augenblick der Entdeckung beträgt das Alter des Hexenbanners im Durchschnitt 66 Jahre – er pflegt älter als seine Kunden und auch die Hexen zu sein (Schäfer: »Der Okkulttäter«). Oft werden weiße Haare wirkungsvoll als Mittel eingesetzt, die Kunden zu beeindrucken, aber auch der ungepflegte Typ des schmuddeligen Kutschers, des Rentners in den besten Jahren oder des vorbestraften Altrentners kommt häufig vor.

Nicht was der Hexenbanner tut, ist wichtig, sondern daß die Leute an ihn glauben. Das wird erreicht durch geschickt ausgestreute Erzählungen, die sich auf genaue Kenntnis des Milieus stützen, aber von Hörern nie nachgeprüft werden. Einen Hexenbanner liebt man nicht, wie vielleicht einen gütigen Arzt oder Pastor, man fürchtet ihn – und diesen Ruf, gut fürs Geschäft und für das Selbstbewußtsein, macht sich der Mann zunutze.

Seine Weisheit holt sich der Hexenbanner aus den schon erwähnten Schriften, von denen er glaubt, sie enthielten uraltes Zauberwissen, das von der Kirche und von den Herrschenden nur unterdrückt werde, um es dem kleinen Mann vorzuenthalten. Da gibt es das »Romanusbüchlein und Engelshülfe«, das »Wunderbuch« und schließlich, weithin bekannt, das 6. und 7. Buch Moses oder das »Buch der Geheimnisse aller Geheimnisse«, allesamt geschickt aufgemachte Fälschungen, die dem unkritischen Leser vorspiegeln, hier handele es sich um überliefertes Geheimwissen.

Wie es im Kopf eines solchen Hexenbanners aussieht, zeigt ein Bericht aus Norddeutschland: »Wenn die Leute zu mir kommen, die unter der Teufelsmacht leiden, so gebe ich ihnen einen Rat mit. Wenn der nichts hilft, reise ich selbst hin, oder die Leute holen mich mit ihrem Auto ab. Dann untersuche ich in ihrem Haus die Betten, ob sich verdächtige Federn darin befinden. Sind die Federn gekräuselt, dann hat der Böse seine Hand im Spiel. Sind sie ballig oder gar zu einem Kranz zusammengewunden, so besteht ernste Gefahr für die Hausbewohner. Oft sind im Bett auch Lumpen, Kohlestückchen oder Papierfetzen. Diese Dinge wurden vom Bösen selbst oder von Leuten, die Teufelsmacht besitzen, hineingetan, um Unglück und Krankheit ins Haus zu bringen. Auf jeden Fall mußte die Teufelsmacht sofort bekämpft werden« (Schulze van Loon, LC).

Fast ist es überflüssig zu sagen, wer mit Vorliebe vom Hexenbanner verdächtigt wird, über »Teufelsmacht« zu verfügen. Das infek-

tiöse Klischee ist seit Jahrhunderten von der theologischen Hexenliteratur verfestigt, von den Tausenden von Hexenmorden als geschichtliche Erfahrung in das europäische Geschichtsbewußtsein ein-
gebrannt, im Märchen verklärt und von der Alltagssprache verein-
nahmt worden. Als Hexe bezeichnet zu werden, ist aber heute noch
für viele Menschen keine Absurdität, sondern eine existentielle Bedrohung, nur geht sie nicht mehr von Gericht und Obrigkeit aus,
sondern von den Mitmenschen im Dorf, in der Siedlung, in der Vorstadt. In der aktuellen Kriminalliteratur gibt es dafür eindrucksvolle Be-
lege. So zählt Herbert Schäfer auf Grund eigener Ermittlungen Personen auf, die verdächtigt worden seien (1955):

1. Person: altes, krummes Weiblein, schwarz gekleidet, lebt von
keinerlei Unterstützung, keine Verwandten, schläft
schlecht und geht manchmal abends vor dem Einschlafen
im Dorf spazieren;
2. Person: alte Frau, derb, braunes, faltiges Gesicht, kleine Gestalt,
rauhe Stimme, forsches Auftreten, angeblich boshaft,
bewirtschaftet ganz kleines Anwesen, Witwenrente;
3. Person: Bauer, ca. 45 Jahre, begütert, zwei Anwesen, vorbestraft
wegen Notzucht, finsterer Blick, stechende, braune Augen, buschige Augenbrauen, gedrungene, massige Figur;
4. Person: kleiner Bauer, anspruchslos, sparsam, fleißig, normale,
gesunde Erscheinung, arbeitet erfolgreicher als die gleich
begüterten Bauern seines Dorfes;
5. Person: alte Frau, trägt ständig weiten, dunklen Umhang;
6. Person: verheiratete Frau, ca. 40 Jahre, hageres Gesicht mit scharfen Zügen, schmale, große Nase, abgearbeitete, vorne
überhängende Figur, unsicheres Wesen, wohnt im Ar-
menhaus;
7. Person: Fuhrunternehmer mit einem Pferd, einem Wagen, Einsiedler, schmutzig, mit vielen Zahnlücken, seltsames
Auftreten.

Dieser Mann ist dem Kriminalisten als Hexenbanner bekannt. Schie-
lender Blick, kunstlose Brille, zotteliges Haar, gebücktes Gehen am
Stock, ärmliche Kleidung und Warzen gelten als Hinweis für Aber-

gläubische. Die üble Nachrede wird nie still: fällt eine alte Frau niemandem zur Last, heißt es, sie hole sich nachts in Gestalt einer Katze ihre Nahrung; wenn sie aber bettelt, heißt es, sie wolle nur etwas aus fremdem Besitz haben, um »hexen« zu können. Ist das Fenster abends dunkel, wird die Frau verdächtigt, sie sei unterwegs, um zu zaubern, und liest sie abends lange, vermutet man, sie läse in einem Zauberbuch. Nimmt eine andere Frau die bescholtene Hexe in Schutz, macht sie sich selbst verdächtig – auch heute noch! –, und schimpft sie auf Hexen, so wird's ihr als Verstellung angekreidet.

Genug, allein die kriminalistische Literatur enthält zu diesem Thema aktenkundig belegte Beispiele in solcher Menge, daß der Eindruck entsteht, heute seien die Verhältnisse, was den Hexenglauben angeht, schlimmer als vor einem halben Jahrtausend. Denn damals war der Anteil der Analphabeten ungleich größer, die Bevölkerungszahl klein, und die Masse der Menschen lebte auf dem Lande. Heute kann nahezu jedermann lesen und schreiben, das Fernsehen ist wie der Rundfunk bis in den letzten Winkel des Landes verbreitet, man benutzt elektrisches Licht und alle Errungenschaften der Technik, verhält sich also rational, und doch ist der Hexenglauben tief eingewurzelt. Nach INFAS sind es acht Prozent, die auf die Frage, ob es Teufel und Hexen gäbe, mit einem klaren »Ja« antworten. 16 Prozent glauben an übersinnliche Erscheinungen, mit denen die Wissenschaft bisher nichts anfangen konnte (4. 11. 76/AP). Eine andere Umfrage (Wickert, 13. 8. 76/AP) ergibt ähnliche Zahlen: danach glauben 11 Prozent der erwachsenen Bundesbürger, daß es den Teufel leibhaftig gibt. 7 Prozent bejahen die Teufelsaustreibung im ganz konkreten Sinn, in Bayern sind es 9 Prozent.

Vermutlich glauben weit weniger Menschen an Quasare als an Hexen – mit Sicherheit jedenfalls, was den erdfernsten Quasar betrifft, dessen Licht nach der Feststellung australischer Wissenschaftler zehn Milliarden Jahre unterwegs ist: das Mittelalter ist uns immer noch näher als der Weltraum. Was eine Hexe ist, weiß jeder – aber wer kennt schon die Dimensionen der Milchstraße oder die sternähnlichen Radioquellen im Weltall, die 1963 entdeckten, sogenannten Quasare. Gefühl und Sprache sind noch in historischen Schichten verwurzelt, die Jahrhunderte zurückliegen, während wir die Welt, die uns heute umgibt, kaum verstehen und sie für uns ebenso rätselhaft ist wie die Welt der Dämonen dem Menschen des 13. Jahrhunderts.

Psi und die Hexenprotokolle

»Übrigens verhielten sich die Geister dieser aufdringlichen Neugierde gegenüber recht gutmütig und wollten anscheinend nur nicht lange bei uns im Polog [Anm. d. Verf.: kastenförmiges Innenzelt im großen Zelt] verweilen, wo keine bestimmten Bitten oder kein Versprechen sie zurückhielt. Nachdem sie mit einigen unverständlichen Worten oder einfach nur mit Geschrei ihre Anwesenheit kundgetan und ein wenig getrommelt hatten, entfernten sie sich gleich wieder und machten den Platz für andere Geister frei ... Zwei cholerisch veranlagte Geister, die fast gleichzeitig von entgegengesetzten Richtungen erschienen waren, begannen im reinsten Tschuktschisch [Anm. d. Verf.: Jägerstamm in Nordostsibirien] aufeinander loszuschimpfen und wollten sich sogar prügeln, wurden jedoch von den Ermahnungen der Schamanin davon abgehalten. Einige der Geister zeigten sich zu Scherzen aufgelegt. Sie warfen das Geschirr um und rüttelten es durcheinander, verschütteten das Wasser aus dem Kessel in verschiedene Richtungen, zerrten uns unter dem Bett hervor, ja sie bewarfen uns sogar mit Holzscheiten, ohne daß wir wußten, woher sie diese genommen hatten. Einmal hob gar eine unsichtbare Hand den Polog über unseren Häuptern ein wenig in die Höhe, und wir erblickten einen Augenblick lang das matte Licht des gestirnten Nachthimmels, das durch die Rauchöffnung ins hohe Zelt drang. Während dieser ganzen Zeit schlug Tyljuwijas Hand unablässig auf die Trommel los und bewies damit, daß die Schamanin keinen Anteil an diesen Streichen trug« (Findeisen).

Diese Schilderung stammt von dem Russen W. G. Bogoraz und ist ein kleiner Ausschnitt der 1909 erschienenen »Erzählungen von der Tschuktschenhalbinsel«, die 1956 erneut veröffentlicht wurden (Institut für Menschen- und Menschheitskunde, Nr. 38, Augsburg). Es handelt sich um keine Dichtungen, sondern um die subjektive Darstellung zweier Séancen, also schamanistischer Sitzungen: es ist zu hoffen, daß dieser Wissenschaftler nicht dem damals modischen Okkultismus ergeben war, also nicht seine Erwartungen projizierte.

Über schamanistische Techniken ist zu Anfang dieses Buches bereits gesprochen worden. Nun finden sich ähnliche Hinweise aber auch in der Hexenliteratur. »1652 wurden amtliche Erhebungen über den zu Priegelried im Amte Landshut beobachteten Geisterspuk gepflogen und die Priegelriederin nebst ihren Kindern verhaftet. Der Franziskanerguardian zu Landshut, den der Besitzer des Hauses zur Hilfeleistung herbeigeholt hatte, berichtete, daß von unsichtbaren Händen Steine und Krautköpfe in die Stube geschleudert, glühende Holzkohlen umhergeworfen, Milchschüsseln umgeschüttet worden und mehreres dergleichen« (Riezler).

Hier kann der blutige Fortgang der Sache nur vermutet werden. In dem folgenden Fall liegt vor, was geschah, als diese spukhaften Erscheinungen registriert wurden: »In der jetzt bayrischen, damals aber hochstiftischen Stadt Mühldorf am Inn erregte es im Jänner 1749 beträchtliches Aufsehen, als in der sogenannten Höllschmiede in der Vorstadt eines Nachmittags die Schmiedehämmer von unsichtbarer Gewalt getrieben in der Luft herumwirbelten, Steine zu fliegen begannen, Türen auf- und zugeschlagen wurden, Klopflaute ertönten usw.«

Diese Vorgänge wurden in Zusammenhang mit dem »sechzehnjährigen Kindsmädel Maria Pauerin« gebracht. Denn als der Höllschmied sie aus dem Hause wies, zeigten sich ähnliche Erscheinungen auch in ihrer neuen Unterkunft. »Das Mädel steckte, wie im Verfahren festgestellt wurde, voll Possen, hatte verschiedene mutwillige Streiche gemacht; sie fürchtete sich auch nicht vor dem Polterwesen, sondern rief lachend, daß ihr nichts geschehe.«

Geschehen ist ihr dann doch viel: die offenbar labile, vielleicht sogar schwachsinnige Jugendliche (Byloff) wird wegen Zauberei verhaftet und vor Gericht gestellt. Mehrere Zeugen bestätigten unter Eid, daß das Hervorbringen dieser »Spukerscheinungen« durch die Pauerin absolut unmöglich gewesen sei. Übereinstimmend bezeugen die von den herumfliegenden Gegenständen getroffenen Menschen, die Berührung sei kein Aufprall, sondern weich gewesen, wie der Aufprall »weicher Lederbälle«. Das hat übrigens auch der Russe Bogoraz berichtet, es scheint also für diese ungeklärten Erscheinungen typisch zu sein.

Die Richter von Mühldorf vernehmen das Mädchen ohne Folter, sie wird nach Salzburg zum Hochstift überführt und dort vom Salzburger Hofgericht weiter vernommen. Mit geschickten Fragen holt man den ganzen »Tatbestand« der Zauberei und des Hexenwesens aus ihr heraus: auf der Gabel ist sie zum Sabbat der Hexen geritten, hat sich dem Teufel verschrieben, man findet das Hexenmal an ihrem Körper und hört von ihrem Geschlechtsverkehr mit einem gelbrockigen, satanischen Dämon sowie von Hostienschändung und Butterzauber. Wie wiederum der ganze theoretische Unflat aus den Küchen des »Hexenhammer« und seiner gelehrten Helfer auf ein unschuldiges Mädchen projiziert wird, zeigt dieses Beispiel noch einmal mit aller Deutlichkeit. Vor ihrem Kerkerfenster habe der gelbrockige Teufel mit ihrem Schutzengel gerauft, der habe dabei Nasenbluten bekommen, erzählt die Sechzehnjährige, auch habe man auf dem Hexensabbat ein Weitwerfen mit Hostien veranstaltet. Die Experten, die man zu Gutachten herangezogen hat, ein Chirurg und ein Amtsverteidiger, sind Ohrenbläser ihrer Obrigkeit: der Chirurg bestätigt die Existenz des Hexenmales, der Verteidiger die Schuld seiner Mandantin, plädiert aber für mildernde Umstände, um ein Todesurteil zu verhüten.

Niemand befreit sich aus dem Wahnsystem, es ist, als müsse jeder seine Glaubenstreue mit starrsinniger Unvernunft beweisen: das Hofgericht verurteilt das Mädchen zum Tod durch Enthaupten mit dem Schwert sowie Verbrennung der Leiche. Der Erzbischof Andreas Jakob Graf von Dietrichstein lehnt die Begnadigung ab. Am 6. Oktober 1750 wird die Maria Pauer auf dem Richtplatz von Salzburg umgebracht – im gleichen Jahr, in dem Voltaire als Gast Friedrichs des Großen in Potsdam eintrifft, Johann Sebastian Bach stirbt und Lessing als Journalist in Berlin arbeitet.

Gibt es eine Verbindung zwischen den Spukerscheinungen im Zelt der Schamanin und den Frauen, die wegen solcher Erscheinungen als Hexen verklagt werden? Läßt sich hier ein Zusammenhang finden zwischen Schamanismus und Hexerei, ein Hinweis auf verborgene Frauenbünde mit einem Geheimwissen? Dieser Gedanke ist gewiß absurd. Was im Schamanenzelt und in vielen sogenannten »Spukhäusern« geschah, sind Erscheinungen, die man heute in der Parapsychologie mit Telekinese bezeichnet (griech.: telòs = fern; kinein = bewegen). Das Lexikon sagt dazu: »Fernbewegung, das angebliche Eintreten einer mechanisch unerklärbaren Bewegung von Gegenständen in Abhängigkeit von einem Medium.«

Diese Erscheinungen sind so vielfach bezeugt, daß es ebenso töricht wäre, ihr Vorhandensein zu leugnen, wie kritiklos, jeden Bericht über okkulte Sitzungen zu akzeptieren. Es scheint, daß es sich hier um Teilbereiche jener parapsychologischen Erscheinungen handelt, für die eine rationale Erklärung theoretisch denkbar, bisher aber noch nicht gelungen ist. Daß einerseits Berichte von schamanistischen Sitzungen, andererseits Hexenakten solche Berichte enthalten, bedeutet nur, daß es sich um ein weitverbreitetes Phänomen handelt. Die fast zwanghafte Projektion des Hexenbildes auf eine etwas schwachsinnige Kindsmagd zeigt, wie schwer es ist, die Welt unbefangen zu sehen und ihre vielfältigen Erscheinungen ohne Vorurteil zu prüfen. Deshalb wird man schon auf Grund dieser wenigen Fälle sagen dürfen: die parapsychologischen Phänomene sind nicht etwa so etwas wie eine geheime Ursache der Hexenverfolgung, sondern die Hexenjäger haben auch hier ihre Wahn- und Angstvorstellungen auf eine Wirklichkeit projiziert, die sie erschrecken mußte.

Hexen, Hollywood und Hitler

Die Bäuerin verteidigte ihre Söhne, als man die beiden jungen Leute im Frühjahr 1976 wegen Mordes an dem 49 Jahre alten Jean Camus festnahm. Sie sagte: »Camus war der Teufel. Er gab allen Krebs, die sich über ihn lustig machten. Er hat selbst Pompidou sterben lassen.« Er habe, wie man im Dorf erzählte, damit geprahlt, den Tod herbeizaubern zu können, und galt in Hesloup, 200 km westlich von Paris, in der Nähe von Le Mans, als »Hexenmeister«. Die beiden Täter glaubten, er habe auch den Autounfall ihrer Schwester verursacht, der vor drei Wochen passiert war. Als im Fernsehen eine Sendung über Hexerei ausgestrahlt wurde, die das unheilvolle Wirken eines Hexenmeisters darstellte, stand der Entschluß der Brüder fest: Camus sah genauso aus wie der Hexer im Fernsehen, auch in diesem Fernsehspiel wurde der Hof durch einen Hexer ruiniert.

Sie griffen sich noch am selben Abend ihr Gewehr und erschossen den Mann im Bett mit einer Ladung Schrot. Dies alles haben die Agenturen (AFP, ddp) offenbar gründlich recherchiert. Daß dieser Camus an den Trockenheiten, am Viehsterben und an bestimmten Krankheiten schuld war, stand für die Brüder außer Frage, das sagte jeder im Dorf. Fast fünfhundert Jahre ist der Schatten lang, den der

Hexenglauben in die Gegenwart wirft: im einfachen Volk, in den Unterschichten hält er sich wie die Finsternis auf der anderen Seite des Mondes. Hier ist nichts mehr erlebte Magie, wie sie Hubert Fichte in »Xango« schildert, dem Bericht über die Subkulturen in Brasilien, hier ist nichts als das uralte Zerrbild, die Wurzel der Geschichte, die hoch oben, beglänzt von der Literatur, ihre Märchenblüten treibt bis ins Kinderbuch hinein: Hexen können sogar lustig sein.

Mehr noch, der Hexenkult der Mittelklasse wird Mode, es gibt den Trend zum Übersinnlichen, Aufklärerisches wird bespöttelt, an der Vernunft zweifelt jeder, der an Astrologie glaubt, und in der nostalgischen Rückwendung vereinigen sich die alten Argumente: das Raunen vom Urquell des Volkes und seiner jahrtausendealten Überlieferung und der träumerische Blick auf die unbewußten Seelenkräfte. Man wisse ja, heißt es dann mit Faust I, daß es mehr Dinge gäbe zwischen Himmel und Erde, als unsere Schulweisheit sich träumen läßt. Man liebt Oldtimer, Großmutters Plüsch und die wilhelminischen Fassaden, warum nicht, auf gleichsam höherer, kultivierterer Ebene, ein wenig Hexe spielen und Schwarze wie Weiße Magie bemühen.

Das liest sich so: »Einmal im Monat versammeln sich die dreizehn Töchter der Wicca [engl. witch = Hexe] zu ihrem Hexensabbat. Im Scheine flackernder Kerzen stehen sie nackt in einem Kreis und singen, eingehüllt in den Duft süßen Weihrauchs, lateinische Psalmen, die die Seelen der Toten beschwören und Kranke heilen sollen.« Die Meldung stammt aus Kennewick in Washington (AP/18. 12. 1975) und zitiert die Sprecherin der Damen, die 41 Jahre alte Wilma Ostler, Mutter von acht Kindern. Die »Kinder der Wicca« seien gute Hexen, die über übersinnliche Kräfte verfügten, sagt sie, viele hätten das Zweite Gesicht, andere könnten das Wetter beeinflussen und Maschinen zum Stehen bringen, ja sogar in der Luft schweben.

Allerdings, hier wird kein schwarzer Bock geküßt, niemand feiert obszöne Rituale, keine sexuelle Vermischung findet statt, denn es sind »weiße Hexen« – und sie führen, wie die Hohepriesterin erklärt, einen »immerwährenden Kampf gegen die schwarzen Hexen«. »Wir müssen ein gewisses Gleichgewicht zu den Töchtern des Satans halten«, erklärt Mrs. Ostler, »weil sie sonst die Oberhand gewännen. Sie versuchen mit hypnotischen Kräften Macht über die Menschen zu erlangen, und sie nutzen diese Kräfte zu ihrem finanziellen Vorteil aus.« Das ist neu, aber immerhin sind wir in den USA. Der Gedanke liegt nahe, Hexenglaube müsse aktuelle Nöte ansprechen. Das Bankkonto heute reagiert so sensibel wie im 17. Jahrhundert der Viehstall.

»Wenn die schwarzen Hexen uns ausschalten könnten«, sagt Mrs. Ostler, gäbe es eine weltweite Katastrophe. Es würde »Morde über Morde geben. Die Welt würde in Trümmer fallen.« Auch berichtet sie: »Wenn die ›weißen Hexen‹ von einer Versammlung der ›schwarzen Hexen‹ hören, treten sie zusammen und stören mit ihren Gehirnwellen die der schwarzen Hexen.«

Das Gedankengut des Wicca-Kultes der Gegenwart geht zurück auf das 1921 erschienene und 1967 neu aufgelegte Buch von Margaret Murray: »The Witch Cult in Western Europe.« Darin wird das Hexenwesen auf uraltes Kulturerbe, auf archaische Geheimbünde zurückgeführt. Als 1951 in England der »Witchcraft Act« fiel, der die Hexenkünste unter strenge Strafandrohung gestellt hatte, erschienen eine Reihe von Schriften, die durchscheinen ließen, daß die Verfasser, Angehörige von Hexenkult-Bünden, sich nun vom Druck der Illegalität befreit fühlten. Der Kult der »Großen Göttin«, ausgeübt von Menschen, die an den Festtagen nur »vom Himmel bekleidet« sind, verläuft nach angeblich uralten Regeln. Auch der langjährige Kustos des Museums für Magie und Hexerei in der Hexenmühle zu Castletown (Isle of Man), Gerald B. Gardner (1884 bis 1964), hat ebenfalls über den Gegenstand geschrieben und die Richtung vertieft: »Es handelt sich um einen Kultbund mit stufenweise vor sich gehender Initiation in die Mysterien, deren Ideengut mit jenem der traditionellen Religionen nichts zu tun hat – es heißt, daß auch Christen aufgenommen werden können« (Biedermann).

Die Sache hat Geschichte: 1830 wurde der Glaube, es habe sich über all die Jahrhunderte seit der Völkerwanderung in Europa eine Hexengemeinschaft gehalten, akademiefähig, Michelet deutete in seinem 1862 erschienenen Buch über Hexen derlei an; der wiederum bezog sich auf den Berliner Professor Karl Ernst Jarke, der 1828 die Hexengemeinschaft mit antiken und slawischen Kulten identifiziert hatte: die Auswirkungen reichen bis zu Bachofens genialem, wenn auch längst als fabelhafter Irrtum überführtem »Mutterrecht« (1861).

All diesen Spekulationen über alte Hexenkulte hat Bormann Cohn in seinem Werk »Europas innere Dämonen« (Vorabdruck im »Ecounter«, Dezember 1974, Januar 75) den Boden unter den Füßen weggezogen, wie François Bondy berichtet: Cohn zeigt, daß »in den

Zitaten der Historiker die märchenhaften Züge dieser Berichte meist unterschlagen wurden«, und er weist drei besondere Fälschungen nach, eine aus dem 19. Jahrhundert. Und schließlich: er zeigt, daß die Historiker voneinander abgeschrieben haben, mit anderen Worten: der Wicca-Kult ist eine Mystifikation, genauso absurd wie der Hexenwahn der Scholastiker, was sich auch im Detail erweist. Denn die Argumentation jener, die im Hexenkult ein uraltes Kulturgut und im Wicca-Kult eine lebendige und glaubwürdige Kraft sehen, die auf übernatürlichen Fähigkeiten beruht, ist oft recht flach. »Die Hexe glaubt im allgemeinen nicht, daß man die Natur verändern und z. B. Stürme hervorrufen kann. Aber sie nimmt an, daß sehr wichtige Ereignisse von einem menschlichen Bewußtsein oder von mehreren beherrscht werden, und daß es sehr häufig möglich ist, eine Verbindung zu dem Bewußtsein anderer – menschlicher oder tierischer – Wesen herzustellen und diese zu beeinflussen« (Gardner).

Das klingt zwar bizarr, aber doch so gänzlich abwegig nicht: Psi ist für die parapsychologische Forschung gewiß auch hier am Werke. Aber Gardner bleibt hier nicht stehen, er schreibt: »Es gibt genügend Beweise von Menschen, wie von John Weley, Gladstone, Hitler, die eine große Anzahl von Menschen beeinflußten, um eigene Ziele zu erreichen und dadurch die Weltgeschichte zu verändern, ohne daß sie durch Vernunftgründe die Völker überzeugt hätten.« Hitler als Beweis für Beeinflussung außerhalb der Vernunft, und dies wiederum als Argument für Wicca-Kräfte? Diese Gedankenkette wirkt ein wenig dünn, sie spricht eher für die Versponnenheit des Autors als für die Richtigkeit der Argumente. Wenn er freilich den Antisemitismus dem Hexenglauben gleichgesetzt hätte und die Endlösung der Jahre 1933 bis 1945 mit den Hexenbränden des 17. Jahrhunderts, wäre er der Sache näher gekommen.

Der heutige Wicca-Kult ist vergleichsweise harmlos, gewiß weniger gefährlich als der dumpfe Hexenaberglaube, von dem im vorigen Kapitel die Rede war. Schon die sehr künstlich wirkenden Texte zeigen das. Um einen Einblick in die vergleichsweise harmlose Geisterwelt zu geben, sei hier ein authentischer Text zitiert. Aus den »Lehren des Hexenkults« (hrsg. v. Charles G. Celand) stammt die folgende Hymne: »So suche ich Aradia! Aradia! Um Mitternacht, *um Mitternacht,* gehe ich auf das Feld und trage Wasser, Wein und Salz und *meinen Talisman, meinen Talisman, meinen Talisman,* den ich in der

319

Hand halte, mit Salz drin, mit Salz drin. Mit dem Wasser und dem Wein segne ich mich, segne ich mich und erflehe eine Wohltat Aradias in Ergebenheit« (Donovan). Auch Gerald Gardner hat, ausnahmsweise, eine Hymne aufschreiben dürfen, doch bleiben sie im allgemeinen, wie auch der Name der Göttin, geheim. Die Einzelheiten des Kultes, die Geräte und Zeremonien sind bei Donovan ausführlich dargestellt: Hexenspätlese, Kulturverschnitt, ein Fall für die Anthropologie.

Auch die Vermarktung des Themas hat auf breiter Front begonnen: Roman Polanski hatte die richtige Witterung, jetzt gibt es schon weitverzweigte Literatur. Der erste Hexenkongreß fand 1975 in Bogotà in Kolumbien statt, sehr zum Unbehagen des Klerus und des dortigen Präsidenten. Rund 2000 Teilnehmer nahmen am Kongreß teil, von der »Hexe Beatriz«, der Chefin des Zauberkultes »Maria Lionza«, bis zu einer Gruppe indianischer Zauberer aus Guatemala und der amerikanischen Psychologin Thelma Moss (SZ, Conta, 205/75). Da erschienen Woodoo-Priester, Heilkünstler aller Art, Parapsychologen, Magier von selbsternannten und vielleicht auch höheren Graden. Das Ganze muß ein großartiges Spektakel gewesen sein: Simon Gonzales, Initiator dieses Hexenkongresses, hatte das Programm aus seriösen und pseudowissenschaftlichen Vorträgen, aus Anthropologie und Scharlatanerie geschickt zusammengemixt. Eine Million Menschen drängelten sich durch die Messe in Bogotà, in deren Kojen die Hersteller von Kristallkugeln und Talismanen, Liebesträngen und Zaubertränken, die Verleger spiritistischer und astrologischer Fachliteratur, die Sterndeuter, die Hand- und Kartenleser, die Verkäufer von geschabtem Teufelshaar, Friedhofserde oder getrockneten Taubenherzen ihr Angebot präsentierten. Eine gewisse Monica Rivera klärte die Kongreßteilnehmer darüber auf, daß die Seele insgesamt 8,4 Millionen mal wiedergeboren werden müsse, um das Licht zu erblicken, und Wissenschaftler aus Kolumbien und Argentinien berichteten über ihre Kontakte zu den Besatzungen von außerirdischen Raumschiffen, die sich mit Sorge über die Unfähigkeit der Menschheit geäußert hätten, Frieden und Wohlstand zu erhalten – von den Dämonen Satans war weniger die Rede. Auch Uri Geller trat als Star auf, konnte aber nur zwei Aufgaben von insgesamt 10 auf offener Bühne bewältigen; immerhin lieferte er seine Verbiegungen. Um den zweiten »Internationalen Weltkongreß für Hexerei« haben sich bereits Unternehmer aus den USA, Kanada, Brasilien, Panama und Mexiko beworben.

Aber nicht nur das öffentliche, auch das private Leben ist bereits vom modischen Hexenkult gezeichnet: so hat es im Januar 1977 die erste Hexenhochzeit gegeben, selbstverständlich in Hollywood. Über Einzelheiten berichtete die Weltpresse: die Braut Sherry Zukker, eine Sekretärin, trägt ein rostfarbenes langes Kleid, eine dunkelrote Rose im schwarzen Haar, der Bräutigam, von Beruf Elektroingenieur, ist mit einem blauen Satinmantel geschmückt und hält unbegreiflicherweise ein Schwert in der Hand. Der von Kerzen erleuchtete »Tempel der Wicca«, mit Symbolen wie Kreis und Drudenfuß (Pentagramm) ausstaffiert, ist ein großer Saal, an dessen Wand ein Büffelkopf hängt, ein Symbol des »Sonnengottes«, des »Gehörnten«, ein Hexenbesen steht wie zufällig in der Ecke, und die junge Dame erklärt: »Film und Fernsehen haben alles verdreht. Wir wollen der Öffentlichkeit zeigen, daß Hexen normale Menschen sind, nicht irgendwelche Teufelsanbeter. Für uns ist Hexerei eine Religion, viele Tausend von Jahren alt, eine Lebensform der Liebe und der Harmonie mit der Natur.« Dazu erklärt ihr Bräutigam: »Wir sind ein Teil Gottes und glauben nicht an den Satan. Man weiß, daß Christen Hexen verbrannt haben, aber noch nie hat eine Hexe einen Christen auf den Scheiterhaufen geworfen.«

Nun, ohne den rechten Satansglauben ist soviel Humanität ja kein Kunststück – und diese harmlose Hexendrapierung erinnert nur noch insofern an die blutigen Hintergründe: moderne Hexenjagden und Säuberungen werden verdrängt. Jedenfalls ist die Hochzeit, im Januar 1977 vollzogen, absolut rechtsgültig, und man wird gelegentlich mit einer echten Hexentaufe zu rechnen haben.

Die Hexen Afrikas

Im Januar 1977 wurden im südafrikanischen Homeland Lebowa im Nordosten des Landes 14 Menschen als »Hexen« vor einer riesigen Zuschauermenge lebend verbrannt. Sie waren von Medizinmännern für geheimnisvolle Todesfälle verantwortlich gemacht worden. In diesem Zusammenhang wurden bisher 155 Personen verhaftet – man muß hier wohl hinzufügen, nicht hexereiverdächtige Personen, sondern solche, die sich an diesen Hexenbränden schuldig gemacht hatten. Der Vorgang läßt Fragen offen, zum Beispiel, ob es Christen waren, die an diesen Hexenverbrennungen teilgenommen hatten, ob es sich hier um afrikanische Selbstjustiz oder mißverstandenes Christentum handelte und woher dieser neue Hexenwahn kam?

Wo das Christentum missioniert hat, also zu Zeiten des lebendigen Hexenglaubens, ist auch diese Infektion in unterworfene Länder eingeschleppt worden: man weiß von Hexenbränden in Indien, in Mexiko – wobei hier Hexenbrände erst seit 1860 vorgekommen sind. Bis zum Jahre 1877 gab es in Mexiko fünf Hexenprozesse gegen einzelne Personen, so zum Beispiel eine Verbrennung am 10. Mai 1874, bei der eine Frau und ihr Sohn als Zauberer lebendig verbrannt wurden. Der offizielle Bericht des Richters J. Moreno vom 10. Mai 1874 zeigt den Staat noch als Vollstrecker auf der Seite der Kirche: »Der Fall war ein sehr trauriger, Herr Präfekt, aber er war notwendig, um den Bosheiten Einhalt zu tun, die zu verschiedenen Zeiten hier vorkamen. Ja, trotz der Hinrichtung wurde mir gestern noch berichtet, daß der Angeklagte J. M. Mendoza gesagt habe, wir würden früher oder später noch büßen, was wir getan. Sie sehen daraus, wie wenig diese Leute eingeschüchtert sind; aber ich versäume inzwischen keine Vorsicht.«

In Afrika hat sich ebenfalls christlicher Einfluß auf eigentümliche Weise bemerkbar gemacht und mit dem traditionellen Hexenglauben verbunden, vor allem in Westafrika, wo der Hexenglaube heute noch tief verwurzelt ist. »Auffallend ist, daß nach den beiden Weltkriegen und jetzt in der Zeit politischer und wirtschaftlicher Unsicherheit Hexenwahn manche Stämme wie eine Epidemie überfallen hat, während andere von so seuchenartigen Ausbrüchen verschont blieben, obwohl ihnen Hexen und die Wirkungsweise ihres destruktiven Treibens genau bekannt sind« (Haaf). Medizinisch gesprochen ist in diesen Gebieten der Hexenglaube endemisch, d. h. einer »örtlich begrenzten, heimischen Krankheit« vergleichbar – ganz wie seinerzeit der Hexenwahn in Franken, in Tirol oder im Rheinland. So hat in Südghana der Hexenwahn weite Kreise der Bevölkerung ergriffen. Haaf schreibt, daß es sich oft um Menschen handele, die seit Jahrhunderten mit Europäern in Kontakt stehen und seit zwei oder drei

Generationen Christen seien. Aber mit der Jagd auf Hexen befassen sich nicht nur die traditionellen Medizinmänner, sondern auch christliche Sekten, deren Gründer eingeborene Afrikaner sind. Sie spielen eine ähnliche Rolle wie hierzulande die Wunderheiler und Hexenbanner: Tausende von Menschen, die sich selbst als »Hexen« bezeichnen oder von ihrer Umgebung verdächtigt, von ihren Familien ausgestoßen worden sind, drängen sich zu den Schreinen und Altären der Sekten.

Wie tief das Hexenwesen ins afrikanische Bewußtsein eingedrungen ist, zeigt der Roman des jungen Charles Mungoshi, eines afrikanischen Schriftstellers, der in der Township Kambuzima bei Salisbury/Rhodesien lebt. Der junge Schona ist im Kral geboren; er schreibt in Schona, seinem Stammesdialekt, und in Englisch. Sein Roman »Waiting for the Rain« schildert die Rückkehr eines jungen Mannes aus der Missionsschule in seinen Kral, um Abschied zu nehmen. Er soll in Europa seiner künstlerischen Begabung wegen ein Stipendium bekommen. Lucifer heißt dieser junge Mensch bezeichnenderweise, und er kritzelt nach dem Erwachen aus einem Traum ein Gedicht: »Heim ... / Gib Wissenschaft zurück ihren Eigentümern. Die Hexe will Lösegeld für deine Seele / Deine Wurzeln fordern ihr Pfund Lehm. / Heim ...?« (E. Wolf).

Alles Böse, das diesem Lucifer widerfährt, hat seine Ursache in der Hexerei neidischer Nachbarn, Hexerei ist überall, und der Kral ist Mittelpunkt des Hexentreibens – gegen diese Hexenmacht gibt es nur einen einzigen Schutz, die Gunst der Ahnengeister.

Dieses Familien- und Weltdrama zwischen bösen Hexenkräften und Ahnengeistern soll hier nicht ausführlich geschildert werden, die riesige, dicke »Medizinfrau« deutet die Ereignisse, schaut in die Zukunft, ahnt Katastrophen, Lucifer zerschlägt die »Medizinflaschen« und bricht auf, diese ganze verhexte Welt hinter sich zurücklassend. Der Roman spiegelt die Zerrissenheit des afrikanischen Menschen, der sein Denken von fremden Einflüssen überwältigt sieht: in der Form des europäischen Romans gestaltetes Afrikatum.

Es gibt auf dem riesigen Kontinent vielfältige Hexenvorstellungen. Ihre ausführliche Darstellung würde weit in den Bereich der Ethnologie führen und nur noch äußerlich mit dem Thema dieses Buches zusammenhängen. Offensichtlich ist aber allen Stämmen, die an Hexen glauben, die Seelenvorstellung gemeinsam: die Kusase in

Nordostghana glauben an »win«, die sozusagen immaterielle, unvergängliche Existenz des Menschen. Die Hexen bei den Meta in Westkamerun stehlen die »Seele« des Menschen mit Hilfe zauberischer Medizinen und essen sie auf: es ist das Herz, das sie als Sitz der Seele verzehren.

In Südghana leben auch die kultivierten Asante, die in den letzten Jahren dem Hexenglauben besonders verfallen sind, in der Großfamilie, in der jedes Sippenmitglied seinen bestimmten Platz hat. Hier kam es zu Differenzierungen der Seelenvorstellung, die man kennen muß, um den Hexenglauben zu verstehen: es gibt bei den Asante eine »Blutsippe« aus der mütterlichen Herkunft und eine »Geistsippe« aus der väterlichen Herkunft. In der Blutseele, »O-kra«, lebt die Lebenskraft eines Menschen, und diese Seele rauben die Hexen.

Nachts eilen Hexen, die aus ihrer menschlichen Haut wie Schlangen geschlüpft sind, immateriell zum Treffpunkt der Hexen, es gibt Hexentreffen auf einem alten Baum, Absprachen über die Opfer und gemeinsame Hexenmahlzeiten – auch hier spiegelt sich also das Alltagsleben im Hexenwahn, spielen die verdrängten Wünsche ihre Rolle. Nirgends aber gibt es sexuelle Begehrlichkeit, nirgends die Lüsternheit des christlichen Hexensabbats. Am schrecklichsten wird empfunden, daß diese Hexen sich durch Tricks heimlich der Lebensseele bemächtigen können: wer rote Palmkernsuppe genießt, die eine Hexe bereitet hat, wer aus dem Atem eines Sterbenden den Hexengeist aufnimmt oder Ohrringe einer Hexe trägt, kann seine Seele verlieren.

In Afrika ist Hexerei die größte Sünde, die ein Mensch begehen kann, ihre Heimtücke übersteigt jedes menschliche Maß – anders ausgedrückt, die allgemeine Unsicherheit, die kollektive Angst erzeugen die Wahnbilder nach alten Mustern und steigern sie noch, denn die alten Götter und Geister helfen nicht mehr: die zerstörte Natur ist ihnen keine Heimstatt mehr, der Lärm der Motoren vertreibt sie, die Kirchenglocken machen ihnen die Landschaft verhaßt. So fühlt sich der Afrikaner von ihnen allein gelassen und wendet sich mit seiner Angst den neuen Göttern zu: »Jesus-Garten«, »Bethlehem-Lager« oder »Kraftwerk des Gebets« heißen die Sekten, die mit Tanz und Halleluja Ekstase erzeugen: Visionen und Zungenreden sind häufig (Haaf), Exorzismus wird so selbstverständlich geübt wie vor 2000 Jahren am Jordan. Die Gläubigen fühlen sich von Hexenangst befreit, denn die eigene Lebensseele wird durch das Kraftpotential des Heiligen Geistes in ihrer Widerstandsfähigkeit gegen die Macht der Hexen gestärkt.

Hier in Afrika gibt es noch keine Systematik des Glaubens, keinen Autoritätsanspruch wie den der katholischen Kirche im 14. Jahrhundert, der Satansglaube als Gegenbild des Christenglaubens kann nicht auf den Hexenglauben übergreifen, und die Verdrängungen der Afrikaner zielen in andere Richtung als auf die Sexualangst zölibatär lebender Geistlicher. Auch gibt es hier keine übergreifende Theorie, keinen »schwarzen Hexenhammer«, und so bleibt der afrikanische Hexenglaube endemisch, wie er in Europa vor Erscheinen der ersten Hexenbücher gewesen ist.

An dieser Stelle wird deutlich, welche entscheidende Rolle den Flugblättern, den ersten Schriften über die Hexen und dem Buchdruck zugekommen ist, mit dessen Hilfe der irrationale Aberglaube zum festen System, das System zur infektiösen Neurose, zum epidemischen Säuberungswahn geworden ist: diese Krankheit hatte nicht die Opfer befallen, die angeblichen Zauberinnen, die Maleficantinnen, sondern die Köpfe der Vertreter geistlicher und weltlicher Macht. Jeder Versuch, das angebliche Übel auszurotten, führte zu seiner Stärkung und Verbreitung, jeder Hexenbrand schien einen neuen Beweis zu liefern, und jeder Zweifel am eigenen Tun mußte verdrängt, mußte mit um so größerem Eifer aufgewogen werden: es sind immer die gleichen Maßnahmen, die vom Standpunkt der Mächtigen aus unumgänglich sind, die gleichen Regeln, nach denen die Hexenjagden ablaufen wie Kesseltreiben, und die gleichen Gründe, mit denen man später die Opfer rechtfertigt. Auf die kürzeste Formel hat diesen Vorgang Erich Fried in seinem Gedicht »Die Maßnahmen« gebracht, dessen Schluß lautet: »Die Alten werden geschlachtet, / die Welt wird jung, / die Feinde werden geschlachtet, / die Welt wird gut.«

Literaturverzeichnis

Auhofer, Herbert: Aberglaube und Hexenwahn heute. Aus der Unterwelt unserer Zivilisation. Freiburg 1960.

Baroja, Julio Caro: Die Hexen und ihre Welt. Stuttgart 1967.

Baschwitz, Kurt: Hexen und Hexenprozesse. Die Geschichte eines Massenwahns und seine Bekämpfung. München 1963.

Becker, Gabriele, Silvia Bovenschen u. a.: Aus der Zeit der Verzweiflung. Zur Genese und Aktualität des Hexenbildes. Frankfurt/M. 1977.

Biedermann, Hans: Handlexikon der magischen Künste von der Spätantike bis zum 19. Jahrhundert. Graz 1968.

Bittmer, Wilhelm (Hrsg.): Massenwahn in Geschichte und Gegenwart. Stuttgart 1965.

Bucher, Eberhard: Medien, Hexen u. Geisterseher. Kulturhistorisch interessante Dokumente aus alten deutschen Zeitungen u. Zeitschriften, 16.–18. Jahrhundert. München 1926.

Byloff, Fritz: Hexenglaube und Hexenverfolgung in den österreichischen Alpenländern. Berlin 1934.

Byloff, Fritz (Hrsg.): Volkskundliches aus Strafprozessen der österreichischen Alpenländer mit besonderer Berücksichtigung der Zauberei- und Hexenprozesse 1450 bis 1850. Berlin 1929.

Chevallier, Jean Jacques: Denker, Utopisten, Planer. 1970.

Crombie, A. C.: Von Augustinus bis Galilei. Die Emanzipation der Naturwissenschaft. Köln 1959.

Deutsches Rechtswörterbuch. Wörterbuch der deutschen Rechtssprache 1953/60, Bd. 5. Weimar 1953.

Diggelmann, Walter M.: Hexenprozeß. Die Teufelsaustreiber von Ringwil. Bern 1969.

Donovan, Frank Robert: Zauberglaube und Hexenkult. München 1976.

Ehrenreich, Barbara, und Deirdre English: Hexen, Hebammen und Krankenschwestern. München 1975.

Eibl-Eibesfeldt, Irenäus: Menschenforschung auf neuen Wegen. Die naturwissenschaftliche Betrachtung kultureller Verhaltensweisen. Wien 1976.

Eliade, Mircea: Schamanismus und archaische Ekstasetechnik. Frankfurt/M. 1975.

Fichte, Hubert: Xango. München 1976.

Figge, Horst H.: Geisterkult, Besessenheit und Magie in der Religion Brasiliens. Freiburg 1973.

Findeisen, Hans: Schamanentum. Stuttgart 1957.

Frischbier, H.: Hexenspruch und Zauberbann. 1870.

Gardner, Gerald B.: Ursprung und Wirklichkeit der Hexen. Weilheim 1963.

Gérest, Claude: Der Teufel in der theologischen Landschaft der Hexenjäger des 15. Jahrhunderts. In: Concilium. Internationale Zeitschrift für Theologie, 11. Jhrg., H. 3, März 1975.

Goldammer, Kurt: Die Formenwelt des Religiösen. Stuttgart 1960.

Haaf, Ernst: Hexenwahn in Afrika. In: Bild der Wissenschaft, 71. Jg., H. 6.

Haag, Herbert: Teufelsglaube. Tübingen 1974.

Hampp, Irmgard: Beschwörung, Segen, Gebet. Untersuchungen zum Zauberspruch im Bereich der Volksheilkunde. Stuttgart 1961.

Hansen, J.: Quellen und Untersuchungen zur Geschichte des Hexenwahns und der Hexenverfolgung im Mittelalter. Bonn 1901.

Hartmann, Wilhelm: Die Hexenprozesse in der Stadt Hildesheim. Hildesheim 1927.

Jahn, Ulrich: Hexenwesen und Zauberei in Pommern. 1886.

Kausch, F.: Hexenglaube und Hexenprozesse in unserer Heimat. Ein Beitrag zur Geschichte der Provinz Sachsen und des Harzgebietes. Leipzig 1927.

Kelheimer Hexenhammer: Faksimile-Ausgabe. München o. J.

Keller, Paul Anton: Burg Lockenhaus. Lockenhaus 1973.

Kruse, Joh.: Hexen unter uns? Magie und Zauberglauben in unserer Zeit. Hamburg 1951.

Landau, Marcus: Hölle und Fegefeuer in Volksglaube, Dichtung und Kirchenlehre. Heidelberg 1909.

Leuchtenberger, Hans: Zauberdrogen. Reisen ins Weltall der Seele. Stuttgart 1969.

Limbeck, Meinrad: Die Wurzeln der bisherigen Auffassung vom Teufel und den Dämonen. In: Concilium. Internationale Zeitschrift für Theologie, 11. Jg., H. 4, April 1975.

Lückert, Heinz Rolf: Konfliktpsychologie. München 1957.

Maack, Walter (Hrsg.): Cautio Criminalis seu de processibus contra sagas Liber (Friedrich Spee von Langenfeld). Rinteln 1971.

Mair, Lucy, Philipp: Magie im Schwarzen Erdteil. München 1969.

Marzell, Heinrich: Zauberpflanzen und Hexentränke. 1963.

Merzbacher, Friedrich: Die Hexenprozesse in Franken. München 1970.

Michelet, Jules: Die Hexe. Mit Beiträgen von Roland Barthes und Georges Bataille. München 1974.

Minder, Robert: Der Hexenglaube bei den Jatrochemikern des 17. Jahrhunderts. Zürich 1962.

Nippold, F.: Die gegenwärtige Belebung des Hexenglaubens. Berlin 1875.

Pennethorne, Hughes: Witchcraft. London 1952.

Riegler, Ferdinand: Hexenprozesse. Mit besonderer Berücksichtigung des Landes Steiermark. Graz 1926.

Riezler, Sigmund: Geschichte der Hexenprozesse in Bayern. Stuttgart 1896.

Schäfer, Herbert: Der Okkulttäter. Hamburg 1959.

Schmitz, C. A. (Hrsg.): Religions-Ethnologie. Frankfurt/M. 1964.

Soldan, Wilh. Gottlieb, und Heinrich Heppe: Geschichte der Hexenprozesse. Hanau o. J.

Sprenger, Jakob, und Heinrich Institoris: Malleus maleficarum. Der Hexenhammer. Hrsg. von J. W. R. Schmidt. Berlin 1906.

Starobinski, Jean: Besessenheit und Exorzismus. Drei Figuren der Umnachtung. Percha 1976.

Szasz, Thomas: Die Fabrikation des Wahnsinns. Olten 1974.

Thomasius, Christian: Über die Hexenprozesse. Hrsg. v. Rolf Lieberwirth. Weimar 1967.

Ziegeler, Wolfgang: Möglichkeiten der Kritik am Hexen- und Zauberwesen im ausgehenden Mittelalter. Zeitgenössische Stimmen und ihre soziale Zugehörigkeit. Köln 1973.

Zwetsloot, Hugo: Friedrich Spee und die Hexenprozesse. Die Stellung und Bedeutung des Cautio criminalis in der Geschichte der Hexenverfolgungen. Trier 1954.

Namen-, Orts- und Sachregister

Abschlag, Obristleutnant 241ff
Ademar von Chabannes 63
Adolf, Prinz von Bayern 233
Adolf von Ehrenberg, Bischof von
  Würzburg 222
Agrippa von Nettesheim, Heinrich
  Cornelius 114ff, 121
Aiguillon, Herzogin von 212
Aix-en-Provence 293
Alanus von Ryssel 44
Albertus Magnus 62
Albigenser 44f, 51
Albrecht II., Herzog von Kärnten und
  Steiermark 86
Albrecht III., Herzog von Bayern 233f
Alduin 64
Alexander IV., Papst 64
Altdorfer, Albrecht 253
Ambrosius, heiliger 42
Amorbach 226
Amsterdam 256, 272, 275
Andreas Jakob Graf von Dietrichstein,
  Erzbischof von Salzburg 315
Angela, Herrin auf Labarehlte 137
Angoulême 64
Anne von Braunschweig 234
Antwerpen 116, 121
Apuleius 22
Aristoteles 26f, 112, 141, 154f, 163
Arras 69f
Athen 254
Augsburg 40, 76, 266, 284
August I., Kurfürst von Sachsen 195
Augustinus, heiliger 46, 162, 177
Auhofer, Herbert 304
Auschwitz 149
Autodafé 51, 53, 137, 228f

Babylon 32, 40, 42
Bach, Johann Sebastian 13, 315
Bachofen, Johann Jakob 318
Bacon, Francis 195
Bacon, Sir 211
Bamberg 219ff, 226, 238
Bambergensis 179
Bartolo von Sassoferrato (Severus de
  Alphanis) 67

Baschwitz, Kurt 182, 277, 281
Basel 120
Báthory, Erzsébeth 202f, 205
Bayonne 184
Beauvais, Bischof von 231
Bekker, Balthasar 272ff
Bekker, Froujke 273
Bekker, Heinrich 272
Belial 34ff
Berg, Adam 193
Berlin 75, 252, 315
Bernauer, Agnes 76, 231, 233f
Berner, Stadtsekretär 240, 244, 246, 248,
  252
Bernhard von Clairvaux 75
Berwick 200
Beschorn, Lehrer 245
Beziers, Konzil von 53
Biarritz 184
Biedermann, Hans 137
Bielefeld 250
Bildzauber 28, 62, 64, 69, 308
Binsfeld, Peter 110f, 127, 186, 191f, 194f,
  207, 255
Bodin, Jean 41, 47, 74, 178, 180ff, 188,
  194f, 200, 207
Böndel, Frau 241, 243ff, 251
Bogoraz, W. G. 313f
Bogotá 320
Boguet, Henry 183f, 208
Bogumil 43
Bogumilen 43, 136
Bondy, François 318
Bonn 115, 121
Borremans, Nicolas 280f
Bosch, Hieronymus 41, 49
Bothwell, Earl of 199
Boullé, Thomas 292
Bourbon, Connétable von 115
Boyle, Robert 285
Brabant 186f
Brahe, Tycho de 122
Brant, Sebastian 41
Bremen 257
Brennon, Johannes Roger 118
Breslau 203, 208
Briggs, Henry 255

Brüssel 113
Bruno, Giordano 208, 258
Burckhardt von Worms 39
Burr, George L. 111
Bury St. Edmunds 190, 210

Calderon de la Barca, Pedro 13
Calw 217
Campanella, Thomas 258
Camus, Jean 316
Canisius, Petrus (eig. Pieter Kanijs) 40
Capito, Wolfgang (eig. W. Köpfel)
  120
Carcassonne 65, 70
Carolina s. Peinliche Halsgerichtsord-
  nung
Carpzow, Benedikt 177, 193 ff, 207, 257,
  267, 302
Castle down 318
Cavalieri, Bonaventura 255
Cesi, Herzog von 254
Chactice 203
Chelmsford 209
Chlodwig, König der Franken 71
Cluny 92
Christina, Königin von Schweden 214,
  267
Ciermann, Johann 255
Claus, David 244 f, 251
Cöslin 283
Cohn, Bormann 318
Colmar 88
Comenius, Johann Amos 288
Conring, Hermann 256
Cordes 70
Cornwallis, Lord 210 f
Corpus juris civilis 56, 133, 152, 154
Corvey 266
Cothmann, Diderich 240
Cothmann, Hermann 240 f, 246 ff, 250 ff
Cromwell, Oliver 201

Dael, Adam van 244
Dalarne 210 ff, 214, 216 f, 273, 307
Danzig 257
Darvulia, Anna 204
Defoe, Daniel 295
Delmenhorst 54
DelRio, Martin 76, 114, 178, 186 f, 193 f,
  201, 255, 257, 288
Descartes, René 184, 255, 275, 282

Detmold 248 ff
Deventer 275
Diderot, Denis 295
Dillingen 259, 262
Dioskur 24
Dôle 183
Dünkirchen 254
Dürer, Albrecht 41
Dürr, Philipp 127
Düsseldorf 114, 123
Duncan, Geillis 200

Eberling, Hexenbanner 304
Eibl-Eibesfeldt, Irenäus 12
Elfdal 214 f
Eliade, Mircea 15
Elisabeth I., Königin von England 180,
  196 ff, 209
Elisabeth, Magd 242 f
Erasmus von Rotterdam 120, 123
Erfurt 251
Ericsen, Eric 215
Ernst, Herzog von Bayern 233 f
Ernst August, Kurfürst von Hannover
  242
Ernst Ludwig von Hessen, Großfürst 294
Essener 33 f
Essex 188
Ewich, Johann 76
Exeter 202

Falkenhagen 264
Ferdinand II., Kaiser 127, 220
Ferdinand, Kurfürst von Köln 264, 271
Fermat, Pierre 255 f
Feuerbach, Johann Anselm von 291
Fichte, Hubert von 24, 317
Fischart, Johann 183
Flade, Dietrich 110 ff, 192
Florenz 254
Fludd, Robert 256
Folter 51, 55 f, 59, 63, 74, 103, 106, 108,
  126, 178, 181, 191, 194, 196, 205, 238,
  260, 262, 270
Forres 196
Frankfurt a. d. Oder 282
Franz von Hatzfeld, Fürstbischof von
  Würzburg 226
Freising 29, 290
Frerkel, Siegbert 24
Freud, Sigmund 47 f

Fried, Erich 325
Friedrich, Herzog von Württemberg 238
Friedrich II. von Hohenstaufen, Kaiser 62, 69
Friedrich III., Kaiser 86, 88
Friedrich II., der Große, König von Preußen 59, 285f, 315
Friedrich Wilhelm, Kurfürst von Brandenburg (Der große Kurfürst) 251, 254
Friedrich Wilhelm I., König von Preußen 285
Frischbier, H. 303
Frundsberg, Georg von 115
Fühner, H. 24

Galilei, Galileo 122, 184, 238, 253f, 258
Gardner, Gerald B. 318ff
Gaufridy, Pfarrer 211
Geller, Uri 320
Georg I. von Hannover, König von England 295
Gerbert, Mönch 135
Gerolzhofen 61, 221
Gießen 247
Girard, Pater 293
Glaber Radulf 44
Gladstone, William 319
Glanvill, Joseph 273, 284f
Glarus 295
Göhring, Gerd 247, 250
Göldi, Anna 295
Goethe, Johann Wolfgang von 19f, 114, 133, 178, 288
Göttingen 306
Gonzales, Simon 320
Gottesurteil 64, 70ff, 75f
Grabbe, Kantor 248
Grandier, Urbain 211f, 292
Grassi, Dominico 276
Grave 121
Gregor VII., Papst 29
Gregor IX., Papst 54, 58
Gregor, XIII., Papst 68
Grimm, Brüder 8, 302
Gronäus 266
Gustav Adolf, König von Schweden 214, 226
Gutenberg, Johannes (eig. Johannes Gensfleisch zur Laden) 89

Haag, Herbert 37, 49, 273f
Händel, Georg Friedrich 13
Hale, Sir Matthew 210f
Halle 182, 281
Hallstatt 220
Hamburg 183, 257, 285, 307
Hannover 75
Hansen, Joseph 87, 148
Harnsett, Kaplan 201
Hartwig von Dassell 131
Harvey, William 255
Hebbel, Friedrich 233
Heide in Holstein 304
Heidenheim 137
Heinrich, deutscher König 69
Heinrich I., König von England 28
Heinrich VIII., König von England 198
Heinrich III., König von Frankreich 183
Heinrich IV., König von Frankreich 183
Heinrich Julius von Braunschweig 131
Helmont, Johann Baptist von 256
Helmstedt 76
Henoth, Katharina 231
Herbster, Johannes (Oporinus) 120
Hertogenbosch 121
Hesiod 18
Hesloup 316
Heuberg (in der Schwäbischen Alb) 19
Hexe 145
Hexenbad 75f, 78
Hexenbanner 305, 307ff
Hexenbulle 88f, 109, 150, 178
Hexenflug 15, 17, 19, 22, 24, 260
Hexenmal 74, 198, 278, 315
Hexenöfen 61, 219
Hexenprobe 72, 75, 77, 277
Hexensabbat 163f, 186, 200, 202, 215, 229f, 237, 260, 292, 315
Hexensalbe 19, 22, 24, 104, 161, 230
Hexenstechen 73, 165, 190
Hexentanz 66, 136, 214, 242, 250
Hitler, Adolf 319
Hjärne, Urban 218
Holt, Sir John 201
Hooke, Robert 255
Hopkins, Matthias 59, 188, 190f, 201
Houghton 190
Hugo von Beniol 137
Huß, Johann 92
Huxley, Aldous 211, 231
Huygens, Christian 256

Ignatius von Loyola (Inigo Lopez) 258
»imps« 191, 198, 201, 209
Ingolstadt 259 ff
Innozenz III., Papst 44, 51, 75
Innozenz IV., Papst 56
Innozenz VIII., Papst 88, 109
Innsbruck 259
Inquisition 46, 51, 55, 58 f, 62 ff, 88, 92,
  109, 116, 228 ff
Institoris, Heinrich 50, 86 ff, 93, 106, 110,
  151 f, 155 ff, 227
Ipswich 188
Isidor von Sevilla 177

Jagdzauber 14
Jahn, Ulrich 303
Jakob I., König von England (Jakob VI.,
  von Schottland) 78, 183, 190, 199 ff,
  211, 259
Jaquier, Nicolas 82 f, 119
Jarke, Karl Ernst 318
Jeanne d'Arc s. Johanna von Orleans
Johann VI., Fürstbischof von Trier 191,
  193
Johann Freiherr zu Schwarzenberg und
  Hohenlandsberg 179
Johann Georg II. Fuchs von Dornberg,
  Bischof von Bamberg 61, 127, 220
Johann Gerson 67
Johann Gottfried von Aschhausen,
  Bischof von Würzburg 222
Johann Philipp I. von Schönborn,
  Bischof von Würzburg 226, 265 f, 271
Johann von Schönenburg, Erzbischof von
  Trier 110
Johanna von Orleans 231 f
Johannes XXII., Papst 28, 65
Johannes von Armanto 65
Joseph II., Kaiser von Österreich 286
Julius Echter von Mespelbrunn, Bischof
  von Würzburg 125, 127, 222
Justinian I., Kaiser 133

Kambuzima 323
Kant, Immanuel 284
Kappel 53
Karl V., Kaiser 56, 84, 115, 123, 152, 179,
  277, 280 f
Karl I., König von England 201
Karl II., König von England 254
Karl, König von Frankreich 65

Karl VI., König von Frankreich 231
Karl X., König von Schweden 254
Karl XI., König von Schweden 215
Karl III., Herzog von Lothringen 186
Karoline von Wales 240
Kassel 257
Katharer 42 f, 136
Keller, Paul Anton 203
Kempe, Ursula 209
Kempten 296
Kennewick 317
Kepler, Johannes 184, 230, 236 ff, 253
Kepler, Katharina 235 ff
Kerkmann, Dr. 240 ff
Ketzer 42, 51 f, 56, 135, 171, 173, 228
Kleinsorge, Dietrich Adolf 241, 245,
  249 ff
Kleinsorge, Heinrich Balthasar 241,
  249 ff
Klingenberg 9, 227
Koch, Andreas 242, 245 ff, 248
Köln 87, 111, 115 f, 120, 186, 227, 231,
  262, 264, 271
Konrad von Heresbach 114, 123
Konrad von Marburg 53 f
Konrad von Megenberg 26
Konstantinopel 133, 142
Konstanz 72, 87 f, 92, 174
Kopernikus, Nikolaus 253
Kraemer, Heinrich s. Institoris, Heinrich
Kräuterwissen 21, 24, 302
Krakau 253
Kruse, Johannes 305, 308
Kuckuck, Gastwirt 240, 243, 245 ff, 252
Kyteler, Lady Alice 66

Labarentzin, Barbara 283
Labourd 184
Lamia 142 f, 178
Lancre, de 184, 186, 228
Landsberg 233
Laon 182
Laymann, Paul 262 f
Lebowa 322
Leibniz, Gottfried Wilhelm 242, 255, 265
Leipzig 194, 256 f, 282, 284
Lemaître, Jean 232
Lemgo 75, 238 ff, 246 ff, 250, 252
Lennox, Gräfin 197
Lenz, Jakob Michael Reinhold 90
Leonberg 234 ff

Lessing, Gotthold Ephraim 180, 187, 315
Leumund 68 f
Levitation 78
Liebeszauber 19, 293, 295
Linden, Johann 128
Lindheim 104
Linz 234, 236 f
Lippe, Graf von 251 f
Liselotte von der Pfalz 240
Lockenhaus, Burg 202
Löwen 69
Logan Rock (in Cornwall) 19
Logono 228 f
London 209, 211, 255 f
Loos, Cornelius Callidius 113, 119, 192, 257
Loudon 211 f, 292
Louviers 292
Lucius, Petrus 266
Ludwig, Emil 234
Ludwig der Fromme, König von Frankreich 71, 75
Ludwig XIV., König von Frankreich 255, 292 f
Lübeck 257
Lüneburg 131
Luther, Martin 13, 40 f, 113, 218, 253, 272, 282, 284
Lyon 115, 121, 183

Machiavelli, Niccolò 195
Madrid 228 f
März, Angelus, 289
Magdeburg 253
Mainz 54
maleficium 62 ff, 68, 89, 148 f, 156, 178
Malpas, Katherina 201
Mani 136
Manichäer 75, 136
Manichäismus 43
Mansfeld 253
Maria Stuart 197 ff
Maria Theresia, Kaiserin von Österreich 286, 289
Martin, Scharfrichter 291
Marzell, Heinrich 22
Maupassant, Guy de 28
Maximilian I., Kaiser 87, 89, 253, 261
Maximilian, Herzog von Baiern 259
Maximus, Kaiser 42
Max Joseph, Kurfürst von Bayern 288

Mechtild aus Reinheim 77
Medici, Katharina von 28
Meier-Lemgo, Karl 242
Memling, Hans 253
Mendoza, J. M. 322
Merian, Matthäus 288
Merzbacher, Friedrich 205 f
Methodios, Bischof 90
Metz 116 ff
Meyer, Buchhändler 243
Michelet, Jules 318
Milgram, Stanley 300
Milgram-Experiment 301
Miller, Arthur 231
Minden 242
Minucius Felix, Marcus 144
Molland, Alice 202
Montaigne, Michel de 182, 192, 195
Montespan, François Athénais Marquise de 293
Mora 215
Moreno, J. 322
Moritz Graf zu Nassau-Katzenelnbogen 267
Moss, Thelma 320
Mossau, Maria Renata von 296
Mühldorf 314
München 257, 259, 262, 300
Münster 242
Mungoshi, Charles 323
Murray, Margaret 318
Muttermal 8, 60

Nádasdy II., Franz 202
Nadelprobe s. Hexenstechen
Narbonne, Konzil von 53
Neiße 61
Neuburg bei Regensburg 259
Neuwald, Hermann 76
Nickel, Govinus 271
Nicolaus Eymericus 68
Novara 67

Ochsenfurt 226
Odilo, Abt 92
Oldenburg 54
Oldenburger, P. A. 193
Oliva, Friede zu 254
Orff, Carl 234
Origenes 90
Osnabrück 242

Ostler, Wilma 317f
Osuna, Francisco de 16
Oudewater 8, 78, 276f
Oxford 256

Paderborn 564, 264, 271
Paracelsus, Theophrast von Hohenheim
   21, 24
Paris 183, 256
Pascal, Blaise 256
Paterno (bei Bologna) 19
Pauer, Maria 314f
Pavia 115
Peuckert, Will-Erich 25, 306
Peine 264
Peinliche Halsgerichtsordnung 56, 84,
   108, 123, 152, 179
Petrus Lombardus 62
Pfungstadt 77
Philipp II., König von Spanien 52
Philipp von Valois, König von Frankreich
   65, 67
Philipp Adolf von Ehrenburg 127, 264
Pico della Mirandola 41
Pitaval, François de 211
Platon 90
Plinius 155, 288
Plöger, Witwe 243f
Poelsbroek 281
Poiret, Pierre 283
Polanski, Roman 306, 320
Porres 196
Porta, Giambattista 25
Prag 259
Priegelried 314
Priscillian 42, 44
Projektion s. Übertragung
Prokop, Professor 306

Racine, Jean 293
Rampendahl, Maria 246, 252
Rationalisierung 48, 50
Regensburg 238
Regenzauber 14, 19
Reiche, Johannes 281
Reinhold, Glaser 235
Reinholdin 235f
Remy, Nicolas 178, 186, 188, 194f, 207,
   255, 257, 288
Richelieu, Armand Jean du Plessis, Her-
   zog von 212

Riehl, Heinrich 302
Riemenschneider, Tilman 253
Rinteln 194, 241ff, 252f, 266
Rivera, Monica 320
Römisches Recht 55, 59, 152, 173, 178f,
   195
Roermonde 170f
Rom 115, 142, 255, 271, 288
Rosenthal, Anna Maria 195
Rostock 240
Roswitha von Gandersheim 135
Rotterdam 277
Rottmann, Gastwirt 245
Rouen 232

Sade, Donatien Alphonse François Mar-
   quis de 202
Sagan 238
Salazar, de Frais, Alonzo 230
Salem 210
Salzburg 177, 314f
Sampson, Agnes 200
Sartre, Jean-Paul 274
Satansmesse 17
Savini, Dominikaner 116f
Schadenzauber 28f, 181, 196
Schäfer, Herbert 307, 311
Schamanismus 14, 17, 315
Schlettstadt 87f, 98
Schmidt, Hermann 267
Schmidt, J. W. R. 148
Schultheiß, Heinrich 272
Schwägel, Anna Maria 296
Schwarze Magie 12, 293
Scribonius, Professor 75f
Scot, Reginald 201
Secretain, Françoise 183, 208
Seiffert, Feldprediger 215, 266
Seliwnow, Kondrati 91
Sevilla 295
Shaw, Christine 211
Shakespeare, William 13, 20ff, 26, 196,
   198f, 200
Sigismund, Erzherzog 109
Simon (Dell'Osa), Jordan 290
Simon Heinrich, Graf 249
Sixtus IV., Papst 86
Skopzen 90
Societas Jesu 254, 258
Soldan, Wilhelm Gottlieb 102
Sophie, Kurfürstin von Hannover 242

Spee von Langenfeld, Friedrich 127, 215, 254, 260, 264ff, 269ff, 280
Speyer 159, 248
Sprenger, Jacobus 50, 87ff, 93, 106, 150, 227
Sprute, Dr. 241f
St. Denis 93
Staffelstein (bei Bamberg) 19
Stedinger 54
Sterzinger, Don 288ff
Stockholm 215
Straßburg 54, 87, 166f, 183
Strigen 142, 145, 178
Sühneritual 31f
Suger, Abt 93
Svensen, Gertrud 215
Szegedin 276

Taine, Hippolyte 292
Tanner, Adam 259ff
Tecklenburg 114
Telekinese 315
territio 100, 238, 244
Teufel 29f, 38ff, 273f
Theophilus, Vicedominus 134ff
Theophrast s. Paracelsus
Thomasius, Christian 182, 195, 267, 282ff, 288
Thomas von Aquin 58, 140, 151, 168
Thurzó, György 203
Tilhen, Nevelin 242, 250f
Tilly, Johan Graf von 219, 241, 253
Toricelli, Evangelisten 255
Toulouse 46, 65f, 70, 137, 180, 188, 231, 255
Trier 42, 54, 110ff, 128, 271
Trithemius, Abt von Sponheim 104
Tromper, Willem 281

Übertragung 47ff, 66, 182, 298, 316
Ulm 238
Unken in Salzburg 259
Unterzell, Kloster 227, 296
Urban IV., Papst 56
Utrecht 277ff

Venedig 254
Verfolgungswahn 9
Verger, Pierre 24
Vermutungsbeweis 194f
Visconti, Johann, Bischof von Novara 67
Vötting 29
Vogel, Bernhard 193
Voltaire (eig. François Marie Arouet) 115, 187, 285, 295, 315
Vorel, Pierre 255

Waldenser 43
Waldus, Petrus 43
Wallenstein, Albrecht Herzog von 219, 238, 241
Walpurga, Äbtissin 137
Walpurgisnacht 18, 136f, 145
Wasserprobe 190f, 233, 245, 276
Weil 235
Weinberg, Ratsherr 111
Weley, John 319
Wetterzauber 17
Wetzlar 178
Weyer, Henriette 124
Weyer, Johannes 114ff, 120ff, 180, 184
Weyer, Judith 121
Wicca-Kult 318f
Widmann, Johann 253
Wied, Graf, Erzbischof von Köln 115f
Wiegeprobe 276
Wien 202f, 256, 259
Wierus, Johannes s. Weyer, Johannes
Wilhelm IV., Herzog von Cleve 119
Wilhelm der Eroberer 28
Wilhelm von Angoulême, Graf 63f
Winterberg 195
Wittenberg 193f
Wolf, Christian Freiherr von 294
Würzburg 125, 174, 212, 219, 221ff, 255, 264ff

Zeil 61, 219
Zölibat 90f
Zürich 130
Zringyi, Graf 203
Zukker, Sherry 321

Hexenglauben in der Bundesrepublik

Aichach* Altach/Wengen Altenstadt* Apfeldorf* Artle
Betzigau Bernbeuren* Beuerbach* Birkland* Birgel
Breitenbrunn Brietlingen Buching* Burggen* Büsche
Eiting* Epfach* Eppishausen Elmshorn Eikeloh E
hausen Freising Gefell Geretshausen* Großaitingen
Hausen a. A. Hammelwörden Horneburg Hardt Hötz
Hohenpeißenberg* Hohenfurch* Hamerstorf Höfen h
Immerath Ichenhausen Illerzell Jettenhausen Katzw
Kuddelwörde Klein-Fredenbeck Kaufbeuren Landsberg
Markt Oberdorf Meine Mickhausen Mindelheim Mitte
Merscheid Mehren Murnau Marnbach Neroth Nor
auerbach Ober-Unterkammlach Oberau Oldenstadt
Penzing Pritriching* Pürgen* Painten Peterswörth
Reichling* Schürpflingen Schalkholz Sarzbüttel Son
Steingaden* Schwaig Schwabbruck* Stoffen* Schwa
Schutz Speicher Süderhackedt Stätzling Stetten
Schwend Schwabmünchen Schönau Schönenberg S
Trittau Trauchgau* Tannenberg Udler Uffing* Ursp
Winterspüren Westeraccum Wehringen Westerland
bach Wallenborn Winkel Wengenrohr Zilsdorf

* = vom Hexenbanner Sch. besuchte Ortschaften